ACADIE — NOUVELLE-ÉCOSSE

UN PÈLERINAGE AU PAYS D'ÉVANGÉLINE

PAR

L'ABBÉ H.-R. CASGRAIN

Docteur ès lettres, professeur à l'Université Laval de Québec,
Membre de la Société royale du Canada,
Membre correspondant de la Société historique de Boston,
Membre correspondant de la Société de Géographie de Paris, etc., etc.

Ouvrage couronné par l'Académie française.

TROISIÈME ÉDITION

PARIS
LIBRAIRIE LÉOPOLD CERF
13, RUE DE MÉDICIS, 13
1889

UN PÈLERINAGE

AU PAYS

D'ÉVANGÉLINE

ŒUVRES COMPLÈTES

DE

L'ABBÉ H.-R. CASGRAIN

En vente à la librairie Beauchemin et fils, 256 et 258, rue Saint-Paul, Montréal.

Prix, 6 francs le volume broché.

Légendes Canadiennes et Variétés, 1 vol. in-8°, 580 pages.

Biographies Canadiennes, 1 vol. in-8°, 542 pages.

Histoire de la vénérable Mère Marie de l'Incarnation, 1 vol. in-8°, 6e édition.

Le même, traduit en allemand. Regensburg, New-York et Cincinnati.

Histoire de l'Hôtel-Dieu de Québec, 1 vol. in-8°, 612 pages.

Un Pèlerinage au Pays d'Évangéline, 1 vol. in-8°, 550 pages, chez L.-J. Demers et frère, 30, rue de la Fabrique, Québec.

Ouvrage couronné par l'Académie française.

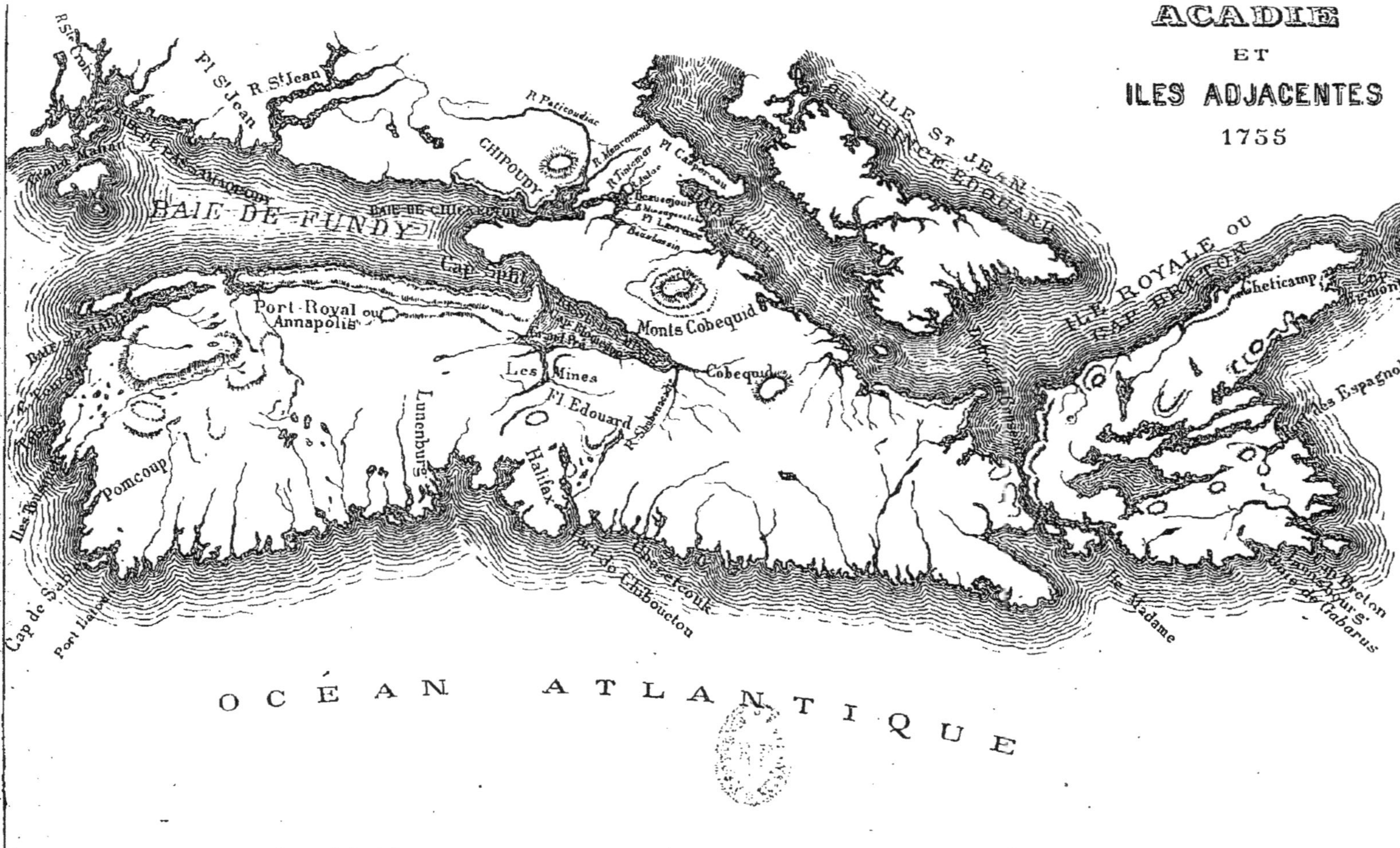
ACADIE
ET
ILES ADJACENTES
1755
BAIE DE FUNDY
R. St Jean
Fl St Jean
R Paticoudiac
CHIPOUDY
Cap Split
Port-Royal ou
Annapolis
Monts Cobequid
Cobequid
Les Mines
Fl Edouard
R. Shubenacadie
Lunenburg
Halifax
Pomcoup
Cap de Sable
Port Lajoie
Chibouctou
ILE ST JEAN
ILE ROYALE ou
CAP BRETON
Cheticamp
Iles Espagnols
Ile Madame
Louisbourg
Baie de Gabarus
OCÉAN ATLANTIQUE

ACADIE — NOUVELLE-ÉCOSSE

UN PÈLERINAGE
AU PAYS
D'ÉVANGÉLINE

PAR

L'ABBÉ H.-R. CASGRAIN

Docteur ès lettres, professeur à l'Université Laval de Québec,
Membre de la Société royale du Canada,
Membre correspondant de la Société historique de Boston,
Membre correspondant de la Société de Géographie de Paris, etc., etc.

Ouvrage couronné par l'Académie française.

TROISIÈME ÉDITION

PARIS
LIBRAIRIE LÉOPOLD CERF
13, RUE DE MÉDICIS, 13
1889

EXTRAIT DU RAPPORT DE M. CAMILLE DOUCET

Secrétaire perpétuel de l'Académie française

SUR LE CONCOURS DE L'ANNÉE 1888.

Les ouvrages présentés au concours Bordin et au concours Marcelin Guérin étaient, cette année, plus nombreux encore que d'habitude. Confiants dans un bon accueil qui ne leur a pas fait défaut, les concurrents nous sont venus de partout à la fois; de chez nous et d'ailleurs; du dedans et du dehors, et même un peu de l'autre monde!

Ne voyons que des Français, Messieurs, dans tous ceux qui honorent doublement la France, en écrivant comme elle et pour elle...

Sans avoir combattu pour la France (comme le prince Georges Bibesco), mais l'aimant aussi tous les deux, et quittant pour elle, l'un le Canada, l'autre la Belgique, M. l'abbé Casgrain et M. le vicomte de Spoelberch de Lovenjoul nous ont présenté des ouvrages qui ne pensaient guère, quand ils naissaient à quinze cents lieues de distance, à Montréal et à Bruxelles, qu'un jour pût jamais venir où, devant vous, ils se trouveraient étroitement unis dans une seule et même récompense.

Ce jour est venu!...

Plusieurs fois déjà, surtout le jour où l'Académie couronnait un jeune poète canadien, M. Louis Fréchette, j'ai rappelé ici les liens affectueux qui, après tant d'années, unissent encore, de plus en plus, le Canada et la France. M. l'abbé Casgrain s'en est souvenu de son côté, en écrivant le curieux et très intéressant volume qu'il a intitulé : *Un Pèlerinage au pays d'Évangéline.*

Évangéline est le titre d'un roman, d'un poème de Longfellow, et le drame qu'il développe se passe dans l'Acadie, dans cette Nouvelle-Ecosse que, par le traité d'Utrecht, la France eut le regret de céder un jour à l'Angleterre. Quoiqu'une clause spéciale garantît aux Acadiens le libre exercice du culte catholique, les Anglo-Américains, devenus bientôt les plus forts, cherchèrent dans la religion un prétexte pour chasser des voisins dont ils convoitaient surtout la richesse. De là, toutes les conséquences d'une implacable persécution civile et religieuse : spoliations, emprisonnements, déportations, véritables dragonnades, dit l'abbé Casgrain, qui durèrent près de trente ans et qui ne cessèrent que le jour où le dernier des Acadiens eut abandonné l'Acadie.

En parcourant aujourd'hui ce beau pays, dans ce qu'il appelle son *Pèlerinage*, M. l'abbé Casgrain retrouve à chaque pas, avec attendrissement, le souvenir de tant de violences héroïquement supportées. Son récit émouvant est rapide, simple et clair, écrit en bon style, et d'un sentiment tout français.

Compatriote de M. Fréchette, M. l'abbé Casgrain est venu comme lui en France pour soumettre son livre au jugement de l'Académie. L'ouvrage et l'auteur méritaient à tous égards que l'Académie leur donnât, à tous deux, un témoignage d'estime et de sympathie.

A M. A. DUCLOS DE CELLES

Bibliothécaire du Parlement, Ottawa.

MON CHER AMI,

« J'apprends, m'écrivez-vous, que vous êtes de retour d'un voyage dans les provinces maritimes, et que vous étiez à la Grand-Prée juste au jour anniversaire de l'expulsion des pauvres Acadiens. Que n'étais-je auprès de vous pour partager les émotions que vous avez dû ressentir en visitant le site du village, du cimetière et de l'église, d'où les infortunés Acadiens furent forcés, l'épée dans les reins, de prendre le chemin de l'exil ! Faites-moi donc du moins part de quelques-unes de vos impressions, de ce que vous avez vu, observé, de ce qui vous a le mieux redit le passé de l'Acadie. Que reste-t-il des ruines de l'ancien Port-Royal, des forts Beauséjour, Beaubassin, etc. ? Tout ce que vous m'apprendrez aura pour moi de l'intérêt. »

Mon cher ami, vous m'écrivez comme si je revenais de l'Acadie les mains pleines de dépouilles archéologiques. Détrompez-vous, je n'ai fait qu'une excursion de touriste, et n'ai guère rapporté que des impressions et des notes de voyage. Mais, puisque vous le désirez, les voici : je les transcris de mon carnet, et vous les envoie telles que je les ai prises au vol de la pensée, un peu comme ces pluviers que je voyais abattre par les chasseurs dans les joncs de la rivière Gaspareaux.

La seule étude qui mérite votre attention dans ce *journal* de voyage, est le récit de la dispersion des Acadiens, rédigé d'après des documents dont les uns sont entièrement nouveaux, les autres peu connus.

Québec, ce 15 décembre 1885.

UN PÈLERINAGE

AU PAYS

D'ÉVANGÉLINE

CHAPITRE PREMIER

De Québec à Campbellton. — Les Micmacs de Ristigouche. — Souvenirs d'enfance. — Combat naval de 1760. — Le collège de Memramcouk.

Départ de Québec à huit heures du matin, le 1er octobre. — Je ne sais plus quel auteur a dit : « Je ne connais pas de plaisir plus triste que celui des voyages. » Rien de plus vrai, si le voyageur n'a pas un but arrêté. Il a beau changer de scène, chevaucher, comme on disait au temps de Boileau,

L'*ennui* monte en croupe et galope avec lui.

Aussi ai-je bien eu le soin de donner un sens à l'excursion que j'entreprends. J'irai voir la Grand-Prée, le pays d'Evangéline, et les colonies acadiennes qui fleurissent aujourd'hui heureuses et grandissantes comme avant leur dispersion, non loin du bassin des Mines, sur les bords du Peticoudiac et du Memramcouk. J'irai prier sur la tombe de l'abbé Sigogne, à la baie Sainte-Marie, et je reviendrai par le golfe Saint-Laurent, en faisant escale dans les principaux ports acadiens des îles et de la baie des Chaleurs.

Le train express de l'*Intercolonial* longe à toute vitesse les falaises de Lévis, et découvre les divers points de vue du port de Québec : l'île d'Orléans, avec ses coquettes maisons échelonnées sur ses hauteurs, ombrées çà et là de massifs d'arbres, la nappe de neige du saut de Montmorency, les prairies de Beauport, et au-dessus de tout le paysage, le cap crénelé, la vieille forteresse, avec sa ceinture de murailles, et sa forêt de mâts à ses pieds. Tout familiers que sont les Québecquois avec leur paysage, ils ne s'en lassent jamais; ils permettent volontiers aux touristes de l'admirer en passant, mais ils se réservent de l'admirer toujours.

Arrivé à Campbellton à sept heures du soir. — Campbellton, village anglais, à 305 milles de Québec, et situé au fond de la baie des Chaleurs, sur la rivière Ristigouche, qui sert ici de frontière entre la province de Québec et celle du Nouveau-Brunswick. De l'autre côté de la rivière, s'élève le village sauvage de Sainte-Anne de Ristigouche, sur un étroit plateau resserré entre l'eau et les montagnes.

Je m'arrête ici quelques jours, afin de voir de près ces bonnes familles micmaques, dont le souvenir se mêle à mes premières impressions d'enfance. Il me semble encore voir passer leurs longues files de canots d'écorce au bord de la grève. Leurs petites flottilles de quinze ou vingt pirogues ne doublaient pas la pointe de la Rivière-Ouelle sans s'y arrêter, car, comme je l'ai déjà dit ailleurs [1], les sauvages ont toujours affectionné ce pro-

[1] *Une Paroisse canadienne au* XVIIe *siècle.*

montoire couvert de bois, où ils avaient abondance de chasse et de pêche. Ils traînaient leurs embarcations sur le sable du rivage, et y dressaient leurs cabanes pour quelques jours. La fumée de leurs feux, que nous apercevions au-dessus des arbres, nous avertissait de leur présence. Ils ne tardaient pas à descendre au manoir, attirés surtout par les cadeaux que leur faisait ma mère, qui avait pour eux des prévenances de toutes sortes, car elle a toujours eu, pour ces pauvres sauvages, une affection qu'elle ne négligeait en aucune occasion de nous communiquer.

J'ai encore présentes à l'esprit quelques-unes de ces figures caractéristiques et étranges pour nous, avec leurs traits osseux et le teint basané, leurs yeux perçants et leurs longs cheveux noirs et plats. Leur accoutrement n'était pas moins étrange que leur personne. Ils étaient le plus souvent tête nue ; la *couverte* de laine dont ils s'enveloppaient, leur descendait jusqu'au-dessous des genoux, et leurs pieds étaient chaussés de mocassins. Les femmes portaient sur leurs épaules des charges d'ustensiles en écorce et de paniers de toutes grandeurs et de toutes nuances. En retour des présents qu'elles recevaient, elles donnaient aux enfants quelques-uns de ces petits paniers, qui nous servaient de jouets entre nos heures d'école.

Un matin, on voyait la flottille, dont chaque canot était chargé de cinq ou six sauvages, prendre le large et pagayer vers la pointe des Aulnaies, pour de là remonter jusqu'à Québec, où ils recevaient leur *prêt* du gouvernement, qui consistait en fusils, munitions, *couvertes*, etc. Mais un autre motif les engageait à entreprendre ce long et pénible voyage : ils venaient satisfaire leur dévotion envers la « bonne sainte Anne du Nord », pour laquelle, de temps immémorial, ils ont eu un culte touchant, qui a souvent été récompensé par d'éclatants miracles. La plupart faisaient coïncider leur pèlerinage avec la date des distributions annuelles; mais en d'autres temps, même aux époques rigoureuses de l'année, on voyait passer des familles entières, des malades se traîner péniblement, mendier l'hospitalité le long de la route, dans l'unique dessein d'aller implorer la sainte patronne dans son sanctuaire privilégié.

Un soir — c'était la veille de Noël — pendant que ma mère était occupée au salon à faire une lecture aux aînés de ses enfants, afin de les préparer à la fête du lendemain, une de nos domestiques vint la prévenir que deux sauvagesses venaient d'entrer, et demandaient à lui parler. Attirés par la curiosité, nous accourûmes à sa suite.

Les deux sauvagesses, la mère et la fille, étaient assises auprès du poêle, dans la cuisine. La jeune fille, maigre, pâle comme un cadavre, semblait presque mourante. Une toux creuse, qui lui déchirait la poitrine, indiquait clairement qu'elle était à une période avancée de la phtisie. Les deux pèlerines venaient demander l'hospitalité, afin d'être proches de l'église et d'assister à la messe de minuit, où elles voulaient communier. Ma mère leur fit immédiatement préparer à souper, et les invita à se mettre à table; mais ni l'une ni l'autre ne consentirent à prendre une seule bouchée, disant qu'elles ne voulaient pas se priver de faire la communion. Ma mère eut beau leur expliquer que la communion n'ayant lieu qu'après minuit, il était permis de prendre quelque chose auparavant, que le prêtre qui célébrait la messe faisait de même; elles s'y refusèrent obstinément. Aveugle mais touchante foi de ces bonnes gens, qui fait bien voir la fermeté de leur croyance, et le grand respect qu'elles avaient pour l'eucharistie.

Ces pèlerinages ont cessé peu à peu depuis l'érection de l'église actuelle de Ristigouche, qui a été dédiée à sainte Anne. Cette église, dont l'intérieur a été achevé, il y a une vingtaine d'années, est sans prétentions architecturales, mais propre et convenable. Il n'en est pas de même du presbytère, qui a été mal construit, et qui est devenu inhabitable, surtout en hiver. Comme il n'existe, dans le voisinage, aucune maison où le prêtre puisse se retirer, et qu'il n'y a aucunes ressources pour bâtir un nouveau presbytère, les pauvres sauvages sont exposés à être privés un jour ou l'autre de leur curé, et à n'être desservis que par voie de mission. Cet éloignement leur serait fatal, car aucune population n'a plus besoin de l'œil vigilant du pasteur. Espérons que la bonne sainte Anne, pour laquelle ils ont toujours la même dévotion, viendra à leur secours, comme elle a fait tant de fois dans le passé [1].

Les maisonnettes du village, bâties et meublées à peu près comme celles de nos cultivateurs pauvres, sont échelonnées tout le long de la *réserve*, qui n'a guère que trois milles d'étendue. Quelques-unes sont assez spacieuses et ont un certain air de propreté et de confort.

Le costume de ces Micmacs n'a guère d'original que l'espèce de turban que portent les femmes, lequel consiste en un grand foulard rouge qu'elles enroulent autour de leur tête. A peine y en a-t-il quelques-uns, parmi cette tribu, qui aient le vrai type sauvage. Leurs traits et les noms de famille de plusieurs d'entre eux rappellent le sang européen dont ils sont plus ou moins mêlés. Comme partout ailleurs, ils sont plus aptes à s'approprier les vices que les vertus des blancs. Insouciants et sans prévoyance comme au temps jadis, ils ne s'adonnent guère à la culture, n'ensemencent que quelques petits champs de pommes de terre et de grain. La pêche et la chasse sont encore leurs occupations favorites, et ils n'ont rien perdu de leur habileté à construire et à guider leurs

[1] Depuis que la première édition de ce livre a été publiée, un beau presbytère a été construit, grâce à des secours imprévus.

admirables canots d'écorce, vrais chefs-d'œuvre de légèreté, d'élégance et de solidité. Les bêtes à fourrures deviennent de plus en plus rares dans cette région ; mais les caribous, m'assurent quelques chasseurs, sont encore assez communs dans la presqu'île gaspésienne. Les meilleurs hommes, parmi cette tribu micmaque, trouvent une source de profits en servant de guides aux sportsmen anglais, américains, etc., qui viennent en été dans ces parages pour la pêche à la mouche, soit du saumon, soit de la truite. Ils sont doux et tranquilles, parlent peu, et ont gardé quelque chose de cette timidité et de cette réserve naturelles à leur race. Les désordres que cause parmi eux l'ivrognerie ont été réprimés, depuis que leur missionnaire a fait nommer, par le gouvernement fédéral, un officier de police qui veille sérieusement à l'observation de la loi. Quiconque leur livre de la boisson est passible d'une très forte amende ou de la prison. Aucun blanc ne peut demeurer sur la *réserve* après le coucher ou avant le lever du soleil.

Dimanche, 4 octobre. — A la grand'messe, un chœur de sauvages et de sauvagesses chantent dans leur langue les principales parties de l'office divin. Leur voix, justement vantée, est d'une beauté rare, avec un timbre mélancolique qui pénètre et impressionne.

Les éloges qu'en ont faits les anciens voyageurs n'ont rien d'exagéré : « Je les ai plus d'une fois, racontait Dièreville en 1700, entendus chanter dans l'église de Port-Royal à la grand'messe et à vêpres ; les voix des femmes particulièrement étaient si douces et si touchantes que je croyais entendre les anges chanter les louanges de Dieu. Les voix des hommes se mêlaient de temps en temps si justement avec celles des femmes, que cela faisait un effet admirable, et j'en étais charmé [1]. »

[1] *Voyage de Dièreville en Acadie;* édition imprimée à Québec, 1885, p. 101.

Invité à faire le sermon, j'admire l'éloquence et les gestes expressifs de l'interprète Polycarpe, qui, debout à la balustrade, me dévore des yeux pendant que je parle, puis, après avoir écouté un passage de mon sermon, le traduit avec la plus étonnante fidélité, au dire de plusieurs des assistants qui comprennent les deux langues, et que j'ai pris la peine d'interroger ensuite. Polycarpe est depuis quelques années le chef de la tribu; c'est un grand gaillard dans toute la force de l'âge, beau type de sang mêlé, d'un visage et d'un caractère avenants, influent parmi les blancs comme dans sa tribu.

La population micmaque de Ristigouche, dont le chiffre reste à peu près stationnaire, ne dépasse pas cinq cents âmes. Comme tous les autres groupes de race indigène, elle est destinée fatalement à disparaître ou à se noyer dans le flot étranger qui l'environne. A la fin du siècle prochain, il n'en restera probablement pas d'autre trace que les manuscrits en langue sauvage de l'abbé Maillard, surnommé l'apôtre des Micmacs, dont j'ai feuilleté les pages jaunies et rongées par le temps, dans la bibliothèque de la mission. Ces manuscrits, qu'on ne peut ouvrir sans éprouver un sentiment de respect et d'admiration, à la vue des patients travaux et du zèle apostolique qu'ils révèlent, ces glossaires dont les feuilles usées se détachent, sont bien les monuments qui conviennent le mieux pour rappeler le souvenir de ces tribus éphémères, que le souffle de la civilisation emporte comme les feuilles de leurs forêts.

Lundi. — Matinée d'automne claire et fraîche. La température en septembre et octobre est plus douce dans la baie des Chaleurs que dans la vallée du Saint-Laurent.

La rivière Ristigouche coule entre des montagnes hardiment découpées et couvertes de forêts primitives. On n'aperçoit de champs cultivés que sur les plateaux qui bordent les rivages.

Les montagnes s'ouvrent en bleuissant au loin, de cap en cap, baignant leurs pieds dans les eaux de la baie des Chaleurs.

Au premier plan, sur la rivière, se détache du ciel bleu la vigoureuse silhouette d'un navire norvégien, chargé de bois de construction, qui appareille pour Belfast. Trois autres navires sont amarrés le long des quais.

Il y a cent vingt-cinq ans, au mois de juillet 1760, le même nombre de vaisseaux étaient ancrés dans cette même rade ; mais c'était la guerre et non le commerce qui les avait poussés jusqu'ici.

« Québec, raconte l'abbé Ferland dans son *Voyage dans la Gaspésie,* avait été pris l'automne précédent. Pressée par le marquis de Vaudreuil, la cour de Versailles envoyait de faibles et tardifs secours au chevalier de Lévis, qui était décidé à tenter une attaque contre Québec. La flottille française s'était amusée en route à poursuivre quelques navires ennemis ; aussi fut-elle devancée par les vaisseaux anglais, qui lui barrèrent le passage à l'entrée du fleuve Saint-Laurent. Elle se jeta alors dans la baie des Chaleurs et remonta la rivière Ristigouche, où le commandant, M. de Danjac, trouva quinze cents personnes réfugiées sur ses bords, et vivant dans un état déplorable de misère. Le capitaine Byron, probablement le célèbre navigateur, grand-père du poète de ce nom, s'avança avec les vaisseaux le *Fame,* le *Dorsetshire,* l'*Achilles,* le *Scarborough* et le *Repulse,* pour attaquer la flotte française qu'il rencontra le 8 juillet à peu près dans cette partie du Ristigouche. Elle était composée du *Machault,* de trente-deux canons, — de l'*Espérance,* de trente, — du *Bienfaisant,* de vingt-deux, — du *Marquis de Marloze,* de dix-huit. Les Français s'étaient préparés à recevoir chaudement l'ennemi ; leurs vaisseaux étaient protégés par la pointe à la Batterie, où plusieurs canons avaient été mis en position. Plus bas, à la pointe à la Garde, d'où la vue s'étend jusqu'à l'embouchure du Ristigouche, était un piquet de soldats qui avaient ordre de veiller sur le cours de la rivière et d'avertir de l'approche de la flotte anglaise.

» Favorisés par un bon vent, les vaisseaux de Byron remontèrent sans obstacle jusqu'à la pointe à la Batterie, où une vive canonnade s'engagea. Deux bâtiments français furent mis hors de combat, et les canons de la batterie réduits au silence. Le *Bienfaisant* et le *Marquis de Marloze* durent alors se retirer vers le village sauvage, tandis que les Anglais s'avançaient jusqu'à la pointe à Martin, sur la rive opposée, où ils souffrirent beaucoup du feu de quelques canons placés à fleur d'eau. Cependant leur artillerie supérieure criblait les vaisseaux français. Un de ceux-ci fut poussé au rivage, près de la chapelle de Ristigouche, tandis que le commandant de l'autre mettait le feu aux poudres, afin de l'empêcher de tomber aux mains des Anglais.

» Resté maître du champ de bataille par la destruction de la flotte ennemie, Byron fit détruire un amas de cabanes décoré du nom de Nouvelle-Rochelle, et situé sur la pointe à Bourdo, à trois milles au-dessus du village de Ristigouche. Pendant ce temps, les Français et les Micmacs se réfugiaient dans les bois, où ils attendaient en sûreté le départ de la flotte anglaise.

» L'imagination se reporte vivement vers ces scènes animées et terribles, quand on se trouve sur le théâtre même de la lutte. Les vaisseaux des deux nations rivales se croisant, se fuyant, se rapprochant; leurs longs pavillons qui flottent dans les airs et portent un défi à l'ennemi; au milieu des broussailles du rivage, ces troupes sauvages grotesquement coiffées et habillées; ces caps arides surmontés du drapeau blanc et défendus par des pièces d'artillerie, dont la gueule s'allonge hors des meurtrières pour vomir le feu et la mort ; ces nuages de fumée roulant sur les eaux et dérobant aux combattants la vue du ciel ; les craquements des mâts qui se brisent, les sifflements aigus du commandement, le bruit de la mousqueterie et du canon, les cris de la victoire, de la douleur et de la rage : voilà les parties du drame qui se jouait, il y a soixante-quinze ans, sur le théâtre resserré au milieu duquel nous nous trouvons. C'était un des épisodes de la rivalité entre la France et l'Angleterre. »

Mardi, 5 octobre. — De Campbellton à Memramcouk, deux cent cinq milles. Une nuit en *sleeping car*. Avec tout leur esprit inventif, les Américains trouveront difficilement un moyen de locomotion plus commode et plus confortable que ces chars-dortoirs : ce qui n'empêche pas qu'on en sorte toujours plus ou moins ahuri, poudreux, harassé. Il en est des nuits qu'on y passe comme des champignons, la meilleure ne vaut rien.

De la gare de Memramcouk, on aperçoit à droite, sur une hauteur, à deux milles de distance, le beau portail gothique de l'église paroissiale, le collège de Saint-Joseph et le joli couvent des religieuses de la Charité. On a quitté le pays des montagnes. Un sol ondulé et fertile, qui me rappelle les plaines de la Vendée ou de la Touraine, s'étend de tous côtés à perte de vue. Je me sens le cœur réjoui en songeant que cette belle contrée, arrosée par les rivières Memramcouk et Peticoudiac, est encore toute française. Les Acadiens qui en avaient été expulsés en 1755, en ont de nouveau pris possession, et ils y ont si bien prospéré qu'ils forment aujourd'hui le groupe le plus important de leur race au Canada. La paroisse de Memramcouk à elle seule ne compte pas moins de six mille âmes. Les terrains que leurs ancêtres avaient conquis sur la mer, par les travaux d'endiguement qu'ils avaient fait le long des deux rivières, et qui avaient été submergés après la dispersion, ont été remis en culture dès leur retour. Ces terrains ont été tellement agrandis d'année en année, qu'aujourd'hui leur longueur totale n'est pas moins de trente milles sur une largeur considérable.

Le brave Acadien qui m'a fourni son rustique équipage pour me conduire au collège me fait remarquer les *aboiteaux* [1] qui suivent les sinuosités du Memramcouk, et qui ressemblent de loin à un immense serpent couché dans l'herbe.

En passant devant le portail de l'église, j'en admire les élégantes proportions et la flèche hardie qui le surmonte. J'observe, sans pouvoir me l'expliquer, la ressemblance de cette pierre de taille avec celle qui a servi à la construction des rues fashionables de New-York.

Le collège consiste en un vaste et superbe corps de logis en pierre de taille comme celle de l'église, à quatre étages et à toit mansard, flanqué à droite d'un pavillon qui n'attend que celui de gauche, pour donner à l'édifice toute son ampleur et sa beauté. Il est tenu par des religieux de Sainte-Croix, la plupart canadiens, à la distance où ils sont de la province de Québec, ils n'ont pas souvent occasion de voir des compatriotes, surtout des membres du clergé. Aussi ma visite paraît-elle leur faire un sensible plaisir.

— Soyez le bienvenu, me dit en me serrant vivement la main, le supérieur, l'excellent P. Lefebvre. Vous vous êtes bien fait attendre, car un de nos pères nous a annoncé votre venue pour l'ouverture des classes, mais vous ne pouvez arriver mieux à point. Nous faisons demain l'inauguration de notre nouvelle chapelle, qui fait partie de l'aile que nous venons d'achever, et pour laquelle un de nos anciens élèves, un Acadien, l'abbé

[1] Digues.

Cormier, nous a fait don de trois mille dollars. C'est lui-même qui vient la bénir et y chanter la messe ; c'est vous qui nous donnerez le sermon.

J'ai beau me récrier, alléguer les meilleures raisons du monde, le P. Lefebvre est inflexible ; il n'y a qu'à se soumettre.

Le collège de Memramcouk n'a guère plus de vingt ans d'existence (1864), et il marche déjà de pair avec les collèges classiques de la province de Québec. Plusieurs de ceux-ci lui sont même inférieurs sous le rapport de l'organisation matérielle. L'édifice actuel, qui ne date que d'une dizaine d'années, a été construit selon les meilleures conditions hygiéniques ; le système de chauffage à l'eau chaude, la ventilation, la distribution de l'eau dans tous les étages, au moyen d'un aqueduc qui n'a pas moins d'un mille de longueur, rien n'y manque, hormis peut-être ce qui fait défaut dans presque toutes nos maisons d'éducation, je veux dire une salle de gymnase établie d'après un système raisonné tel qu'il en existe quelques-uns aux Etats-Unis, — système admirable dont le but est de proportionner le développement physique au développement intellectuel, et qui réalise d'aussi près que possible l'axiome antique *mens sana in corpore sano* [1].

Les études se divisent en cours commercial et cours classique, et sont suivies par deux cents élèves, dont le nombre va croissant chaque année. Ce résultat est dû principalement à l'enseignement *pratique* du français et de l'anglais, qui est facilité par le mélange à peu près égal d'élèves parlant l'une ou l'autre langue. Au surplus, la situation du collège de Saint-Joseph sur les confins du Nouveau-Brunswick et de la Nouvelle-Ecosse, au centre même des populations acadiennes, ne pouvait être mieux

[1] Cette observation n'a pas été inutile : le collège de Memramcouk possède aujourd'hui un excellent gymnase. (*Note de la 2e éd.*)

choisie. Ce concours de circonstances en explique le grand et rapide succès, mais ce succès est dû avant tout à un homme qui restera comme l'insigne bienfaiteur des Acadiens.

Remontez à l'origine de chacune de nos institutions catholiques, vous trouverez un prêtre. Ici encore c'est un prêtre qui apparaît au premier jour, et qui est l'âme de cette œuvre. C'est sous l'inspiration du R. P. Lefebvre, c'est par son zèle, son énergie, sa persévérance, son habileté administrative, en un mot par toutes les qualités qui distinguent les fondateurs, qu'a été créé et organisé ce magnifique établissement. Le collège de Saint-Joseph est le seul de ce genre, dans les provinces maritimes, qui soit particulièrement dédié aux Acadiens.

On ne saurait exagérer l'importance d'un pareil établissement. Le plus grand malheur des Acadiens n'a pas été leur dispersion, mais l'abandon presque complet dans lequel ils ont été laissés durant près d'un siècle. Dans toute cette douloureuse période, ils n'ont eu, on peut dire, aucun moyen d'instruction. La plupart furent même longtemps sans avoir de missionnaires résidant au milieu d'eux [1].

On conçoit l'état d'ignorance et de stagnation qui s'en est suivi. Mais de nos jours une ère nouvelle a commencé pour les Acadiens, et elle coïncide précisément avec l'ouverture du collège de Memramcouk, qui en a été la principale cause. Il en est sorti toute une pléiade

[1] Le clergé du Canada se trouvait réduit en 1766 à 138 prêtres séculiers et réguliers ; et l'évêque de Québec, Mgr Briand, était obligé d'envoyer des missionnaires sur tout l'immense territoire qui s'étend depuis l'Acadie jusqu'à l'Illinois.

Dans la lettre de mission donnée par ce prélat au P. de la Brosse, le 11 avril 1770, il est dit « qu'il aura à desservir tous les catholiques établis depuis Cacouna et au-dessous jusqu'à l'Acadie, l'île Saint-Jean (Prince-Edouard) et l'île Royale (Cap-Breton) » ; c'est-à-dire une étendue de pays de plus de 500 milles.

d'hommes instruits, actifs, animés d'un patriotisme ardent et éclairé, qui ont fait leur réputation dans différentes carrières, et qui défendent la cause de leurs compatriotes sur tous les terrains de la vie publique et privée. On compte parmi eux des sénateurs, comme M. Poirier, écrivain aussi distingué que sage politique, des députés aux communes et aux législatures provinciales, comme MM. Landry, Le Blanc, Terriault, Le Billois, etc., des avocats, des médecins, des instituteurs et d'excellents prêtres, parmi lesquels il faut signaler l'abbé Cormier, curé de Cocagne, l'insigne bienfaiteur du collège, et dont j'ai déjà mentionné le nom. Chaque année voit s'accroître cette phalange d'hommes remarquables, qui, avec le temps, fera reprendre au peuple acadien la place que ses malheurs lui ont fait perdre.

CHAPITRE DEUXIÈME

Une Promenade à Peticoudiac. — Souvenir de l'Expulsion. — Noël Brassard. — Le Fort Beauséjour. — La Grand-Prée.

6 octobre. — Le soleil se lève radieux et promet une si belle journée, que le P. Lefebvre me propose une promenade dans la campagne. Nous irons visiter les bords de la rivière Peticoudiac jusqu'à son embouchure, et nous reviendrons en remontant le cours du Memramcouk. — Après le déjeuner, la voiture nous attend au pied du grand escalier en pierre qui conduit à la porte principale du collège. Comme nous descendons l'avenue, le père me fait remarquer les cours spacieuses des élèves, les belles plantations qu'il a faites, et qui déjà donnent une ombre agréable durant les chaleurs de l'été. Le chemin de fer *Intercolonial* passe au pied de la colline, et n'attend que l'érection d'une gare nouvelle pour déposer les voyageurs à quelques arpents d'ici.

Voilà devant nous le couvent des sœurs du Sacré-Cœur, et celui des sœurs de la Charité, dont les religieuses sont presque toutes acadiennes. Les sœurs du Sacré-Cœur s'occupent de différentes bonnes œuvres, et veillent en même temps à l'entretien et à la nourriture des élèves du collège. Les sœurs de la Charité tiennent un pensionnat nombreux et prospère.

— Cette grande maison que vous voyez près de l'église, me dit le P. Lefebvre, c'est l'ancienne école fondée par mon prédécesseur, le vénérable curé Lafrance. Un de ses frères, qu'il avait fait venir de Québec, y a enseigné pendant quelques années. Les Acadiens n'ont pas eu de meilleur ami que le curé Lafrance. Dieu seul, qui l'a récompensé, connaît les sacrifices qu'il a faits pour l'instruction de la jeunesse. Il a le mérite d'avoir eu, le premier, l'idée d'un collège ici. Il lui a légué toutes ses épargnes avec de grandes terres qui donnent actuellement un excellent revenu.

Au nom de ce digne prêtre, le P. Lefebvre aime à associer celui de Mgr Sweeney, évêque de Saint-Jean, Nouveau-Brunswick, dont la sollicitude est au-dessus de tout éloge. C'est Mgr Sweeney qui, en 1864, est allé à Montréal frapper à la porte des pères de Sainte-Croix pour les prier d'entreprendre l'œuvre de l'enseignement dans son diocèse. Aucune institution ne lui tient plus au cœur que le collège de Memramcouk. Sa main est toujours ouverte pour venir en aide aux élèves pauvres qui montrent d'heureuses dispositions, surtout s'ils donnent des espérances pour l'Eglise.

— Ce cheval appartient-il à votre maison, demandai-je au P. Lefebvre, en lui désignant le bel alezan qu'il conduit avec une parfaite dextérité ?

— Ne savez-vous pas, reprend le père avec un sourire satisfait, que nous avons un haras qui nous donne les meilleures espérances ? Celui-ci en provient. Vous avez raison de le remarquer ; mais je vous en montrerai d'autres que vous admirerez bien davantage, si vous êtes un connaisseur. L'élevage est profitable dans ce pays-ci. Aujourd'hui même j'ai refusé, pour une paire de jeunes chevaux, un prix qui vous étonnerait et qu'on trouve bien rarement à Montréal ou à Québec.

Le P. Lefebvre s'entend en agriculture aussi bien qu'en enseignement. Curé de la paroisse en même temps que supérieur du collège, il s'intéresse au progrès matériel autant que spirituel de ses paroissiens. Il les réunit pendant les soirées d'hiver, et leur communique le fruit de ses études et de son expérience. Afin d'inspirer du goût pour l'agriculture à ses écoliers, il les fait assister à ses conférences. Il fait préparer d'avance une thèse par l'un d'eux, et il en prend occasion pour développer ses propres idées, dissiper les préjugés, suggérer des améliorations.

Ces leçons et les résultats qu'il obtient sur les terres du collège, dont il surveille lui-même la culture, ont déjà produit une révolution dans les esprits. Les Acadiens se sont mis à l'œuvre, et ils se piquent d'honneur pour rivaliser avec le P. Lefebvre. Est-il besoin d'ajouter qu'ils apprécient son dévouement, qu'ils l'aiment comme un père, qu'un mot de lui est une parole d'Evangile ? Le P. Lefebvre est le souverain de toute cette contrée ; son influence est sans rivale parmi toutes les classes et toutes les nationalités ; le peu que je viens d'en dire prouve qu'il en est digne.

Modeste comme le vrai mérite, le P. Lefebvre attribue la plus large part de ses succès à ses coopérateurs, qui de fait l'ont merveilleusement compris et secondé. C'est un éloge de plus pour celui qui a su ainsi faire concourir tous les éléments qui l'entouraient à l'établissement de son œuvre.

L'aspect général de ce pays fait songer aux environs de Montréal. A la franche allure des gens, à la politesse et à l'air de connaissance avec lesquels ils nous saluent au passage, on s'aperçoit bien qu'on est dans un pays

2

français et catholique. On le devinerait du reste à la seule apparence des maisons. Elles n'ont pas cette architecture de fantaisie, ces airs de prétentions plus ou moins ridicules qu'on remarque dans les campagnes des Etats-Unis, et qui menacent de s'introduire au Canada. On voit que les propriétaires les ont bâties en vue de leur propre confort, et non pour attirer les yeux des passants, et qu'ils ont profité de leur expérience des lieux et du climat. Le site de ces habitations est bien choisi, et leurs ouvertures principales regardent le soleil levant, afin d'en recevoir abondance de lumière et de chaleur. Leur construction simple et régulière est faite de façon à présenter le moins de surface possible au vent et au froid. L'habitant acadien s'y montre tel qu'il est, vrai homme des champs dans le sens antique du mot, en ayant gardé les goûts modestes et les solides qualités.

Le pays que nous parcourons est un terrain d'alluvion assez accidenté, et partout ouvert à la culture. Dans les champs, des groupes d'hommes et de femmes sont occupés activement à faire la dernière récolte, celle des pommes de terre, qui donne ici de magnifiques rendements, les Acadiens n'ayant pas de rivaux pour ce genre de culture.

Grâce au train rapide de notre alezan, nous arrivons bientôt sur les hauteurs qui dominent le cours de la rivière Peticoudiac. Le paysage qu'on y a sous les yeux est gracieux et doux comme une idylle. Les deux rives s'élèvent graduellement en amphithéâtres, couronnés d'arbres verts et tachetés de blanc par les maisons proprettes des Acadiens, qui ont un air de bonheur avec leurs granges et leurs remises bien tenues et fermées d'un enclos de palissades blanchies à la chaux. A droite, la vue suit les méandres de la rivière, jusque dans les profondeurs des terres ; à gauche elle s'étend jusqu'à son embouchure qui s'ouvre en large entonnoir sur la baie de

Fundy, dont les eaux bleuâtres se confondent là-bas avec le ciel.

Vous voyez distinctement d'ici, me dit le P. Lefebvre, cette seconde pointe qui s'avance dans la baie et qui ferme l'horizon de l'autre côté du Peticoudiac, c'est la pointe de Chipoudy ; c'est là que vint s'établir, en 1699, le meunier Thibaudeau avec sa famille, qu'il amenait de Port-Royal. C'est dans la baie de Chipoudy qu'il bâtit son moulin et établit sa colonie, déjà si florissante, dès son vivant. Vous vous rappelez le beau chapitre que lui a consacré notre ami M. Rameau, dans son histoire d'*Une colonie féodale*. C'est une de ses meilleures pages. Le portrait de ce colon entreprenant, de sa vaillante femme et de ses enfants, l'arrivée des familles qui vinrent les rejoindre, les progrès de l'établissement, la satisfaction du vieux Thibaudeau à la vue de ses travaux si bien récompensés, des riches moissons, des troupeaux augmentant d'année en année, la paix et le contentement qui régnaient dans cette solitude, si loin du monde qu'elle semblait à l'abri des moindres dangers, tout cela est tracé, raconté, décrit d'une façon saisissante. C'est une délicieuse pastorale ; on serait même tenté de croire, de prime abord, à un tableau de fantaisie fait à plaisir, tant il est frais et séduisant ; mais les documents officiels, les recensements sont là pour attester la réalité des faits. Pendant le demi-siècle qui suivit la mort de Thibaudeau, la colonie de Chipoudy continua à prospérer. Mais, hélas ! aucune trace n'en reste aujourd'hui. Tout a disparu depuis la tourmente de 1755. Des étrangers occupent maintenant leurs foyers, cultivent leurs champs et jouissent des fruits de leurs travaux. Le nom même de Chipoudy, qui rappelait trop le souvenir des malheureux spoliés, a été changé par un nom moderne.

L'expulsion des habitants de Chipoudy, de Peticoudiac et de Memramcouk n'avait pas été effectuée par la ruse comme à la Grand-Prée et à Pigiquit, mais par la force ouverte.

Un fort détachement des troupes anglo-américaines, sous le commandement du major Frye, avait fait une descente à Chipoudy et avait brûlé toutes les maisons sur le bord de l'anse, ne laissant intactes que celles qui se trouvaient à l'entrée du bois où les habitants purent les protéger en faisant feu sur les assaillants.

De là, Frye avait jeté une partie de ses hommes sur la rive gauche du Peticoudiac, pour faire mettre le feu à l'église et au village ; mais les habitants avaient eu le temps de se reconnaître et de se réunir avec un parti de sauvages sous les ordres de M. de Boishébert. Ils les surprirent, les cernèrent et en firent un affreux massacre. La moitié resta sur la place, ou fut prise ; le reste s'enfuit vers le rivage et s'abrita derrière les digues, où il se défendit jusqu'à ce que Frye eût le temps de débarquer et de les rejoindre. Il voulut inutilement reprendre l'offensive ; après un combat acharné, il fut obligé de se rembarquer en toute hâte.

Mais que pouvait cette poignée d'hommes sans espoir de secours, contre des régiments armés de toutes pièces? Ils se virent forcés d'abandonner leurs terres et de se réfugier dans les bois, emportant avec eux les objets les plus précieux. Si vous entrez aujourd'hui chez certaines familles acadiennes originaires de Chipoudy, de Peticoudiac et de Memramcouk, vous entendrez le récit des scènes navrantes qui se passèrent alors et dont elles ont gardé la tradition.

Un des détachements qui avait le plus harcelé les Bostonais et les avait forcés de se rembarquer, était commandé par Noël Brassard dit Beausoleil, vieux chasseur et milicien accoutumé aux guerres de partisans.

Aucun habitant du lieu n'avait plus d'intérêt que lui à défendre ses foyers. Il était père de dix enfants, dont le dernier avait à peine huit jours; il avait avec lui sa vieille mère octogénaire. Son père, l'un des premiers colons de Peticoudiac, lui avait légué, avec la maison paternelle, une grande et belle terre en pleine culture, qui lui donnait une honnête aisance. Aussi Noël Brassard ne pouvait se résigner à la pensée de quitter Peticoudiac pour aller errer dans les bois avec sa famille, aux approches de nos terribles hivers. Il savait quelles misères les y attendaient; il savait que les plus faibles y trouveraient une mort certaine.

Dans l'assemblée des habitants où le départ fut décidé, Noël Brassard opina pour une lutte à outrance, et ce fut seulement après que toute la paroisse eût été abandonnée qu'il se décida à rejoindre les fugitifs.

Tandis que sa femme, qui pouvait à peine se trainer, se dirigeait vers la lisière de la forêt, suivie de ses enfants, et portant le dernier né dans ses bras; il entassait dans une charrette le peu d'effets qu'il pouvait emporter, et y étendait sa vieille mère que les émotions des derniers jours avaient réduite à l'extrémité. Il eut bientôt rejoint sa famille sur le haut de la colline d'où l'on apercevait le village à moitié incendié et l'entrée du Peticoudiac.

Ils s'arrêtèrent là silencieux; les enfants se pressaient autour de leur mère en étouffant leurs sanglots; pour Noël Brassard, il ne pleurait pas, mais il était pâle comme un mort, et ses lèvres tremblaient quand il regardait sa femme qui soupirait en essuyant ses larmes. Le soleil se couchait en arrière d'eux sur la cime des arbres — un beau soleil clair d'automne qui réjouissait tout le paysage. Ses rayons obliques allumaient des reflets d'incendie aux fenêtres des maisons, et allongeaient leurs ombres dans la vallée.

La mère Brassard, épuisée de force, avait paru à peu près insensible pendant le trajet; mais alors elle ouvrit les yeux, et comme si l'éclat des objets la ranimait, elle se mit à examiner l'une après l'autre chacune des maisons du village ; elle jeta un long regard d'adieu sur le toit où elle avait si longtemps vécu ; puis ses yeux restèrent fixés sur le cimetière dont les tombes et les croix blanches brillamment illuminées se dessinaient en relief sur l'herbe du gazon.

— Je n'irai pas plus loin, soupira-t-elle à son fils ; je me sens mourir. Tu m'enterreras là, près de ton père.

La voiture se remit en marche ; mais quand elle eut fait quelques arpents sur le chemin cahoteux et mal tracé qui plongeait dans la forêt, Noël Brassard s'aperçut que le visage de sa mère devenait plus blanc que la cire ; une sueur froide perlait sur ses joues.

Sa femme et lui s'empressèrent autour d'elle pour la ranimer, mais ce fut en vain. Elle était morte.

Le lendemain au soir, deux hommes étaient occupés à creuser une fosse dans le cimetière de Peticoudiac. A côté d'eux attendait le missionnaire, M. Le Guerne, qu'ils avaient eu le temps d'aller prévenir. Noël Brassard et son beau-frère se hâtèrent d'achever leur besogne, car la lune alors dans son plein, montait rapidement à l'horizon et aurait pu facilement trahir leur présence.

Quand la fosse fut terminée, le missionnaire revêtit son surplis avec son étole noire, et récita à voix basse les prières de l'absoute. Il aida ensuite les deux hommes à combler la fosse.

— Avant de partir, leur dit-il, nous allons réciter un *De Profundis* au pied de la grande croix, afin de mettre nos morts sous la protection de Dieu et les défendre contre la profanation des hérétiques.

Un instant après, la porte du cimetière grinça sur ses gonds, et tout rentra dans le silence.

Noël Brassard n'était qu'au commencement de ses

peines. Malgré ses sinistres pressentiments, s'il avait pu prévoir tous les malheurs qui l'attendaient, il aurait reculé d'épouvante.

Dans le cours de cet affreux hiver, il perdit sa femme et tous ses enfants, hormis deux, un garçon et une fille. De Peticoudiac à Ristigouche, où il arriva dans les premiers jours du printemps, on aurait pu suivre sa marche à la trace des tombes qu'il avait laissées derrière lui.

Dans son désespoir, il ne pouvait entendre prononcer le nom d'un Yankee sans être saisi d'une espèce de frénésie. Il confia les deux enfants qui lui restait à sa sœur Marguerite d'Entremont, qui elle-même avait perdu tous les siens, et il se remit à son ancien métier de chasseur; mais cette fois, ce n'était pas pour faire la chasse aux animaux des bois, c'était pour faire la chasse à l'homme, la chasse à tout ce qui portait le nom d'Yankee ou d'Anglais. A la tête de quelques partisans, habiles au tir comme lui, et comme lui exaspérés par l'excès du malheur, il n'épargna rien pour faire à ses ennemis tout le mal qu'il en avait souffert. Pendant les cinq années qui suivirent, il se mit à la disposition des officiers français, qui l'employèrent à soulever les tribus sauvages et à les accompagner dans leurs sanglantes expéditions. Chaque fois qu'il abattait un ennemi, il faisait une entaille sur la crosse de son fusil. Ce fusil a été conservé ar ses descendants, et l'on n'y compte pas moins de vingt-huit marques.

Au printemps de 1760, Noël Brassard était de retour à Ristigouche. Quand le marquis de Danjac vint s'y réfugier avec ses quatre vaisseaux, il réclama le privilège de servir un des canons qui furent débarqués sur la pointe à la Batterie pour défendre l'embouchure de la rivière. Les artilleurs se firent tuer sur leurs pièces, et Noël Brassard, qui s'était battu comme un lion, pointait le dernier canon, resté sur son affût, quand il fut coupé en deux par un boulet[1].

Pendant que nous côtoyons le Peticoudiac, le P. Lefebvre m'intéresse vivement en me rapportant quelques-unes des traditions qu'il a recueillies de la bouche des Acadiens.

— Avez-vous remarqué, me dit-il, le calice dont vous vous êtes servi ce matin pour dire la messe? C'est un calice d'argent à coupe dorée, d'un travail fort simple, mais d'un prix inestimable pour nous, car il est aussi ancien que l'Acadie, et il a échappé au désastre du siècle dernier.

Avant de se réfugier dans les bois, les marguilliers qui avaient la charge de l'église en l'absence du missionnaire, l'enfouirent sous terre avec quelques autres pièces d'argenterie. Afin de le retrouver, ils firent une excavation au milieu du cimetière, à la rencontre d'une croix qu'ils tracèrent au moyen de deux cordes tendues d'un angle à l'autre. Dans une requête adressée en 1805, à Mgr Denaut, évêque de Québec, par les habitants de la baie Sainte-Marie, on trouve quelques détails précis sur la manière dont furent conservés les vases sacrés et les

[1] Noël Brassard, dit Beausoleil, figure, dans les ordres du marquis de Vaudreuil à M. de Danjac, parmi les Acadiens à qui l'on pouvait donner des commissions d'officier pour commander les corsaires destinés à courir sur l'ennemi.

« M. de Danjac engagera les Acadiens qui ont des bâtiments à armer et aller en course. Nous avons pour cet effet adressé à M. Bourdon, l'hiver dernier, six commissions de l'amirauté en blanc. Il aura soin de les distribuer à ceux des Acadiens qui sont le plus en état de faire ces armements. Nous pensons que ce sont les nommés Gauthier et *Beausoleil;* nous les lui recommandons, en considération de leur zèle et de leurs services. » *Archives de la Marine et des Colonies. Mémoire de M. de Vaudreuil à M. de Danjac*, 15 juin 1760.

ornements de plusieurs églises. « Au temps de l'enlève-
» ment des Acadiens, y est-il dit, les ornements et les
» vases sacrés des églises de nos cantons furent en
» grande partie séquestrés par plusieurs habitants et ca-
» chés dans le bois, et ainsi préservés du pillage ; ensuite
» ramassés et remis à feu M. Maillard, missionnaire.
» Après la mort de ce vénérable prêtre, tous ces effets
» se trouvèrent entre les mains de Louis Petitpas qui
» avait pris soin de lui durant sa dernière maladie ;
» mais d'après des ordres précis de Mgr l'évêque de
» Québec, tout fut livré à M. Bailly, missionnaire
» dans notre province. Plusieurs de nos habitants ici
» et à Sainte-Anne d'Argyle ont pleine connaissance
» de cela. M. Bailly, en se retirant, laissa quelques
» ornements, entre autres deux anciennes chasubles
» que nous avons ici, et deux calices d'entre ceux qui
» lui avaient été remis ; il emporta le reste [1]. »

Il existait jadis, à l'entrée de la rivière Peticoudiac, un village abénaquis assez bien peuplé ; il n'en reste aujourd'hui que peu de familles, vivant la plus grande partie de l'année dans les forêts. Quelques-uns des pères du collège viennent de temps en temps faire l'office et donner des instructions dans leur petite chapelle qui paraît assez bien conservée. Elle est entourée de quelques pauvres chaumières dont plusieurs sont abandonnées. Il n'y a d'apparence de vie que devant une de ces maisons où un groupe de femmes et d'enfants au type sauvage fortement accentué, s'occupent à préparer les éclisses dont ils font leurs paniers. Elles suspendent leur travail en nous voyant passer, et nous accueillent du regard avec cette expression de figure et ce maintien qui indiquent le respect traditionnel des sauvages pour les robes noires.

[1] *Archives de l'archevêché de Québec.*

L'embouchure du Memramcouk et celle du Peticoudiac sont séparés par un promontoire assez élevé, où différentes compagnies américaines ont ouvert des carrières de pierre très facile à travailler et d'une belle couleur gris perle. Une grande partie de cette pierre est exportée aux États-Unis et a servi à la construction de plusieurs belles rues de New-York. Je m'explique maintenant le rapprochement qui m'est venu à l'idée, au premier coup d'œil jeté sur le portail de l'église et sur collège de Memramcouk.

Nous traversons le promontoire en suivant le chemin de la carrière dont nous côtoyons les immenses fossés, et nous redescendons dans la vallée du Memramcouk. Lorsque nous l'avons quitté à notre départ ses eaux boueuses étaient toutes basses et laissaient à découvert les pentes luisantes et roussâtres de ses rivages. Maintenant la rivière coule à pleins bords et inonderait les prés, si elle n'était pas retenue entre ses deux puissantes jetées.

Dans cette partie de la baie de Fundy, la marée monte avec une extrême rapidité, et s'élève jusqu'à une hauteur perpendiculaire de soixante et dix pieds. Elle arrive en roulant une vague énorme qui enlève du fond de la baie une épaisse couche de vase ou limon qu'elle dépose en se retirant. C'est ainsi que se sont formés de siècle en siècle ces vastes estuaires qui sont devenus une des grandes richesses du pays. Le sel marin qui s'y trouve mêlé leur donne une telle fertilité qu'il dispense de tout autre engrais. Il suffit d'y arrêter le cours de la marée et de laisser la pluie laver la surface du sol, qui se couvre bientôt d'une luxuriante végétation. Ces prés naturels n'ont besoin d'autre culture que d'un labour tous les sept ou huit ans. Les récoltes de foin et les pâturages qu'on y fait ont le double avantage d'être abondants et d'une qualité supérieure. Les Acadiens, qui en firent les premiers essais, ne s'y trompèrent pas. Ils y établirent leurs principales colonies qui, dès la fin du dix-septième siècle, s'étendaient sur tout le littoral de la baie, depuis le bassin des Mines jusqu'à Chipoudy.

La journée était avancée lorsque nous revînmes de notre agréable promenade. Je dis adieu à regret aux professeurs du collège qui, pendant le court séjour que je venais de faire au milieu d'eux, m'avaient autant édifié par leur régularité que charmé par leur politesse. Je crois voir encore la bonne figure réjouie du P. Lefebvre, me disant en me donnant une dernière poignée de mains : « Ah ça ! ne l'oubliez pas ; il faut nous revenir bientôt. »

De la gare de Memramcouk à celle d'Amherst, une heure. A mi-chemin, on aperçoit sur la droite, à une petite distance, les ruines de l'ancien fort Beauséjour, aujourd'hui fort Cumberland, assis sur un coteau qui se projette vers l'est, et qui domine la magnifique baie, si bien appelée par les Français Beaubassin. Comme l'après-midi était belle, et que le soleil était encore assez haut sur l'horizon, je résolus d'en profiter, et je commandai une voiture au patron de l'hôtel, M. Ward, brave Irlandais catholique, qui m'offrit de me conduire dans la sienne. Chemin faisant, je l'interrogeai sur Amherst et ses environs.

— Nous sommes, me dit-il, dans un pays tout à fait protestant, qui garde encore presque tous les anciens préjugés contre notre religion. Il n'y a ici qu'une poignée de catholiques irlandais et une pauvre petite église desservie par un jeune prêtre de cette nationalité.

De la belle paroisse de Beaubassin, il ne reste pas de vestige. Le fer et le feu y ont été promenés pendant des années ! Tout ce qui portait le nom d'Acadien a été traqué comme une bête fauve. Pour en retrouver des débris dans ces parages, il faut aller jusque dans les îles et sur les bords du golfe, ou à l'extrémité méridionale de la Nouvelle-Écosse.

Au sortir du village d'Amherst, on remarque l'emplacement encore visible du fort Lawrence bâti par les Anglais sur les ruines de celui de Beaubassin. Les remparts, qui étaient en terre, en ont été abattus et jetés dans les fossés que l'on distingue encore à des plis de terrain où la charrue peut passer. Cet emplacement fait partie d'une ferme dont le propriétaire a bâti sa demeure sur un des bastions. L'*Intercolonial* passe au pied des talus, et coupe la terre où se trouvait le cimetière. On a mis à découvert plusieurs tombes lorsque ce chemin de fer a été construit.

Du fort Lawrence la plaine descend en pente douce jusqu'à la petite rivière Messagouetche, qui servait au siècle dernier et qui sert encore aujourd'hui de frontière à la Nouvelle-Écosse. De là, la plaine remonte graduellement pour former l'éminence sur laquelle repose le fort Cumberland. Avec les projectiles modernes, les deux forts pourraient se canonner facilement, car ils ne sont pas distants d'une lieue l'un de l'autre. Le Messagouetche, avec ses eaux ternes et fangeuses, avec ses écores roussâtres et ses digues, est une miniature du Peticoudiac. Quand la marée s'est retirée, ce n'est plus qu'un ruisseau encaissé qui traine sans bruit ses eaux limoneuses sur une pente insensible. On le traverserait sans y faire attention, s'il n'évoquait le souvenir des scènes sanglantes dont il a été le théâtre. C'est ici que venaient se rencontrer les partis de guerre stationnés aux deux forts, pour s'en disputer le passage après avoir ravagé les terres et brûlé les moissons des pauvres Acadiens. C'est derrière cette digue, et couchés dans ces grandes herbes, que se tenaient les espions micmacs qui commirent contre l'infortuné Howe ce meurtre qui souleva tant d'indignation dans les deux camps [1].

Le soleil était près de l'horizon quand je descendis de voiture au pied du fort Cumberland. Lorsqu'on jette un coup d'œil sur le paysage qu'on aperçoit du haut des remparts, on comprend pourquoi les Français donnèrent à ce lieu le nom de Beauséjour. Au reste, ils ont laissé en bien d'autres endroits l'empreinte de l'admiration que leur inspirait le pays, ce qui atteste en même temps jusqu'à quel point était développé chez eux le sentiment de la nature. Cette belle nappe d'eau qui s'étend au pied du fort *Beauséjour,* c'était pour eux la baie de *Beaubassin* avec son fort auquel ils s'étaient plu de donner le même nom. Plus loin, au delà de ces montagnes, c'était le *Port-Royal.*

Si les conquérants ont fait acte de bonne politique en bannissant ces souvenirs français, ils n'ont guère fait preuve de bon goût. Que rappellent en effet les noms de Lawrence, d'Annapolis, de Cumberland, sinon des personnages d'une valeur médiocre, tandis que les premières désignations exprimaient la beauté des lieux.

Il y a deux siècles, Mgr de Saint-Valier parlait ainsi de Beaubassain : « Sa situation est charmante. Cet établissement est au fond d'une baie de six lieues de tour, où se jettent sept belles rivières, et qui communique avec la baie Française par un passage qui n'a qu'une demi-lieue de large, et sans danger [2]. »

De son côté l'intendant De Meules écrivait en 1685 : « Il y a tout autour de Beaubassin une si grande quantité de prairies qu'on y pourrait nourrir cent mille bêtes à cornes ; l'herbe qui y vient s'appelle *misette,* très propre pour engraisser toutes sortes de bestiaux. Aux deux côtés des dites prairies, ce sont de douces côtes toutes

[1] Voir *Appendice* n° 1.

[2] *Histoire manuscrite du séminaire de Québec.*

couvertes de bon bois franc ; on y a déjà fait plus de vingt-deux habitations sur de petites éminences que les habitants y ont choisies, pour avoir communication dans les prairies et dans les bois... Il n'y a aucun de ces habitants qui n'ait trois ou quatre corps de logis assez raisonnables pour la campagne. Ce lieu de Beaubassin est si heureusement situé pour faire des nourritures considérables de bestiaux, que si l'on établit à Port-Royal des relations régulières avec nos îles de l'Amérique, il s'y trouverait assez de bestiaux pour le commerce des îles, et leur fournir leur provision de bœuf, que l'on tire des pays étrangers [1]. »

Le fort Cumberland est un vaste pentagone dont les remparts, assez élevés et bien conservés, sont en terre recouverte d'une épaisse couche de gazon. Les courtines sont percées de casemates dont la construction solide a résisté à l'action du temps. On distingue encore parfaitement sur les remparts les embrasures des canons, qui ont tous été enlevés avec le matériel de guerre. La poudrière, placée dans les fossés sous la protection d'ouvrages avancés, est complètement en ruines. Il n'existe à l'intérieur de la forteresse qu'un édifice à toiture défoncée, ouvert à tous les vents, qu'on dit avoir été la caserne des officiers.

Autour de cette masure déserte paissait un troupeau de bétail qui s'enfuit à mon approche, jusqu'au bord des bastions, d'où il me regarda d'un air effarouché, comme s'il n'eût jamais été troublé dans cette solitude. Tel est l'état d'abandon et d'oubli dans lequel est tombé cette position stratégique, disputée autrefois avec acharnement par les deux puissances rivales. Elles en avaient tout d'abord compris l'importance. Par sa situation à l'endroit le plus rétréci de l'isthme, Beauséjour était la

[1] *Archives de la marine et des colonies, à Paris.*

clef de l'Acadie. Il communiquait sur l'océan, d'un côté par la baie Française, dont les eaux venaient battre à ses pieds, de l'autre par le golfe Saint-Laurent, au moyen du fort Gaspareaux, bâti tout exprès au fond de la baie Verte.

Par malheur, au moment du danger, la garde de ce poste avait été confiée à l'un des mauvais génies de la Nouvelle-France, Vergor, l'ami de Bigot, le même qui plus tard, par lâcheté ou par trahison, devait livrer à Wolfe l'accès des plaines d'Abraham.

Au mois de juin 1755, un fort détachement de troupes anglo-américaines, commandé par Monckton, vint mettre le siège devant Beauséjour. Vergor n'avait à leur opposer que cent cinquante hommes de troupes régulières; mais il eût pu les repousser avec l'aide des quinze cents Acadiens et sauvages réfugiés autour du fort, s'il ne les eût d'avance indisposés contre lui par d'indignes traitements, et en leur refusant le nécessaire, quand les magasins étaient remplis [1].

Comme la voiture m'emportait du côté d'Amherst, au moment où le soleil couchant jetait ses derniers rayons sur les grands prés et sur la baie de Beaubassin, je ne pus me défendre d'un sentiment de tristesse, en songeant à la perte irréparable que la France a faite de cette admirable contrée et du vaillant peuple qui l'avait colonisée. La cour de Versailles a eu bien des torts envers la Nouvelle-France; mais nulle part l'ingrati-

[1] C'est à Vergor que l'Intendant Bigot écrivait : « Profitez, mon cher Vergor, de votre place (Beauséjour); taillez, rognez, vous avez tout pouvoir, afin que vous puissiez bientôt me venir joindre en France, et acheter un bien à portée de moi. »

Le fait suivant peint l'administration de Vergor. Afin d'arracher aux Acadiens le peu d'argent qui leur restait, il leur défendait d'aller s'approvisionner chez les Anglais, et il leur vendait les effets que le gouvernement français envoyait pour leur propre soutien.

tude et l'impéritie de cette cour ne sont plus sensibles que sur cette terre acadienne, toujours fidèle et toujours sacrifiée. Si on y eût dépensé seulement la moitié de ce qu'a coûté le château de Versailles, on pourrait compter aujourd'hui un million d'Acadiens richement établis autour de la baie qui n'aurait pas perdu le nom de baie Française.

D'Amherst à Truro, au fond de la baie de Cobequid, soixante-treize milles. Cette petite ville anglaise a pris la place de la paroisse acadienne de Cobequid, anéantie en même temps que la Grand-Prée. Il en a été de même de Pigiquit, aujourd'hui Windsor, qui rivalisait de prospérité avec Cobequid, auquel se rattachait la mission micmaque de Shubenacadie. A Cobequid, il n'y avait souvent qu'un seul missionnaire pour les blancs et pour les sauvages. Ce missionnaire desservait les deux églises et partageait également ses soins entre les chrétiens des deux races. On saisit ici sur le fait la supériorité de la colonisation française sur celle de nos voisins, sous le rapport de l'humanité et de la civilisation. Le voisinage de ces deux églises, dans une mission composée de blancs et de peaux-rouges, vivant côte à côte dans une constante amitié, indique l'esprit qui chez nous animait l'Église et l'État. La colonisation française a été un bienfait pour les indigènes, tandis que celle de l'Angleterre a été pour eux une calamité. Leur instinct ne se trompait pas quand il leur faisait voir dans les Français des frères et des amis, et dans les Anglais des indifférents ou des ennemis. Ceux-ci ont eu à souffrir davantage de leur barbarie, précisément parce qu'ils n'ont cherché à se les concilier que lorsqu'ils y ont été poussés par leur propre intérêt. Conçoit-on après cela qu'on nous fasse un reproche de ne pas avoir mieux réussi à humaniser les sauvages, tout en avouant que leur génie était réfractaire à la civilisation ? Nos pionniers et nos missionnaires n'ont-ils pas poussé l'héroïsme et la persévérance jusqu'à leurs limites? S'il y a responsabilité quelque part, ne retombe-t-elle pas de tout son poids sur ceux qui, au lieu de seconder leurs efforts, ont plutôt cherché à les entraver ?

De Truro à Windsor le trajet en voiture, le long de la baie de Fundy, peut se faire en quelques heures ; mais il n'y a de communication par voie ferrée qu'en passant par Halifax.

8 octobre. — Kentville, à sept milles de la Grand-Prée, anniversaire du premier embarquement des Acadiens. Kentville est un village agréablement situé sur les bords de la rivière Cornwallis, qui se jette dans le bassin des Mines. Hier au soir, en descendant à la gare, j'ai fait l'heureuse rencontre de M. Lyon, Irlandais d'origine, qui a vécu longtemps tout auprès de la Grand-Prée, dans la ville naissante de Wolfeville. Il est familier avec tous les souvenirs qui se rattachent à la Grand-Prée.

Je commande une voiture, et je profite de l'offre qu'il me fait de m'accompagner.

Le soleil levant commençait à dissiper une brume épaisse qui s'était levée pendant la nuit de la baie de Fundy, et faisait présager une journée claire et agréable.

L'aspect général du pays est bien différent de celui que présente le fond de la baie. Les hauteurs qui lui servent ici de contreforts sont largement découpées, et sont rayées de ravins au fond desquels coulent plusieurs rivières qui se jettent dans le bassin des Mines : la rivière aux Canards, celle des Habitants et celle de Gaspareaux gardent encore leurs noms acadiens.

On a dit avec raison que ce littoral, qui comprend les trois comtés d'Annapolis, Kings et Hants, est le jardin des provinces Maritimes. On peut en effet traverser ces trois comtés presque sans sortir des vergers. Outre les cerisiers, les pruniers et les poiriers, les plus belles variétés de pommes y réussissent admirablement. De chaque côté du chemin que nous suivons, d'innombrables pommiers sont chargés à se rompre de fruits superbes. Certaines variétés, telles que la pomme Beliveau, portent encore le nom des Acadiens qui, les premiers, les ont cultivées. Dès la fin du dix-septième siècle, les arbres fruitiers étaient une des grandes ressources du pays.

« Il y a des endroits, écrivait Dièreville, en 1700, aussi bien plantés de pommiers qu'en Normandie. »

Comme nous descendions la déclivité au bas de laquelle s'élevaient l'église et le village de la Grand-Prée, le soleil achevait de disperser les brumes à l'horizon, et diamantait les eaux du bassin. A notre gauche, le cap Blomedon, l'ancien cap au Porc-Épic des Français, dont la falaise roussâtre, à demi déboisée, s'allonge pour former l'anse des Mines, se dégageait lentement des buées blanches qui flottaient à son sommet et à l'embouchure des rivières aux Canards et des Habitants, tandis qu'à une demi-lieue vers la droite, la rivière Gaspareaux étalait en serpentant dans la plaine, sous un ciel éclatant, la surface argentée de ses eaux, qu'elle dégorgeait avec la marée baissante dans l'entrée du bassin. Au-dessus du vaste plateau qui a donné son nom à la Grand-Prée, et qui n'a pas moins de deux ou trois milles de longueur sur une largeur de plus d'un mille, erraient de petits nuages isolés, semblables à un troupeau de brebis paissant dans l'azur du ciel.

Quand on est descendu au bas de la colline sur laquelle se groupe le village de Wolfeville, on a devant soi une campagne tranquille et solitaire comme aux jours des Acadiens. La Grand-Prée, entourée de ses puissantes digues, est toujours une commune qui sert de pâturage aux bestiaux, dont on aperçoit des groupes disséminés çà et là dans le lointain.

Le chemin qui conduisait au village est marqué par une rangée de saules très anciens. Une autre plus ancienne encore traverse le terrain qui appartenait à l'église. Un de ces saules, que j'ai eu la curiosité de mesurer, n'a pas moins de vingt pieds de circonférence. Quoique la croissance de cette espèce d'arbres soit rapide, il n'y a cependant pas de doute que ceux-ci n'aient été témoins des scènes de l'expulsion.

Le site qu'occupaient l'église et ses dépendances est redevenu un champ désert. Le sol a été nivelé et l'herbe pousse drue autour des pierres que la charrue a arrachées aux fondations.

Le seul ouvrage de main d'homme qui ait été respecté est un puits d'où l'on tire une eau excellente, et qui servait à l'usage de la mission.

Quoique le site soit charmant, aucun des nouveaux occupants n'a voulu s'y bâtir, soit que ce lieu rappelât trop vivement des souvenirs qu'on n'aimait pas à réveiller, soit que l'on craignît que ce séjour ne porta point bonheur. Au dire de mon guide, les gens de l'endroit ne parlent pas volontiers de ceux qui les ont précédés, et j'ai trouvé moi-même fort peu communicatifs ceux que j'ai interrogés.

CHAPITRE TROISIÈME

Les Acadiens après le traité d'Utrecht. — Lettre de la reine Anne. — Le gouverneur Nicholson et ses successeurs retiennent les Acadiens malgré eux. — Le Serment d'allégeance. — Piège tendu par le gouverneur Armstrong pour l'arracher. — L'Enseigne Wroth. — Serment de neutralité prêté sous Philipps. — Persécutions religieuses. — Cornwallis exige un serment sans réserve. — Charles Lawrence. — Son caractère. — Désarmement des Acadiens. — Le Plan du juge Morris.

Pour bien connaître quelle était la position des Acadiens dans la Nouvelle-Ecosse, à la date de leur expulsion, il est nécessaire de remonter jusqu'au traité d'Utrecht (1713), et de bien se rendre compte des événements qui ont marqué l'existence de ce petit peuple depuis cette époque jusqu'à l'année devenue célèbre par leurs malheurs. J'en avais tracé une courte esquisse dans la première édition de ce *Pèlerinage*. J'ai voulu la compléter depuis, et l'on va voir dans les pages suivantes par quelles recherches je me suis aperçu que cette histoire était entièrement à refaire, et comment je suis parvenu à la rétablir dans son vrai jour.

« Il est très remarquable, dit Haliburton, dans son

Histoire de la Nouvelle-Ecosse, de voir qu'on ne trouve aucune trace de cet événement important (la dispersion des Acadiens) dans les archives du secrétaire d'Etat d'Halifax. Je n'ai pu découvrir que la correspondance ait été conservée, ni que les ordres, rapports et mémoires y aient été gardés... Les détails de cette affaire semblent avoir été soigneusement cachés, quoiqu'il ne soit point maintenant facile d'en trouver la raison, à moins que les auteurs de cette transaction aient eu honte de leur acte, comme au reste ils le devaient [1]. »

Ce passage de Haliburton a donné lieu à de vives réclamations de la part de quelques écrivains anglais. Ils ont soutenu que Haliburton s'était trompé, que rien n'avait été détruit ni caché, et que, si ses recherches étaient restées infructueuses, c'est qu'alors les documents étaient enfouis dans des greniers où ils avaient été oubliés.

Quoi qu'il en soit, les pièces existantes étaient classifiées en 1860, lors du voyage que fit M. Rameau à Halifax en vue de mettre la dernière main à son *Histoire d'une Colonie féodale*. L'archiviste d'alors semblait avoir pris à tâche d'éveiller les soupçons du public.

« J'arrivai en septembre à Halifax, m'écrit M. Rameau ; mon ami, M. Beamish Murdoch, m'obtint la permission de consulter les archives du gouvernement, et on m'assigna un rendez-vous pour le lendemain. Je me présentai à l'heure dite ; on me montra sur une table

[1] « It is very remarkable, that there are no traces of this important event to be found among the records, in the Secretary's Office of Halifax. I could not discover that the correspondence had been preserved, or that the orders, returns and memorials had ever been filed there. The particulars of this affair seem to have been carefully concealed, although it is not easy to assign the reason, unless the parties were, as in truth they well might, be ashamed of the transaction. »

Haliburton's Nova Scotia, vol. I, p. 196.

un certain nombre de registres et de volumes ; mais on me prévint qu'il m'était interdit d'en prendre aucune copie ni extrait. En conséquence, je ne devais avoir ni papier, ni plume, ni crayon. On me plaça près d'une table qui était au milieu d'une salle dans laquelle travaillaient huit ou dix commis ; on ne me donna aucun siège afin que je ne pusse pas m'asseoir, et qu'aucun de mes mouvements ne pût échapper aux employés.

» Voilà dans quelle condition j'ai pu consulter les archives pendant les huit ou dix jours que j'ai passés à Halifax.

» Je vous avoue que cette manière de faire me rappela involontairement ce que raconte Haliburton à propos des mécomptes qu'il avait éprouvés lui-même, en consultant ces mêmes archives, et aussi les soupçons qui lui vinrent à l'esprit, sur la honte que l'on pouvait éprouver à communiquer certains papiers qui auraient dû s'y rencontrer, et qu'il n'y trouva pas. J'ai remarqué comme lui les lacunes qui existaient à certaines époques dans ces archives ; lacunes que les extraits publiés à Halifax en 1869 n'ont pas comblées. Peut-être, du reste, pourrait-on trouver dans d'autres dépôts publics, des doubles de quelques-unes des pièces qui manquent à Halifax... »

M. Rameau n'est pas le seul à qui des doutes soient venus en parcourant le volume d'*Archives de la Nouvelle-Ecosse*, publié par le gouvernement de cette province, sous la direction de M. Aikins[1] ; et c'est précisément pour éclaircir ces doutes que je me suis rendu à Londres, afin d'y faire des études comparatives au *Public Record Office* et au *British Museum*. Je dois dire tout d'abord que la facilité avec laquelle on a accès à ces archives forme un contraste frappant avec le système de défiance établi à Halifax. Je dois ajouter ensuite que j'ai acquis

[1] *Selections from the Public Documents of the Province of Nova Scotia.* Halifax, 1869. 1 vol. in-12, 755 pages.

la preuve que nos soupçons n'étaient que trop fondés.

Le *Choix des Documents* publiés à Halifax a été évidemment fait en vue de justifier le gouvernement de la Nouvelle-Ecosse de la déportation des Acadiens. Pour cela, on a éliminé systématiquement et laissé dans l'ombre les pièces les plus compromettantes, celles qui pouvaient le mieux établir les droits des Acadiens. Qu'on remarque bien que le compilateur de ce volume n'a pas le droit de plaider ignorance, car il indique lui-même en plusieurs endroits qu'il a étudié les pièces officielles du *Public Record Office*, afin de les confronter avec celles d'Halifax.

J'ai confronté à mon tour la compilation d'Halifax avec les originaux du *Public Record Office*, et j'ai constaté des omissions considérables et tellement essentielles qu'elles changent complètement la face des choses. J'ai fait transcrire et collationner avec soin les pièces omises, et je m'en suis servi pour établir sous son vrai jour et dans une lumière qui n'a jamais été connue jusqu'à présent la question la plus importante de toute l'histoire de l'Acadie, celle du serment d'allégeance, qui a été le pivot sur lequel ont roulé toutes les difficultés et qui a fini par amener la dispersion des Acadiens. Afin de ne rien négliger de ce qui pouvait éclaircir cette question, j'ai fait copier à Paris *tous* les documents relatifs à l'Acadie qui se trouvent aux archives des différents ministères. J'ai pu par ce moyen mettre en regard les témoignages des deux partis, ceux des Anglais d'un côté, ceux des Français de l'autre, les compléter les uns par les autres, et en faire ressortir la vérité des faits avec une surabondance de preuves qui n'admet pas de doute.

On a peine à réprimer un mouvement d'irritation contre la France en songeant avec quelle insouciance elle a abandonné l'une après l'autre ces belles colonies d'Amérique. Après l'Acadie est venu le Canada ; après le Canada, la Louisiane. De ce vaste continent dont elle possédait les trois quarts, il ne lui reste plus que les petits rochers de Miquelon.

L'Acadie fut la première sacrifiée : c'était la plus ancienne, peut-être la plus intéressante, certainement la plus importante si l'on considère les conséquences de son abandon. On livrait par là les avant-postes à l'ennemi ; et on lui laissait de ce côté les frontières ouvertes, préparant ainsi fatalement la conquête du Canada.

Et puis, de quel vaillant petit peuple la France se désintéressait en cédant l'Acadie ! Et cela au lendemain de la lutte incomparable que ce peuple venait de soutenir pour rester français !

Trois fois de suite, dans l'espace de quatre ans (1704 à 1707), il avait repoussé, devant les murs croulants de Port-Royal, des forces trois et quatre fois plus nombreuses que les siennes.

Enfin son dernier commandant, l'intrépide Subercase, assiégé de nouveau, en 1710, par une armée de trois mille quatre cents hommes, c'est-à-dire plus nombreuse que la population tout entière de l'Acadie, n'avait cédé qu'après avoir fait une résistance héroïque et obtenu la capitulation la plus honorable. La petite garnison, qui ne comptait pas deux cents hommes, était sortie du fort tambour battant, arme au bras, drapeaux déployés au vent. Sa résistance avait paru d'autant plus surprenante au général Nicholson que cette poignée d'hommes était si dénués de tout, si déguenillés, qu'on les eut pris plutôt pour des mendiants que pour des soldats. Tel était l'état d'abandon dans lequel la France avait laissé les derniers défenseurs de l'Acadie.

Par le traité d'Utrecht conclu en 1713, l'Acadie fut

cédée définitivement à la Grande-Bretagne, et les colons français de cette province, qui reçut alors le nom de Nouvelle-Ecosse, passèrent sous la couronne de l'Angleterre. Mais, par une clause spéciale du traité, « il était expressément convenu qu'ils avaient la liberté de se retirer ailleurs, dans l'espace d'un an, avec tous leurs effets mobiliers... Que ceux néanmoins qui voudraient y demeurer et rester sous la domination de la Grande-Bretagne, devraient jouir de l'exercice de la religion catholique et romaine, autant que le permettaient les lois de la Grande-Bretagne ».

Peu de jours après la signature du traité (11 avril 1713), la reine Anne, ayant appris qu'à sa demande le roi de France avait accordé la liberté à des prisonniers détenus aux galères pour cause de religion, voulut lui en témoigner sa satisfaction en octroyant aux habitants français de la Nouvelle-Ecosse des conditions plus favorables que celles qu'on avait stipulées dans le traité. Elle fit adresser, en conséquence, au général Nicholson, gouverneur de la Nouvelle-Ecosse, une lettre dans laquelle elle lui donnait des ordres qu'il est important de citer textuellement : « Vous permettrez, y disait-elle, et allouerez à ceux de ses sujets (du roi de France) qui ont des terres et des emplacements en notre gouvernement d'Acadie, qui ont été ou qui sont attachés à nous en vertu du dernier traité de paix et sont dans la volonté de devenir nos sujets, de retenir et posséder les dites terres et emplacements sans aucun paiement, loyers ou troubles quelconques, aussi pleinement ou abondamment et librement que nos autres sujets font ou peuvent posséder leurs terres et biens, ou de les vendre s'ils aiment mieux se retirer ailleurs [1]. » En présence d'ordres aussi formels, il semble que le gouver-

[1] *Archives des Affaires étrangères*. Paris.

neur de la Nouvelle-Ecosse n'aurait dû songer qu'à les exécuter. Il n'en fit rien cependant; et ce fut là le commencement des infidélités commises par des subalternes qui ne devaient être que trop imitées plus tard et devaient finir par consommer la ruine des malheureux Acadiens.

Dès que ceux-ci eurent appris que leur pays avait été cédé définitivement à l'Angleterre, ils avaient résolu unanimement de l'abandonner et d'aller se réfugier soit à l'île Royale, soit à l'île Saint-Jean. Ils étaient d'autant plus portés à prendre ce parti que, d'une part, le gouvernement français, voulant les attirer à l'île Royale, leur offrait des secours pour s'y transporter avec leurs effets et s'y établir; et que, de l'autre, ils avaient à se plaindre des procédés du général Nicholson. Au reste, la conduite de ce gouverneur n'avait pas soulevé moins de mécontentement parmi les Anglais qu'il commandait à Port-Royal, que parmi les Acadiens. « Nous espérions, écrivait l'un d'eux, qu'à son arrivée le gouverneur paierait la garnison, et mettrait la place sur un bon pied : mais au contraire il nous a jetés dans la plus grande confusion. Il a renversé les fortifications, mis dehors les Français, et chassé tous les Anglais qu'il a pu, de façon que la place est presque déserte. En un mot, si ses ordres avaient été de ruiner le pays, il n'aurait pu agir mieux qu'il n'a fait[1]. »

De son côté, le colonel Votch mandait aux lords du commerce :

« Je crois de mon devoir d'avertir Vos Seigneuries, en vue du bien public, de l'état où se trouve le pays de la Nouvelle-Ecosse... Les habitants français sont en

[1] *Public Record office. Extract of a letter from M. Adams to Capt. Steele.* Jan. 24th 1714-15. — Pièce omise dans le volume d'*Archives de la Nouvelle-Écosse*, publié à Halifax.

quelque sorte forcés de quitter le pays par suite des traitements qu'ils ont reçus de M. Nicholson [1]. »

Nicholson s'était flatté que les Acadiens n'abandonneraient pas facilement les fertiles terres qu'ils occupaient ; aussi fut-il surpris autant que déconcerté en apprenant qu'après avoir mûrement délibéré, en assemblées publiques, sur le parti qu'ils avaient à prendre, ils avaient résolu unanimement de partir sans délai. Ils lui avaient signifié leur résolution par leurs députés, et joignant l'action à la parole, ils s'étaient mis immédiatement à construire des bateaux et des chaloupes pour se transporter avec leurs familles, leurs bestiaux et leurs effets.

Les conséquences d'une telle détermination étaient fatales pour la nouvelle province que Nicholson s'enorgueillissait d'avoir conquise pour l'Angleterre. Elle perdait par là l'importance qu'on y attachait. En effet, les Français partis, la Nouvelle-Ecosse n'était plus qu'un désert hanté par des tribus sauvages, ennemis traditionnels et irréconciliables des Anglais [2]. Port-Royal, la

[1] *Letter from Col. Vetch to the Board of Trade*, March 9th 1714-15. — Pièce omise dans le vol. d'*Archives de la Nouvelle-Écosse*, publié à Halifax.

[2] « Les sauvages des missions françaises des costes de l'Acadie sont ennemis si irréconciliables de la nation anglaise que toutes nos harangues les plus pacifiques ne peuvent leur imprimer de ne point troubler son commerce ; ils pilient et ont pillé plusieurs de leurs bâtiments, empêchent (de pêcher) dans les havres de la dite coste de l'Acadie. Un vaisseau de douze à quatorze canons s'étant perdu sur une petite île dans la baye française, Saint-George, duquel les équipages se sauvèrent à terre avec la plus grande partie de leurs marchandises, les dits sauvages y ont abordé au nombre de vingt hommes armés et se sont rendus maîtres de tout ce qu'ils ont pu emporter avec eux, après en avoir chassé les dits... équipages anglais, desquels ils ont même tué un homme et lorsqu'on leur a demandé la raison qui les oblige de tuer des gens qui ne se défendaient point, ils ont répondu que c'était pour faire peur aux autres

seule place fortifiée dont la subsistance dépendait des colons, serait forcément abandonné [1].

Nicholson ne le comprit que trop, et, pour éviter ce désastre, il ne craignit point de violer le traité de paix et de désobéir ouvertement aux ordres de sa souveraine. Il mit les Acadiens dans l'impossibilité de vendre leur terres et leurs effets en défendant aux Anglais de rien acheter d'eux. Il interdit l'accès des ports aux navires français qui devaient leur apporter les agrès nécessaires aux embarcations qu'ils avaient construites. Il leur fit défense d'écrire à Boston, pour en faire venir ; il alla jusqu'à faire saisir leurs bateaux et leurs chaloupes. En

et, pour autoriser leur violence, ils disent que tous les sauvages de leur nation meurent aux Mines, et que c'est par un poison que les Anglais leur ont donné ; le sieur Gaulin les a menacés de ne plus les confesser s'ils ne restituaient leurs pillages. Cela ne leur a imprimé aucun scrupule de conscience : bien au contraire ils lui ont dit qu'ils ne lui demanderoient jamais plus rien. Je vous assure, Monseigneur, que ce sont là des animaux bien difficiles à conduire. J'ai écrit à leur chef tout ce que je devais sur ce sujet par la voie de M. Gaulin. J'aurai l'honneur d'envoyer la copie de ma lettre à Votre Grandeur pour qu'elle s'aperçoive que je ne néglige rien de ce qui doit calmer la férocité de ces peuples.

» De Costebelle.

» Au Port Dauphin, le 9me 7bre 1715. »

Archives de la Marine et des Colonies, Ile Royale. Correspondance générale, Lettre au Conseil de Marine, années 1712-1716. Vol. I, fol. 128, verso. — Ces rapports du Conseil de Marine portent pour signatures :

L.-A. DE BOURBON.
LE MARÉCHAL D'ESTRÉES.

Louis-Alexandre de Bourbon, comte de Toulouse, était le troisième fils légitimé de Louis XIV et de Mme de Montespan. Il occupait la présidence du Conseil de Marine en qualité d'*amiral* de France.

[1] « ... In case ye French quit us we shall never be able to maintain or protect our English families from ye insults of Indians, ye worst of ennemies, which ye French by their staying will in a great measure wend off, for their own sakes. — *Nova Scotia Archives. Lt. Gov. Caulfield to Board of Trade and Plantations*, p. 9.

un mot, il les retint prisonniers chez eux, comme devait le faire plus tard le misérable Lawrence avant de les disperser aux quatre coins du ciel [1].

En même temps il chercha à les séduire par les promesses les plus flatteuses, leur offrant, s'ils voulaient rester, les mêmes droits et privilèges qu'avaient les sujets anglais [2]. Ce fut lui également qui inaugura à l'égard des missionnaires des Acadiens le système de vexations dont ils eurent tous plus ou moins à souffrir dans la suite. Ces prêtres étaient les seuls hommes instruits qu'il y eût parmi eux, et par conséquent les mieux en état de les éclairer. Nicholson leur fit défense de se mêler en rien de leurs affaires et de leur donner des conseils, comme si leur qualité de prêtres leur enlevait les titres de citoyens et de Français, et les privait du droit de donner à des compatriotes placés dans les circonstances les plus difficiles, des avis que ceux-ci leur demandaient. Le but de ces défenses était évident : c'était de mieux profiter

[1] *Lettre de M. de Saint-Ovide de Brouillan à M. John Doucet, gouverneur de la Nouvelle-Écosse.* Louisbourg, 21 juillet 1718. — Pièce omise dans le volume d'*Archives de la Nouvelle-Écosse* publié à Halifax.

« ... They had built abundance of small vessels to carry themselves and effects to Cape Britton. *Pub. Record Office. Letter from Sam. Vetch to Board of Trade.* Sept. 2nd 1715. — Pièce omise dans le volume d'*Archives* publié à Halifax.

« ... Le sieur de Capon lui ayant dit (à M. de Costebelle) qu'ils n'étoient arrivés aucuns nouveaux ordres de la Cour d'Angleterre pour lever les difficultés que le général Nicholson fit en 1714. » *Conseil de Marine*, 28 mars 1716.

[2] M. Nicholson leur a fait dire que ceux qui voudroient rester sur leurs terres jouiront des mêmes privilèges que les sujets de la Reine et que si leurs prêtres ne vouloient pas rester que la Reine leur en enveirroit d'Irlande ; ce qui est sûr, c'est qu'on ne doit rien épargner pour que ces habitants sortent, il est très sûr que s'ils sortent, les Anglois ne peuvent garder l'Acadie ; la permission de la Reine ne sert de rien ; il est défendu aux Anglois de rien acheter. — *Lettre du major L'Hermitte au Conseil de Marine*, 29 août 1714.

de l'ignorance des Acadiens laissés à eux-mêmes, et de surpendre plus facilement leur bonne foi.

Les missionnaires durent se soumettre, du moins extérieurement, à ces prescriptions iniques, de crainte d'être bannis et de voir leurs ouailles privées de secours spirituels. Les Acadiens eurent alors recours au gouverneur du Cap-Breton, M. de Costebelle, et le prièrent d'envoyer quelqu'un de ses officiers à Port-Royal pour plaider leur cause et faire exécuter le traité. M. de Costebelle, à qui la cour de France avait recommandé de favoriser l'exode des Acadiens, dépêcha immédiatement de Louisbourg deux hommes de confiance, les capitaines de la Ronde et Pinsens, qui furent munis d'instructions dont il importe de connaître le texte.

« Il (M. de la Ronde) s'embarquera dans le bateau du roy le *Saint-Louis* pour aller au Port-Royal.

» Il mettra en passant les habitants des mines à terre a Chibouctou qui s'en iront au travers des terres, ensuite il continuera sa route.

» Etant arrivé au Port-Royal si M. Nicholson n'étoit point arrivé, il l'attendra ; il luy remettra ma lettre et l'informa du sujet de son voyage, conformément a la lettre que je luy écris dont je luy donne copie.

» Il s'embouchera avec le père Bonaventure et les autres missionnaires, prendra langue d'eux de ce qui se passe et agira de concert avec eux tant pour l'évacuation des habitans que pour qu'il soit permis à ceux qui ne pourront pas évacuer cette année de rester jusqu'à l'année prochaine, vu qu'ils ont un an à se retirer et qu'on les en a empêchés jusqu'à présent, par conséquent l'année ne doit commencer que du jour que la permission leur en sera donnée ; en cas qu'on luy fasse des objections sur ces articles il a les ordonnances de la reine sur lesquelles il se doit régler et demander a M. Nicholson de les faire exécuter, il doit prendre garde de ne se point relâcher sur aucun article.

» Il sait que par l'article 14 du traité de paix il est permis a ces habitans de sortir avec leurs effets mobiliers qu'ils pourront emporter, par conséquent les bateaux, chaloupes et bestiaux y sont compris.

» Par le dernier traité il leur est permis de vendre les autres biens immobiles, ainsy ils ne peuvent les empêcher de se retirer sans vouloir aller contre les volontés de la reine ; il fera agir les missionnaires pour représenter à ces habitans les périls où ils se trouvent en demeurant avec les Anglois qui dans la suite les regarderont comme leurs esclaves quand même ils changeroient de religion [1]. Il donnera avis de son arrivée au père Bonaventure et au père Félix par le moyen des habitans des Mines ou autres s'il s'en trouvent au Port-Royal ; il ne s'absentera point du Port-Royal à moins que pour des raisons fortes.

» Il fera agir les missionnaires à l'égard des habitans sans qu'il paroisse d'affectation de son costé, il fera seulement connoistre qu'il n'est là que pour soutenir le droit des habitans et le privilège qu'il a plû au roy leur procurer de la reine d'Angleterre et pour leur faciliter une retraite sous l'obéissance de leur roy.

[1] Le gouverneur de Louisbourg ne parlait ainsi que parce qu'il savait ce qui se passait alors dans les colonies anglaises. La haine contre les Français y était encore plus forte que le fanatisme religieux. En 1700 le village de Frenchtown, dans le Rhode-Island, composé de huguenots français qui s'y étaient réfugiés après la révocation de l'édit de Nantes, fut assailli par la population du voisinage, les maisons furent envahies, leurs habitants horriblement maltraités et obligés de fuir, uniquement parce qu'ils étaient coupables d'être Français. Vers le même temps et pour le même motif, les huguenots français, établis dans les États du sud, s'y étaient vus molestés au point qu'ils avaient résolu d'abandonner le pays. Ils avaient même fait des démarches pour aller se fixer en Louisiane.

» Après que toutes choses seront réglées, il fera un état général de ceux qui auront des bateaux ou qui en feront, s'ils restent cet hiver ; et de ce qu'ils auront besoin pour les faire naviguer et dans quel temps ils en auront besoin. Il en fera pareillement un, du nombre des familles qui n'auront point de voiture et de ce qu'ils peuvent avoir à apporter, il observera de marquer le temps qu'ils pourront sortir...

» En cas qu'il se trouve d'autres obstacles je lui laisse à sa prudence ; il fera part de tout ce que je lui dis au père Justinien qui pourroit l'éclaircir sur d'autres sujets qui ne sont point à mes connaissances [1]. »

MM. de la Ronde et Pinsens arrivèrent à Port-Royal au cours de l'été de 1714. M. Nicholson leur fit bon accueil, leur permit de faire des assemblées et de s'aboucher avec les Acadiens, qui tous unanimement réitérèrent leur ferme détermination d'évacuer le pays. Nicholson parut convenir de tout, mais finit par tout refuser en donnant pour prétexte qu'il fallait recourir à la reine d'Angleterre pour obtenir une nouvelle décision. On se refuserait à croire à de pareils subterfuges, si l'on n'avait sous les yeux les pièces officielles [2].

[1] Fait au havre Louisbourg, le 11 juillet 1714. L'HERMITTE. — *Extrait des Archives du Conseil de Marine.*

[2] « En 1714, les sieurs de la Ronde et Pinsens, capitaines, furent envoyés à l'Acadie pour obtenir de M. de Nicholson une liberté pour les François de l'Acadie de se retirer avec leurs bestiaux et leurs grains à l'Ile Royale.

» M. de Nicholson permit à ces officiers de faire assembler les habitants pour savoir leurs intentions. Ils déclarèrent tous qu'ils vouloient retourner à leur légitime souverain. Il fut demandé à M. Nicholson que, conformément à l'article quatorze du traité de paix, ces habitants eussent l'espace d'une année pour rester sur leurs biens sans empêchement.

» Qu'il leur fut permis, pendant ce temps, de transporter leurs grains et leurs bestiaux, de construire des bâtiments pour le trans-

L'hiver, durant lequel les Acadiens ne pouvaient émigrer, serait venu avant le retour de la prétendue réponse, qui, du reste, n'arriva jamais ; c'était tout ce que cherchait Nicholson.

port de leurs effets et de recevoir de France les agrès et les apparaux pour ceux qui seroient bâtis au Port-Royal au ailleurs.

» *Ces deux articles furent renvoyés à la décision de la Reine.* On demanda encore qu'il leur fût permis de vendre leurs habitations ou de laisser procuration.

» Il fut répondu à cet article *remis à la Reine*, de plus renvoyé à sa lettre qui en doit être un sûr garant.

» M. de Nicholson promit, en outre, une prompte expédition de tous ces articles... ; MAIS DEPUIS CE TEMPS ON N'A EU AUCUNE RÉPONSE SUR CE SUJET. » — *Conseil de Marine*, 28 mars 1716.

« ... Il n'avoit pas tenu à eux (les Acadiens) qu'ils ne se fussent retirés en 1714, mais la porte leur avoit été fermée par le refus du général Nicholson. » — *Conseil de Marine*, 23 mai 1719. *Rapport du P. Dominique de la Marche.*

Le rapport suivant, adressé au Conseil de la Marine, à Paris, fait voir que M. de Costebelle prévoyait les difficultés que ferait le général Nicholson au départ des Acadiens :

« Le 13 juillet je fis partir M. de la Ronde Denis pour le Port-Royal, dans un bateau de l'Acadie que j'avois frêté. J'envois à Votre Grandeur la copie de la lettre que j'ai écrite à M. de Nicholson, et des instructions que j'ai données à M. de la Ronde. Je lui ay remis les ordres de la Reine en anglois et en françois. M. Gaulin s'embarqua avec luy et plusieurs Acadiens qui étoient ici. J'ai cru, Monseigneur, de ne pas rendre un plus grand service au Roy que d'aider à ces habitans à sortir d'un abîme où ils vont tomber.

» Votre Grandeur me dit qu'elle envoyt pour eux les agrès que j'avois demandés; mais ils viendront tard ; avant qu'on les leur ait fait tenir la saison sera bien avancée. *Ils avoient écrit à Boston pour en avoir ; M. de Nicholson l'a défendu, même a fait arrêter leurs bateaux et chaloupes qu'ils avoient bâtis.* Ils m'ont paru être dans le sentiment de ne pas sortir qu'ils n'aient vu la décision de M. de Nicholson. *Il est constant qu'il fera tout ce qu'il pourra pour les retenir; ils ont même tenu déjà deux fois conseil pour quitter le Port-Royal... ; c'est en partie ce qui m'a déterminé à y envoyer, d'autant plus que les Anglois les ont mis hors d'état de pouvoir subsister, s'ils ne recueillent pas leurs récoltes en achetant leur blé.* » — *Lettre du Major L'Hermitte*, 29 août 1714.

4

L'année suivante Nicholson était parti. La Nouvelle-Ecosse avait pour lieutenant-gouverneur le colonel Vetch. Cet officier, qui n'avait pas eu de termes assez violents pour censurer la conduite de son prédécesseur, ne respecta pas plus que lui la foi des traités, et mit les mêmes obstacles au départ des habitants [1].

[1] « Ayant appris, Monsieur, par plusieurs habitants du Port-Royal, des Mines et de Beaubassin que celui qui commande à votre absence au Port-Royal (le colonel Vetch), leur a fait défense de sortir, et même en a refusé la permission à ceux qui lui ont demandés, ce qui fait que les habitants qui seraient maintenant établis sur les terres du roi, se trouvent la plupart hors d'état de se retirer cette année...

» C'est ce qui m'a déterminé, Monsieur, suivant l'ordre que le roi m'en donne, d'y envoyer M. de la Ronde Denis, capitaine d'une compagnie détachée de la Marine, à qui j'ai remis en main les ordres de la Reine, et confèrera avec vous des raisons pour lesquelles ils sont détenus. J'espère, Monsieur, que vous rendrez toute la justice due, et que vous n'aurez d'autre vue que de suivre les volontés de la Reine. » — *Archives de la Marine et des Colonies. Lettre de M. L'Hermite à M. Nicholson.* Louisbourg, le 11 juillet 1714.

« Celùy qui commande au Port-Royal a fait défense de sortir du pays avant l'arrivée de M. de Nicholson ; de sorte que tous ceux qui sont venus ici s'étoient échappés. Ils m'ont représenté, ainsi que M. Gaulin et les Pères de l'Acadie qui m'ont tous envoyé des express, qu'il étoit nécessaire d'y envoyer un officier pour soutenir leurs droits, les Anglois ayant défendu aux missionnaires de se mêler des affaires de ces habitants. » — *Archives de la Marine et des Colonies. Lettre du major L'Hermite au Conseil de Marine*, datée de Louisbourg, 29 août 1714.

« Par sa lettre du 6 novembre 1715, il marque (M. de Costebelle) qu'il a parlé au sieur Capon, envoyé du gouverneur de Port-Royal, de la manière dure et injuste avec laquelle le général Nicholson avoit traité les habitans françois de l'Acadie, contraire en tout aux ordres qu'il avoit reçus de la feue reine d'Angleterre, et à la parole qu'il avoit donnée aux sieurs de la Ronde et Pinsens.

» Cet envoyé a convenu que la conduite de ce général n'avoit été approuvée d'aucun officier de sa nation ; mais que le gouverneur particulier ne pouvoit rien changer sans de nouveaux ordres du roy d'Angleterre ; ainsi tous les autres différents mouvements sont suspendus pour la libre évacuation des habitants jusqu'à une plus ample

Les naïfs Acadiens, si honteusement bernés par Nicholson, s'attendaient si bien à partir dans le cours de 1715, qu'ils n'ensemencèrent pas leurs terres au printemps de cette année, ayant en prévision amassé des vivres pour deux ans[1]. Vetch savait si bien qu'il n'avait aucun droit sur les Acadiens et qu'il commettait une criante injustice en les retenant malgré eux, qu'il se hâta d'écrire aux lords du commerce dès le 9 mars

décision des deux couronnes. » — *Conseil de Marine*, 27 mars 1716.

Un récent biographe qualifie Vetch de *premier* gouverneur anglais de la Nouvelle-Ecosse. Les pièces citées dans ce chapitre démontrent surabondamment le contraire. — *Collections of the Nova-Scotia Historical Society*, vol. IV. *Biographical sketch of Hon. Samuel Vetch*, by the Rev. G. Patterson.

[1] M. de Costebelle, par sa lettre du 9 septembre, marque « ... qu'on l'a assuré que les habitants françois des Mines n'ont point ensemencé leurs terres en 1715, qu'ils avoient des grains pour vivre deux ans et qu'ils restoient disposés à une entière évacuation lorsqu'ils auroient des bâtiments pour les transporter à l'Isle Royale avec leurs familles et leurs effets. » — *Conseil de Marine*, 28 mars 1716.

« Le Père Dominique, à son retour, lui a présenté (à M. de Costebelle) un mémoire par lequel il paroit que les peuples de l'Acadie étoient déterminés à tout abandonner pour sortir de la domination des Anglois ; que la plupart même n'avoient pas voulu ensemencer leurs terres dans l'espérance qu'on les retireroit au printemps. Que plusieurs avoient construit des bateaux pour le transport de leurs familles et de leurs effets; qu'il y en avoit dix prêts à naviguer dès qu'on leur aurait envoyé les agrès... » — *Conseil de Marine*, 28 mars 1716.

M. Begon, par sa lettre du 25 septembre 1715, marque « que le Père Justinien, missionnaire récollet au Port-Royal, lui a marqué que tous les habitants françois de l'Acadie ont pris la résolution d'aller s'établir à l'Isle Royale à quoi une Lettre Pastorale de M. l'Evêque de Québec a beaucoup contribué. »

« ... Les Anglois font tout ce qu'ils peuvent pour retenir les François, non-seulement en les ménageant, mais aussi en leur refusant les choses nécessaires pour leur passage et leur faisant entendre qu'ils ne leur permettront pas de disposer de leurs immeubles ni de leurs bestiaux, qu'on leur donnera seulement quelques vivres. » — *Conseil de Marine*, 28 mars 1716.

de cette année : « Comme la saison avance, à moins que des ordres prompts ne soient expédiés, les habitants vont émigrer avec leurs troupeaux et leurs effets au Cap-Breton, ce qui va dépouiller et ruiner entièrement la Nouvelle-Ecosse et en même temps faire du Cap-Breton une colonie populeuse et bien pourvue, entreprise que plusieurs années et de grandes dépenses n'accompliraient pas, si on la faisait directement de France [1]. »

On jugera de l'importance qu'attachait le gouverneur Vetch aux établissements français par le passage suivant d'une lettre qu'il adressait peu de mois auparavant aux mêmes lords du commerce : « Les Français forment une population d'environ deux mille cinq cents âmes... Ils sont, avec les sauvages, les seuls habitants de ce pays ; et comme ils ont contracté des mariages avec les sauvages, qui sont de même religion, ils ont sur eux une puissante influence. Cent Français, nés dans le pays, parfaitement accoutumés comme ils le sont aux forêts, habiles à marcher en raquettes et à conduire des canots d'écorce, sont de plus grande valeur et d'un plus grand service que cinq cents hommes nouvellement arrivés d'Europe. Il faut en dire autant de leur habileté à la pêche et à la culture du sol [2]. »

On n'avait pas à la cour de France une moindre opinion de ces Français d'outre-mer. Le conseil de Marine, qui siégeait au Louvre, disait d'eux vers le même temps :

« Ces Français-Acadiens sont naturellement industrieux [3]. Ils naissent forgerons, menuisiers, tonneliers,

[1] *Letter from Col. Vetch to the Board of Trade*, March 9th, 1714-15.

[2] *Archives de la Nouvelle-Ecosse*, p. 6.

[3] « Ces peuples sont naturellement adroits et industrieux au-delà de ce qui se voit en Europe ; ils réussissent en tout ce qu'ils entre-

charpentiers, constructeurs; ils font eux-mêmes les toiles et les étoffes dont ils s'habillent; c'est pourquoi, outre le défrichement des terres de l'Ile Royale, ils fourniraient à cette colonie un nombre considérable de bons ouvriers qui contribueraient bien mieux à son établissement que des personnes qu'on y enverrait de France et qui ne seraient faites ni au climat, ni aux usages du pays [1]. »

Un des moyens dont les autorités anglaises se servirent pour tenir les Acadiens et les lier à la Nouvelle-Ecosse fut le serment d'allégeance qu'elles voulurent dès lors leur imposer.

La mort de la reine Anne et l'accession du roi George Ier au trône d'Angleterre en fournirent l'occasion au gouverneur Caulfield, qui venait de remplacer le colonel Vetch. Il chargea deux de ses officiers, MM. Capoon et Button de parcourir les centres acadiens depuis Port-Royal jusqu'à Beaubassin et la rivière Saint-Jean, d'y convoquer des assemblées, d'y lire la proclamation officielle envoyée de Londres, et de tâcher d'arracher un serment d'allégeance en faveur du nouveau roi. Le serment du *test* renfermant un acte d'apostasie, il ne put être question de l'imposer. On y substitua la formule suivante :

« ... Je promets sincèrement et jure que je veux être fidèle et tenir une véritable allégeance à Sa Majesté le roi George.

» Ainsi Dieu me soit en aide. »

Cette tentative était un piège aussi habile que dangereux; car si les Acadiens avaient prêté ce serment sans réserve, on n'aurait pas manqué de s'en prévaloir

prennent; ils ne doivent qu'à la nature la connoissance qu'ils ont de plusieurs arts. » *Archives de la Marine et des Colonies*, *Mémoire concernant les habitants de l'Acadie*. — 1717.

[1] *Conseil de Marine*, 5 juin 1717.

pour leur dire qu'ils s'étaient déclarés et étaient devenus sujets anglais et que, par conséquent, ils n'avaient plus le droit de quitter le pays [1].

Les Acadiens se tirèrent de ce mauvais pas avec autant d'habileté que de sagesse. La lettre des habitants des Mines, en particulier, est à citer, car elle est un modèle du genre :

« Pour satisfaire à ce que vous nous avez fait l'honneur de nous publier mercredi dernier..., nous avons l'honneur de vous dire que l'on ne peut être plus reconnaissants que nous le sommes des bontés du roi George, lequel nous reconnaissons être légitime souverain de la Grande-Bretagne, et sous la domination duquel nous nous ferions une véritable joie de rester, étant aussi bon Prince qu'il l'est, si nous n'avions pris dès l'été dernier, avant de savoir son exaltation à la couronne, la résolution de retourner sous la domination de notre Prince, le roi de France, ayant même donné tous nos seings à l'envoyé de sa part auquel nous ne pouvons contrevenir jusqu'à ce que leurs deux Majestés de France et d'Angleterre aient disposé de nous autrement ; quoique nous nous obligions avec plaisir et par reconnaissance pendant que nous resterons ici, à l'Acadie, de ne rien faire ni entreprendre contre Sa Majesté Britannique le roi George [2]. »

Les habitants de Port-Royal, placés à portée des

[1] Je leur ai dit tout ce que j'ai pu pour leur faire comprendre que, s'ils ont une fois prêté serment de fidélité, qu'ils n'auront pas la liberté de sortir un grain de bled de chez eux...

L'HERMITE.

A Louisbourg, le 29 août 1714.

[2] *Public Record Office. Lettre des habitants des Mines au gouverneur Caulfield*, 3 janvier 1714-15. — Voir *Le Canada-Français*, IIIe livr. 1888. DOC. INÉDITS, no XV, p. 111. — Pièce omise dans le volume d'*Archives de la Nouvelle-Écosse*, publié à Halifax.

canons du fort, et par suite obligés à de plus grands ménagements que les autres, consentirent à prêter une espèce de serment, mais avec des réserves tellement explicites qu'elles ne pouvaient donner prise d'aucun côté. Voici le texte même de ce serment :

« Je promets sincèrement et jure que je veux être fidèle et tenir une véritable allégeance à Sa Majesté le roi George, tant que je serai à l'Acadie et Nouvelle-Ecosse, et qu'il me sera permis de me retirer là où je jugerai à propos, avec tous mes biens, meubles et effets, quand je le jugerai à propos, sans que nulle personne puisse m'en empêcher. »

« Annapolis Royale, ce 22 janvier 1715. »

(Suivent les signatures [1].)

J'ai insisté à dessein sur cet épisode de l'histoire des Acadiens, parce que ce fut là le commencement des interminables querelles, au sujet du serment, qui allèrent toujours en s'envenimant jusqu'à la catastrophe de 1755 [2].

La position de ce peuple resta la même sous le successeur de Caulfield, John Doucet, dont le nom indique évidemment une descendance acadienne devenue protestante. Déjà ce gouverneur commençait à tourner en accusation, contre les Acadiens, la détention forcée que ses prédécesseurs leur avaient fait subir. Il osa même reprocher au gouverneur de Louisbourg l'insuccès de la

[1] *Public Record Office.* — Voir *Le Canada-Français*, Doc. inédits, n° XIV, p. 110. — Pièce omise dans le volume d'*Archives de la Nouvelle-Ecosse*, publié à Halifax.

[2] Les habitants de Port-Royal, des Mines et de Beaubassin écrivirent, à cette occasion, à M. de Saint-Ovide, gouverneur du Cap-Breton, une lettre à laquelle celui-ci répondit par une espèce de plaidoyer rédigé par *demandes* et par *réponses*, pour indiquer aux Acadiens la manière de se défendre. — Voir dans les Doc. inédits, p. 128-129, nos XXX et XXXI, les deux intéressants documents : *Lettre des Acadiens et réponse de M. de Saint-Ovide.*

mission du capitaine de la Ronde, ajoutant que c'était au grand détriment des domaines de Sa Majesté le roi George, parce que, si les habitants qui avaient signé s'étaient retirés, on aurait placé sur leurs terres des sujets de Sa Majesté [1].

La réponse de M. de Saint-Ovide de Brouillan ne se fit pas attendre et fut péremptoire :

« A l'égard des plaintes que vous me faites que les habitants de l'Acadie ne s'étant point retirés comme l'on en était convenu, et que ce retardement a causé de la perte à Sa Majesté Britannique, vous avez dû savoir, Monsieur, l'impossibilité dans laquelle Monsieur Nicholson et autres commandants de l'Acadie les ont mis de pouvoir exécuter les conventions que l'on avait faites ; les uns en ne voulant pas leur laisser emporter leurs biens, et les autres n'ayant voulu permettre qu'il leur fût, par nous, envoyé des apparaux pour gréer leurs petits bâtiments qu'ils avaient construits et dont ils ont été obligés de se défaire presque pour rien aux marchands anglais ; je ne manquerai pas d'informer le roi mon maître de tout ce que vous me marquez sur cela, afin qu'il y donne les ordres qu'il jugera à propos... [2] »

Il serait trop long d'énumérer les vexations auxquelles le gouverneur Doucet soumit les Acadiens dans le but de les amener à prêter le serment d'allégeance ; il suffit de dire qu'il n'y parvint pas, et que ce fut pour cela qu'il fut remplacé, en 1720, par un personnage bien plus important et revêtu de plus amples pouvoirs, le général Richard Philipps, commandant d'un régiment de l'armée anglaise, arrivant avec le titre de capitaine général et gouverneur en chef de Plaisance (Ile de Terre-Neuve) et

[1] *Public Record Office.* — Voir *Le Canada-Français*, Doc. INÉDITS, n° XXIII, p. 119. — Pièce omise dans le volume d'*Archives de la Nouvelle-Ecosse*, publié à Halifax.

[2] Voir *Idem*, Doc. INÉDITS, n° XXIV, p. 119.

de la Province de la Nouvelle-Ecosse. Le général Philipps était un soldat éprouvé, mais plein de son propre mérite, et se prenant fort au sérieux. C'était au fond un homme bon, assez bienveillant, dont le grand défaut était une ladrerie peu ordinaire. Il le prit tout d'abord de fort haut avec les Acadiens. N'étant encore arrivé qu'à Boston, il parlait déjà de les réduire par la force, et écrivait à Londres, aux lords du commerce, pour leur demander l'autorisation de faire venir trois compagnies de soldats stationnées à Plaisance, afin d'augmenter dans ce but la garnison de Port-Royal [1].

Ainsi le plan de temporisation inventé par Nicholson en trahison de son devoir et poursuivi par ses successeurs avec la même mauvaise foi, arrivait au résultat qu'ils en avaient espéré. Philipps allait profiter de l'inaction à laquelle les Acadiens avaient été condamnés pour s'arroger sur eux une autorité à laquelle il n'avait pas le moindre droit. En effet, les Acadiens étaient restés absolument et uniquement sujets français, n'ayant cessé de réclamer ce titre et proclamant toujours bien haut qu'ils ne relevaient que de leur légitime souverain, le roi de France. Ils n'avaient d'autre tort que d'avoir été honteusement dupés et d'attendre encore, dans leur ignorance et leur naïveté, une réponse promise qu'on se donnait bien garde de leur apporter.

Philipps terminait sa lettre par une charge à fond de train contre « les prêtres et les jésuites » qui, disait-il, fomentaient tout le trouble en Acadie, et empêchaient qu'on ne vînt à bout de la population. Cette accusation, déjà formulée par ses prédécesseurs, allait se répéter sur tous les tons jusqu'à la fin. Elle était fondée, si c'est un crime d'entretenir des compatriotes dans l'amour du patriotisme et de la religion.

[1] *Archives de la Nouvelle-Ecosse*, p. 17.

Le premier acte de Philipps, en mettant pied à terre à Port-Royal, fut de faire publier partout qu'il avait plein pouvoir de régler toutes choses. C'était, dès le début, une assertion complètement fausse. Il est bien vrai que les lords du commerce avaient envoyé quelqu'un en France pour circonvenir la cour de Versailles ; mais ils n'avaient rien fait changer aux conventions conclues entre les deux couronnes [1]. Le traité d'Utrecht restait intact, et la lettre de la reine Anne subsistait dans toute sa force, comme en 1714. Le roi d'Angleterre lui-même n'avait pas le droit d'y contrevenir, encore moins d'autoriser ses représentants à les violer. Il n'y avait qu'une chose à faire en toute justice. C'était de réparer les dommages causés aux Acadiens par sept ans d'injuste détention et par la perte presque totale des moyens de transport qu'ils avaient été obligés de sacrifier, et de leur accorder au moins un an de répit ; en un mot, de les laisser parfaitement libres, soit de rester, soit de vendre leurs propriétés et d'emporter avec eux leurs effets, aux termes de la lettre de la reine Anne. C'était, au reste, ce qui avait été exécuté, en toute bonne foi à l'égard des habitants de Plaisance placés dans les mêmes conditions qu'eux et renfermés dans les mêmes clauses du traité. C'était là un exemple frappant que le gouverneur de Louisbourg ne manqua pas de rappeler dans sa correspondance avec Philipps, mais que celui-ci avait trop d'intérêt à cacher pour ne pas feindre de l'ignorer.

Sachant qu'il avait affaire à de simples travailleurs sans instruction, il comprit que, s'il pouvait les tenir isolés de leurs missionnaires et des officiers de Louisbourg, les seuls hommes d'expérience à leur portée, il aurait bien plus de chance de les amener à ses fins. Il réitéra donc les défenses faites par ses prédécesseurs aux

[1] *Archives de la Nouvelle-Ecosse*, p. 16.

missionnaires d'influencer leurs ouailles et même de sortir de la province sans une autorisation de sa part. Il lança ensuite une proclamation (10 avril) où il s'est peint lui-même dans l'exorde flamboyant qu'on va lire, et qui lui parut propre à en imposer au peuple.

« PAR SON EXCELLENCE RICHARD PHILIPPS, Ecuyer, Capitaine Général et Gouverneur en Chef de la Province de Sa Majesté, la Nouvelle-Ecosse ou Acadie, etc.

« Sa Sacrée Majesté George par la grâce de Dieu roi de la Grande Bretagne et d'Irlande, etc... Duc de Brunswick et Lunenbourg, Seigneur de Brême, Souverain Prince de Hanovre, Prince électeur du Saint Empire, Seigneur de plusieurs vastes domaines en Amérique, et en particulier l'incontestable Souverain Seigneur de toute la Nouvelle-Ecosse ou Acadie, aussi bien par traité que par conquête, etc., etc... [1] »

Après cette pompeuse énumération de titres, Philipps proclamait les pleins pouvoirs qu'il prétendait avoir reçus, mais que son roi lui-même, lié par les traités, comme je viens de le dire, n'avait pas le droit de lui accorder : il concluait sa proclamation en intimant aux Acadiens l'ordre de prêter serment au roi d'Angleterre, ou d'évacuer le pays dans l'espace de quatre mois sans emporter leurs effets.

Les Acadiens furent attérés en lisant cette proclamation, affichée dans tous les principaux endroits. Comme toujours, dans leurs perplexités, ils eurent recours à leurs amis dévoués, les missionnaires, et décidèrent, malgré les défenses de Philipps, le P. Justinien, religieux récollet, curé des Mines, à aller porter leurs plaintes au gouverneur de Louisbourg.

On imagine la belle colère dans laquelle entra le géné-

[1] *Public Record Office, Nova Scotia*, vol. III. — Voir *Le Canada-Français*, DOC. INÉDITS, n° XXV, p. 120. — Pièce omise dans le volume d'*Archives de la Nouvelle-Ecosse*, publié à Halifax.

ral en apprenant que le P. Justinien s'était échappé furtivement et s'était fait le porteur d'un tel message. Etait-ce un grand crime ? Quel est l'homme de cœur qui, à sa place, n'aurait pas fait comme lui ?

« Nous prenons la liberté, disaient les Acadiens à M. de Saint-Ovide de Brouillan (6 mai), de vous écrire par le R. P. Justinien, pour avoir l'honneur de vous rendre nos très humbles respects et véritable soumission. Nous avons jusqu'à présent conservé les véritables sentiments de sujets fidèles à l'égard de notre invincible monarque. Le temps est arrivé que nous avons besoin de sa protection royale et des secours que vous, Monsieur, pouvez nous donner en cette occasion. Le général anglais, qu'on attendait depuis longtemps, est arrivé muni, comme il l'a signifié, de toute l'autorité de son prince pour nous obliger à prêter serment de fidélité, ou à nous retirer dans le cours de quatre mois, sans pouvoir rien emporter de toutes nos facultés, excepté deux moutons qu'il nous a accordés par famille, prétendant que le reste tombe sous le domaine du roi son maître. Cependant dans cette conjoncture si pressante, nous avons gardé notre fidélité au roi, en signant tous de nouveau que nous voulons persister dans la fidélité à notre prince et à notre religion, comme vous le verrez par la copie que nous vous envoyons de la réponse à la proclamation publiée par le dit général. C'est donc à présent, Monsieur, que nous avons recours en premier lieu aux lumières et aux conseils dont votre prudence peut nous assister en des occasions si fâcheuses, et en second lieu aux secours effectifs que vous pouvez nous donner, si nous sommes obligés de quitter nos biens [1]. »

Cette démarche inattendue des Acadiens, leur appel au représentant de la France par une voix aussi autori-

[1] *Archives de la Marine et des Colonies.* — *Acadie, Correspondance générale*, 1713, 1788.

sée que celle du curé des Mines déconcertèrent Philipps et lui firent craindre de sérieux embarras. L'agitation était, en effet, extrême parmi les Français, et se propageait rapidement chez leurs voisins, les sauvages; et le gouverneur n'avait à sa disposition qu'une poignée d'hommes pour maintenir l'ordre. Il est vrai que les Acadiens n'avaient plus de vaisseaux pour se transporter par mer, mais ils menaçaient de se retirer par terre avec leurs effets et leurs troupeaux du côté de Chignectou (Beaubassin) et de la baie Verte, où il aurait été difficile de les atteindre, et d'où ils auraient pu, au besoin, passer dans l'île Saint-Jean. Ils s'étaient même mis à l'œuvre et avaient commencé à ouvrir entre Port-Royal et le bassin des Mines un chemin à travers la forêt, que Philipps défendit de continuer[1].

Ce fut un des grands torts des Acadiens de ne pas avoir persévéré dans cette idée; ils auraient eu sans doute à souffrir de grandes misères, mais ils auraient évité de bien plus grands malheurs.

Les sauvages de la Nouvelle-Ecosse, de leur côté, voyaient de très mauvais œil les efforts que faisaient les Anglais pour soumettre les Acadiens à leur autorité, car ils refusaient eux-mêmes de la reconnaître, se regardant comme les seuls maîtres du pays et disant que, s'ils avaient permis aux Français de s'y établir, c'était par pure bonté et parce que les Robes Noires leur avaient montré la lumière de l'Evangile. Ils menaçaient même les Acadiens de leur inimitié, s'ils consentaient à prêter serment[2].

[1] *Archives de la Nouvelle-Ecosse*, p. 29.

[2] M. de Costebelle marque que « quelques démarches que les Anglois ait pû faire pour se concilier ces nations (les Sauvages) ils n'ont pû en venir à bout. » Le sieur Capon lui a même avoué qu'ayant été député vers elles pour leur insinuer de reconnoître le roi d'Angleterre et souffrir qu'il fût proclamé parmi eux dans une assemblée

La présence du P. Justinien à Louisbourg en de telles circonstances fit craindre à Philipps de nouvelles complications, d'autant plus qu'au moment de son départ ce père lui avait écrit une lettre dans laquelle il lui annonçait qu'il quittait la province pour n'y plus revenir. Il allait donc être libre de ses actions, il irait peut-être même jusqu'en France porter au pied du trône les réclamations des Acadiens. Philipps crut donc prudent de dissimuler sa colère, et se hâta d'écrire au P. Justinien une lettre fort obligeante, dans laquelle il tâchait de l'adoucir et l'invitait à venir reprendre son poste. Quand on a sous les yeux les invectives que le même Philipps écrivait, en ce moment-là même, à Londres, contre les missionnaires, il est plaisant de voir avec quelle déférence, quelle obséquiosité il traite le P. Justinien, dont il se souscrit le *sincère ami* [1].

Philipps qui tenait à ne pas se brouiller avec Saint-Ovide de Brouillan en un moment où la France et l'Angleterre étaient dans les meilleurs termes, et qui redoutait en même temps son intervention en faveur des Acadiens, lui écrivit, vers le même temps, pour lui expliquer sa conduite. Il lui représentait les ordres qu'il avait reçus de la Cour, et le priait d'engager les Acadiens à la sou-

publique, ils n'avoient jamais voulu (le) souffrir, et lui avoient répondu qu'il n'y avoit point d'autre roi qu'eux sur leurs terres, et que s'ils souffroient les François ce n'étoit qu'en considération de ce que le roi étoit leur pere, les ayant mis dans la véritable voie du salut et de l'évangile.

» Qu'ils continuent à ne vouloir souffrir aucuns nouveaux établissements anglois sur la côte de l'Acadie et aucun de leurs bâtiments n'ose plus mouiller dans les ports ni rades foraines fréquentés par les Sauvages... Tous ces Sauvages reconnoissent le sieur Gaulin pour leur Missionnaire.

» *Nota.* Il est Canadien et du Séminaire des Missions étrangères établi en Canada; il est brave et a fait la guerre avec ces Sauvages contre les Anglois. » — *Conseil de Marine*, 28 mars 1716.

[1] *Archives de la Nouvelle-Ecosse*, p. 24.

mission, ajoutant que, s'il survenait des troubles, il les attribuerait à ses conseils, et que la responsabilité en retomberait sur lui [1]. Saint-Ovide de Brouillan lui répondit avec autant de fermeté que de raison.

« L'inaction, dit-il, dans laquelle ces peuples sont restés jusqu'à présent, ne peut ni ne doit leur être imputée à crime tant par rapport au défaut des secours essentiels à leur transmigration que par les obstacles que les gouverneurs généraux et particuliers qui vous ont précédé y ont mis.

» Je ne puis non plus me dispenser, Monsieur, de vous exposer que les deux clauses de votre proclamation qui concernent le terme et les circonstances de leur évacuation, me paraissent peu conformes aux assurances de bienveillance qu'ils avaient de la part de la Cour d'Angleterre, surtout après un traité et une convention de bonne foi entre la feue reine Anne et le roi Louis XIV de glorieuses mémoires, traité qui a été exécuté en entier de la part de la France et en partie de la part de l'Angleterre.

» Vous n'ignorez pas, Monsieur, que par cette convention le sort des habitants de l'Acadie était et devait être le même que celui des habitants de Plaisance ; on ne peut rien ajouter à la gracieuseté et à la bonne foi avec lesquelles s'est traitée cette évacuation, et j'aurai l'honneur de vous représenter que rien ne pourrait être plus dur que l'extrémité, ou pour mieux dire l'impossibilité à laquelle se trouveraient réduits ces pauvres peuples, si vous ne vouliez vous relâcher en rien du temps que vous leur accordez et de la manière dont vous exigez leur sortie.

» En vérité, Monsieur, ce serait leur faire sentir bien faiblement les effets de la bienveillance royale du roi

[1] *Archives de la Nouvelle-Ecosse*, p. 28.

Votre Maître, que vous leur faites valoir avec tant et de si justes titres dans votre proclamation, et dont ils avaient de si heureux préjugés par le traité et la convention dont vous ne pouvez ignorer ni les clauses, ni le poids.

» Je suis persuadé, Monsieur, qu'en considération de cette sincère, indissoluble et inviolable union qui se trouve entre les roys nos maîtres et leurs États, vous ne refuserez pas l'attention convenable à la représentation que j'ai l'honneur de vous faire, et que trouvant à l'avènement à votre gouvernement l'heureuse occasion de faire valoir la forte inclination que vous me protestez avoir de vous y conformer en tout ce qui pourra dépendre de vous, vous me donnerez les occasions d'y répondre en faisant valoir au roi mon maître l'humanité avec laquelle vous aurez traité ses sujets en cette importante occasion [1]. »

[1] *Public Record Office. Nova Scotia.* Vol. III. Lettre de Saint-Ovide de Brouillan au général Philipps. Cette pièce, d'une importance capitale, a été omise dans le volume d'*Archives de la Nouvelle-Ecosse*, publié à Halifax. Voir *Le Canada-Français*, Doc. INÉDITS, n° XXIX.

La lettre de M. de Brouillan est confirmée par l'extrait suivant des délibérations du conseil de Marine :

« L'Acadie n'a été cédée, par le traité de paix d'Utrecht, qu'à des conventions qui n'ont point été remplies par les Anglois.

» Par une convention mutuelle entre les deux couronnes le sort des habitants de Plaisance et de l'Acadie étoit égal, avec la permission de se retirer, ils devoient avoir la liberté d'emporter leurs biens meubles et de vendre les immeubles.

» Le seing de la reine Anne, pour lors régnante, en étoit le garant et l'évacuation de Plaisance en 1715, où toutes les clauses furent exécutées, en est une preuve incontestable...

» Le refus absolu qu'ont toujours fait les gouverneurs anglois de souffrir que les vaisseaux même du roi vinssent a l'Acadie pour transporter ceux qui étoient de bonne volonté, ou a prêter des agrès pour les bâtiments qu'ils avoient construits et qu'ils ont été obligés de vendre aux Anglois, la défense qui leur a été faite depuis de

Cependant l'agitation allait toujours croissant parmi les Acadiens, qui se croyaient forts de la justice de leur cause. Allaient-ils en venir jusqu'à une révolte ouverte? Le gouverneur Philipps, qui d'ailleurs n'était pas un homme intraitable, en eut d'assez fortes appréhensions pour comprendre qu'il ne devait pas les exaspérer davantage. Le terme de quatre mois était à la veille d'expirer et il n'avait encore rien obtenu. Il voulut se donner le mérite des concessions en ayant l'air d'accor-

transporter avec eux aucuns bestiaux ni provisions de grains, la douleur d'abandonner leurs biens, héritages de leurs pères, leur travail et celui de leurs enfants, sans aucun remboursement ni dédomagement; toutes ces infractions sont les motifs principaux de l'inaction dans laquelle ils sont demeurés, ce qui fait aujourd'hui leur seul crime. Ce fut dans ce sentiment qu'ils firent, au mois de mai de l'année dernière, une députation à MM. de Saint-Ovide et Soubras pour leur communiquer la réponse qu'ils avoient faite au gouverneur anglois sur les instances réitérées, avec menaces de prêter serment de fidélité au roi d'Angleterre, ou de sortir incessamment du pays, cette réponse fut qu'ils étoient hors d'état de prêter ce serment parce qu'ils étoient liés à leur légitime souverain par un double lien qu'ils ne pouvoient trahir sans par là même devenir suspect au roi d'Angleterre. Qu'à l'égard de leur sortie, ils étoient prêts d'évacuer et abandonner leur pays puisqu'il avoit plû au roi de le ceder, mais que ce ne seroit que lorsqu'on les mettroit en état de le faire sur le même pied et aux mêmes conditions des habitants de Plaisance dont ils avoient pour gage sacré le sceau et la signature de la reine Anne. » — *Conseil de Marine, année 1719*. Vol. IV, fol. 96.

... Quoique par le traité d'Utrecht on ait accordé aux habitants des pays cédés que la faculté d'emporter leurs effets mobiliers, ceux de Plaisance ont joui de celle de vendre leurs maisons et terres en vertu des ordres de la feue reine Anne, qui étoient aussi pour les habitants de l'Acadie, qui n'ont pu en profiter, parce que les gouverneurs anglais ont toujours éludé l'exécution de ces ordres à leur égard; en sorte qu'ils n'ont pu profiter de la faculté qui leur était accordée par le traité et par les ordres de la reine Anne.

L.-A. de Bourbon.

Lettre de M. le Comte de Toulouse à M. l'Archevêque de Cambrai, 17 septembre 1720.

der par faveur ce qu'il ne pouvait imposer par force, et il annonça qu'il prolongeait le temps fixé pour l'évacuation du pays, en se taisant toutefois sur le reste. Ses officiers les plus expérimentés lui faisaient remarquer que, dans le cas d'une insurrection, la seule paroisse de Port-Royal était en état d'assembler et d'armer quatre cents hommes en vingt-quatre heures. Dès lors, la garnison, enfermée dans le fort, ne pouvait les empêcher de tout détruire derrière eux, de rompre les digues, brûler les maisons, granges, moulins, provisions, etc... en un mot, tout ce qui restait, tandis que leurs familles aidées des autres habitants, se fraieraient un chemin, avec leurs troupeaux et leurs effets, jusqu'au bassin des Mines. Là ils rencontreraient le gros de la population, et rien n'était plus facile que de continuer l'œuvre de destruction et de se retirer tous ensemble aux confins de leurs établissements, à Beaubassin et à la baie Verte, en face de l'île Saint-Jean, où les Français venaient, cette année-là même, de bâtir un fort et de transporter un bon nombre de familles [1], avec toutes les provisions et le matériel nécessaire à une colonie. Que deviendrait dans ce cas la petite garnison de Port-Royal, privée de moyens de subsistance et harcelée par les sauvages, que les Français ne manqueraient pas de soulever avec eux ?

Philipps ne se rendait que trop bien compte de cette éventualité, lorsqu'il envoyait à Londres le rapport de l'ingénieur Mascarène, qui l'indiquait en toutes lettres [2]. Aussi ajoutait-il avec amertume : « ...Nous n'avons ici qu'une ombre de gouvernement ; son autorité ne s'étend pas au-delà de la portée des canons du fort [3]. »

[1] Mascarène, dans son rapport, dit deux cents familles ; mais ce chiffre est évidemment exagéré.

[2] *Archives de la Nouvelle-Ecosse*, *Rapport de Mascarène*, p. 39 et suivantes.

[3] *Archives de la Nouvelle-Écosse*, p. 51.

Dans une telle situation, il faut bien avouer que le gouvernement de Port-Royal fut fort heureux d'avoir eu à agir avec une population aussi raisonnable et aussi pacifique que les Acadiens. Et qui les avaient formés ainsi, qui les conseillaient, qui les empêchaient de se révolter? C'étaient les missionnaires, ces mêmes missionnaires qu'on accusait d'être les auteurs de tout le mal. Ceux-ci, on le sait, n'auraient eu qu'un mot à dire pour faire lever en masse tous les Acadiens, qui d'ailleurs en avaient plein droit. Ce mot, les missionnaires ne le prononcèrent point. S'il y a un reproche à leur faire, c'est plutôt d'avoir trop prêché la soumission, et d'avoir peut-être préparé ainsi les calamités à venir.

La lettre du P. Justinien, au moment de son départ des Mines, est l'expression de la pensée et de la conduite de ses confrères :

« Je vous prie de me permettre de me retirer à l'Ile Royale, afin que l'on ne m'impute pas les troubles qui pourraient arriver. Je suis et je serai tout à fait éloigné de fomenter le trouble, que je sois loin ou proche ; ce n'est pas que j'aie la pensée que nos Français aient envie de remuer. Je leur rendrai toujours cette justice qu'ils aiment la paix. Mais dans un pays comme celui-ci, ouvert à tous ceux qui voudraient piller et mal faire, le plus court est d'en sortir promptement quand on n'y prétend plus rien [1]. »

Après deux ans de séjour en Acadie, Philipps, qui, avant d'y arriver, se targuait de tout faire courber sous

[1] *Public Record Office. Nova Scotia.* Vol. III. *Lettre du P. Justinien Durand au gouverneur Philipps*, 26 mai 1720. — Voir *Le Canada-Français*. Doc. inédits. N° XXVI, p. 121. Pièce omise dans le volume d'*Archives de la Nouvelle-Écosse.*

Le P. Justinien Durand mourut à Québec, victime de son zèle, en administrant les sacrements à des équipages attaqués de fièvres contagieuses (1747).

lui, s'en retourna en Angleterre, découragé, dégoûté de l'apathie de la métropole, restée sourde à toutes ses représentations, et honteux de n'avoir rien accompli.

Nous allons voir revenir, sous le régime de son successeur, le colonel Armstrong, cette éternelle question du serment, qui se renouvellera périodiquement jusqu'à ce qu'elle ait amené la destruction finale. Par la faute de ses premiers représentants en Acadie, l'Angleterre avait placé le peuple acadien, et s'était placée elle-même, dans une fausse position, d'où ni l'un ni l'autre ne savaient plus comment sortir. Dès 1720, les officiers de la couronne étaient déjà fatigués de cette question, et se demandaient s'il ne valait pas mieux en finir par une expulsion totale des Acadiens ; mais, en communiquant cette idée au gouvernement de la Nouvelle-Ecosse, ils ajoutaient ceci, qu'il est essentiel de bien retenir :

« Vous ne devez pas entreprendre de les expulser sans un ordre positif de Sa Majesté » *(You are not to attempt their removal without His Majesty's positive order)*[1]. On verra quel cas le gouverneur Lawrence fit de cette ordonnance si formelle.

Armstrong était un esprit inquiet, mal équilibré, d'un caractère fantasque, tour à tour bénévole et tyran. Il finit par perdre la tête, et se suicida dans un accès de frénésie. Réussir là où ses prédécesseurs avaient échoué, c'était son idée fixe, son ambition ; il y mettait de la vanité. Il prit à tâche de faire prêter, coûte que coûte, le serment d'allégeance aux Acadiens, et se mit à les tourmenter de nouveau à ce sujet. Tous les moyens furent mis en œuvre pour y parvenir : cajoleries, menaces, pénalités, promesses, et jusqu'à l'argent.

Enfin, le dimanche 25 septembre 1726, son rêve commença à se réaliser. Il se frottait les mains de joie

[1] *Archives de la Nouvelle-Écosse*, p. 58.

en se rendant, dans l'après-midi de ce jour-là, à la séance du Conseil. Le drapeau britannique flottait au-dessus du bastion où se tenaient les assemblées. La séance s'ouvrit sous sa présidence, en présence des députés acadiens et d'un grand nombre d'habitants.

Ce fut alors une scène vraiment machiavélique, et qui serait d'un haut comique, si elle n'était odieuse. Elle est trop caractéristique pour n'être pas rapportée en détail. On va voir avec quel art perfide Armstrong attira peu à peu les Acadiens dans son piège, et les y fit tomber.

« Je suis heureux, leur dit-il, de vous voir réunis ici, et j'espère que vous comprenez les avantages dont vous allez jouir et que vous transmettrez à vos enfants. J'ai confiance que vous êtes venus avec une parfaite résolution de prêter serment de fidélité comme de bons sujets, et que vous êtes animés de sentiments de soumission et de loyauté à la fois honnêtes et sincères envers un Roi aussi bon et aussi gracieux que le nôtre, et qui vous a promis, si vous prêtez ce serment et si vous l'observez avec fidélité, qu'il vous accordera non seulement le libre exercice de votre religion, mais même la jouissance de vos propriétés et les droits et immunités de ses propres sujets nés dans la Grande-Bretagne. Quant à moi, tant que j'aurai l'honneur de commander ici, je ferai tous mes efforts pour maintenir tout ce que Sa Majesté a si gracieusement promis de vous accorder [1]. »

A la suite de ce discours, quelques-uns des habitants demandèrent qu'on leur fît la lecture de la traduction française du serment. Après l'avoir entendue, ils demandèrent qu'on insérât une clause par laquelle ils ne seraient pas obligés de prendre les armes.

Le gouverneur s'empressa de leur dire qu'ils n'avaient

[1] *Archives de la Nouvelle-Écosse*, pp. 66, 67.

aucune raison de craindre une pareille éventualité, puisqu'il était était contraire aux lois de la Grande-Bretagne qu'un catholique romain servît dans l'armée anglaise. Sa Majesté, dit-il, avait tant de fidèles sujets protestants à pourvoir de cet honneur, que tout ce qu'elle exigeait des Acadiens, c'était qu'ils fussent de fidèles sujets et qu'ils ne se joignissent à aucun de ses ennemis ; que, s'ils se comportaient ainsi, ils n'auraient qu'à jouir en paix de leurs biens et pourraient les améliorer en toute sécurité.

Malgré ces protestations du gouverneur, tous refusèrent de prêter serment, et insistèrent pour que la clause fût insérée.

Alors le gouverneur, avec l'approbation du Conseil, permit qu'elle fût écrite en marge de la traduction française, afin, dit-il dans son rapport, de les gagner graduellement (*to get them over by degrees*).

Là-dessus, ils prêtèrent serment et apposèrent leurs signatures sur la double copie française et anglaise. Il n'est pas besoin de dire ce que devint la traduction française avec sa note marginale compromettante Armstrong avait en mains, dans le texte anglais, l'instrument qu'il convoitait depuis si longtemps, et qu'il allait avoir tant d'orgueil à expédier à Londres, en se vantant d'avoir accompli ce que personne n'avait pu faire auparavant.

Le gouverneur termina cette détestable comédie par une nouvelle exhortation à la soumission et à la fidélité au roi. Enfin, après avoir bu à la santé de Sa Majesté, de la famille royale, et après avoir porté plusieurs autres toasts, le gouverneur les congédia en leur souhaitant une bonne nuit.

On juge de la satisfaction avec laquelle Armstrong dut écrire peu de temps après à Londres : « Je trouve véritablement que tout le monde est très satisfait ici,

Français et sauvages, de la paix qui règne et du serment de fidélité juré au roi George, résultat qui m'a coûté et qui me coûtera encore beaucoup d'argent et bien des peines et du travail[1]. » Ce résultat n'était cependant pas aussi considérable qu'Armstrong le faisait entendre ; car, dans l'assemblée du 25 septembre, le serment n'avait été prêté en définitive que par les habitants de Port-Royal. Partout ailleurs, malgré des tentatives réitérées, il n'avait rencontré que des refus. Mais son premier succès l'avait grisé, et lui faisait espérer de tout régler à la prochaine occasion. Cette occasion ne se fit pas attendre ; elle se présenta d'elle-même par la mort du roi George Ier et l'avènement au trône de son fils George II, en faveur duquel il fallut prêter serment d'allégeance.

Le gouverneur se flattait qu'il ne rencontrerait que peu de difficultés à Port-Royal, où il ne s'agissait, pensait-il, que de réitérer le serment déjà prêté, mais il n'en était pas de même dans les autres établissements, où il venait d'échouer, où sa faible autorité se faisait à peine sentir, où il fallait des ménagements infinis, où enfin il ne pouvait espérer réussir qu'à force de stratagèmes. La clause contenant l'exemption de prendre les armes, que ceux de Port-Royal avaient exigée par écrit, et sans laquelle ils n'auraient pas consenti à prêter serment, allait y être exigée avec bien plus de rigueur. Il n'y avait pas moyen de l'éviter, il fallait y consentir. On y consentirait donc ; c'était entendu à mots couverts, quitte à trouver ensuite un prétexte pour l'éluder. Ce serait une autre note marginale à insérer dans une copie française quelconque, qu'il n'y aurait plus qu'à faire disparaître comme la première. Cela n'avait pas de conséquence, parce que le texte anglais était le seul qui fît foi,

1 *Archives de la Nouvelle-Écosse*, p. 70.

le seul dont on eût besoin : *the English being what I had to govern myself by* [1]. C'est ce que dit en toutes lettres dans son rapport l'enseigne Robert Wroth, l'officier envoyé par Armstrong dans les établissements éloignés, pour proclamer le nouveau roi et réclamer le serment d'allégeance.

Wroth, au moment de son départ de Port-Royal, avait reçu des instructions écrites, dont la teneur indique l'ardeur extrême que le gouverneur mettait au succès de sa mission. Elles portaient qu'il devait les suivre d'une manière générale et ne devait s'en écarter *que si les circonstances et les lieux l'exigeaient. (Instructions from which you are not to depart unless where circumstances and place may so require* [2]*.)* C'était lui donner, en quelque sorte, carte blanche, et l'exposer, si c'était un homme faible, à tout céder aux Acadiens.

Ceux-ci, prévenus à temps, s'étaient concertés et avaient résolu de faire un dernier effort pour obtenir la justice qu'on leur avait toujours déniée, c'est-à-dire l'exécution du traité d'Utrecht et des ordres de la reine Anne. A Beaubassin comme à Cobequid, à Pigiquid comme à la Grand-Prée, Wroth rencontra la même fermeté. On le reçut avec beaucoup d'égards, on fêta par des salves de mousqueterie l'avènement du roi ; mais, avant de prêter serment, on fit signer à l'envoyé les articles suivants :

« Je, Robert Wroth, Enseigne et Adjudant des troupes de Sa Majesté le roi George le Second, promets et

[1] *Public Record Office. America and West Indies.* Vol. XXIX. — *Ensign Wroth's Proceedings up the Bay.* 12 novembre 1727. Pièce omise dans le volume d'*Archives de la Nouvelle-Écosse*, publié à Halifax.

[2] *Public Record Office. Am. et W. Indies.* Vol. XXIX. *Armstrong's Instructions to Ensign Wroth*, 28 septembre 1727. — Pièce omise dans le volume d'*Archives de la Nouvelle-Écosse*, publié à Halifax.

accorde, au nom du roi mon maitre, et de l'Honorable Lawrence Armstrong, Ecuier, son Lieutenant-Gouverneur, etc... Commandant en chef de cette province, aux habitants des Mines, de Pigiquit et dépendances, qui auront fait et signé le serment de fidélité au roi George le Second, les articles ci-dessous qu'ils m'ont demandés (savoir) :

» 1° Qu'ils auront le libre exercice de leur religion et pourront avoir des missionnaires, dans les lieux nécessaires, pour les instruire, catholiques, apostoliques et romains.

» 2° Qu'ils ne seront nullement obligés à prendre les armes contre qui que ce soit, et de nulle obligation de ce qui regarde la guerre.

» 3° Qu'ils demeureront en une véritable possession de leurs biens qui leur seront accordés à eux et leurs hoirs dans la même étendue qu'ils en ont joui ci-devant et en payant les mêmes droits accoutumés du pays.

» 4° Qu'ils seront libres de se retirer quand il leur semblera, et de pouvoir vendre leurs biens et de transporter le provenu avec eux sans aucun trouble, moyennant toutefois que la vente sera faite à des sujets naturels de la Grande-Bretagne, et lorsqu'ils seront hors du terrain de Sa Majesté, ils seront déchargés entièrement de leur signature de serment. »

« Robert Wroth [1]. »

Une fois maîtres de cette pièce, qui rétablissait leurs droits incontestables, les Acadiens n'hésitèrent plus à prêter serment selon la formule suivante :

[1] *Public Record Office. Am. et W. Indies.* Vol. XXIX. *Original des Articles cy dessous que j'ay accordé aux habitans des Mines, Pigiquit, et dépendances.* Pièce omise dans le volume d'*Archives de la Nouvelle-Écosse*, publié à Halifax.

Voir aussi *Archives des Affaires étrangères.* Paris.

« Je promets et jure de bonne foi que je serai sincère et fidèle à Sa Majesté le roi George le Second. »

De leur côté, les habitants de Port-Royal avaient exigé les mêmes conditions du gouverneur lui-même, mais avec un résultat bien différent. Armstrong ne s'était plus possédé de colère en recevant la requête qui lui avait été présentée et qu'il avait qualifiée d'insolente rebellion contre Sa Majesté et son gouvernement. Il avait fait jeter en prison et mettre dans les fers les trois députés, Charles Landry, Guillaume Bourgeois et François Richard, qui avaient osé lui remettre cette requête [1].

C'est dans cette disposition d'esprit qu'Armstrong reçut l'enseigne Wroth à son retour à Port-Royal. On s'imagine le désappointement et l'indignation avec lesquels il accueillit son rapport. Il le fit comparaître devant le Conseil, qui censura avec lui sa conduite et désavoua les articles en déclarant toutefois, par une étrange contradiction, les Acadiens liés par le serment qu'ils avaient prêté [2]. C'était une indignité de plus à ajouter à tant d'autres ; et ce ne devait pas être la dernière.

Armstrong enleva en même temps aux prétendus rebelles le droit de commercer avec les trafiquants anglais et de pêcher sur les côtes, privilèges réservés, disait-il, aux seuls sujets de Sa Majesté. C'était le dernier moyen qui lui restait pour se venger d'avoir vu toutes ses espérances s'envoler en fumée [3].

La nouvelle de cette déconvenue, parvenue à Londres, fit décider le renvoi du gouverneur en chef, le général Philipps, dont Armstrong n'était que le suppléant avec le titre de lieutenant-gouverneur.

L'expérience acquise par Philipps durant sa première

[1] *Archives de la Nouvelle-Écosse*, p. 78.
[2] *Idem*, p. 79.
[3] *Idem*, pp. 74, 77.

administration faisait espérer qu'il parviendrait à mettre un terme à la situation anormale de la Nouvelle-Ecosse. Il réussit, en effet, à faire prêter serment aux Acadiens (1730) en leur accordant une des concessions qui leur tenaient le plus au cœur, celle de ne point porter les armes contre leurs compatriotes les Français, ni contre les sauvages leurs alliés. De là le nom de Neutres *(French Neutrals)* qui leur fut donné depuis.

C'était une révolution dans leur existence : de sujets français, ils devenaient sujets anglais. Dix-sept ans de résistance prouvent jusqu'à quel point c'était malgré eux.

Chacun des gouverneurs, l'un après l'autre, les avait retenus captifs dans leur propre pays, et avait refusé d'exécuter le traité et les ordres de la reine Anne. Par suite, les Acadiens n'avaient pu profiter des avantages que la France leur avait offerts, au lendemain de la paix, pour s'établir à l'île Royale. Dans l'intervalle, la France s'était de plus en plus désintéressée d'eux, et eux, de leur côté, s'étaient vus rivés de plus en plus à l'Acadie par l'augmentation rapide de leurs familles et par la valeur toujours croissante de leurs propriétés. Enfin, ils avaient été vaincus par la lassitude d'une lutte sans issue, et cela, sans aucune faute de leur part.

Malheureusement, en prêtant serment avec la convention de rester neutres, les Acadiens ne paraissent pas avoir obtenu que cette clause fût mise par écrit et jointe à la formule du serment, comme ils l'avaient exigé de l'enseigne Wroth. Ce fut là une grande imprudence de leur part, qu'ils expièrent cruellement plus tard[1].

[1] Les Acadiens ne furent pas sans inquiétude sur ce sujet, car ils firent dresser et signer un acte authentique de cette promesse par les hommes les plus autorisés qu'ils eussent parmi eux. Voici le certificat des missionnaires :

« Nous, Charles de la Gaudalis, Prêtre, Curé Missionnaire de la Paroisse des Mines, et Noël Alexandre Noiville, Prêtre, bachelier de

Il était facile de prévoir qu'un pareil régime ne pouvait aboutir qu'à des résultats funestes pour le petit peuple naissant qui se trouvait ainsi placé entre deux puissances rivales, toujours prêtes à en venir aux mains, et qui ne manqueraient pas de se disputer sa neutralité. Il était fatalement destiné à être victime ; mais son infortune a dépassé toute prévision.

En 1732, Philipps s'en retourna en Angleterre pour jouir du succès de sa mission, et abandonna de nouveau l'administration de la province à Armstrong.

On a vu qu'une des clauses du traité d'Utrecht garantissait aux colons le libre exercice de la religion catholique ; on a vu aussi les promesses faites par les autorités anglaises de respecter cette garantie. Si l'on s'en tenait seulement aux affirmations des gouverneurs, on serait tenté de croire qu'il n'y eût jamais de justes plaintes à porter contre eux touchant l'exécution de cette clause. Cela est cependant difficile à concilier avec le fanatisme intense qui régnait à cette époque, et avec les cris de

la Sacrée Faculté de Théologie de Sorbonne, Missionnaire Apostolique et curé de l'Assomption et de la Sainte-Famille de Pigiguit, certifions à qui il appartiendra, que Son Excellence le Seigneur Richard Philipps, écuyer, capitaine en chef et Gouverneur-Général de la Province de Sa Majesté, la Nouvelle-Écosse ou l'Acadie, a promis aux habitants des Mines et autres rivières qui en dépendent, qu'il les exempte du fait des armes et de la guerre contre les François et les sauvages, et que les dits habitants se sont engagés uniquement et ont promis de jamais prendre les armes dans le fait de la guerre contre le Royaume d'Angleterre et Son Gouvernement. Le présent certificat fait et donné et signé par Nous cy-nommés, le 25 Avril 1730, pour être mis entre les mains des habitants et leur valoir et servir partout où besoin sera ou que de raison en est.

» *Signé :* Debourg, Bellehumeur, De La Gaudalis, Curé, Noël Noiville, Prêtre et Missionnaire. »

Collationné le 25 avril. *Archives des Affaires étrangères*, Paris.

Il est essentiel d'observer que le notaire public qui a collationné et authentiqué l'acte ci-dessus, Alexandre Bourg, de la Grand-Prée, était l'agent officiel du gouverneur Philipps.

haine qui retentissent d'un bout à l'autre de leurs rapports. Mais on a, pour s'éclairer et se former un jugement impartial, les témoignages des parties adverses, je veux dire des Acadiens et des missionnaires. Ces témoignages donnent une tout autre idée du régime qu'ils subissaient Il faut que les Acadiens aient eu à souffrir de bien criantes injustices pour avoir été obligés, à plusieurs reprises, d'aller porter leurs plaintes et implorer protection jusqu'au pied du trône de France. Une de ces requêtes, couverte des signatures des habitants de Port-Royal, représente au roi Louis XV qu'ils sont en proie à une véritable persécution religieuse de la part du gouverneur Armstrong.

« Nous supplions, disent-ils, très humblement Votre Grande Majesté de nous permettre de représenter la triste situation où nous sommes réduits, déclarant véritablement que dans la paroisse de Saint-Jean-Baptiste d'Annapolis-Royale, en la Nouvelle-Ecosse ou Acadie : Que le 29 mai (nouveau style) de l'année 1736, contrairement aux articles du traité de paix fait à Utrecht, et contrairement à toutes les promesses à nous faites, quand nous avons prêté le serment de fidélité à Sa Majesté Britannique le roi George II, le gouverneur Laurent Armstrong a fait défense à MM. de Saint-Poncy et Chauvreux, nos deux prêtres missionnaires aussi dignes que nous en ayons jamais eus, a fait défense, disons-nous, de dire la sainte messe, entrer dans l'église, entendre nos confessions, nous administrer les autres sacrements et faire aucune de leurs fonctions ecclésiastiques, mis aux arrêts et obligés de partir, les dits missionnaires, sans que le gouverneur, ni autres personnes qu'il a pu faire tomber dans son avis, aient pu nous faire connaître, ni qu'ils puissent prouver que nos susdits et dignes missionnaires aient d'autres fautes que celles dont ils prétendent les trouver coupables, pour n'avoir pas voulu aller, loin de notre paroisse, relever un brigantin, ce qui ne regarde en rien nos dignes missionnaires ni leurs fonctions. Le dimanche suivant ledit gouverneur fit assembler les députés et leur fit défense de faire ni dire aucune prière dans la chapelle du haut de la rivière... Ce sont ces tristes et déplorables conjonctures où nous sommes *chaque jour* exposés au sujet de notre religion, article qui nous touche de plus près, qui nous oblige d'implorer, avec la dernière soumission, Sa Majesté chrétienne le Roi de France Louis XV pour qu'elle daigne... faire déterminer et arrêter, d'une manière stable, les conditions auxquelles nos missionnaires pourront se tenir dans la suite, afin que nous ne soyons pas privés de secours spirituels *au moindre caprice* de ceux qui commandent [1]. »

Les paisibles Acadiens n'en étaient pas venus à ces énergiques protestations sans avoir été provoqués pendant longtemps et sans avoir longtemps patienté. Un de leurs prêtres, entre autres, l'abbé Gaulin, vieillard vénérable, blanchi dans les missions sauvages, où il n'avait eu souvent, écrivait-il lui-même, pour toute nourriture, que les coquillages de la mer [2], l'abbé Gaulin n'avait été arraché de prison, où le tenait Armstrong, et restitué à ses paroissiens, les habitants des Mines, que parce que ce gouverneur espérait calmer par là l'irritation de ces habitants, et les amener à prêter serment [3].

Mais cela n'était rien comparé aux avanies et aux persécutions qu'eut à endurer l'abbé de Breslay, l'un des curés de Port-Royal. Armstrong l'insulta jusque dans

[1] *Archives de la Marine et des Colonies. Amérique du Nord. Acadie.*

[2] *Archives du séminaire de Québec.*

[3] Comme trait caractéristique, voici une des aménités d'Armstrong à l'adresse de l'abbé Gaulin : *that old mischievous incendiary Gaulin ! ce vieux malfaisant incendiaire Gaulin.* — *Archives de la Nouvelle-Écosse*, p. 69.

l'église, pendant qu'il y remplissait les fonctions sacrées et fit fouetter des habitants pour les forcer à déposer contre lui. Il fit enfoncer ses portes, piller sa maison, vendre ses bestiaux, dont il garda le produit pour lui-même. Plusieurs fois il attenta à la vie du pauvre prêtre. Enfin il l'obligea, par ses violences et ses poursuites, à aller se cacher au fond des bois durant plus de quatorze mois.

L'abbé de Breslay ne vit d'autre moyen de se protéger que de porter ses plaintes en Angleterre, où le gouverneur dut aller en personne se défendre.

L'accusation la plus grave portée contre l'abbé de Breslay était de s'être mêlé des affaires du gouvernement. Mais il y répondit de la manière la plus triomphante en produisant des certificats du général Philipps lui-même et de M. Cosby, président du conseil de la Nouvelle-Ecosse, attestant que, de leur pleine connaissance et de celle des habitants, tant anglais que français, l'abbé de Breslay s'était bien comporté en toute occasion [1].

Certains gouverneurs avant Armstrong avaient voulu forcer les Acadiens à rejeter l'autorité de l'évêque de Québec, de qui ils relevaient, et à violer par là les règles les plus élémentaires de la hiérarchie catholique [2].

On alla jusqu'à vouloir disposer des cures, à déplacer des curés et à les remplacer par d'autres. Ainsi le P. Félix Pain, curé des Mines, s'étant attiré la disgrâce du gouverneur Armstrong, celui-ci prit sur lui de l'enlever de sa cure et de nommer à sa place le P. Isidore, moine récollet frappé d'interdiction, qu'il aurait maintenu dans ce poste, si les paroissiens des Mines

[1] *Archives de la Marine et des Colonies. Etat présent des missions de l'Acadie.*

[2] *Archives de l'archevêché de Québec.*

ne s'étaient révoltés et n'avaient chassé cet intrus [1].

On avait aussi empêché les Acadiens de bâtir de nouvelles églises et de réparer les anciennes. On en avait même démoli quelques-unes : à la Prée-Ronde de Port-Royale entre autres.

Quelques-uns des gouverneurs avaient même voulu imposer des lois aux missionnaires jusque dans l'administration des sacrements de l'Eglise [2]. Ainsi, par exemple, le gouverneur Mascarène écrivit des lettres de menaces à l'abbé Desenclaves, parce qu'il avait refusé l'absolution à des individus qui refusaient de faire les restitutions auxquelles ils étaient obligés.

Cet abus d'autorité n'est pas le seul qu'on puisse reprocher à Mascarène ; il suffit toutefois pour démontrer que, si ce gouverneur ne se laissa pas entraîner aux excès dont s'était rendu coupable l'énergumène qui l'avait précédé, son administration ne fut cependant pas exempte de graves infractions à la liberté religieuse.

Mais ce qui était plus alarmant que tout le reste, et ce qui faisait croire aux Acadiens aussi bien qu'à leurs prêtres que leur foi était en danger, c'étaient les tentatives de perversion faites parmi eux dans la persuasion où étaient les gouvernants que c'était le seul moyen d'en faire de *bons sujets* (*sic*).

« Les Anglais, dit le mémoire déjà cité, ont une application particulière pour les séduire par leurs discours et leurs conversations, par des écrits imprimés ou manuscrits qu'ils répandent parmi eux ou qu'ils leur prêtent à lire, par des objections continuelles qu'ils leur

[1] *Documents, notes et traditions sur l'Acadie*, recueillis par M. Sasseville, curé de Sainte-Foye. — Je suis redevable à M. l'abbé Sasseville, qui s'occupe depuis de longues années de l'histoire du Canada, d'une foule de précieux renseignements sur l'Acadie. — *Archives de la Nouvelle-Écosse* — passim.

[2] *Histoire de la Nouvelle-Écosse*, par B. MURDOCH, vol. I, p. 409.

font sur la religion. Les missionnaires eux-mêmes sont quelquefois attaqués par les ministres, soit en disputes verbales ou par des écrits.

« Ce n'est pas tout, ils emploient même contre eux en haine de la religion, les vexations et les persécutions[1]. »

En 1744, Shirley, gouverneur du Massachusetts, proposa de chasser une partie des Acadiens de leurs terres et de les donner à des colons anglais, afin d'entremêler la population de protestants ; de plus, il accordait le denier de Judas à tout Acadien qui abjurerait le catholicisme, et des récompenses à tous ceux qui enverraient leurs enfants aux écoles anglaises[2].

Telle était la situation des Acadiens au point de vue

[1] *Archives de la Marine et des Colonies. État présent des missions de l'Acadie.*

[2] Voici, d'après Beamish Murdoch, le projet de Shirley : « He proposes to intersperse protestant settlements among the French in Nova Scotia, taking part of the marsh lands from them for the new settlers... he recommends... granting small privileges and immunities for the encouragement of such as should come over to the protestant communion and send their children to learn English. » L'historien protestant qui rapporte ce fait ne peut s'empêcher de désapprouver le projet de Shirley. « This suggestion, dit-il, of offering worldly advantages in exchange of profession, can hardly be commended *in our days.* » *History of Nova Scotia*, vol. II, pp. 129-131.

Il n'y a d'aussi blâmable dans toute cette histoire que l'indigne France de Louis XV, qui, après avoir tout exigé des Acadiens, n'a rien fait pour les protéger. Il n'y a qu'un seul peuple qui leur soit toujours resté fidèle, ce sont leurs frères du Canada.

Le projet diabolique proposé par Shirley contient une double iniquité qu'il est bon de signaler : d'abord l'achat des consciences à prix d'argent, ensuite l'enlèvement arbitraire des terres appartenant aux Acadiens (...*taking part of the marsh lands from them for the new settlers*). On voit par là quel respect on avait pour les propriétés des Acadiens au moment même où, comme on va le voir, leur fidélité leur méritait des éloges de la part de leur propre gouverneur, et comment on en est venu à les leur enlever toutes, en les bannissant, dès qu'on en a eu la force et l'occasion.

religieux. Et pourtant le libre exercice du culte catholique leur avait été garanti par les traités ; pourtant les gouverneurs avaient engagé leurs paroles, à maintes reprises, qu'ils respecteraient cette garantie.

Jetons maintenant un coup d'œil en arrière, et voyons ce qui ressort des faits que nous venons de raconter.

Il est établi et prouvé, par des témoignages aussi nombreux qu'irrécusables, que le traité d'Utrecht a été ouvertement violé, et que la lettre de la reine Anne n'a jamais été exécutée. et cela uniquement par la faute et la mauvaise volonté bien arrêtée des gouverneurs de la Nouvelle-Ecosse.

Il est clairement prouvé que le général Nicholson a empêché, par tous les moyens possibles, les Acadiens d'évacuer la province malgré leur volonté bien formelle et leurs protestations écrites et signées par tous les chefs de famille, en présence des représentants de la France ; que le même général Nicholson, dans le but de retenir les Acadiens, les a empêcher de vendre leurs terres et d'emporter leurs effets ; qu'il a fait saisir les embarcations qu'ils avaient construites, qu'il a interdit l'entrée des ports aux navires français destinés à apporter les agrès demandés par les Acadiens ; que même ce gouverneur a été jusqu'à défendre à ceux-ci d'en faire venir de Boston.

Il est prouvé non moins clairement que les successeurs de Nicholson, Vetch, Caulfied, Doucet, Armstrong et Philipps durant ses deux administrations ont également empêché obstinément et sans interruption les Acadiens de quitter la Nouvelle-Ecosse, en leur défendant de vendre leurs terres et d'emporter leurs effets.

Il est également prouvé, par les promesses écrites du gouverneur Armstrong, approuvées par son conseil, promesses réitérées par le général Philipps, que les Acadiens n'ont prêté serment de fidélité au roi d'Angleterre qu'à la condition de ne point prendre les armes en cas de guerre.

Enfin, il est encore prouvé, par des témoignages aussi nombreux qu'irrécusables, que les gouverneurs de la Nouvelle-Ecosse ont attenté à la liberté religieuse promise aux Acadiens et cela par des violations et des outrages capables d'exciter à la révolte les populations les plus douces et les plus paisibles.

Et, en retour de ces outrages et de ces violations, qu'ont fait les Acadiens ? Quelle a été leur conduite après trente ans de ce régime ? Quand la guerre entre la France et l'Angleterre leur fournit une belle occasion de se venger de leurs perfides maîtres (1744-48), n'auraient-ils pas eu le droit de se révolter contre eux et de secouer leur joug ? N'auraient-ils pas pu leur dire : « Depuis que vous avez mis le pied dans notre pays, vous nous avez toujours trompés ; vous nous tromperez encore. C'est vous-mêmes qui, par vos continuels manques de parole, nous avez déliés de la nôtre ? »

Est-ce là ce que firent les Acadiens ? Je laisse répondre pour eux leur propre gouverneur : « C'est au refus des habitants français de prendre les armes contre nous, écrivait Mascarène, que nous devons la conservation de la Nouvelle-Ecosse [1]. »

Il reste maintenant à montrer comment les Acadiens en furent récompensés ; mais avant d'entrer dans ce triste récit, il faut nous arrêter un instant pour étudier la physionomie de ce petit peuple si digne d'intérêt, et dont l'histoire ne s'écrira plus désormais qu'avec des larmes.

On a déjà vu qu'en 1714 le colonel Vetch n'évaluait

[1] « To... the French inhabitants refusing to take up arms against us, we owe our preservation. » — *Archives de la Nouvelle-Écosse. Lettre de Mascarène*, déc. 1744, p. 147, 148.

pas à plus de deux mille cinq cents âmes le chiffre total de la population acadienne.

Leur petit nombre qui les rendait peu redoutables, avait été d'abord pour eux une cause de sécurité; mais ils s'étaient accrus en peu d'années avec une prodigieuse rapidité, et cela par la seule expansion des familles; car toute immigration avait cessé depuis leur séparation de la France.

En 1755, le nombre total des Acadiens répandus le long du littoral de la baie de Fundy jusqu'à Chipoudy, et sur quelques autres points de la Péninsule, ainsi que dans l'île Saint-Jean (Prince-Edouard), s'élevait au moins à seize ou dix-sept mille âmes, c'est-à-dire qu'elle s'était accrue en se doublant à peu près tous les seize ans. Elle était divisée en six paroisses principales : Port-Royal la plus ancienne et une des plus populeuses ; la Grand-Prée et la Rivière-aux-Canards, sur le bassin des Mines ; Pigiquit, aujourd'hui Windsor ; Cobequid, aujourd'hui Truro ; et Beaubassin à la tête de la baie Chignectou ; sans compter plusieurs missions importantes, telles que celles de Chipoudy, Peticoudiac et Memramcouk, sur la rive occidentale de la baie de Fundy, et celles de l'île Saint-Jean.

A l'époque du traité d'Aix-la-Chapelle (1748), la population acadienne pouvait s'élever à une douzaine de mille âmes [1].

Jusqu'alors les querelles religieuses et les vexations dont nous avons parlé plus haut n'avaient pas eu de

[1] Ce chiffre est plutôt au-dessous qu'au-dessus de la vérité. Voir à l'*appendice*, n° IV de la deuxième édition, le mémoire intitulé *Sur l'Acadie* (1748). Dans ce mémoire, qui renferme la description la plus précise et la plus détaillée que l'on ait pour cette époque, il est dit « qu'il y a environ 10,000 communiants dans toute l'Acadie », en y comprenant tous les petits groupes disséminés le long des rivages de la péninsule et de la baie de Fundy ; ce qui formerait une population totale d'une quinzaine de mille âmes.

conséquences graves, grâce à l'impuissance où étaient laissés les gouverneurs de l'Acadie, qui n'avaient à leur disposition qu'une poignée de soldats cantonnés derrière les faibles remparts d'Annapolis, seul point d'appui de l'Angleterre dans la province. Le pouvoir effectif de ces gouverneurs ne s'étendait guère plus loin que la portée des canons de Port-Royal.

Ces commandants n'avaient réellement sous la main que les habitants de cette paroisse. Les plus rapprochés ensuite, ceux du bassin des Mines, en étaient séparés par une vingtaine de lieues de montagnes et de forêts.

Les autres paroisses, plus inaccessibles encore, s'échelonnaient jusqu'au fond de la baie Française. Pas un seul colon anglais ne s'était jusqu'alors établi dans la province. Les Acadiens étaient donc les vrais maîtres de l'Acadie, et en mesure d'imposer leurs conditions pour consentir à y rester.

Les gouverneurs, ainsi isolés avec leur petite garnison, et placés en face du peuple conquis — lequel formait, comme on vient de le voir, la seule population civilisée de la péninsule — étaient obligés d'user de bien des ménagements pour se faire obéir. Ils n'auraient pas même réussi à faire respecter leur autorité, s'ils n'avaient eu affaire à un peuple honnête et paisible. C'est à cette impuissance, et non à d'autres sentiments que doit être attribuée la tranquillité relative dans laquelle furent laissés les Acadiens ; car leurs nouveaux maîtres, séparés d'eux par les préjugés de race et de religion, si intenses à cette époque, éprouvaient pour eux plus d'éloignement que de sympathie. Ainsi abandonnés à eux-mêmes plutôt que gouvernés, les Acadiens vivaient sous la direction paternelle de leurs missionnaires, à qui ils s'en rapportaient la plupart du temps pour régler leurs différends. Lorsqu'ils avaient recours aux juges étrangers, c'était la loi française, la seule qu'ils connussent que ces juges tâchaient de leur appliquer tant bien que mal[1].

Telles étaient les conditions d'existence dans lesquelles vécurent les Acadiens jusqu'à l'année décisive de 1749 ; mais il n'en fut plus ainsi à partir de 1750, et surtout après 1751. C'est que dans l'intervalle la physionomie de la Nouvelle-Ecosse avait changé. Les griffes du lion britannique s'étaient singulièrement allongées. Le temps était passé où les petits gouverneurs de Port-Royal, avec une poignée de soldats, se lamentaient, derrière ses murs éboulés, de ne pouvoir réduire les Acadiens. La ville d'Halifax avait été fondée et fortifiée ; des forts avaient été élevés en différents endroits de la péninsule, principalement le fort Lawrence, sur l'isthme, en face de Beauséjour, et le fort

[1] « ... Les juges (sont) éloignés, et quoique fort judicieux, peu instruits de la Coutume de Paris qui est ici suivie... » *Archives du séminaire de Québec. Lettres de M. l'abbé de Miniac à M. Jacrau, directeur du séminaire de Québec*, 26 avril 1744.

Une des tracasseries qu'eurent à souffrir les Acadiens durant toute cette période a été tournée en accusation contre eux. Des auteurs anglais leur ont, en effet, reproché de s'être trop confinés dans leurs établissements, et d'avoir fort peu défriché les forêts qui les environnaient. Or, cette accusation retombe de tout son poids sur les gouvernants, qui ont empêché autant qu'ils ont pu les défrichements, en défendant de concéder les terres à d'autres qu'à des protestants. Heureusement que par leur seule force d'expansion, et comme à leur insu, les Acadiens ont fait éclater le cercle dans lequel on voulait les enfermer. De là de continuelles récriminations de part et d'autre. Il est curieux d'étudier, dans les rapports des gouverneurs, le double sentiment qui les tiraillait : d'une part, ils créaient des lois prohibitives pour arrêter un développement qui les effrayait, de l'autre, ils n'osaient les appliquer avec trop de rigueur, de crainte de voir les Acadiens aller coloniser les terres françaises. C'est ainsi que dans cette histoire le comique côtoie presque toujours l'odieux.

Voir *passim* les *Archives de la Nouvelle-Écosse*, particulièrement, p. 108 : « His Majesty's instructions... prescribe the grant of unappropriated lands to protestant subjects only. » *Governor Mascarène to secretary of State*, nov. 15th, 1740.

Edouard à Pigiquit. Toutes ces nouvelles places étaient bien munies de soldats.

Dès ce moment, les Acadiens avait senti leurs chaînes se resserrer et s'appesantir.

Malgré les promesses solennelles d'Armstrong et de Philipps, le gouverneur Cornwallis, fondateur d'Halifax, avait voulu, dès son arrivée, exiger des habitants français un serment *sans réserve,* c'est-à-dire qui les obligeât à prendre les armes contre leurs propres compatriotes. Qu'on se rappelle les paroles d'Armstrong : « Mes amis, vous n'avez aucune raison de craindre qu'on vous force à prendre les armes, car les lois de la Grande-Bretagne interdisent à tous catholiques romains de servir dans les armées anglaises. D'ailleurs, le roi d'Angleterre a tant de sujets protestants à pourvoir de cet honneur, que tout ce qu'il demande de vous, c'est que vous soyez de fidèles sujets. »

La volte-face ne pouvait être plus évidente ; mais qu'importaient les contradictions ? On se sentait assez fort pour changer de discours.

Il faut bien se rappeler que cela se passait à la fin de 1749, c'est-à-dire moins de deux ans après la guerre durant laquelle les Acadiens s'étaient montrés si loyaux, et avaient empêché, par leur neutralité, les Français de reconquérir la Nouvelle-Ecosse.

Les Acadiens n'avaient pas d'abord pris trop d'alarme des exigences du nouveau gouverneur. Elles étaient en contradiction si formelle avec les conditions qui leur avaient été faites jusqu'alors, qu'ils ne pouvaient croire que le gouverneur se montrerait inflexible ; mais à mesure qu'il s'était fortifié dans la Nouvelle-Ecosse, ses ordres étaient devenus si péremptoires, accompagnés de menaces telles qu'il ne fut plus possible de se faire illusion.

Ce fut pour mettre un terme à ces vexations, et aussi

pour obéir aux sollicitations qui leur étaient faites de venir s'établir au Canada, que les Acadiens adressèrent au gouverneur Cornwallis une requête pour demander l'autorisation de quitter la province.

C'était pour eux le seul parti raisonnable à suivre, puisque d'une part ils ne voulaient pas prendre plus d'engagements envers le gouvernement anglais que n'en avaient pris leurs pères, et que de l'autre on exigeait d'eux une formule de serment bien plus sévère.

Le gouverneur répondit qu'ils n'avaient qu'à se conformer aux règlements établis dans la province pour les personnes désirant en sortir, c'est-à-dire qu'à se munir de passeports ; et « que rien ne l'empêcherait d'accorder de tels passeports à tous ceux qui lui en demanderaient ». Ce consentement, aveu éclatant de la justice de leur demande, n'était au fond qu'un leurre destiné à dissimuler un refus réel que le gouverneur n'osait affirmer tout haut, de crainte de voir les Acadiens lui échapper.

Il ajoutait dans sa réponse que, pour le moment, il ne pouvait pas accorder de passeports, qu'il fallait attendre que la paix fût rétablie dans la province. « Mais, continuait-il, vous pouvez vous en reposer sur ma parole (*you can rely upon my word*), aussitôt que la tranquillité sera rétablie, nous donnerons des passeports à tous ceux qui en demanderont. »

Dans le reste de sa réponse, il employait tour à tour la persuasion et les menaces pour les retenir. « Mes amis, leur disait-il entre autre choses, du moment que vous avez déclaré votre désir de partir et de vous soumettre à un autre gouvernement, notre détermination a été de n'empêcher personne de suivre ce qu'il s'imagine être son intérêt... Mais nous vous avouons franchement que votre détermination de partir nous fait de la peine. Nous connaissons bien votre industrie et votre tempérance, et nous savons que vous n'êtes adonnés à aucun vice, ni à aucune débauche... Vous possédez les seules terres cultivées de la province ; elles produisent assez de grain et nourrissent assez de bétail pour suffire à toute la colonie... Cette province est votre pays ; vous et vos pères l'avez cultivée ; naturellement vous devriez jouir des fruits de votre travail [1]. »

Le gouverneur concluait en leur rappelant l'obligation de prêter serment, mais sans oser l'exiger de fait, de crainte de les voir partir ; puis il leur défendait de faire des assemblées sans une permission spéciale. Enfin il leur déclarait que ceux qui s'éloigneraient ne pourraient emporter aucun de leurs effets avec eux, et que tous leurs biens seraient confisqués.

En d'autres termes, c'était les déclarer prisonniers.

C'était aussi violer de nouveau ouvertement les clauses du traité d'Utrecht et la lettre de la reine Anne.

La réponse du gouverneur Cornwallis contenait cependant deux aveux qu'il est très important de noter, parce qu'ils sont une confirmation du traité. D'abord il reconnaissait pleinement le droit qu'avaient les Acadiens de quitter la province ; ensuite il engageait sa parole de les laisser partir dès le premier moment favorable.

Les Acadiens ne se faisaient guère illusion sur cette dernière condition. Ils voyaient clairement que le gouverneur ne cherchait qu'à gagner du temps. Aussi poursuivirent-ils leurs démarches. Frustrés de ce côté, ils s'adressèrent à la cour de France, où ils firent parvenir leurs requêtes. Le roi et ses ministres finirent par s'en émouvoir, et l'ambassadeur de France à Londres fut chargé au mois de mai 1755 de proposer au roi d'Angletere d'accorder trois ans aux habitants français de la péninsule, pour s'en éloigner avec leurs effets, et de leur donner tous les moyens nécessaires pour faciliter ce transport.

[1] *Archives de la Nouvelle-Écosse*, p. 189 et suivantes.

Le roi d'Angleterre ne crut pas devoir accéder à cette demande, donnant pour raison que *ce serait priver la Grande-Bretagne d'un grand nombre de sujets utiles.*

Il faut rendre cette justice au cabinet de Londres que, en communiquant au gouvernement de la Nouvelle-Ecosse ce refus de laisser émigrer les Acadiens il lui enjoignait « d'user de la plus grande précaution et de la plus grande prudence, de peur, ajoutait la dépêche, que, par leur départ, le roi de France ne profitât d'un si grand nombre de sujets utiles ».

On va voir, par ce qui va suivre, de quelle manière le gouverneur Lawrence, second successeur de Cornwallis, exécuta les ordres du cabinet de Londres.

C'est avec l'administration de Lawrence que commence le règne d'iniquités sans nom, en présence desquelles pâlissent toutes les injustices des administrations précédentes, et qui a marqué d'une tache indélébile l'histoire de la Nouvelle-Ecosse.

C'est sur Lawrence, avant tout autre, que pèse la responsabilité de la déportation des Acadiens. Il importe donc de bien connaître cet homme. On a un portrait de son caractère, fait de première main par ses propres compatriotes, les colons d'Halifax. C'est une de ces pièces qu'on ne s'est pas empressé de livrer au jour. Elle nous apprend comment cet individu de bas étage, d'abord simple apprenti peintre en bâtiments, était parvenu jusqu'au grade de gouverneur de la Nouvelle-Écosse ; comment, dans ce haut poste, il avait gardé son caractère de parvenu ; quelle espèce de tyrannie il faisait peser sur ses concitoyens ; à quel genre de corruption il se livrait ; par quelles fraudes il avait accaparé à son propre profit et au profit de ses favoris, les dépouilles des malheureux Acadiens, entre autres plus de quatre mille cinq cents têtes de bétail, dans la seule paroisse de Pigiquit. Ce fait n'a rien de surprenant pour ceux qui savent que, le jour même où ce gouverneur faisait annoncer aux Acadiens que leurs biens étaient confisqués par la Couronne, il faisait saisir et emmener à Halifax leurs plus beaux chevaux pour servir à son propre usage [1].

J'ai révélé pour la première fois, dans le travail dont j'ai déjà parlé [2], deux des actes les plus odieux accomplis sous l'administration de Lawrence. Ces deux actes de tromperie, dignes pendants de ceux que j'ai déjà racontés, eurent lieu peu de temps avant la déportation des Acadiens, et en furent les préparatifs. Je me suis abstenu de qualifier ces actes, qu'on est parvenu à cacher sous le voile de l'oubli. Je les ai laissé stigmatiser par un écrivain anglais et protestant, le docteur Andrew Brown, qui a vécu dans la Nouvelle-Écosse à la fin du siècle dernier, où il a été en relations directes avec plusieurs des auteurs et des victimes de la Déportation, qu'il a interrogés spécialement pour écrire son *Histoire de la Nouvelle-Ecosse*, restée manuscrite.

Le premier de ces actes fut un guet-apens tendu aux Acadiens pour leur arracher toutes leurs armes et leurs munitions.

Cet attentat eut lieu au mois de juin 1755.

Bien que la guerre ne fût pas encore déclarée entre la France et l'Angleterre, le fort français de Beauséjour était assiégé par Monckton. Un bon nombre d'Acadiens avaient commis le grand crime de fuir devant l'orage qui allait fondre sur leurs têtes. Ce fut dans ces circonstances que Charles Lawrence inventa la ténébreuse machination qu'on va voir, dans le but d'enlever toute espèce d'armes et de munitions aux Acadiens restés sous sa main.

[1] Voir, à l'*Appendice*, Lawrence's character, nº II.

[2] *Le Canada-Français*, IIIe livr., juillet 1888. *Éclaircissement sur la question acadienne. Le serment d'allégeance.*

La première précaution prise fut de feindre une grande partie de plaisir, une excursion de pêche (*a fishing frolic*), afin de ne pas éveiller les soupçons des habitants. Un détachement d'une cinquantaine d'hommes envoyés d'Halifax était venu prêter main-forte à la garnison du fort Édouard. Au jour fixé, les piquets de soldats furent postés à la tête des chemins par où les Acadiens auraient pu s'échapper. Les troupes furent divisées par escouades, et mises en marche vers chaque village, de manière à n'y arriver qu'à la chute du jour. Au lieu de faire camper les soldats dans les granges, comme cela se faisait ordinairement, les officiers avaient ordre de les distribuer deux par deux dans les maisons. De même qu'à la fameuse tragédie de Glencoe, les soldats, mis dans les secrets de la conspiration, devaient s'amuser, boire et manger en amis avec la famille durant la soirée, et se coucher ensuite tranquillement. Mais au coup de minuit (*at the hour of twelve in the dead of night*), ils devaient se lever soudainement et s'emparer de toutes les armes et munitions qu'ils pourraient saisir.

Le coup réussit à merveille, comme on devait s'y attendre avec un monde aussi honnête et aussi peu défiant qu'étaient les Acadiens. Deux jours après, quatre cents fusils, une grande quantité de cornes à poudre et de munitions étaient réunis et entassés dans une goélette ancrée à ce dessein dans la rivière Pigiquit, et remontée de là au fort Édouard, où ils furent mis en sûreté.

Il ne manquait à cet exploit qu'un dernier outrage (*a new outrage*), dit le docteur Brown. Lawrence ne faillit pas à la tâche. Il lança une proclamation ordonnant à tous ceux qui possédaient encore des armes de venir les apporter sans délai au fort Edouard, sous peine d'être traités comme félons et rebelles, s'ils étaient découverts.

Les Acadiens n'auraient-ils pas été des lâches, indignes de sympathie et de commisération, s'ils n'avaient pas ressenti de tels affronts ? Ils en furent révoltés, e protestèrent en hommes de cœur, forts de leur innocence et de leurs droits. Croira-t-on qu'à Halifax on trouva le moyen de tourner en accusation contre eux l'expression de leur noble et juste indignation ? Cela devait être, au reste ; ceux qui avaient conçu et exécuté le coup étaient incapables de sentiments élevés. Je laisse parler un des auteurs de ce honteux méfait, un homme qui s'en est fait l'apologiste.

« Les Français neutres, se croyant fort lésés, écrivirent une très impudente lettre au gouverneur et au Conseil, prétendant que, puisque le gouvernement continuait à leur accorder les privilèges de sujets anglais, personne n'avait le droit ni le pouvoir de les en priver ; qu'ils se comporteraient comme de fidèles sujets neutres de Sa Majesté. Cette lettre était signée par tous les députés de cette partie de la province, et par la plupart des habitants, en particulier par tous les principaux chefs ; et l'on vit paraître, dans la contenance de chacun des Français neutres, un air de ressentiment accompagné de menaces qui indiquaient leur esprit de rébellion [1]. »

Le second acte qui me reste à raconter est encore plus ignoble que le premier. La pièce importante qui le révèle a été trouvée par le docteur Brown lui-même dans les papiers du conseil d'Halifax. Ce dernier fait nous met en présence du dilemme suivant : Ou bien cette pièce a été enlevée de ces archives, ou elle y est encore. Si elle a disparu, Haliburton a raison. Si, au contraire, elle s'y trouve, elle a été bien cachée, et la honte a dû y être pour quelque chose, car le contenu de cette pièce dépasse les limites de l'odieux, et indique, dans la société où elle a été conçue, une absence de

[1] *Mus. Brit. Dr Brown's MSS. Papers relating to Nova Scotia 1749-1790. Add. MSS. No 19073, fol. 121.* Cette pièce est reproduite dans les Doc. INÉDITS du *Canada-Français*, p. 138.

sens moral qui renverse l'imagination. On y apprend, dans les plus minutieux détails, toutes les secrètes machinations, tous les plans divers ourdis par les plus hauts personnages d'Halifax, dans le but d'arriver à tromper et à surprendre les Acadiens en masse, de s'emparer de leur personne, afin de les déporter, comme en définitive on n'y a que trop bien réussi. Que la responsabilité de tout cela retombe sur les membres du Conseil, à la tête duquel était le gouverneur, le fait que cette pièce a eu sa place dans leurs archives en est la preuve. Et n'allons pas croire que la méditation et l'élucubration de cette sale besogne aient été livrées à quelque individu taré ; non, elle a été confiée par le Conseil même à un juge, au juge Morris, d'Halifax, lequel, par parenthèse, était natif de la Nouvelle-Angleterre. Ce malheureux était loin de soupçonner, quand il se livrait à cette tâche dans le secret de son cabinet, qu'il se clouait lui-même, avec ses complices, au pilori de l'histoire. Il y est aujourd'hui, et il y restera. L'histoire a de ces tardives vengeances.

Du moment que la prise du fort de Beauséjour, seul point d'appui des Français sur cette frontière, eut rendu possible l'expulsion des Acadiens, et que leur désarmement en eut enlevé un des plus grands obstacles, le gouvernement de la Nouvelle-Ecosse s'occupa activement de mettre ce projet à exécution. Le juge Morris étant considéré comme une des personnes les plus au fait du pays acadien et de ses habitants, ce fut sur lui que le Conseil jeta les yeux pour en obtenir d'exactes informations et l'exposé des divers plans à suivre. Celui-ci s'acquitta de sa tâche avec une ponctualité et une précision dignes d'une meilleure cause.

Il faut lire attentivement tout son rapport pour avoir une juste idée de l'œuvre et de l'homme, pour être en mesure de les apprécier, je veux dire de les mépriser l'un et l'autre autant qu'ils le méritent.

Morris commence son travail par une étude géographique des plus minutieuses [1]. Il décrit chaque paroisse, et, dans chaque paroisse, chaque village et même chaque petit groupe de maisons, qu'il compte une à une. Il marque leurs positions, soit au bord de la mer, soit près des rivières, ou dans l'intérieur des terres. Il signale toutes les voies de communication, tant par eau que par terre, que peuvent suivre les Acadiens pour s'évader, et les moyens de les arrêter. Il n'omet ni une patrouille pour garder une route, ni un vaisseau pour fermer une passe. Tout cela avec une sagacité féline qui rappelle absolument le chat guettant la souris. Mais où le bon juge se surpasse lui-même, c'est dans la variété des pièges et des mensonges qu'il invente pour surprendre et saisir les pauvres Acadiens. Il faudrait, par exemple, tâcher de répandre d'avance parmi eux le bruit qu'on veut les transporter, non pas en exil, mais au Canada. Une fois sous cette fausse impression, ils se rendront plus volontiers. Si on pouvait les persuader de se livrer d'eux-mêmes ! Mais cela n'est guère praticable. Il y a bien les dimanches pendant lesquels ils se réunissent tous à l'église, où l'on pourrait peut-être les cerner et les arrêter. Il y a aussi la nuit, qui a si bien servi pour les désarmer. Si on les surprenait dans leurs lits ! Mais ils sont tellement éparpillés qu'on y réussirait difficilement. Enfin le juge a touché du doigt le vrai moyen, celui qui a été adopté en dernier ressort : c'est d'envoyer aux Mines un fort détachement

[1] Cette description a été publiée dans un des rapports de la Société Historique de la Nouvelle-Ecosse, d'après les manuscrits du Dr Brown (*Collections of Nova Scotia Historical Society*, vol. II, p. 158) ; mais cette société a agi, relativement à cette pièce, absolument comme le compilateur des *Archives de la Nouvelle-Écosse*, c'est-à-dire qu'elle l'a tronquée et qu'elle a laissé dans l'ombre tout ce qu'il y a de compromettant. Je l'ai reproduite en entier dans le *Canada-Français*, p. 130 et suivantes.

qui les fasse prisonniers, après les avoir convoqués en assemblée.

Il est à noter qu'au milieu de toutes les infernales combinaisons du juge Morris, il n'est pas fait la moindre allusion au serment sans réserve dont on faisait tant de bruit en ce moment-là même. Peu importait évidemment que les Acadiens prêtassent oui ou non ce serment : ils étaient voués quand même à la déportation. *They are at all adventures to be rooted out.* Ce sont les propres paroles du juge Morris.

Le serment n'était qu'une raison apparente destinée à servir de prétexte pour colorer la condamnation qu'on était décidé à prononcer.

Je laisse maintenant le docteur Brown flétrir lui-même la hideuse pièce que je viens d'analyser, et juger le juge Morris :

« Il a écrit, dit-il, ce rapport en conséquence, à ce qu'il paraît, de la demande du Conseil. Il est peu honorable à son cœur, car il est rempli de stratagèmes injustifiables, de cruels avis et de conseils barbares. » (*He wrote this report... little honourable to his heart, as it is replete with unjustifiable stratagem, cruel advice, and barbarous counsel*) [1].

[1] Dr *Brown's MSS. Add. MSS.*, 19,072, fol. 30. — Voir *Le Canada-Français*, Doc. inédits, p. 137.

On sait que le colonel Winslow, qui commandait les milices envoyées aux Mines pour en expulser les Acadiens, était, comme Morris, natif du Massachusetts. Ainsi on voit que l'invention et l'exécution du plan destiné à tromper et à saisir les Acadiens pour les déporter, sont dues particulièrement à deux Anglo-Américains, Morris et Winslow. Ce fut leur concours efficace et celui des soldats de la Nouvelle-Angleterre qui permirent au gouvernement d'Halifax de satisfaire la convoitise de leurs compatriotes à l'égard des terres des Acadiens. Cette convoitise datait d'un demi-siècle; elle avait été l'un des motifs qui avaient engagé, en 1710, les provinciaux de la Nouvelle-Angleterre à s'enrôler dans l'expédition de Nicholson. — *Collections of Nova Scotia Historical Society*, vol. IV, p. 22.

On a voulu nier cette convoitise ; mais en voici des preuves qu'on

J'aime à croire que les historiens qui ont cherché à justifier la déportation des Acadiens n'avaient pas en mains toutes les pièces du procès que nous possédons aujourd'hui ; mais je dois dire, à mon grand regret, que celui qui en a fait le récit le plus retentissant, en avait sous les yeux la copie complète, pendant qu'il écrivait [1].

aura peine à révoquer en doute. Elles sont officielles et émanent du gouverneur Lawrence lui-même. Dans une proclamation datée du 11 janvier 1759, il dit :

« Whereas since ye issuing of ye proclamtn dated ye 12th of Octr 1758, relative to ye settlemt of ye vacated lands in ths provo, I have been informed by Thos Hancock, Esqr, Agent for ye affairs of Nova Scotia at Boston, that *sundry applicatns* have been made to him in conseqo thereof, by persons desirous of settling on ye sd lands... » — *British Museum. — Papers of Dr Andrew Brown, designed for a History of Nova Scotia. Add. MSS.* 19,073, fol. 287.

Dans un autre acte officiel, le même Lawrence ajoute :... Whereas, since the removal of the said French inhabitants, His Excellency the governor, in order to make an effectual settlement in the province, and to strengthen the same, has been pleased to make grants of townships to many substantial and industrious farmers, Protestants, His Majesty's subjects of the neighbouring colonies... *daily* applying for grants of Townships... » — *British Museum. — Add. MSS.*, 19,073, fol. 64, *v.*

La compagnie Hancock, de Boston, avait été celle qui, à la demande de Lawrence, avait fourni les navires sur lesquels avaient été déportés les exilés acadiens. C'était cette même compagnie à laquelle les *New Englanders* faisaient des demandes fréquentes (sundry applications), afin d'obtenir d'être mis en possession, par le gouverneur Lawrence, des terres laissées vacantes par les Acadiens. D'autres *neighbouring colonists* faisaient directement, dans le même but, des demandes quotidiennes (*daily*) à Lawrence lui-même. Que veut-on de plus?

Et de qui descendent ceux qui possèdent aujourd'hui les anciennes paroisses acadiennes? A peine quelques mois s'étaient-ils écoulés depuis la prise de Québec, qu'une flotte composée de vingt-deux navires chargés de *New Englanders*, convoyée par un *Sloop* armé de seize canons, aborda aux rivages acadiens, et vint en prendre possession.

[1] Parkman, *Montcalm and Wolfe*. Avec la masse de preuves, de

7

Comment en douter, puisque lui-même l'a proclamé ? Il n'y a qu'une triste réflexion à faire : c'est que des livres composés dans un pareil esprit sont fatalement condamnés à disparaître avec les préjugés qui les ont inspirés.

L'historien américain a voulu laver à tout prix ses compatriotes de la tache que l'Histoire leur avait infligée; mais il n'a réussi qu'à l'agrandir. Il n'est pas de pire faute que celle de vouloir excuser ce qui n'est pas excusable.

pièces authentiques que l'on connaît, comment M. Parkman a-t-il pu se fermer les yeux au point d'écrire ceci, par exemple :

« *Very few (of the Acadians) availed themselves of this right (of removing with their effects).* » *Un très petit nombre d'Acadiens se prévalurent du droit d'émigrer avec leurs effets.* Comme si Nicholson, Vetch, Caulfield, Doucet, Philipps, Armstrong, avaient laissé un seul jour ces malheureux libres de se prévaloir de leur droit !

CHAPITRE QUATRIÈME

Triste abandon des Acadiens. — Leurs Missionnaires. — Winslow à la Grand-Prée. — Caractère des Acadiens. — Proclamation de Winslow. — Dépêche de sir Thomas Robinson.

La conspiration ourdie dans l'ombre par le juge Morris, de concert avec le conseil d'Halifax, paraît d'autant plus révoltante qu'elle était tramée en haine et pour la ruine du plus inoffensif des peuples.

Cette ruine de la malheureuse Acadie approchait. La tempête qui allait arracher ses enfants du sol était sur le point de fondre sur elle.

A la veille de cette catastrophe, quand avaient lieu les obsèques de quelque paroissien, soit à la Grand-Prée, soit à Port-Royal ou ailleurs, et que les chantres de l'église entonnaient la prose des Morts, le *Dies iræ,*

Jour de colère,
Jour de calamité et de misère,
. . . .

si alors, comme au temps d'Israël, un Jérémie se fut élevé de la foule, ne se serait-il pas écrié : « Peuple aveugle et insensé, tu pleures celui que tu conduis en terre ! Envie plutôt son sort. Le jour de sa délivrance est venu. Pleure plutôt sur toi-même, car ton arrêt de mort est prononcé. Tes jours sont comptés. Ce glas funèbre qui sonne, c'est pour toi. Tu chantes, sans le savoir, tes propres funérailles ? »

Par une singulière fatalité, jamais peut-être peuple naissant ne fut placé dans une position où il aurait eu plus besoin d'amis et de protecteurs, et jamais on en vit qui en fût privé davantage.

Détestés par les Anglais qui voyaient toujours dans les Acadiens des ennemis secrets toujours prêts à les trahir, délaissés par les Français, du moment que ceux-ci ne pouvaient plus se servir d'eux comme d'instruments, ils n'avaient de véritables amis que les missionnaires dont les conseils leur paraissaient les plus désintéressés. Peut-on leur reprocher d'avoir eu complètement tort en écoutant leurs avis ?

Les missionnaires n'ont-ils pas été les seuls qui leur soient restés fidèles dans leur malheur ? L'abbé Maillard, par exemple, l'un des plus remarquables, n'a-t-il pas continué à servir ceux qui s'étaient réfugiés dans les parages du golfe ? N'est-il pas mort au milieu d'eux, usé de fatigues et de privations [1] ?

L'abbé Desenclaves n'a-t-il pas vécu dans les bois avec ceux qui avaient cru trouver une retraite du côté du cap de Sable, jusqu'à ce que, traqué par les Anglais, il eût été fait prisonnier avec les siens, et jeté sur les côtes de la Nouvelle-Angleterre ?

Et l'abbé Le Loutre lui-même dont la conduite fut inexcusable à certains égards, et qui s'attira les justes reproches de son évêque, n'eut-il pas, du moins, le mé-

[1] A Halifax, où il mourut en 1768, il fut assisté à ses derniers moments par des Acadiens et des sauvages. L'élite de la société d'Halifax, civile et militaire, le gouverneur et le Conseil firent cortège à son cercueil.

rite de payer de sa personne, d'exposer sa vie bien des fois pour ses ouailles [1] ? Si les Acadiens l'avaient écouté lorsqu'il les pressait d'émigrer, lorsqu'il leur disait qu'ils étaient sur un volcan, qu'ils n'avaient pas de pires ennemis que ceux qui les entretenaient dans une fausse sécurité, n'aurait-il pas échappé à la déportation ? Et, au moment de la crise, si sa bravoure et son infatigable énergie eussent été secondées par Vergor, n'aurait-il pas pu rallier les Acadiens et les sauvages des environs de Beauséjour, empêcher la chute de ce fort, et par là même rendre impraticable l'attentat des Mines ? A son retour en France, après sa captivité en Angleterre, n'a-t-il pas passé le reste de ses jours à réunir les Acadiens dispersés dans les ports d'Angleterre, et à les former en paroisse à Belle-Ile-en-Mer ?

Il est risible de lire les attaques dirigées dans le temps et aujourd'hui même contre les missionnaires des Acadiens. On leur a fait un crime impardonnable de leur attachement à la France, attachement qu'ils auraient entretenu chez les Acadiens Quelques-uns ont sans doute manqué de prudence et ont poussé trop loin leur zèle patriotique, leur devoir leur imposant une certaine réserve ; mais n'était-ce pas une intolérable tyrannie que d'exiger davantage ? Les Prussiens de nos jours tiennent une main de fer sur le clergé de l'Alsace-Lorraine ; mais qui songe à faire un crime à celui-ci de rester fidèle à la France, et d'entretenir le peuple dans ce sentiment ?

Il faut lire les documents relatifs à l'Acadie pour se faire une idée des tracasseries et des insultes auxquelles étaient soumis les missionnaires. Outre qu'on exigeait d'eux un serment sévère, ils étaient soumis

[1] Le gouverneur Cornwallis avait offert cent livres sterling pour sa tête.

à un espionnage continuel, et ils n'avaient pas même la liberté de sortir de la province sans un permis spécial.

C'étaient des hommes modérés[1], écrivait d'eux, en 1791, un des agents les plus actifs de la Déportation, M. Brook Watson. Et cependant, sur une vingtaine de missionnaires qu'eurent les Acadiens, de 1713 à 1755, huit furent bannis, et plusieurs autres jetés en prison.

L'évêque de Québec, dont le clergé était peu nombreux, avait toutes les peines du monde à envoyer des prêtres dans ces ergastules de la Nouvelle-Ecosse. Le clergé, qui trouvait un ministère pastoral beaucoup plus facile au Canada, refusait de s'y rendre ; et l'évêque avait fini par déclarer qu'il n'enverrait plus de missionnaires chez les Acadiens. Ce ne fut qu'à force de supplications de leur part qu'il consentit à s'occuper d'eux plus longtemps.

Je laisse maintenant l'abbé Daudin, curé d'Annapolis, raconter lui-même les événements qui précédèrent immédiatement la Déportation.

Ce récit, extrêmement curieux, est extrait d'un manuscrit tout à fait inconnu, provenant de la bibliothèque de M. de Malesherbes, et appartenant aujourd'hui à M. le marquis de Bassano, qui a bien voulu le mettre à ma disposition. Je le reproduis presque en entier, à cause de son originalité, quoiqu'il renferme quelques répétitions de ce qui précède.

« Depuis le mois d'octobre 1754, dit l'abbé Daudin, le gouvernement anglais a fait entrevoir aux habitants de l'Acadie en la Nouvelle-Ecosse une conduite bien différente de celle qu'on avait tenue envers eux jusqu'alors, ce qui donna occasion aux dits habitants de soupçonner quelque chose de sinistre, et en effet ils ne se sont point

[1] *Collections of the Nova Scotia Historical Society*, vol. II, p. 150.

trompés ; on ne répondait plus à leurs requêtes, on ne rendait plus de justice ; pour un oui ou pour un non, la prison servait de réponse, on ne parlait aux habitants que pour leur annoncer leur désastre futur et prochain ; on leur disait qu'on les ferait esclaves, qu'on les disperserait comme les Irlandais ; bref tout leur annonçait la destruction de leur nation ; on ne parlait que de brûler les maisons et de ravager les campagnes.

» Cependant les habitants ne se sont point découragés, et ont cultivé mieux que jamais leurs terres ; les plus abondantes moissons qu'on ait jamais vues dans le pays le prouvent assez ; ils ont eu seulement recours à la prière, qui est la seule arme qu'ils aient employée contre les Anglais...

» ...(Après la prise du fort de Beauséjour), ils affectèrent de commander les habitants, les dimanches et les fêtes, pour aller au fort aiguiser tous leurs instruments de guerre, en leur disant que c'était pour les détruire, après qu'ils auraient coupé par morceaux leurs frères réfugiés chez les Français [1].

» Cet appareil commençait à répandre l'alarme dans des habitants qui ne voyaient aucun secours pour seconder l'envie qu'ils avaient de se défendre. Le courage et le zèle ne manquaient point, mais ils ne voyaient aucune apparence de secours. (Ceux des Mines) apprirent, la veille de Saint-Jean-Baptiste, que le fort de Beauséjour était pris, et dès lors ils commencèrent à pleurer leur sort, prévoyant bien l'extrémité à laquelle on les réduirait dans la suite.

» Quelques jours après la nouvelle de la prise de Beauséjour, le gouvernement envoya un ordre au commandant du fort de Pigiquit de former plusieurs détachements

[1] Ceci n'était pas une vaine menace. Les troupes anglo-américaines se livraient à ces horribles boucheries. J'en cite des exemples au chapitre dix-septième. *Note de l'auteur.*

pour aller pendant la nuit enlever les armes offensives et défensives aux habitants du lieu des Mines et de la Rivière-aux-Canards, ce qui a été exécuté, et le lendemain on leur signifia un ordre de s'assembler pour députer et envoyer soixante et dix de leurs chefs à Halifax, pour répondre aux questions qu'on leur devait faire. Ils se conformèrent à l'ordre et partirent le surlendemain pour se rendre auprès du gouverneur. Après leur départ, arriva un ordre à Annapolis Royale qui fut signifié le dimanche six juillet à la porte de l'église, à la sortie de la messe paroissiale, lequel ordre enjoignait à tous les habitants de porter leurs armes au fort, et qu'ils eussent à s'assembler pour nommer trente députés qui iraient incessamment joindre à Halifax ceux des autres paroisses ; dès le lendemain les armes ont été portées, et les députés ont parti le mercredi d'ensuite. Après leur départ, on a demandé les canots, qu'on a fait brûler.

» Lorsque les députés de toutes parts furent rendus au nombre d'environ cent, on les fit comparaître devant le conseil du roy ou on leur signifia d'abord qu'on ne voulait d'eux ni propositions ni explications. Ceux d'Annapolis voulurent montrer leurs privilèges accordés par la reine Anne et ratifiés par le roy règnant, mais inutilement, le gouverneur leur répondit qu'il ne voulait d'eux qu'un *oui* ou un *non*. Il leur fit la question suivante qui est des plus simples : *Voulez-vous ou ne voulez-vous pas prêter serment au roy de la Grande-Bretagne de prendre les armes contre le roy de France son ennemi ?* La réponse ne fut pas moins laconique que la question. *Puisque*, dirent-ils, *on ne nous demande qu'un oui ou un non*, *nous répondons tous unanimement non*, ajoutant seulement que ce qu'on exigeait d'eux allait à les dépouiller de leur religion et de tout.

» A l'instant le gouverneur donna ordre de les transporter sur une petite île, environ à la portée d'un boulet de canon d'Halifax, où on les conduisit comme des criminels, et où ils ont demeuré jusqu'à la fin du mois d'octobre, nourris d'un peu de mauvais pain et abreuvés de très mauvaise eau, privés de la liberté de recevoir aucun secours de personne, comme de parler à qui que ce fût.

» Le gouverneur s'imaginait que cette dureté amollirait le courage de ces généreux confesseurs, mais il ignorait la grâce qui faisait leur force ; il les trouvait toujours aussi fermes que jamais. Il prit la résolution de se transporter en ladite île avec un nombreux cortège, suivi de tous les instruments de supplice pour essayer d'amollir leur courage à la vue de ce spectacle ; il se les fit représenter au milieu de cet appareil de tyran, et leur demanda s'ils persistaient dans leurs réponses. L'un d'entre eux répondit que *oui et plus que jamais, qu'ils avaient Dieu pour eux et que cela leur suffisait*. Le gouverneur tira son épée et lui dit : *Insolent, tu mérites que je te passe mon épée au travers du corps*. L'habitant lui présenta sa poitrine en s'approchant de lui, et lui dit : *Frappez, Monsieur, si vous l'osez, je serai le premier martyr de la bande : vous pouvez bien tuer mon corps, mais vous ne tuerez pas mon âme*. Le gouverneur dans une espèce de furie demanda aux autres s'ils étaient du même sentiment que cet insolent qui venait de répondre ; tous par acclamation s'écrièrent : *Oui, Monsieur, oui, Monsieur !* etc. Le gouverneur se retira tout dépité de son mauvais succès qui le couvrait d'autant plus de honte et de confusion qu'il avait avancé qu'il viendrait à bout de réduire ces mutins. Il prit sans doute dans la suite l'avis de messieurs les amiraux, et en conséquence on renvoya ces habitants chacun chez eux ; quelques-uns disaient que le premier amiral avait condamné le gouverneur, parce qu'on ne devait pas traiter ainsi les députés d'une nation.

... » C'en était point assez pour les Anglais de harceler les habitants, ils pensèrent qu'en enlevant les prêtres ils disperseraient plus aisément le troupeau ; en conséquence le Conseil donna ordre, le premier d'août, d'enlever les trois missionnaires qui étaient dans la province ; c'est pourquoi on envoya trois détachements de chacun cinquante hommes. Celui des Mines fut enlevé le quatre ; celui de la Rivière-aux-Canards se cacha pendant quelques jours pour aller dans les églises consommer les saintes hosties, et se rendit lui-même au fort de Pigiquit, le dix, pendant que son détachement le cherchait encore. Celui d'Annapolis fut pris le six, en disant la messe, qu'on lui laissa achever. Heureusement qu'en entendant tomber les crosses de fusils tout à l'entour de l'église, il se défia de l'aventure, et consomma les saintes hosties ; à peine eut-il achevé la messe, que l'officier commandant lui signifia de la part du roy de le suivre. On visita la sacristie et le presbytère, d'où on enleva tous les papiers, registres, lettres et mémoires, etc. Le missionnaire fut conduit dans une habitation distante d'un quart de lieue, où il fut consigné jusqu'au lendemain matin que devait venir un autre détachement pour l'accompagner. Il ne lui fut permis, ainsi qu'aux deux autres, que de prendre des chemises, mouchoirs, serviettes et vêtements absolument nécessaires, que des habitants furent chercher, parce que les presbytères furent interdits sur-le-champ aux prêtres. On rassembla les trois missionnaires dans une prison commune au fort de Pigiquit et de là on les conduisit à Halifax avec cent cinquante hommes de troupes. On ne peut exprimer quelle fut la consternation du peuple lorsqu'il se vit sans prêtres et sans autels. Les missionnaires donnèrent ordre de dépouiller les autels ; de tendre le drap mortuaire sur la chaire et de mettre dessus le crucifix ; voulant par là faire entendre à leur peuple qu'il n'avait plus que Jésus-Christ pour missionnaire. Tous fondaient en larmes et réclamaient la protection du missionnaire d'Annapolis, en le suppliant de les mettre sous la protection de leur bon roy, le roy de France, protestant que Sa Majesté très chrétienne n'avait pas dans son royaume des cœurs plus sincères que les leurs, ce que le missionnaire leur promit autant qu'il serait en son pouvoir, ignorant lui-même sa destinée. Aussitôt que les prêtres furent enlevés, les Anglais arborèrent pavillon sur les églises, et en firent des casernes pour servir au passage de leurs troupes.

» Les missionnaires arrivèrent donc à Halifax dans ce bel accòmpagnement, tambour battant. On les conduisit sur la place d'armes où ils furent exposés pendant trois quarts d'heure aux railleries, mépris et insultes [1]. »

Lorsque, après la prise de Beauséjour, Monckton communiqua au colonel Winslow, les instructions secrètes qu'il avait reçues du gouverneur Lawrence pour l'expulsion des Acadiens, les Anglo-Américains étaient sous l'impression toute vive de l'humiliante défaite de Braddock à Monongahéla. Les alarmes et le surcroît d'animosité qu'avait excités ce désastre expliquent en partie la manière barbare dont cet ordre fut préparé et exécuté.

Mais il faut bien avouer aussi qu'il était difficile de trouver un groupe d'hommes mieux faits pour tramer et accomplir une telle entreprise ; chefs et soldats étaient animés du même esprit. Lawrence, qui, comme je l'ai déjà dit, en fut le principal organisateur, s'est peint lui-

[1] Les trcis missionnaires furent détenus séparément sur la flotte de l'amiral Boscawen, et envoyés ensuite à Portsmouth, en Angleterre, où il leur fut permis de noliser un petit navire qui les transporta à Saint-Malo.

même dans une proclamation signée de sa main en 1756. Par cette proclamation il promettait une récompense de trente livres sterling pour chaque prisonnier sauvage, du sexe masculin, au-dessus de seize ans, amené vivant; vingt-cinq livres pour chaque scalpe de guerrier sauvage, et la même somme pour chaque sauvagesse ou enfant amené vivant [1]. C'était le même Lawrence qui reprochait aux Acadiens de lui enlever l'amitié des sauvages.

Murray, dont on connaîtra le caractère par la suite de ce récit, écrivait à Winslow en lui parlant des troupes : « Vous savez que nos soldats détestent les Acadiens, et que, s'ils peuvent seulement trouver un prétexte pour les tuer, ils les tueront [2]. »

[1] *Histoire de la Nouvelle-Écosse*, par B. Murdoch, vol. I, p. 308.

[2] *Journal de Winslow*, p. 107.

Beamish Murdoch, dans son *Histoire de la Nouvelle-Écosse*, vol. II, p. 47, cite le jugement de l'amiral Knowles sur les soldats anglo-américains qui composaient la garnison de Louisbourg où il commandait : « He calls the New-England soldiers lazy, dirty and obstinate. Every one I found, here, from the generals down to the corporals, were sellers of rum. »

L'extrait suivant d'une lettre du rév. Hugh Graham au Dr Brown, d'Halifax, datée de 1791, achèvera de faire connaître le caractère des soldats américains :

« A party of rangers of a regiment chiefly employed in scouring the country of the deluded French who had unfortunately fallen under the bann of British policy, came upon four Frenchmen who had with all possible caution, ventured out from their skulking retreats to pick some of the straggling cattle or hidden treasure. The solitary few, the pitiable four, had just sat down weary and faint on the banks of the desert stream in order to refresh themselves with some food and rest, when the party of Rangers surprised and apprehended them, and as there was a bounty on Indian scalps, a blot, too, on England escutcheon, the soldiers soon made the supplicating signal, the officers turned their backs, and the French were instantly shot and scalped. A party of the Rangers brought in one day 25 scalps, pretending that they were Indians, and the commanding officer at the fort, then Col. Wilmot, afterwards Governor

Embarqué le 14 août, à Beauséjour, avec un détachement de trois cent treize miliciens de la Nouvelle-Angleterre, Winslow descendit la baie de Chignectou, et, profitant de la marée, pénétra dans le bassin des Mines, où il vint jeter l'ancre en face de la Grand-Prée.

Le vétéran américain qui avait accepté cette mission indigne d'un soldat n'avait pas l'âme tranquille, car il avait la conscience du rôle odieux qu'on lui faisait jouer, et de la flétrissure qu'il allait attacher à son nom. Plusieurs passages de son *journal* laissent entrevoir les remords qui l'agitaient. Au reste, il aurait fallu avoir dépouillé tout sentiment humain pour n'être pas ému à la pensée de tant de malheurs dont il allait être un des premiers auteurs. Sans doute, à ses yeux, les Acadiens étaient de grands criminels ; ils avaient résisté aux

Wilmot (a poor tool) gave orders that the bounty should be paid them. Capt. Huston who had at that time the charge of the military chest, objected such proceedings both in the letter and spirit of them. The Colonel told him, that according to law the French were all out of the French, that the bounty on Indian scalps was according to : « Law, and that tho' the law might in some instances be » strained a little, yet there was a necessity for winking at such » things. » Upon account, Huston, in obedience to orders, paid down £250, telling that the « curse of God should ever attend such » guilty deeds. » A considerable large body of the French were one time surprised by a party of the Rangers on Peticoudiac River; upon the first alarm, most of them threw themselves into the river and swam across, and by way the greater part of them made out to elude the clutches of these bloody hounds, tho' some of them were shot by the merciless soldiery in the river. It was observed that these Rangers, almost without exception, closed their days in wretchedness, and particulary a Capt. Danks who even rope to the extreme of his commission in every barbarous proceeding. In the Cumberland insurrection (late war) he was suspected of being « Jack on both sides of the bush, » left that place, Cumberland, in a small jigger bound for Windsor, was taken ill on the passage, thrown down into the hold among the ballast, was taken out at Windsor, is half dead, and had little better than the burial of a dog. He lived under a general dislike and died without any to regret his death. »

promesses aussi bien qu'aux menaces ; ils étaient un perpétuel danger pour son pays. Mais il se disait aussi que leur entêtement, qu'il qualifiait de stupide, avait pour mobile un sentiment que les hommes ont toujours respecté : celui de la religion et du patriotisme. Il ne pouvait se dissimuler qu'il y avait de la sincérité dans leur croyance, quelque superstitieuse qu'elle lui parût, et dans leur patriotisme, puisqu'ils lui sacrifiaient leurs intérêts ; et il pressentait que l'avenir serait plus sévère pour sa conduite que pour celle de ses victimes.

« J'en ai pesant sur le cœur et sur les mains, écrivait-il... J'ai hâte d'en avoir fini avec cette besogne, la plus pénible dans laquelle j'aie jamais été employé [1]. »

Autour de lui se déroulait une nature riante, où tout respirait le calme et le bonheur de la vie champêtre. L'horizon bleuâtre des montagnes qui ferment au nord le bassin des Mines, et les âpres falaises, couronnées de forêts, du cap Blomedon qui en protège l'entrée, étaient noyés dans l'atmosphère chaude et vaporeuse du soleil d'août. Les eaux du bassin, gonflées par le flux, s'épanouissaient comme une nappe de lumière en emplissant les digues et les rivières aux Canards, des Habitants, de Gaspareaux, dont les rivages étaient animés par des groupes de jeunes gens et d'enfants attirés par la curiosité.

Au bord de l'eau s'étendait à perte de vue la Grand-Prée toute jaunissante de moissons, ou animée par les

[1] Things are now very heavy on my heart and hands... I impatiently wait... that once at length we may get over this troublesome affair, which is more grievious to me than any service I was ever employed in. — *Journal of Winslow*, p. 97, 134.

Le commandant de Port-Royal, John Handfield, à qui Winslow écrivait ces dernières paroles, était poursuivi par le même sentiment de honte, et lui répondait : I heartily join with you in wishing that we were both of us got over this most disagreable and troublesome part of the service. — *Journal de Winslow*, p. 142.

troupeaux qui paissaient le riche gazon ; et au-delà, sur les pentes verdoyantes des coteaux qui entourent le bassin était disséminées les maisons simples et rustiques des Acadiens, avec les villages de la Grand-Prée et de la rivière aux Canards, surmontés des clochers de leurs églises, qui se dessinaient sur l'arrière-plan des hauteurs boisées qui encadrent l'horizon [1].

Les habitants, dispersés dans leurs champs, interrompaient par intervalles leurs travaux pour se demander ce que signifiait l'arrivée de ces nouvelles troupes. Malgré les avertissements qui leur étaient venus de divers côtés, ils ne soupçonnaient évidemment pas l'épouvantable catastrophe qui était sur le point de fondre sur eux. Dans quelques jours cependant, ce vallon si paisible et qui abritait tant de familles heureuses, allait devenir le coin le plus désolé du monde.

Winslow ne fit d'abord que jeter l'ancre devant la Grand-Prée ; il remonta la rivière Pigiquit (aujourd'hui l'Avon), et débarqua ses troupes au village de Pigiquit où avait été bâti, comme on le sait, un fort en palissades nommé fort Edouard, d'où le capitaine Murray avait l'œil sur la population environnante. Winslow fit dresser les tentes de ses soldats autour du fort, et passa quelque temps auprès de Murray, pour concerter avec lui les moyens de préparer le piège qu'ils avaient à tendre, sans éveiller les soupçons des Acadiens ; puis il redescendit à la Grand-Prée.

En l'absence du missionnaire, il fit venir quelques-uns des principaux paroissiens, et leur enjoignit d'enlever les vases sacrés de l'église, car il voulait s'en servir

[1] Voici ce que Hopson, successeur de Cornwallis, disait en parlant de l'apparence des villages acadiens : « The... inhabitants... are pretty well settled having good houses, gardens and other ground. » *Nova Scotia archives*, p. 200. *Governor Hopson to Lords of Trade*, 23 July, 1753.

pour faire son quartier général[1]. Cette profanation par laquelle Winslow inaugurait son arrivée était de sa part une imprudence de nature à trahir ses intentions hostiles, et qui aurait dû, ce semble, éveiller la méfiance des habitants. Ceux-ci cependant n'en furent guère émus, ce qui prouve bien ce que valait le régime de douceur dont se vantaient les autorités officielles en reprochant aux Acadiens de s'y être montrés ingrats.

Mais les Acadiens avaient fini par s'endurcir aux vexations et à s'endormir au bord de l'abîme. On ne peut même s'expliquer comment ils n'aperçurent pas cet abîme ouvert sous leurs pieds, dès le jour qu'ils avaient reconnu le piège qu'on leur avait tendu pour leur arracher leurs armes. A quoi ne pouvait-il pas s'attendre de la part d'ennemis qui n'avaient pas reculé devant un tel moyen, maintenant surtout que, désarmés, ils étaient à leur merci?

Quoi qu'il en soit, ceux-ci n'eurent plus qu'à attendre

[1] On a vu que, dans le but de priver les Acadiens de leurs conseillers les plus éclairés, et par là de mieux assurer le succès du complot, Lawrence avait donné ordre de s'emparer d'avance des missionnaires soit par la ruse, soit par la force ouverte.

Ces actes de violence n'avaient pas trop surpris leurs paroissiens, car ceux-ci étaient habitués à voir leurs prêtres en butte aux persécutions. Il faut bien avouer aussi que les Acadiens, aveuglés par tant d'intérêts qui les attachaient à leur pays, refusaient obstinément d'ouvrir les yeux à l'évidence. Ils avaient été inutilement avertis depuis longtemps. Le plus clairvoyant de leurs missionnaires surtout, l'abbé Le Loutre, avait en vain accumulé sur sa tête toutes les colères et toutes les haines de leurs ennemis, en démasquant sans relâche leurs projets; les prédictions de cette autre Cassandre n'avaient pas été plus écoutées que celles de la fatidique Troyenne. Simples et droits, les Acadiens étaient faciles à tromper; leurs oppresseurs, plus perfides que les Grecs, le savaient, et ils ne reculaient devant aucune trahison pour y arriver. On a vu, par ce qui précède, et l'on verra encore, par certaines citations qui vont suivre, dans quel réseau de mensonges les malheureuses victimes avaient été enveloppées.

une occasion favorable pour tendre leur dernier piège et les y faire tomber. Elle était venue.

Winslow transforma l'église en arsenal et en salle d'armes, dressa les tentes de ses soldats sur la place publique, et s'établit lui-même dans le presbytère. Pour prévenir toute surprise, il fortifia son camp d'une enceinte de palissades, et il écrivit au gouverneur Lawrence, qui lui avait exprimé la crainte que les habitants en fussent alarmés : « Ces travaux ne leur ont pas causé la moindre inquiétude, car ils y ont vu la preuve que le détachement doit passer l'hiver au milieu d'eux[1]. » Et Winslow concluait en disant que, les récoltes n'étant pas encore terminées, il était convenu avec Murray d'attendre jusqu'au vendredi suivant pour publier l'ordre du gouverneur.

Le 30 du mois, Murray, venu du fort Édouard à la Grand-Prée, s'enferma dans le presbytère avec Winslow pour conclure les derniers préparatifs. Il fut convenu que Winslow sommerait toute la population mâle des environs de la Grand-Prée de venir le rencontrer à l'église, pour entendre l'ordonnance du roi, et que Murray ferait de même à Pigiquit. Winslow fit alors entrer les officiers qu'il avait sous ses ordres, leur fit prêter serment de garder le secret, et leur communiqua ses instructions et ses plans. Aucun d'eux ne fit d'objections et Murray reprit le chemin du fort Édouard.

Dans la journée du dimanche, le dernier que les pauvres Acadiens avaient à passer en paix au sein de leurs familles, Winslow eut la satisfaction d'observer qu'il n'y avait aucun mouvement inusité dans le village. La seule contrariété qu'il éprouva fut de voir que les moissons n'étaient pas encore toutes rentrées, et qu'une partie allait peut être échapper à la destruction. Il avait

[1] *Journal de Winslow*, p. 85.

pu le constater durant une tournée qu'il venait de faire dans le voisinage avec une cinquantaine de ses hommes.

Des croisées ouvertes du presbytère, il était témoin ce jour-là d'une scène qui ne pouvait manquer de se graver dans sa mémoire, et qui lui revenait sans doute lorsqu'il traçait certains passages de son journal où l'on devine les pensées troublantes qui l'obsédaient, comme ce qui suit, par exemple : « Nous aurons bientôt les mains pleines de l'affaire désagréable qui nous oblige à chasser des gens de leurs anciennes habitations, lesquelles, dans cette partie du pays, ont une très grande valeur [1]. »

C'est que, malgré lui, il établissait un contraste terrible entre la douce pastorale qu'il avait sous les yeux et les scènes de désespoir qu'il allait provoquer dans quelques jours. Ce contraste lui apparaissait d'autant plus violent qu'on était précisément à l'époque de l'année où le bassin des Mines offrait le coup d'œil le plus séduisant, et que, du point de vue où il était, il embrassait tout l'ensemble et les détails de ce charmant paysage avec le mouvement rural qui l'animait.

On se sentait au milieu d'une atmosphère de quiétude et de sérénité, dans cette solitude lointaine et ignorée du monde, autour de cette nappe d'eau, à peine moirée par la brise, abritée comme un lac, là bas, par des hauteurs bleuissantes, plus près par le promontoire abrupt du cap au Porc-épic, ici par un cercle de pentes douces terminées par la Grand-Prée. On y entendait beugler les vaches qui remontaient vers les étables où les attendaient les laitières. Il n'y avait pas jusqu'au chant du grillon, caché dans l'herbe, qui ne fît songer au bonheur domestique.

Ce bonheur, il est vrai, n'avait pas atteint ce degré

[1] Shall soon have our hands full of disagreable business to remove people from their ancient habitations which, in this part of the country, are very valuable. — *Journal de Winslow*, p. 72.

de perfection, cet idéal qu'ont voulu y voir certains auteurs qui en ont fait des tableaux de fantaisie : l'*Acadie* n'a jamais été l'*Arcadie*. Les Acadiens avaient leur part des misères et des défauts qui sont l'apanage de l'humanité. Un bon nombre d'entre eux étaient processifs comme les Normands leurs pères, jaloux les uns des autres, comme les Canadiens leurs frères. Ils n'étaient pas toujours dociles, obéissants à leurs missionnaires, comme l'ont supposé quelques auteurs aussi loin en cela de la vérité que les idéalistes qui les ont représentés comme des hommes parfaits ; mais, en général, ils étaient bons, affables et serviables. L'esprit français toujours gai, toujours vif, prompt aux réparties, s'était conservé parmi eux, bien qu'ils n'eussent d'autre instruction que les solides principes du christianisme. Modérés dans leurs goûts, simples dans leurs habitudes, ils avaient peu de besoins, et ils étaient contents de leur sort. L'incomparable fertilité de leurs terres, moins difficiles à ouvrir et à cultiver que celles du Canada, leur donnait en peu d'années assez d'aisance pour établir leurs enfants autour d'eux et pour jouir d'une vieillesse heureuse. Quant à leur moralité, elle n'a pas besoin d'autres preuves que l'étonnante fécondité des familles, qui n'a été égalée que par celle des pasteurs boers du Transvaal [1].

[1] Voici un témoignage non suspect de la pureté des mœurs et du caractère des Acadiens, écrit en 1791, par M. Brook Watson, qui avait commandé le détachement envoyé à la baie Verte pour en enlever les habitants et brûler les maisons.

Qu'on lise à l'*Appendice*, n° *III*, la description des mœurs acadiennes par Moïse de les Derniers, et l'on verra jusqu'à quel point ces deux témoignages, dus à des protestants, se confirment l'un par l'autre.

« C'était un peuple honnête, industrieux, sobre et vertueux ; rarement des querelles s'élevaient parmi eux. En été, les hommes étaient constamment occupés à leurs fermes ; en hiver, ils coupaient du bois pour leur chauffage et leurs clôtures, et faisaient la chasse ; les femmes s'occupaient à carder, filer et tisser la laine, le lin et le

La population de la Grand-Prée était répandue par essaims dans le village, ou apparaissait aux fenêtres ouvertes et devant les portes des maisons. Çà et là s'élevaient des cris joyeux d'enfants attroupés sous les arbres des vergers chargés de fruits, ou des voix de femmes qui chantaient pour endormir leurs nouveau-nés. Quelques vieillards, assis sur les clôtures, fumaient tranquillement leurs pipes en devisant du lendemain ou des

chanvre que ce pays fournissait en abondance. Ces objets, avec les fourrures d'ours, de castor, de renard, de loutre et de martre, leur donnaient non seulement le confort, mais bien souvent de jolis vêtements. Ils leur procuraient aussi les autres choses nécessaires ou utiles au moyen du commerce d'échange qu'ils entretenaient avec les Anglais et les Français. Il y avait peu de maisons où l'on ne trouvât pas une barrique de vin de France. Ils n'avaient d'autres teintures que le noir et le vert; mais, afin d'obtenir du rouge dont ils étaient remarquablement épris, ils se procuraient des étoffes rouges anglaises, qu'ils coupaient, *échiffaient*, cardaient, filaient et tissaient en bandes dont étaient ornés les vêtements des femmes. Leur pays était tellement abondant en provisions que j'ai entendu dire qu'on achetait un bœuf pour cinquante chelins, un mouton pour cinq, et un minot de blé pour dix-huit deniers. On n'encourageait pas les jeunes gens à se marier à moins que la jeune fille ne pût tisser une mesure de drap, et que le jeune homme ne pût faire une paire de roues. Ces qualités étaient jugées essentielles pour leur établissement, et ils n'avaient guère besoin de plus, car chaque fois qu'il se faisait un mariage, tout le village s'employait à établir les nouveaux mariés. On leur bâtissait une maison, défrichait un morceau de terre suffisant pour leur entretien immédiat; on leur fournissait des animaux et des volailles; et la nature, soutenue par leur propre industrie, les mettait bientôt en moyen d'aider les autres. Je n'ai jamais entendu parler d'infidélité dans le mariage parmi eux. Leurs longs et froids hivers se passaient dans les plaisirs d'une joyeuse hospitalité. Comme ils avaient du bois en abondance, leurs maisons étaient toujours confortables. Les chansons rustiques et la danse étaient leur principal amusement. » — *Collections of Nova Scotia Historical Society*, vol. II, p. 132.

Voilà ce qu'avaient fait des Acadiens les prêtres dont on a cherché, de nos jours comme de leur temps, à flétrir la réputation. On juge de l'arbre par ses fruits.

derniers événements. Leurs sentiments sur la gravité de la situation étaient partagés; mais l'idée d'une spoliation et d'un enlèvement en masse n'entrait pas dans leur esprit, ou du moins, leur paraissait une de ces extrémités à laquelle on n'oserait jamais en venir. Des groupes de garçons et de jeunes filles, vêtus de leurs habits du dimanche, passaient, en causant, aux abords de l'église ; les jeunes gens habillés d'étoffe tissée à la maison ; les jeunes filles portant jupon et *mantelet*, coiffées de chapeaux de paille tressée de leurs mains. Bien des couples qui, en ce moment, se faisaient des aveux et formaient des projets d'union, étaient loin de se douter qu'ils étaient à la veille d'être séparés pour ne plus jamais se revoir.

Dans la journée du mardi, Winslow prétexta une excursion en chaloupe du côté de Pigiquit, pour s'assurer auprès de Murray que rien n'y avait transpiré de leur guet-apens; et ils s'entendirent pour faire aux deux endroits l'assemblée à trois heures de l'après-midi, le vendredi suivant. Ils rédigèrent ensuite la sommation aux habitants, qu'ils firent traduire par un marchand de l'endroit nommé Beauchamp.

La voici :

« John Winslow, écuyer, lieutenant-colonel et commandant des troupes de Sa Majesté, à la Grand-Prée, les Mines, la rivière aux Canards et les lieux adjacents.

» Aux habitants des districts sus-nommés, aussi bien aux anciens qu'aux jeunes gens et aux petits garçons.

» Comme Son Excellence le gouverneur nous a instruit de sa dernière résolution concernant les matières proposées récemment aux habitants en général, en personne, Son Excellence désirant que chacun d'eux fût parfaitement informé des intentions de Sa Majesté, qu'il nous a aussi ordonné de vous communiquer telles qu'elles nous ont été données :

» Nous ordonnons donc et enjoignons strictement par ces présentes à tous les habitants, aussi bien des districts sus-nommés que de tous les autres, aux vieillards de même qu'aux jeunes gens, et aussi à tous les garçons de dix ans, de venir à l'église de la Grand-Prée, vendredi, le cinq courant, à trois heures de l'après midi, afin que nous leur fassions part de ce que nous avons reçu ordre de leur communiquer; déclarant qu'aucune excuse ne sera admise sous aucun prétexte que ce soit, sous peine de confiscation de leurs biens meubles et immeubles.

» Donné à la Grand-Prée, le deux septembre en la vingt-neuvième année du règne de Sa Majesté, A. D. 1755 [1]. »

Une proclamation semblable fut rédigée au nom de Murray, pour les habitants du district de Pigiquit.

La veille de l'assemblée, les deux commandants dépêchèrent leurs officiers vers les principaux centres pour afficher cette proclamation. Ils trouvèrent partout les habitants sans défiance, occupés dans les champs à achever leur récolte.

Le lendemain, dès l'heure de midi, tout le détachement américain était sous les armes devant le portail de l'église de la Grand-Prée, les fusils chargés, prêts à faire feu. Dans la matinée, une distribution de poudre et de balles avait été faite aux soldats.

Winslow, en grand uniforme, entouré de son état-major, stationnait devant le presbytère. Ses regards inquiets se tournaient souvent vers les différents chemins qui conduisaient à la Grand-Prée, et il ne put réprimer sur ses traits l'expression de la joie secrète qu'il éprouva lorsqu'il les vit se peupler de longues files d'habitants, les uns à pied, venant des environs, les autres en voi-

[1] *Journal de Winslow*, p. 90.

tures, arrivant de Gaspareaux, de la rivière aux Canards et de l'intérieur des terres.

Winslow, dont le portrait a été conservé, n'avait pas la tournure d'un colon américain ; puissant de taille, il paraissait plutôt un gros Anglais, joufflu, rubicond, avec des yeux à fleur de tête, vrai type qui convenait à une pareille exécution.

A trois heures précises, quatre cent dix-huit Acadiens de tout âge étaient réunis dans l'église. Quand les derniers furent entrés, et les portes fermées et gardées, le commandant, accompagné de quelques officiers, vint se placer debout dans le chœur, devant une table sur laquelle il posa ses instructions et l'adresse qu'il avait à lire.

Il promena un instant ses regards sur cette foule de figures hâlées par le soleil, qui le fixaient dans un anxieux silence ; puis il leur lut l'adresse suivante que traduisait à mesure un interprète :

« Messieurs, j'ai reçu de Son Excellence le gouverneur Lawrence les instructions du roi, que j'ai entre les mains. C'est par ses ordres que vous êtes assemblés pour entendre la résolution finale de Sa Majesté concernant les habitants français de cette sienne province de la Nouvelle-Ecosse, où depuis près d'un demi-siècle vous avez été traités avec plus d'indulgence qu'aucun autre de ses sujets dans aucune partie de ses Etats. Vous savez mieux que tout autre quel usage vous en avez fait.

» Le devoir que j'ai à remplir, quoique nécessaire, m'est très désagréable et contraire à ma nature et à mon caractère, car je sais qu'il doit vous être pénible, étant de même sentiment que moi. Mais il ne m'appartient pas de m'élever contre les ordres que j'ai reçus ; je dois y obéir. Ainsi, sans autre hésitation, je vais vous faire connaître les instructions et les ordres de Sa Majesté, qui sont que vos terres et vos maisons et votre bétail et vos troupeaux de toutes sortes sont confisqués par la Couronne, avec tous vos autres effets, excepté votre argent et vos objets de ménage, et que vous-mêmes vous devez être transportés hors de cette province.

» Les ordres péremptoires de Sa Majesté sont que tous les habitants français de ces districts soient déportés ; et, grâce à la bonté de Sa Majesté, j'ai reçu l'ordre de vous accorder la liberté de prendre avec vous votre argent et autant de vos effets que vous pourrez emporter sans surcharger les navires qui doivent vous recevoir. Je ferai tout en mon pouvoir pour que ces effets soient laissés en votre possession, et que vous ne soyez pas molestés en les emportant, et aussi que chaque famille soit réunie dans le même navire, afin que cette déportation, qui, je le comprends, doit vous occasionner de grands ennuis, vous soit rendue aussi facile que le service de Sa Majesté peut le permettre. J'espère que dans quelque partie du monde où le sort va vous jeter, vous serez des sujets fidèles, et un peuple paisible et heureux.

» Je dois aussi vous informer que c'est le plaisir de Sa Majesté que vous soyez retenus sous la garde et la direction des troupes que j'ai l'honneur de commander [1]. »

Winslow termina son discours en les déclarant tous prisonniers du roi.

Il est plus facile d'imaginer que de peindre l'étonnement et la consternation des Acadiens en écoutant cette sentence. Ils comprirent alors que les avertissements qu'ils avaient refusé de croire étaient trop fondés, et que cette assemblée n'avait été qu'un infâme piège où ils s'étaient laissé prendre. Cependant ils ne réalisèrent pas du premier coup toute l'horreur de leur situation : ils se persuadèrent que l'on n'avait pas réellement l'intention

[1] *Journal de Winslow*, p. 94.

de les déporter. Ils ne pouvaient se figurer qu'il eût pu se trouver un ministre anglais à Londres pour conseiller au roi d'Angleterre de tendre un tel piège et de signer un pareil arrêt. Et ils avaient raison : c'était un audacieux mensonge. Jamais pareil ordre n'était parti d'Angleterre. L'initiative en était due à Lawrence, poussé par ses subalternes anglo-américains, qui voulaient à tout prix assouvir leur haine contre les Acadiens.

La révélation de ce fait prendra par surprise bien des lecteurs accoutumés à croire le contraire ; cependant elle est appuyée sur les documents officiels les plus authentiques, sur les dépêches mêmes du ministre de Londres au gouverneur Lawrence en personne.

Après la prise de Beauséjour, celui-ci s'était empressé d'en annoncer la nouvelle en Angleterre, et, dans sa dépêche, il insinuait en termes assez vagues son projet de déporter les Acadiens en masse.

Le secrétaire d'Etat, sir Thomas Robinson, ne comprit pas toute la portée de ses paroles, mais il en fut alarmé, et il se hâta de lui répondre : « On ne voit pas clairement si vous avez intention d'enlever tous les habitants français de la péninsule... ou bien si vous entendez parler seulement de ceux des habitants trouvés à Beauséjour, quand ce fort a été évacué par la garnison... Quelle que soit votre intention, il n'y a pas de doute... que vous avez considéré les conséquences pernicieuses qui pourraient résulter d'une alarme qui aurait pu être donnée à tout le corps des Français neutres, qu'une insurrection soudaine pourrait être le résultat du désespoir, et aussi quel nombre additionnel de sujets utiles pourrait être donné, par leur fuite, au roi de France. Par conséquent, il ne peut trop vous être recommandé d'user de la plus grande précaution et de la plus grande prudence dans votre conduite vis-à-vis ces *neutres*, et d'assurer ceux d'entre eux en qui vous pouvez avoir confiance, particulièrement lorsqu'ils prêteront serment à Sa Majesté et à son gouvernement, QU'ILS PEUVENT DEMEURER DANS LA TRANQUILLE POSSESSION DE LEURS TERRES, sous une législation convenable [1]. »

Cette réponse est en date du 13 août 1755, c'est-à-dire précisément au moment où Lawrence mettait à exécution son complot et déchaînait ses limiers américains.

On voit maintenant sur qui retombe la responsabilité de la déportation des Acadiens. Le cabinet de Londres y fut complètement étranger ; il recommandait à ce moment-là même, avec la plus vive instance, les mesures de paix et de conciliation. Cette déportation fut due au zèle indiscret de ses représentants en Amérique, qui, obsédés sans cesse par leur entourage, fléchirent devant son fanatisme, et, disons-le aussi, devant sa frayeur.

Il n'y a pas un mot dans cette dépêche qui ne soit une contradiction de la conduite de Lawrence. Ce fait est si remarquable que nous croyons devoir nous arrêter un instant à étudier cette dépêche pour mieux faire ressortir cette contradiction.

Et d'abord elle dévoile que Lawrence avait dissimulé son projet de bannissement général : « Il paraît, dit-elle, par votre lettre du 28 juin, que vous avez donné des ordres au colonel Monckton *de chasser en tous cas, hors du pays, les habitants français désertés (de leurs terres)*. On ne voit pas clairement, ajoute la dépêche, si vous avez l'intention d'enlever tous les habitants français de la péninsule, dont le nombre s'élève à plusieurs mille... ou bien si vous entendez parler seulement de ceux des habitants trouvés à Beauséjour, quand ce fort a été évacué par la garnison ; ce dernier projet paraît plutôt

[1] *Archives de la Nouvelle-Écosse*, p. 279.

avoir été votre intention, puisque vous ajoutez que, *si M. Monckton désire l'assistance des habitants français désertés, pour mettre les troupes à l'abri, vu que les casernes du fort français ont été démolies, il pourrait leur faire faire tout le service en leur pouvoir.*

N'est-il pas manifeste, d'après ce passage, que Lawrence avait dissimulé son plan dans sa lettre ?

Ensuite quelle ligne de conduite lui trace le secrétaire d'Etat ? Sont-ce les mesures d'intimidation et de rigueur qu'il lui conseille ? Tout au contraire, il lui impose le plus strict devoir (*it cannot be too much recommended to you*) d'agir avec la plus grande précaution et une extrême prudence, non seulement pour ne pas alarmer les Acadiens et exposer l'Angleterre à perdre, par leur fuite, ces sujets utiles ; mais de plus il lui enjoint de les rassurer, particulièrement ceux qui viendront prêter serment d'allégeance, et de leur garantir la tranquille possession de leurs terres. « Ce qui m'a engagé à attirer votre attention toute particulière sur cette partie de votre lettre, ajoutait sir Thomas Robinson, qui évidemment redoutait les violences de Lawrence, c'est la proposition qui m'a été faite, pas plus tard qu'au mois de mai dernier, par l'ambassadeur de France, savoir : « Qu'il soit accordé » trois ans aux habitants français de la péninsule pour » s'en retirer avec leurs effets, et que tous les moyens de » faciliter ce transport leur soient aussi accordés. Les » Anglais, ajoutait l'ambassadeur, devraient regarder » sans nul doute cette proposition comme très avanta- » geuse pour eux. » A quoi il a plu à Sa Majesté de faire la réponse suivante, que je vous envoie pour votre particulière information, savoir : « Qu'en ce qui regarde la » proposition d'accorder trois ans aux habitants français » de la péninsule pour émigrer, ce serait priver la » Grande-Bretagne d'un nombre très considérable de » sujets utiles, si une telle émigration s'étendait aux

» Français qui habitaient cette province au temps du » traité d'Utrecht et à leurs descendants. »

Voilà quelles étaient les instructions émanées du cabinet de Londres. Il n'y a pas à se méprendre sur l'esprit qui les avait dictées : c'était un esprit d'apaisement et de pacification.

On reste épouvanté quand on les compare avec la conduite tenue par Lawrence. Où étaient, de sa part, les mesures de précaution et d'extrême prudence pour ne pas alarmer ces *sujets utiles* ?

N'avait-il pas, au contraire, fait tout en son pouvoir pour les pousser à ce désespoir dont le secrétaire d'État lui marquait les pernicieuses conséquences ? Ainsi qu'on l'a vu, toutes leurs armes leur avaient été confisquées, et jusqu'à leurs canots de pêche et toutes leurs autres embarcations. Quand leurs députés étaient venus à Halifax, dans le cours de l'été, pour supplier Lawrence de leur restituer ces objets, il les avait accablés de reproches et de menaces, en refusant de les leur rendre [1]. Est-il étonnant qu'après de pareils traitements, ils aient été effrayés de prêter le serment sans réserve qu'il exigeait d'eux avec la rigueur d'un proconsul romain ? Et ce qu'il y a de plus incroyable, c'est qu'après toutes ces intimidations, lorsque ceux d'entre eux qui se décidèrent enfin à prêter ce serment si redoutable à leurs yeux, se présentèrent devant Lawrence, celui-ci, au lieu de les accueillir *avec une extrême précaution et prudence, et de leur assurer la tranquille possession de leurs terres*, les repoussa avec hauteur en leur disant « qu'il était trop tard, et que désormais ils seraient traités comme des récusants papistes » ; et il les fit mettre en prison [2].

Nous le demandons, qu'y a-t-il de commun entre cette

[1] *Archives de la Nouvelle-Écosse*, p. 247 et suivantes.
[2] *Idem*, p. 256.

conduite barbare et les instructions du cabinet de Londres? N'est-il pas évident qu'il y avait chez Lawrence une détermination bien arrêtée de se débarrasser à tout prix des Acadiens, *ces ennemis invétérés de notre religion*, comme écrivait le même Lawrence dans la dépêche où il annonçait leur déportation [1].

[1] *Archives de la Nouvelle-Écosse*, p. 281.

Lors de la première édition de ce Pèlerinage, j'ignorais que le Dr Brown, dont je ne connaissais les manuscrits que par les rares fragments publiés dans les rapports de la *Société Historique de la Nouvelle-Écosse*, avait interprété absolument comme je l'ai fait la dépêche de sir Thomas Robinson, et montré la flagrante contradiction qui existe entre sa teneur et la conduite de Lawrence.

Après avoir transcrit cette dépêche, le Dr Brown ajoute : *This important : Government at least innocent.*

Et un peu plus loin :

« The Board of Trade extremely guarded — no blame imputable to them on the subject.

» The Board of Trade and Plantations in their dispatch, in answer to governor Lawrence, take no notice of his proposal of removing the French inhabitants. They industriously avoid it. — *British Museum. Brown's MSS. — Add.* 19,073, fol. 42 et 43.

Pourquoi le Dr Brown attachait-il tant d'importance à disculper le gouvernement anglais de toute participation à l'exil des Acadiens? C'est qu'il connaissait toute l'étendue de ce crime et les circonstances odieuses qui l'avaient accompagné.

« I can take upon me, dit-il, from a painful examination of the whole matter, to assert that Raynal neither knew nor suspected the tenth part of the distress of the Acadians — and that, excepting the massacre of St. Bartholomew, I know of no act equally reprehensible as the Acadian removal that can be laid to the charge of the French nation. In their colonies nothing was ever done, that at all approaches to it in cruelty and atrociousness. »

« Saturday Aug. 13th, 1791. »

Avant d'être remarquée par le Dr Brown, l'usurpation de l'autorité royale, dont s'était rendu coupable le gouverneur Lawrence, à l'insu du cabinet de Londres, l'avait été par l'abbé Le Guerne au lendemain même de l'enlèvement des Acadiens.

« M. Lawrence, dit-il, gouverneur de Chibouctou... se détermina, vers le commencement d'août, *sans consulter la cour de Londres*... à exécuter l'ancien plan des Anglais, qui étoit d'expayser

Ah! s'il y avait eu à Halifax un vrai représentant du cabinet de Londres, les Acadiens n'auraient pas été bannis, et cette tache n'aurait pas été infligée à la civilisation.

Les événements de la guerre, qui se précipitèrent durant les années suivantes, détournèrent l'attention

les Acadiens et de les disperser dans les différentes contrées de la Nouvelle-Angleterre, comme il l'a fait depuis. »

Lettre de M. l'abbé Le Guerne, missionnaire de l'Acadie, trouvée récemment à l'archevêché de Québec, par M. l'abbé Gagnon, archiviste.

Cette lettre renferme une relation tout à fait distincte de celle du même missionnaire déjà citée, et qui se trouve au ministère de la Marine, à Paris.

Lawrence savait très bien qu'il n'avait pas le droit de présumer de la volonté du gouvernement anglais. Il n'avait qu'à ouvrir les dépêches adressées depuis longtemps à ses prédécesseurs pour lire les ordres les plus formels à cet égard, comme celui-ci, par exemple, que j'ai déjà cité, p. 120.

« ... You are not to attempt their removal without His Majesty's positive order. » — *Archives de la Nouvelle-Ecosse*, p. 58. Et cette recommandation à lord Cornwallis : « ... We doubt not but that you will continue using all possible means that may prevent the French inhabitants retiring from the province. » *Id.*, p. 611.

Lawrence n'ignorait pas ces ordres formels, puisqu'il écrivait lui-même aux lords du commerce :

« ... I would be very far from attempting such a step (the removal of the Acadians) without your Lordship's approbation. » *Id.*, p. 213, *Lawrence to the Board of Trade*, Aug. 1st 1754.

Et cette approbation que Lawrence sollicite, les lords du commerce la lui refusent dans leur réponse : « We cannot... disent-ils... give a final opinion... with regard to those inhabitants, until we have laid the whole state of the case before His Majesty and received his directions upon it. » *Id.*, p. 235, *Lords of Trade to Governor Lawrence*. Whitehall, Octr. 29, 1754.

Le cabinet de Londres n'avait pas osé signer l'ordre d'expulsion, parce qu'il se rappelait que la position fausse faite aux Acadiens était due à son attitude et à celle de ses agents à leur égard, surtout au serment de neutralité que plusieurs des gouverneurs leur avaient permis de prêter. L'honneur de l'Angleterre était engagé dans ce dilemme : ou protéger les Acadiens, ou les laisser partir librement.

des ministres anglais, et leur firent accepter les faits accomplis [1].

[1] Certains historiens, particulièrement M. Parkman, ont avancé qu'on n'avait eu recours à la déportation qu'après avoir épuisé tous les moyens de douceur. Le cabinet anglais était loin, comme le prouve la dépêche de sir Thomas Robinson, d'être de ce sentiment.

Au reste, la persécution religieuse qu'avaient eue à subir les Acadiens en différents temps, et dont nous avons cité quelques exemples, mitige singulièrement ce prétendu régime de douceur.

CHAPITRE CINQUIÈME

La chasse aux Acadiens. — Les premiers embarquements. — Remords de Winslow. — La journée du 8 octobre. — Incendie des villages. — De la Grand-Prée à Annapolis.

Quand, après la fameuse assemblée du 5 septembre, les prisonniers acadiens virent Winslow sortir de l'église, quelques-uns des plus âgés le suivirent au presbytère et le conjurèrent de leur permettre d'aller avertir leurs familles de ce qui venait de se passer, de crainte qu'elles ne prissent trop d'inquiétudes. Après s'être consulté avec ses officiers, il consentit à laisser sortir chaque jour vingt des prisonniers, mais à la condition que les autres répondraient de leur retour. Chaque famille devrait être avertie d'avoir à apporter des vivres pour ceux des siens qui étaient détenus.

Murray écrivit le même jour à Winslow qu'il avait réussi à s'emparer de cent quatre vingt-trois hommes ; et tous deux se félicitèrent de leur succès. Mais leur joie fut tempérée par les nouvelles qu'ils reçurent de Port-Royal et de Chipoudy.

Les habitants de Port-Royal avaient eu vent de la conspiration, et s'étaient enfuis dans les bois ; un petit nombre seulement avaient été saisis [1].

[1] Le passage suivant d'une lettre de M. l'abbé Le Guerne, qui

On a vu ce qui s'était passé à Chipoudy. Le major Frye en était encore tout consterné, le jour où il fit son rapport à Winslow. Et l'un de ses officiers ajoutait en le confirmant: «Tout notre monde ici est dans la crainte que vous, qui êtes au cœur de cette nombreuse engeance démoniaque, n'éprouviez le même sort, ce dont je prie Dieu qu'il vous préserve [1]. »

Ces fâcheuses nouvelles firent craindre un soulèvement parmi les prisonniers. Il est probable qu'ils en cherchèrent l'occasion, et qu'ils s'y seraient déterminés, s'ils n'avaient pas conservé quelque illusion sur le sort qu'on leur réservait. C'est ce que firent plus tard une bande d'entre eux à bord d'un des vaisseaux dont ils s'emparèrent.

Les jours qui suivirent l'assemblée, des patrouilles furent envoyées dans les différentes directions pour saisir ceux qui avaient échappé à la première arrestation. Les soldats tiraient sans pitié sur tous ceux qui cherchaient à fuir. Un habitant du nom de Melançon, paraît-il, ayant aperçu une des patrouilles dans le voisi-

comme on le sait, était missionnaire de Memramcouk, Peticoudiac et Chipoudy, révèle quelque chose des moyens perfides qu'on avait employés pour attirer les Acadiens.

... « Il n'est point de trahison dont l'Anglais ne se soit servi contre l'habitant, soit pour l'emmener, soit pour sonder ses intentions... C'étaient des espérances des plus flatteuses... la paix ramènerait un chacun sur son ancienne habitation...

... » Le commandant anglais, par ses promesses séduisantes, des offres captieuses, et par des présents même... avait cru me mettre dans ses intérêts. Se croyant donc assuré de moi, il me manda qu'il souhaitait de me voir incessamment. Je me gardai bien des embûches qu'il me tendait. A une lettre où il me pressait encore de bannir toute défiance et de me rendre au fort (Beauséjour), je répondis que je me souvenais que M. Maillard avait été embarqué malgré une assurance positive d'un gouverneur anglais, et que j'estimais mieux me retirer que de m'exposer en aucune manière. » — 10 mars 1756.

[1] *Journal de Winslow*, p. 102.

nage de sa maison, s'était élancé sur un de ses chevaux pour gagner le bois ; mais une balle était venue l'atteindre et le jeter mort sur la route. Plusieurs autres eurent le même sort. Bientôt l'église de la Grand-Prée, qui avait été convertie en prison, fut encombrée de près de cinq cents des malheureux Acadiens.

L'enceinte palissadée servait de préau, où, durant le jour, un certain nombre avaient la permission d'errer à tour de rôle, sous l'œil des sentinelles, qui avaient ordre de tirer sur quiconque ferait mine de vouloir s'évader.

On ne peut lire sans attendrissement la requête que les Acadiens présentèrent à Winslow, peu de jours après leur détention.

Il est de mode parmi leurs adversaires de les qualifier d'ignorants, d'hommes inférieurs, dénués de sentiments élevés. On va voir par cette requête admirable dans sa simplicité, quelle distance il y avait entre eux et leurs bourreaux.

« A la vue, disaient-ils, des maux qui semblent nous menacer de tous côtés, nous sommes obligés de réclamer votre protection et de vous prier d'intercéder auprès de Sa Majesté, afin qu'elle ait égard à ceux d'entre nous qui ont inviolablement gardé la fidélité et la soumission promises à Sa Majesté ; et, comme vous nous avez donné à entendre que le roi a ordonné de nous transporter hors de cette province, nous supplions que, s'il nous faut abandonner nos propriétés, il nous soit au moins permis d'aller dans les endroits où nous trouverons des compatriotes, le tout à nos propres frais ; et qu'il nous soit accordé un temps convenable pour cela, d'autant plus que par ce moyen nous pourrons conserver notre religion, que nous avons profondément à cœur, et pour laquelle nous sommes contents de sacrifier nos biens [1]. »

Winslow, qui a couché cette requête dans son journal, n'a pas même soupçonné la sublimité des sentiments qu'elle exprimait. Après l'avoir transcrite, il passe à l'ordre du jour sans ajouter un mot.

Winslow était également resté sourd à toutes les supplications des femmes et des enfants. Voyant les plus hardis s'indigner ouvertement et se concerter ensemble, il craignit qu'ils ne vinssent à se porter à quelque acte de désespoir, et, sur l'avis de ses officiers, il résolut de profiter de l'arrivée de cinq vaisseaux de Boston, qui venaient d'ancrer à l'embouchure de la rivière Gaspareaux, pour faire monter sur chacun d'eux cinquante des captifs.

Dans la matinée du 10 septembre, la garnison fut appelée sous les armes, et placée derrière le presbytère en colonnes adossées à l'un des longs pans de l'église, qui faisait face aux deux portes de l'enceinte palissadée. Winslow fit alors venir celui des anciens, connu sous le nom de *père* Landry, qui, sachant le mieux l'anglais, servait ordinairement d'interprète, et il lui dit d'avertir les siens que deux cent cinquante d'entre eux seraient embarqués immédiatement, et qu'on commencerait par les jeunes gens, qu'ils n'avaient qu'une heure de délai pour se préparer, parce que la marée était sur le point de baisser. « Landry fut extrêmement surpris, ajoute Winslow ; mais je lui dis qu'il fallait que la chose fût faite, et que j'allais donner mes ordres [2]. »

[1] *Journal de Winslow*, p. 112.

On ne dira pas que c'étaient les prêtres qui avaient dicté cette requête aux Acadiens ; il n'y en avait pas dans les environs. MM. Chauvreulx, Daudin, Le Maire et Maillard, ainsi qu'on l'a vu, avaient été faits prisonniers ; Le Guerne était fugitif, avec la plupart de ses paroissiens, vers le fond de la baie ; et Desenclaves, avec les siens, du côté du cap de Sable.

[2] *Journal de Winslow*, p. 109.

Les prisonniers furent amenés devant la garnison, et mis en lignes, six hommes de front. Alors les officiers firent sortir des rangs tous les jeunes gens non mariés, au nombre de cent quarante et un, et, après les avoir mis par ordre, ils les firent envelopper par quatre-vingts soldats détachés de la garnison sous le commandement du capitaine Adams.

Jusqu'à ce moment, tous ces malheureux s'étaient soumis sans résistance ; mais, quand on voulut leur ordonner de marcher vers le rivage pour y être embarqués, ils se récrièrent et refusèrent d'obéir. On eut beau les commander et les menacer, tous s'obstinèrent dans leur révolte avec des cris et une agitation extrême, disant avec raison que, par ce procédé barbare, on séparait le fils du père, le frère du frère. Ce fut là le commencement de cette dislocation des familles, qui n'a pas d'excuse, et qui a marqué d'une tache ineffaçable le nom de ses auteurs.

Quand on sait qu'une partie de ces jeunes gens n'étaient que des enfants de dix à douze ans, et par conséquent bien moins redoutables que des hommes mariés dans la force de l'âge et qui avaient de plus grands intérêts à sauvegarder, on ne peut comprendre ce raffinement de cruauté.

Il faut laisser Winslow lui-même raconter cet incident : « J'ordonnai aux prisonniers de marcher. Tous répondirent qu'ils ne partiraient pas sans *leurs pères. Je leur dis que c'était une parole que je ne comprenais pas*, car le commandement du roi était pour moi absolu et devait être obéi absolument et que je n'aimais pas les mesures de rigueur, mais que le temps n'admettait pas de pourparlers ou de délais, alors j'ordonnai à toutes les troupes de croiser la baïonnette et de s'avancer sur les Français. Je commandai moi-même aux quatre rangées de droite des prisonniers, composées de vingt-quatre hommes, de se séparer du reste ; je saisis l'un d'entre eux qui empêchait les autres d'avancer, et je lui ordonnai de marcher. Il obéit [1]. » Le reste des jeunes gens se résignèrent à suivre, mais non sans résistance, et avec des lamentations qui firent mal à Winslow lui-même. Une foule de femmes et d'enfants, parmi lesquels se trouvaient les mères, les sœurs, les fiancées de ces infortunés, étaient témoins de cette scène déchirante, et en augmentaient la confusion par leurs gémissements et leurs supplications.

De l'église au lieu de l'embarquement la distance n'est pas moins d'un mille et demi. Elles s'attachèrent à leurs pas pendant tout ce trajet, en priant, pleurant, s'agenouillant, leur faisant des adieux, essayant de les saisir par leurs vêtements pour les embrasser une dernière fois.

Une autre escouade, composée de cent hommes mariés, fut embarquée aussitôt après la première, au milieu des mêmes scènes. Des pères s'informaient de leurs femmes restées sur le rivage où étaient leurs fils, des frères où étaient leurs frères, qui venaient d'être conduits dans les navires : et ils suppliaient les officiers de les réunir. Pour toute réponse, les soldats pointaient

[1] ... « Order ye prisoners to march. They all answered they would not go without their fathers. I told them that was a word I did not understand, for that the King's command was to me absolute and should be absolutely obeyed and that I did not love to use harsh means, but that the time did not admit of parlies or delays, and then ordered the whole troops to fix their bayonets and advance towards the French, and bid the 4 righthand files of the prisoners consisting of 24 men, which I told of myself to devied from the rest, one of whom I took hold (who opposed the marching) and bid march : he obeyed and the rest followed, though slowly, and went of praying, singing, and crying, being met by the women and children all the way (which is 1 $\frac{1}{2}$ mile) with great lamentations upon their knees, praying, etc. — *Journal de Winslow*, p. 109. On a conservé l'orthographe de l'auteur.

leurs baïonnettes et les poussaient dans les chaloupes.

Chaque famille eut ordre de nourrir les siens à bord, comme elle avait fait à l'église.

En lisant les instructions de Lawrence, on est naturellement porté à croire qu'il ait au moins recommandé de ne pas séparer les membres d'une même famille en les déportant ; mais il n'en est nullement question, pas plus que dans les rapports que lui adressait Winslow [1].

Lawrence avait d'autres préoccupations : une de celles qu'il avait le plus à cœur était de se faire choisir les plus beaux chevaux dans les écuries des Acadiens. Il avait fait donner, tout exprès pour cela, un sauf-conduit à un nommé Moïse de les Derniers, qui fit une levée dans les différentes paroisses [2].

[1] Dans le mémoire secret adressé par Lawrence à Murray, on lit le passage suivant qui n'a pas besoin de commentaires :

« Take an opportunity of acquainting the inhabitants that if any attempt by indians or others to Destroye or otherwise Molest his Majestys Troops, you have my orders to take an Eye for an Eye, a Tooth for a Tooth and in Shorte Life for Life from the nearest Neighbours where such Mischiefe is Performed. »

« Choisissez une occasion pour prévenir les habitants que s'il se fait aucune tentative de la part des sauvages ou autres pour détruire ou molester de quelque manière les troupes de Sa Majesté, vous avez mes ordres de prendre œil pour œil, dent pour dent, en un mot vie pour vie sur les plus proches voisins du lieu où s'accomplira tel méfait. »

[2] Moïse de les Derniers est celui-là même à qui est due la description des mœurs acadiennes, citée à l'*Appendice*, n° VI.

Permit the Bearer Moses les Derniers to go to Grand-Pré, to the Rivers Cannard and Habitant to look for some horses for the use of the lieutenant governor and bring the same to this Fort.

Fort Edward, 3rd September 1755. A. Murray, to all concerned.

The number of horses mentioned above are six. A. M.

Autre sauf-conduit au même par Winslow, 4 septembre. — *Journal de Winslow*, p. 91-93.

Cette date du 4 septembre est à remarquer : c'était la veille de l'assemblée où tous les biens des Acadiens allaient être confisqués au profit de la Couronne. Lawrence n'avait pas voulu perdre l'occa

Murray, que Lawrence avait chargé de lui rendre le même service, écrivait à Winslow : « J'ai vu plusieurs chevaux, mais je n'en ai trouvé aucun qui, je pense, puisse lui plaire ; je suis informé aujourd'hui qu'il y a un cheval noir appartenant à un nommé Amand Gros, de la Grand-Prée, qui, me dit-on, sera un cheval de selle qui conviendra à son goût. Je désire donc que vous soyez assez bon que d'ordonner à René Le Blanc, fils, ou à quelques autres Français, de s'en emparer et de me l'amener[1]. »

Winslow espérait que les transports destinés à recevoir toute la population ne tarderaient pas à arriver ; mais il fut trompé dans son attente. Sept de ces transports, expédiés de Port-Royal, n'entrèrent dans le bassin des Mines qu'aux premiers jours d'octobre.

Quelle que fut la dureté de Winslow pour les habitants de la Grand-Prée, elle n'était rien comparée à celle que Murray montra à Pigiquit. Elle n'était rien surtout comparée à la brutalité des soldats anglo-américains qu'inspirait une haine invétérée, suite de leurs luttes sanglantes contre les Acadiens. Winslow finit par en être indigné, et ces désordres allèrent si loin qu'il dut publier un ordre du jour défendant, sous peine de châtiment sommaire, à tous soldats et matelots de quitter leurs quartiers, afin, disait-il, de mettre fin aux détresses d'un peuple en détresse[2].

Trois des transports furent détachés du convoi et envoyés à Pigiquit, où, depuis des semaines, Murray les attendait avec impatience. Dans la lettre qu'il écrivait à Winslow pour lui annoncer leur arrivée se trouve un

sion d'être le premier à mettre la main impunément sur ce qu'il y trouvait de plus précieux. On saisit ici sur le fait l'esprit qui animait l'organisateur de l'expédition ; on connaît celui des subalternes.

[1] *Journal de Winslow*, p. 108.

[2] *Idem*, p. 113.

passage où d'un trait il se peint lui-même : « Aussitôt que j'aurai dépêché mes vauriens (*my rascals*) je descendrai pour arranger nos affaires et me reposer un peu avec vous[1]. »

Il écrivait quelques jours auparavant : « J'ai hâte de voir embarquer ces pauvres misérables... Alors je me donnerai le plaisir de vous rencontrer et de boire à leur bon voyage[2]. »

Dès que tout fut préparé pour le départ, le commandant fit une proclamation ordonnant aux habitants de se tenir prêts pour le 8 octobre. Winslow avait annoncé, dans l'assemblée du 5 septembre, que les familles ne seraient pas divisées et que les habitants de chaque village seraient, autant que possible, embarqués sur les mêmes navires. On a vu, par ce qui s'était passé lors du premier embarquement, ce que valaient ces promesses. Au reste, nous avons sous la main une masse de faits, recueillis parmi les descendants des Acadiens, qui prouvent que le nombre des familles démembrées fut considérable.

Tel était l'attachement de ces pauvres gens pour leur pays, que, malgré les déclarations les plus formelles réitérées durant tout un mois, ils s'obstinaient encore à se faire illusion, et gardaient quelque espoir de n'être pas déportés. Ce ne fut qu'au dernier moment qu'ils ouvrirent les yeux.

Il faut renoncer à décrire les scènes de cette lamentable journée du 8 octobre. On a peine à entendre même les récits imparfaits qu'en font aujourd'hui les petits-fils des exilés. C'est cette journée du 8 octobre qui leur est restée dans l'esprit, quand ils parlent de l'*année du grand dérangement.*

Dès le matin de ce jour, des foules de femmes et d'en-

[1] *Journal de Winslow*, p. 171.
[2] *Idem*, p. 108.

fants, venues de toutes les directions, depuis la rivière Gaspareaux jusqu'à la Grand-Prée, des vieillards décrépits, des malades, des infirmes, traînés dans des charrettes encombrées d'effets de ménage, des mères portant leurs nouveau-nés dans leurs bras, étaient poussés vers la Grand-Prée par des escouades de soldats sans pitié. Le chemin qui conduisait, à travers cette grande plaine jusqu'au bord de la digue où se faisait l'embarquement, fut bientôt tout grouillant de cette masse d'êtres faibles et désespérés qui avaient peine à se mouvoir au milieu du tumulte et de la confusion générale. Des invalides, de faibles femmes chargées de fardeaux, tombaient de fatigue le long de la route et ne se relevaient que sous les menaces ou devant les baïonnettes. Les uns s'avançaient mornes et silencieux comme frappés de stupeur, les autres en pleurant et en gémissant, quelques-uns en proférant des malédictions ; d'autres enfin, pris d'une exaltation pieuse, murmuraient des cantiques à l'exemple des martyrs [1]. Les cris des enfants effrayés qu'on enten-

[1] Voici quelques fragments de cantiques que chantaient les Acadiens, et qu'on a retrouvés écrits sur des feuilles volantes, qu'ils emportaient parmi leurs objets les plus précieux. Une de ces feuilles se conserve au *British Museum* de Londres :

I

Faux plaisirs, vains honneurs, biens frivoles,
Ecoutez aujourd'hui nos adieux.
Trop longtemps vous fûtes nos idoles ;
Trop longtemps vous charmâtes nos yeux.
Loin de nous la futile espérance
De trouver en vous notre bonheur !
Avec vous heureux en apparence,
Nous portons le chagrin dans le cœur.

II

Vive Jésus !
Vive Jésus !
Avec la croix, son cher partage.

dait de tous côtés, se mêlaient aux aboiements d'une multitude de chiens qui rôdaient autour de cette foule en cherchant leurs maîtres.

Mais ce fut au bord de la grève, à l'heure de l'embarquement, que la confusion fut extrême et que se passèrent les scènes les plus désolantes. Tous ces malheureux furent entassés pêle-mêle dans les chaloupes, malgré leurs plaintes, que la plupart des équipages ne comprenaient même pas, ne sachant pas leur langue ; et l'on ne prit pas plus de soin pour faire monter les membres de chaque famille dans les mêmes transports qu'on en avait mis lors de l'embarquement des jeunes gens. Aussi est-ce en ce moment, d'après la tradition, qu'eut lieu le plus grand nombre de séparations [1].

Pour comble de malheur, Winslow se trouva ce jour-là dans une disposition d'esprit qui fit taire en lui le peu de sentiment humain qu'il avait pu montrer jusque-là. La veille de l'embarquement, vingt-quatre des prisonniers, profitant de l'obscurité de la nuit augmentée par la pluie, s'étaient échappés d'un des transports, sans que

Vive Jésus!
Dans les cœurs de tous les élus !

....

Portons la croix,
Sans choix, sans ennui, sans murmure,
Portons la croix !
Quoique très amère et très dure,
Malgré les sens et la nature,
Portons la croix !

[1] De l'autre côté de la baie, dans les seules missions de Memramcouk, de Peticoudiac et de Chipoudy, soixante femmes avaient été séparées de leurs maris, jetées de force dans les navires. — *Lettre de l'abbé Le Guerne à M. Prevost*, 10 mars 1756. Plusieurs de ces mères avaient des garçons qui leur avaient aussi été enlevés.

Il était souvent arrivé que des prisonniers avaient fait dire à leur famille de ne pas venir se rendre, dans l'espérance où ils étaient d'être rapatriés après la guerre.

les huit sentinelles de garde ni les hommes de l'équipage eussent pu lui en rendre compte.

En apprenant cette nouvelle, le matin même de l'embarquement, Winslow tomba dans un état d'exaspération dont lui-même donne la mesure dans le passage suivant de son journal : « Je fis faire l'enquête la plus stricte qu'il me fût possible pour savoir comment ces jeunes gens s'étaient échappés hier, et, d'après toutes les circonstances, je reconnus que c'était un nommé François Hébert, qui se trouvait à bord du navire et y embarquait ce jour-là ses effets, qui en avait été l'auteur ou l'instigateur. Je le fis venir à terre, le conduisis devant sa propre maison, et alors, en sa présence, je fis brûler sa maison et sa grange, et je donnai avis à tous les Français que, dans le cas où ces hommes ne se rendraient pas d'ici à deux jours, je servirais tous leurs amis de la même manière ; et non seulement cela, mais que je confisquerais tous leurs biens de ménage, et que si jamais ces hommes tombaient entre les mains des Anglais, il ne leur serait accordé aucun quartier [1]. »

Quand le soleil jeta ses derniers rayons sur le bassin des Mines, une partie de la population était rendue à bord des navires. Cinq autres transports, arrivés les jours suivants, enlevèrent le reste. Cette chasse à l'homme s'était poursuivie avec une atroce activité sur

[1] ... Made the strictest enquiry I could how these young men made their escape yesterday, and by every circumstance found one Francis Hebert was either the contriver or abetter who was on Board Church and this day his effects shipt, who I ordered a shore, carryd to his own house and then in his presence burnt both his house and barne, and gave notice to all the French that in case these men did not surrender themselves in two days, I should serve all their friends in the same manner and not only so would confiscate their household goods and when ever those men should fall into the english hands, they would not be admitted to quarter. *Journal de Winslow*, p. 166.

tout le littoral de la baie de Fundy. Dans les environs de Beauséjour, Monckton en avait capturé et expédié au delà d'un mille ; Murray, onze cents à Pigiquit ; Winslow, deux mille cinq cent dix, dans des vaisseaux effroyablement chargés [1] ; enfin, Handfield, seize cent soixante-quatre dans la baie de Port-Royal.

Les débris de la population, qui avaient échappé aux recherches, avaient pris la fuite dans les bois. Le nombre total des déportés acadiens dépassait le chiffre de six mille. Haliburton porte ce chiffre à sept ou huit mille [2].

Dans le bassin des Mines, les transports, chargés de leur cargaison humaine, n'attendirent qu'un bon vent pour lever leurs ancres et cingler hors de la rade. Winslow eut un mouvement d'orgueilleuse satisfaction quand il les vit déployer leurs voiles et doubler, l'un après l'autre, le cap Blomedon. Il avait réussi au-delà de ses espérances. Toute cette vaste baie, où travaillait comme un essaim d'abeilles, un peuple industrieux, était maintenant déserte. Dans les villages silencieux, où les portes et les fenêtres des maisons battaient au vent, on n'entendait plus que les pas de ses soldats et les mugissements des troupeaux qui erraient inquiets autour des étables, comme pour chercher leurs maîtres.

[1] I put in more than two to a tun, and the people greatly crowded. — *Journal de Winslow*, p. 179.

[2] Longtemps avant Haliburton, l'abbé Desenclaves, qui n'avait été enlevé de la Nouvelle-Ecosse qu'au commencement de 1759, écrivait qu'on avait déporté environ seize cents familles, c'est-à-dire à peu près 8,000 âmes ; car d'après les contemporains les plus autorisés, la moyenne des familles était de cinq. C'était, en particulier, l'opinion du gouverneur Philipps. (*Archives de la Nouvelle-Écosse*, p. 86.) L'ingénieur Franquet porte même cette moyenne de cinq à six. Les Acadiens eux-mêmes estimaient à 10,000 le nombre des leurs qui avaient été déportés dans les colonies anglaises. *Archives des Affaires étrangères*, *Mémoire de M. de la Rochette au duc de Nivernais, ambassadeur à Londres*, 1762.

D'après les ordres qu'il avait reçus du gouverneur Lawrence, toutes les constructions devaient être détruites, afin que les habitants échappés aux poursuites, privés d'asiles, fussent forcés de se rendre.

Les derniers navires qui emportaient les exilés n'avaient pas encore franchi l'entrée du bassin des Mines, quand ces infortunés, qui jetaient un regard d'adieu sur leur cher pays, aperçurent des nuages de fumée qui montaient du toit des maisons. En quelques instants, toute la côte, depuis Gaspareaux jusqu'à la Grand-Prée, fut en flamme, car les granges et les étables, toutes pleines de foin et de gerbes [1], prirent feu comme des traînées de poudre. Un cri de douleur s'échappa de toutes les poitrines.

Mais ce fut surtout lorsque les Acadiens virent brûler la jolie église de la rivière aux Canards, dont l'incendie leur faisait voir clairement le sort qui attendait celle de la Grand-Prée, que leur désespoir fut inexprimable [2].

[1] Il n'y eut guère d'épargné que les blés mis en farine pour la nourriture des troupes et des déportés.

[2] Constructions brûlées par Winslow dans le district des Mines :

Nov.		Maisons.	Granges.	Autres bâtiments.
2	A la rivière Gaspareaux......	49	39	19
5	A la rivière aux Canards, des Habitants, Perreault.......	76	81	33
6	A la rivière aux Canards et des Habitants.................	85	100	75
	A la rivière aux Canards et des Habitants...............	45	56	28
		255	276	155
				276
				255
	Moulins en différents endroits....................			11
	Eglise..			1
	Total........................			698

Le capitaine Osgood, resté quelques jours après le départ de Winslow, brûla l'église de la Grand-Prée, qui avait servi de caserne, et ce qui restait de maisons.

Ces deux temples surmontés de leurs gracieux clochers, et dont les boiseries intérieures, sculptées avec goût, étaient toutes en bois de chêne, leur avaient coûté tant de sacrifices ! Qu'étaient devenus les vases sacrés, les ornements d'église, dont plusieurs, fort riches, leur avaient été envoyés en présent par le roi Louis XIV [1] ? C'était à la garde de leurs églises qu'ils avaient confié leurs morts abandonnés dans les cimetières. Ils avaient encore dans l'oreille les sons joyeux des cloches qui les appelaient aux offices des dimanches, et qui leur annonçaient l'angelus de l'aurore et du soir. Hélas ! ils savaient qu'ils allaient être jetés dans des contrées où ils ne verraient plus ces beaux offices ni la robe noire de leurs prêtres !

Quand les habitants de Port-Royal réfugiés dans les bois avaient vu, comme eux, leurs maisons incendiées, ils n'avaient pas osé sortir de leur retraite ; mais quand ils avaient vu mettre le feu à leur église, ils s'étaient élancés furieux sur les incendiaires, en avaient tué ou blessé vingt-neuf et mis les autres en fuite ; puis ils s'étaient rejetés dans les bois.

Décembre était avancé quand Winslow eut fini son œuvre de destruction. Il ne s'était pas hâté de prendre la mer, afin d'amener ceux des fugitifs que la faim et la misère forçaient de sortir des bois. Les derniers embarqués mirent à la voile, dans l'après-midi du 20 décembre, au nombre de deux cent trente-deux sur deux goélettes : l'une à destination de Boston, l'autre de la Virginie.

Il semble que Longfellow, qui a si bien chanté les mal-

[1] Le roi avait donné, en 1705, un calice, un ciboire, un ostensoir en argent massif, et un ornement complet.

Les familles enlevées de la Grand-Prée possédaient 1,269 bœufs, 1,557 vaches, 5,007 jeunes bestiaux, 493 chevaux, 8,690 moutons et 4,197 porcs.

heurs des Acadiens, et qui, paraît-il, n'a jamais vu la Grand-Prée, ait été assis en face du cap Blomedon, lorsqu'il écrivit ce beau passage par où s'ouvre son poème d'Évangéline :

This is the forest primeval. The murmuring pines and the hemlocks,
Bearded with moss, and in garments green, indistinct in the twilight,
Stand like Druids of eld, with voices sad and prophetic,
Stand like harpers hoar, with beards that rest on their bosoms.
Loud from its rocky caverns, the deep-voiced neighbouring ocean,
Speaks, and in accents disconsolate answers the wail of the forest.

This is the forest primeval; but where are the hearts that beneath it
Leaped like the roe, when he hears in the woodland the voice of the huntsman?
Where is the thatch-roofed village, the home of Acadian farmers, —
Men whose lives glided on like rivers that water the woodlands,
Darkened by shadows of earth, but reflecting an image of heaven!
Waste are those pleasant farms, and the farmers for ever departed!
Scattered like dust and leaves, when the mighty blasts of October
Seize them, and whirl them aloft, and sprinkle them far over the ocean.
Naught but tradition remains of the beautiful village of Grand-Pré.

« C'est la forêt primitive. Les pins murmurants et les mélèzes vêtus de leur barbe de mousse et de leur robe de feuillage, se dressent, vagues et confus, dans le crépuscule, comme les druides d'autrefois, et font entendre des voix tristes et prophétiques. L'océan voisin jette sa grande voix dans les cavernes sonores des rochers, et ses accents inconsolables répondent aux soupirs de la forêt.

» C'est la forêt primitive ; mais où sont les cœurs qui battaient comme celui du chevreuil, quand il entend dans la bruyère la voix du chasseur ? Où sont les toits de chaume du village, la demeure du laboureur acadien, dont la vie, voilée par les ombres de la terre, mais reflétant l'image des cieux, s'écoulait comme les ruisseaux qui arrosent les terres vierges ? Les chaumières dévastées ont disparu, et leurs habitants sont partis pour toujours, dispersés comme la poussière et les feuilles, quand les violentes rafales d'octobre les saisissent et les font tourbillonner dans l'air et pleuvoir au loin sur l'océan ! Du joli village de la Grand-Prée, il ne reste plus rien que la tradition. »

L'abbé Le Guerne a raconté quelques-unes des scènes navrantes dont il avait été témoin [1] :

« La plupart des malheureuses femmes (des environs de Beauséjour), séduites par de fausses nouvelles..., emportées par l'attachement excessif pour des maris qu'elles avaient eu permission de voir trop souvent, fermant l'oreille à la voix de la religion, de leur missionnaire, et à toute considération raisonnable, se jetèrent aveuglément et comme par désespoir dans les vaisseaux anglais. On a vu dans cette occasion le plus triste des spectacles ; plusieurs de ces femmes n'ont pas voulu embarquer avec leurs grandes filles et leurs grands garçons par le seul motif de la religion [2]. »

L'expédition dirigée contre Cobequid trouva le village abandonné, et ne put qu'incendier les maisons. Les Cobequites (c'était ainsi qu'on les appelait) traversèrent dans l'île Saint-Jean (île du Prince-Edouard), où ils espéraient se mettre à l'abri de nouvelles attaques ; mais ils n'étaient qu'au commencement de leurs malheurs.

Ils furent rejoints par cinq cents autres fugitifs, des environs de Beauséjour et de Tintamarre, qu'y fit passer l'abbé Le Guerne.

La destination des déportés avait été prévue d'avance par le gouverneur Lawrence, qui, d'Halifax, avait dirigé

[1] L'abbé Le Guerne, qui a laissé une relation des événements de 1755, était natif de la Bretagne. Homme de science, poète même à ses heures, il devint, après son retour des missions, professeur de philosophie au séminaire de Québec, à qui il légua sa bibliothèque et ses manuscrits. Il mourut en 1789, curé de Saint-François de l'île d'Orléans.

[2] *Archives de la Marine, lettre de M. l'abbé Le Guerne*, 10 mars 1756.

toutes les opérations. Ils devaient être débarqués dans les principaux ports de mer du littoral américain, depuis la Nouvelle-Angleterre jusqu'à la Géorgie, c'est-à-dire sur une étendue de plusieurs centaines de milles. Cet ordre, dont peut-être Lawrence n'aperçut pas toutes les conséquences, fut le plus barbare et le plus fatal aux Acadiens, car il mettait un grand nombre de familles séparées dans l'impossibilité de se retrouver.

Aucune raison ne peut justifier un pareil acte ; il eut été au contraire de bonne politique d'établir les Acadiens ensemble dans quelqu'une des provinces éloignées, où leur présence n'aurait offert aucun danger, où ils se seraient multipliés avec la rapidité qu'on leur connaissait, où ils auraient fini par devenir les citoyens fidèles de la future République.

Pendant que les transports cinglaient sur la baie de Fundy, un Acadien de Port-Royal, du nom de Beaulieu, ancien navigateur au long cours, ayant demandé au capitaine du navire où il était détenu, avec deux cent vingt-quatre autres exilés, en quel lieu du monde il allait les conduire :

— Dans la première île déserte que je rencontrerai, répondit-il insolemment. C'est tout ce que méritent des papistes-français comme vous autres.

Hors de lui-même, Beaulieu, qui était d'une force peu ordinaire, lui asséna un coup de poing qui l'étendit sur le pont. Ce fut le signal pour les autres captifs, qui probablement s'étaient concertés d'avance. Quoique sans armes, ils se précipitèrent sur leurs gardes, en blessèrent quelques-uns et mirent les autres hors de combat.

Beaulieu prit ensuite le commandement du transport, et alla l'échouer dans la rivière Saint-Jean, près de la mission que dirigeaient alors les PP. Germain et De la Brosse.

Durand les cinq années de guerre qui suivirent l'automne de 1755, toute la Nouvelle-Ecosse fut sillonnée de partis d'éclaireurs qui firent une chasse implacable aux fugitifs acadiens. Ceux-ci s'étaient divisés en deux courants : l'un qui remontait par étapes vers les frontières du Canada : l'autre qui inclinait vers l'extrémité de la presqu'île, espérant trouver quelque asile inaccessible et des moyens de vivre au bord de la mer. L'abbé Desenclaves, qui s'était retiré depuis deux ans au cap de Sable, et qui avait accueilli une partie de ces derniers après leur fuite de Port-Royal, se trouvait encore au milieu d'eux en 1756. On voit quel était leur sort par l'extrait suivant d'une lettre qu'il écrivait à Québec, en date du 22 juin : « Nous sommes en prières, disait-il, pour obtenir sur nous les miséricordes du Seigneur, mais il est à craindre que nos paroles ne manquent de la force d'une foi vive. Tout le cap de Sable avait été à couvert de toute insulte jusqu'au 23 avril, qu'un village fut investi et enlevé ; tout fut brûlé, et les animaux tués ou pris, et une maison à quatre lieues de là eut le même sort, le même jour. Le dimanche après la Passion, on pillait une maison et on prit les bestiaux appartenant à M. Joseph d'Entremont qui avait été pris à la pêche avec un fils à lui, un à sa femme et un garçon du Port-Royal. Il y avait à une petite lieue de la maison, mon presbytère et une modeste chapelle ; ils n'y ont pas encore été, ils n'ont pas même brûlé un petit oratoire que j'avais où ils ont été, le lundi de la Pentecôte. Ils forcèrent sans doute M. Joseph d'Entremont de les conduire chez ses enfants, dont ils tuèrent l'un d'eux, lui enlevèrent la chevelure, pillèrent leur cabane, qu'ils brûlèrent ; ils emmenèrent quelques animaux. Les autres enfants ont pris la fuite, tout le reste s'est retiré dans les bois faisant garde en cas de surprise. Je compte qu'ils auront de la peine à me trouver avec une vingtaine d'âmes qui sont avec moi ; nous n'avons rien laissé dans nos maisons, pas plus que dans l'église ; nous attendons ici la miséricorde du Seigneur. Si les choses ne s'accommodent pas, nous ferons notre possible pour gagner la rivière Saint-Jean au printemps ; si elles s'accommodent et que Monseigneur le veuille, j'irai finir mes jours dans quelque coin de communauté en Canada. Sinon, il faudra que je passe en France d'où j'ai reçu des lettres d'instances tout fraîchement. Plaise à la miséricorde de Dieu de me faire connaître sa sainte volonté. Souvenez-vous de nous dans vos saints sacrifices [1]. »

Cette lettre laissait assez prévoir ce qui devait arriver : l'abbé Desenclaves et son petit troupeau furent cernés, embarqués sur un navire et envoyés à Boston.

Malgré ces dragonnades, un certain nombre de familles, entre autres celles du bassin des Mines et de Port-Royal, qui passèrent l'hiver de 1756 dans le voisinage de la baie de Fundy, parvinrent à se tenir cachées jusqu'à la conclusion de la paix, grâce surtout à l'amitié des sauvages. Ralliées ensuite par les missionnaires, leurs seuls et inséparables amis, et rejointes par d'autres familles acadiennes revenues de l'exil, elles ont été l'origine des florissantes paroisses qu'on voit aujourd'hui autour de la baie Sainte-Marie.

Du site aujourd'hui désert qu'occupait la Grand-Prée, on aperçoit un bon nombre d'habitations disséminées sur les hauteurs qui s'arrondissent autour du bassin des Mines ; mais, hélas ! pas une de ses maisons n'est habitée par des Acadiens. Elles ont été bâties sur les cendres de leurs foyers, par des hommes étrangers à leur race, qui vivent en paix et richement sur ces domaines, que d'autres mains avaient ouverts à la culture. Cette pensée me donnait un serrement de cœur, chaque

1 *Archives de l'archevêché de Québec.*

fois qu'en traversant la Grand-Prée, je jetais un coup d'œil sur le paysage environnant.

Avant de m'éloigner, je voulus suivre le chemin qu'avaient parcouru les exilés jusqu'au lieu de l'embarquement. Là, assis sur le talus de la grande digue, au pied de laquelle venait battre l'océan, je restai longtemps à écouter le bruit mélancolique de ces mêmes flots qui avaient mêlé leurs gémissements à ceux des infortunés bannis. J'ouvris *Evangéline* et j'en lus les principaux passages. On conçoit ce que peut avoir de charmes une telle lecture faite sur le théâtre même des événements. J'invite ceux qui ont pris quelque intérêt à ce qui précède à relire le poème d'*Evangéline* ; ils se convaincront, malgré ce qu'ils ont pu voir de contraire dans des publications récentes, que la touchante élégie de Longfellow est en tout point l'écho fidèle et poétique de la tradition.

9 octobre. — Au lever du soleil, promenade à pied sur les montagnes qui dominent Kentville. On y jouit d'une vue à vol d'oiseau de la vallée par où coule la rivière Gaspareaux, et du bassin des Mines, dont on est éloigné d'environ sept milles ; c'est un des plus gracieux panoramas de l'Amérique du Nord.

Départ de Kentville par le train du matin. Le long de la route, comme en plusieurs endroits de la Nouvelle-Ecosse, je suis choqué des cris que poussent des attroupements d'enfants à l'arrivée du train aux gares ; on dirait des hurlements de loups furieux. Quelle différence avec l'excellente tenue de la foule qu'on rencontre dans les gares de chemin de fer de la province de Québec ! Si de pareilles inconvenances se commettaient dans nos campagnes, les réprimandes sévères des curés y auraient bien vite mis un terme. On qualifie nos habitants de *priest ridden*. Je ne sais jusqu'à quel point les Néo-Ecossais écoutent leurs ministres ; mais je puis assurer qu'ils n'y perdraient pas sous le rapport de la politesse, s'ils apprenaient à vivre sous la houlette de nos pasteurs.

Le chemin de fer côtoie la rivière Annapolis (autrefois rivière Dauphin) depuis sa source jusqu'à son embouchure. Voici la Prée-Ronde, où florissait jadis une mission acadienne [1]. Il n'en reste aucune trace, pas plus que de celle de Port-Royal, petite ville tout anglaise qui ne répond plus qu'au nom d'Annapolis. Elle n'a d'autre intérêt que les ruines de son fort, aujourd'hui abandonné comme celui de Beauséjour. C'est le même système de fortification en terre, sur une plus grande échelle. La poudrière placée à l'abri d'une des courtines est très bien conservée et remarquable par la force de ses voûtes en plein cintre, dont les larges et épaisses briques ont la blancheur et la dureté du marbre.

J'ai pour cicerone M. le juge Cowling, antiquaire du lieu, à qui m'a présenté en arrivant un avocat distingué d'Annapolis, M. Chesley, dont j'ai fait l'heureuse rencontre dans le train.

Le juge, dont la conversation est très intéressante, me dit avec regret que le même esprit de mercantilisme ignare, qui a failli faire perdre à Québec son cachet d'antiquité en lui enlevant ses fortifications, règne à Annapolis. Des spéculateurs ont fait des tentatives auprès du gouvernement fédéral pour faire mettre en vente les terrains qu'occupe le fort.

— Ne serait-ce pas un crime de lèse-antiquité! ajoute le juge Cowling. Si l'attention du ministre était attirée sur ce sujet, nul doute qu'il ne prendrait des mesures pour faire veiller à la conservation de ces monuments du passé, auxquels se rattachent tant de souvenirs et qui sont si rares sur notre continent.

Dans l'après-midi, excursion en voiture vers le haut

[1] Elle était connue sous le vocable de *Saint-Laurent*.

de la rivière, au petit village d'Equille, situé à deux milles de Port-Royal. Sur la falaise très escarpée au pied de laquelle coule la rivière, se voient encore des restes de fortification d'une assez grande étendue. Au milieu d'un verger voisin une excavation indique l'endroit où existait, paraît-il, une chapelle bâtie par les Français; on y a découvert quelques petits ustensiles en or, qui ont dû servir à la mission. J'ai vu dans le salon du propriétaire de ce verger, M. Hoyt, deux de ces objets et plusieurs pointes de flèches et de lances en pierre taillées par les sauvages, et qui ont été trouvés dans les alentours.

10 octobre. — Départ d'Annapolis pour Digby. L'itinéraire que je m'étais tracé en partant de Québec était de débarquer à Digby et de longer la côte par terre, afin de visiter les établissements acadiens, depuis la baie Sainte-Marie jusqu'au cap de Sable. De là, je devais revenir par mer, en visitant les principaux groupes de même origine qui se trouvent dans les îles du Cap-Breton, du Prince-Edouard et le long des rivages du golfe, puis rentrer au Canada par la baie des Chaleurs. Mais la saison, me disait-on ici, était trop avancée pour entreprendre ce long trajet ; je dus donc remettre à une autre saison la continuation de mon pèlerinage.

A deux heures de relevée, départ de Digby pour Saint-Jean, Nouveau-Brunswick. On comprend pourquoi les Français ont donné au bassin que nous traversons le nom de Port-Royal, quand on le parcourt par une journée resplendissante comme celle dont nous jouissons. Cette vaste nappe d'eau qui ressemble à un lac, et qui ne communique avec la mer que par un étroit passage, est encaissée entre des hauteurs cultivées, couronnées d'une guirlande de forêts toujours vertes. Toutes les flottes du monde pourraient y ancrer à la fois et y manœuvrer à l'aise.

Du *gut* de Digby à Saint-Jean, traversée très agréable par un beau clair de lune et un calme parfait.

Deux jours après, je rentrais à Québec par l'*Intercolonial*, emportant avec moi des impressions et des souvenirs dont ces notes de voyage ne sont qu'un pâle reflet.

CHAPITRE SIXIÈME

Continuation du Pèlerinage. — Les Acadiens en Géorgie. — En Louisiane. — Un planteur acadien.

Plus d'un an et demi s'est écoulé depuis que j'ai quitté le pays d'Evangéline. Je devais revenir au printemps pour continuer mon pèlerinage ; mais il est plus facile de former des projets que de les réaliser. Deux voyages consécutifs en France et en Italie m'ont forcé d'ajourner jusqu'à présent cette excursion qui offre un genre d'attrait différent, mais non moins vif qu'un séjour sur le vieux continent, à condition toutefois d'être bien au fait du passé de l'Acadie, principalement depuis la date *du grand dérangement*. C'est ce qui m'engage à raconter, avant d'entreprendre la seconde partie de ce pèlerinage, la suite des faits qui se sont écoulés depuis l'embarquement des exilés sur les vaisseaux où je les ai laissés, jusqu'à l'époque de la réorganisation du peuple acadien.

J'ai déjà dit que l'histoire de l'Amérique du Nord offre peu d'événements aussi dramatiques que l'expulsion des Acadiens de leurs foyers. Cet événement a inspiré les penseurs aussi bien que les poètes, et il serait trop long d'énumérer les noms de tous les historiens qui l'ont raconté. La plupart l'ont fait avec un sentiment de juste sympathie pour les victimes : et ceux qui leur ont été hostiles, n'ont pas même osé exonérer de tout blâme les auteurs de cet attentat. Ils ont seulement essayé d'atténuer la faute par des palliatifs plus ou moins plausibles.

Mais la déportation en masse accomplie dans l'automne de 1755, ne fut pas l'acte le plus odieux commis contre les Acadiens. Ce ne fut que le commencement d'une persécution à outrance et systématique poursuivie durant les années subséquentes, et qui se continua longtemps après la signature du traité de paix de 1763. Ce fait important n'a jamais été mis en lumière, car les documents les plus propres à éclairer cette question n'ont été tirés de l'oubli et livrés à la publicité que dans ces derniers temps. Au premier rang, parmi ces pièces, il faut placer le volume d'*Archives* avec lequel nous avons déjà fait une ample connaissance ; je veux dire le *Choix des documents publics de la Nouvelle-Ecosse*, imprimés en 1869. Bien que cette collection, ainsi que je l'ai démontré, ait été faite dans un esprit excessivement défavorable aux Acadiens, et que le choix des pièces ait été entièrement fait dans cet esprit bien que, par suite, le volume ne se compose guère que de témoignages venant de partis adverses, il contient cependant des preuves aussi nombreuses qu'irrécusables d'un système de proscription qu'on a peine à imaginer.

Charles Lawrence, gouverneur de la Nouvelle-Ecosse, y fut entraîné presque fatalement par suite de la position fausse qu'il s'était faite, en ordonnant l'expulsion des Acadiens avant d'avoir reçu du cabinet de Londres les ordres qu'il était tenu d'en attendre.

J'ai raconté, dans les chapitres précédents, la capture et l'embarquement de la population acadienne sur des navires qui devaient la disperser dans les différentes colonies anglaises, depuis le Massachusetts jusqu'à la Géorgie. A peine ces malheureux y furent-ils débarqués, qu'on vit éclater les conséquences que devait nécessairement entraîné l'acte précipité de Lawrence. Rien n'avait été prévu pour leur réception, et leur débarquement fut le signal d'un mécontentement général et de murmures dans toutes les colonies. Les principaux ports de mer se virent tout à coup inondés d'une masse d'individus sans abri, la plupart sans moyen d'existence, et cela à l'entrée de l'hiver. Deux mille avaient dû être débarqués à Boston ; trois cents dans le Connecticut ; deux cents à New-York ; trois cents à Philadelphie ; deux mille au Maryland ; mille en Virginie ; cinq cents dans la Caroline du Nord ; mille cinq cents dans la Caroline du Sud ; quatre cents en Géorgie. Chacun de ces Etats se trouva ainsi chargé d'un lourd fardeau auquel il n'était pas préparé. De violentes protestations furent adressées à Lawrence. Le Massachusetts fit en vain un appel au New-Hampshire pour se débarrasser d'une partie des proscrits qui lui étaient échus. Quoique suppliée au nom de l'humanité, cette colonie refusa, en donnant pour prétexte son voisinage de la frontière. Le féroce Lawrence écrivit à Boston de s'emparer des enfants pour en faire des prosélytes : « Il vous sera ainsi plus aisé, disait-il, d'en faire, à mesure qu'ils grandiront, de bon sujets », c'est-à-dire des protestants. « On les a placés (les Acadiens), écrivait l'abbé Le Guerne, sur les côtes de Boston, où ils ont le chagrin de voir jusqu'à leurs plus tendres enfants dispersés au service des particuliers [1]. »

On sait que la Géorgie avait été fondée pour servir de refuge aux infortunés, mais il était expressément déclaré dans la charte qu'aucun catholique romain ne pouvait s'y établir. Aussi, dès que le gouverneur Reynolds eut

[1] *Lettre de l'abbé Le Guerne*, 10 mars 1756.

appris l'arrivée de quatre cents Acadiens, il résolut leur bannissement, mais, comme l'hiver était commencé, il les cantonna par petits groupes dans la colonie. En attendant le printemps, ils s'occupèrent à construire, avec l'autorisation du gouverneur, un certain nombre de grossiers bateaux, sur lesquels ils s'embarquèrent au mois de mars, animés par l'espérance de remonter le long des côtes de l'Atlantique jusqu'à leur pays natal. Avec un courage et une persévérance presque sans exemple, un bon nombre finirent par atteindre New-York, et même le Massachusetts, soutenus et encouragés dans leur pénible marche par de touchantes paroles et de plus touchantes attentions [1].

Les quinze cents Acadiens débarqués dans la Caroline du Sud furent d'abord distribués dans les établissements, mais les autorités locales s'émurent bientôt du sort injuste et cruel dont ils étaient victimes, et leur fournirent, aux frais de l'Etat, des navires pour les transporter ailleurs. Une partie d'entre eux put ainsi aborder en France. Quelques-uns s'établirent dans la colonie ; un plus grand nombre, imitant leurs compatriotes de la Géorgie, essayèrent de retourner en Acadie [2] ; d'autres enfin conçurent le hardi projet de franchir les vastes solitudes qui les séparaient du golfe du Mexique, et d'aller se fixer en Louisiane, parmi les créoles d'origine française, ou parmi d'autres exilés qui allaient s'y rendre en passant par les Antilles. Montés sur des bateaux construits de leurs mains, ils se confièrent aux eaux qui coulent vers le couchant et vont tomber dans le Mississipi.

Longfellow n'est que l'interprète de la pure vérité lorsqu'il dit :

[1] Stevens, *History of Georgia*, vol. I, pp. 413, 417.
[2] Stevens, *History of Georgia*, vol. I, p. 413.

. . . . Far down the Beautiful River
. . . .

« Plus loin que la Belle-Rivière, au-delà des rivages de l'Ohio et de l'embouchure du Wabash, sur les ondes dorées du large et rapide Mississipi, flottait une barque toute pleine, guidée par des rameurs acadiens. C'était un groupe d'exilés ! On eût dit le radeau d'une nation naufragée, d'abord dispersée le long de la côte, puis rattachée de nouveau. Unis par les liens d'une croyance commune et d'une commune infortune, hommes, femmes et enfants, guidés par l'espérance ou par de vagues rumeurs, allaient chercher dans les riantes prairies des Opélousas leurs parents et leurs proches chassés comme eux des rives acadiennes. Les jours succédaient aux jours, et sans cesse le fleuve impétueux roulait sur des sables submergés, entre des plaines désertes ombragées de forêts. Nuit après nuit, ils campaient sur ses bords, à la lueur de leurs feux. Ils glissaient avec le courant, tantôt sur l'écume des rapides, tantôt entre des îles verdoyantes où le cotonnier étalait la pourpre de son panache...

» Enfin ils approchèrent des régions où règne un été perpétuel, où, à travers la côte Dorée, parmi des bosquets d'orangers et de citronniers, le fleuve serpente en courbes majestueuses vers le Midi. Eux aussi dévièrent de leur course ; ils entrèrent dans le bayou Plaquemine, où ils se perdirent bientôt dans un réseau de lagunes dont les eaux ternes et paresseuses se répandent en toutes directions. Au-dessus de leurs têtes, des taillis de cyprès entremêlaient leurs arches pleines d'ombre, et balançaient dans les airs leurs écheveaux de mousses semblables à des bannières suspendues aux voûtes d'antiques cathédrales. »

Ces solitudes reculées aux confins du monde ne parurent cependant pas encore des retraites assez sûres pour ces malheureux traqués comme des fauves; plusieurs continuèrent leur route jusqu'aux bords de l'Atchafalaya et du bayou la Fourche.

Ces premières bandes furent suivies, en 1765, de plus de cinq cents des leurs, venant les uns directement de la Nouvelle-Ecosse, d'où ils avaient été chassés de nouveau, les autres des Antilles, particulièrement de Saint-Domingue, où ils avaient été décimés par la famine et par les épidémies. Ils fondèrent aux bords du Mississipi les paroisses de Saint-Jacques et de l'Assomption. Quelques-uns poussèrent jusqu'à cent et deux cents milles à l'ouest de la Nouvelle-Orléans, et s'arrêtèrent dans le pays des Attakapas, aux bords du bayou Tèche et du bayou Vermillon. Là, comme partout ailleurs, le souvenir de leur belle patrie les poursuivait toujours ; ils voulurent le perpétuer sous les nouveaux cieux où ils avaient trouvé la paix, en donnant à deux de leurs colonies le nom de l'Acadie, ce nom si harmonieux à leurs oreilles et si cher à leur mémoire.

Durant la dernière guerre civile, les créoles acadiens se sont battus, avec la même bravoure que leurs pères, dans les rangs des Confédérés. Un régiment presque tout composé d'Acadiens était commandé par un Acadien, le général Mouton, qui avait gagné ses épaulettes sur les champs de bataille. Après une des victoires remportées dans le Midi par les Confédérés, le général passait devant les lignes d'un régiment ennemi qui venait de se rendre, et lui ordonnait de déposer ses armes, lorsqu'un peloton fit traîtreusement feu sur lui et le renversa mort de son cheval.

Le général était fils d'un des hommes les plus influents de l'Etat, M. Alexandre Mouton, membre du Sénat de Washington, et ensuite gouverneur de la Louisiane.

Les principaux renseignements sur les créoles mentionnés ici m'ont été fournis à la Nouvelle-Orléans par le savant historien de la Louisiane, M. Charles Gayarré. Louisianais lui-même, M. Gayarré a vécu toute sa vie au milieu des Acadiens. Ils ont, dit-il, parfaitement gardé le type national avec sa bienveillance native, son caractère pacifique et religieux, un peu amolli par la nature énervante du pays. Ils sont restés peuple agriculteur comme leurs ancêtres. C'est plaisir de les entendre parler leur vieux français avec un reste d'accent acadien, des mots pittoresques et des expressions surannées qui font sourire. Ils parlent sans amertume du *grand dérangement*, et gardent souvenance de l'Acadie, qui évoque toujours dans leur esprit l'impression de l'Eden perdu [1].

Après avoir recueilli ces notes de M. Gayarré, j'ai voulu voir de mes propres yeux ces familles créoles, aussi intéressantes par la fidélité des fils que par les malheurs des pères. Je les ai trouvées les mêmes aux Attakapas qu'aux bords du Mississipi. L'habitant actuel de Peticoudiac et de la baie Sainte-Marie reconnaîtrait son accent et ses coutumes. Au village de Thibaudeau, j'ai vu les descendants du meunier de Chipoudy arriver le dimanche à la porte de l'église en petite charrette, comme au temps de Port-Royal et de la Grand-Prée. La robe noire du prêtre se rendant à la sacristie pour chanter l'office divin, rappelait les missionnaires de Pigiquit, de Beauséjour, ou du cap de Sable. Dans la

[1] Parmi les familles acadiennes de la Louisiane, on remarque les Hébert, Thibaudeau, Cormier, Doucet, Thériault, Roy, Comeau, Mouton, Préjean, Simoneau, Pelletier, Breau, Gaudry, Broussard, Gaudet, Blanchard, Guilbault, Bourgeois, Roussel, Gotrau, Martin, Robichaud, Daigle, Richard. On cite parmi les familles les plus nombreuses, celles des Laudry, Bernard, Le Blanc, Arseneau. Ces deux dernières forment toute une population à Royville, sur le Vermillon, dans la paroisse de Lafayette.

paroisse de Landry, j'ai entendu l'arrière-neveu du brave notaire Le Blanc, Télémaque Le Blanc, raconter l'odyssée de ses grands parents, depuis le bassin des Mines jusqu'à Philadelphie, de Philadelphie aux Antilles, du cap Français à Bâton-Rouge, et de Bâton-Rouge aux Attakapas.

Au bord du bayou Tèche, sous un énorme chêne vert d'où pendaient des festons de cette mousse grise qui donne un aspect si mélancolique aux paysages louisianais, une femme, entourée de ses enfants jouant parmi les lataniers, blanchissait du linge dans l'onde voisine, en chantant une ballade qui a retenti bien souvent le long de la baie de Fundy. Sa voix qui nous arrivait de loin avec les notes de l'oiseau moqueur perché dans la cime du chêne, disait les couplets de la *claire-fontaine :*

. . . .
Sous les feuilles d'un chêne
Je me suis fait sécher.
Lui ya longtemps que je t'aime
Jamais je ne t'oublierai.

Sur la plus haute branche
Le rossignol chantait...
. . . .
Tu as le cœur à rire
Moi je l'ai-t-à pleurer.

Grâce à une lettre d'introduction qui m'avait été donnée par M. Gayarré pour son ami, l'ancien gouverneur de la Louisiane, j'eus l'avantage de faire la connaissance de cet aimable octogénaire. Ruiné par la guerre et par la libération de ses esclaves, il avait pu refaire une partie de sa fortune par la vente de terrains aux compagnies de chemins de fer. Il était rentré dans sa belle habitation de l'île Copal, sise au bord du bayou Vermillon, dans un massif d'orangers, de copals, de citronniers, de figuiers et de chênes verts. Auprès subsiste encore le camp des esclaves devenus libres, petit village formé de maisonnettes uniformes. L'habitation elle-même est un vaste édifice à double étage, couronné d'un belvédère et entouré de vérandas soutenues par des colonnades.

On connaît l'hospitalité à la fois patriarcale et princière des planteurs du sud. Exquis dans ses manières, intarissable dans son discours agrémenté de mille réminiscences d'un autre âge, M. Alexandre Mouton, qui a siégé longtemps au sénat des Etats-Unis, est un gentilhomme qu'on croirait arrivé d'hier des rives de la Seine ou de la Durance. Sa fille Iphigénie, ange de piété comme Evangéline, se lève chaque matin dès l'aurore, pour aller entendre la messe à Vermillonville, et entretenir la lampe du sanctuaire. Les proscrits dont elle descend sont un exemple de plus de cette dislocation des familles acadiennes qu'on cherche à nier aujourd'hui, mais dont la tradition se garde partout où il y a des Acadiens. Sans se laisser décourager par les recherches infructueuses de ses devanciers, la génération actuelle a écrit au Canada, en France et ailleurs, pour savoir ce qu'étaient devenus quelques-uns des siens, disparus depuis la Dispersion, et dont on n'a jamais pu retrouver la trace[1].

Pendant que nous causons sous la véranda, la fanfare d'un cuivre éclate sous bois, et un cavalier, monté sur un cheval texien, débouche de l'avenue au grand galop. Le bon vieillard regarde venir, avec un sourire de com-

[1] Le premier ancêtre de cette famille, venu en Acadie, était natif de Marseille, et avait été maître d'hôtel chez M. de Grignan, intendant de Provence. Il avait, par conséquent, bien connu Mme de Sévigné, qui, comme on le sait, passait souvent des mois à Grignan chez son gendre. *Registres de Port-Royal; acte de mariage de Jean Mouton et de Marie Girouard*, 7 janvier 1711.

plaisance, ce jeune caballero, au costume pittoresque avec ses guêtres en cuir de daim, fièrement cambré sur sa selle mexicaine à pommeau saillant et à larges étriers. L'étranger s'arrête brusquement en face de l'habitation, et nous salue en enlevant avec grâce le sombrero qui le couvre : « C'est mon fils, Sosthène, qui arrive du large[1], me dit le vieillard. Il vient de surveiller la marque de mes troupeaux. »

Cette scène me remet en mémoire le passage de Longfellow où il décrit Basile, le forgeron de la Grand-Prée, devenu gardien de troupeaux dans les prairies.

Just where the woodlands met the flowery surf of the prairie,
Mounted upon his horse with Spanish saddle and stirrups,
Sat a herdsman, arrayed in gaiters and doublet of deerskin.
Broad and brown was the face that from under the Spanish sombrero
Gazed on the peaceful scene, with the lordly look of its master.

[1] La ressemblance des prairies avec l'océan leur a fait appliquer, en Louisiane, plusieurs termes de marine. Ainsi, pour une course dans la prairie, on dit : *aller au large*, *revenir du large*. Une habitation entourée de son bouquet d'arbres s'appelle *une île* : l'*île Copal*, l'*île Grévemberg*, etc. A la Nouvelle-Orléans, on désigne de même sous le nom d'*îles* ou d'*îlets* un pâté de maisons. On vous dira, par exemple, vous avez trois îlets, six îlets pour vous rendre à la cathédrale au Mississipi.

CHAPITRE SEPTIÈME

Les Acadiens dans la Caroline du Sud. — A la rivière Saint-Jean. — Dans la Pensylvanie. — Préjugés contre eux. — Sympathies des huguenots français.

Voici en quels termes un mémoire, rédigé en 1762, raconte les péripéties qu'eut à traverser un détachement acadien parti de la Caroline du Sud :

« Les habitants leur donnèrent deux vieux vaisseaux, une petite quantité de mauvaises provisions et la permission d'aller où ils voudraient. Embarqués dans ces vaisseaux qui faisaient eau de toutes parts, ils échouèrent bientôt sur les côtes de la Virginie, près de Hampton, colonie irlandaise. On les prit d'abord pour des ennemis qui venaient piller, ensuite pour des pirates, enfin pour des hôtes dangereux dont il fallait se défaire. On les força d'acheter un vaisseau, et tout l'argent qu'ils purent rassembler entre eux se montait à quatre cents pièces de huit ; ce fut le prix qu'on leur demanda. Ce navire valait encore moins que ceux qu'ils venaient de quitter, et ils eurent toutes les difficultés du monde à se faire échouer, une seconde fois, à la côte du Maryland. Il serait injuste d'oublier de dire ici qu'un des magistrats de la Virginie, ayant appris la perfidie qu'on avait exercée contre ces malheureux, fit punir les habitants du village de Hampton, et qu'il envoya une chaloupe au-devant des Acadiens pour les faire revenir et les instruire de l'état de leur vaisseau. Les débris de leur naufrage furent alors la seule ressource qu'ils eussent à espérer, et ils passèrent deux mois sur une île déserte à raccommoder ce vaisseau. Ils réussirent à la fin, et, après avoir remis en mer pour la troisième fois, ils eurent le bonheur d'aborder dans la baie de Fundy, où ils débarquèrent près de la rivière Saint-Jean, réduits à neuf cents, de plus de deux mille qu'ils étaient à leur départ d'Acadie [1]. »

Ils eurent la joie de retrouver en cet endroit ceux de leurs compagnons qui, enlevés comme eux de Port-Royal, s'étaient emparés du navire où ils avaient été embarqués, et l'avaient conduit en sûreté dans la rivière Saint-Jean. Ils y apprirent aussi que leur curé, l'abbé Daudin, fait prisonnier avant leur déportation, avait été transporté en Angleterre, d'où il était passé en France. L'abbé Daudin pouvait leur être d'une grande utilité à la cour de Versailles. Ils lui écrivirent une lettre collective dans laquelle ils lui firent le récit des derniers événements, lui exposèrent la triste situation où ils se trouvaient, et le prièrent de s'intéresser à leur sort.

Cette lettre parvint en France, mais l'abbé Daudin ne devait pas la lire. Usé par les fatigues d'un ministère hérissé de mille difficultés, il ne put survivre à la douleur que lui causa l'anéantissement de sa mission, et mourut peu après son arrivée. La lettre fut ouverte par l'abbé de l'Isle-Dieu, vicaire général de l'évêque de Québec, passé en France, et fut remise au garde des

[1] *Archives des Affaires étrangères*, Paris, *Mémoire* de M. de la Rochette.

sceaux, qui en fit usage pour intervenir à la cour de Londres, malheureusement sans succès.

Voici quelques extraits de cette lettre vraiment touchante et qui témoigne de la grande confiance et de la vénération que l'abbé Daudin avait su inspirer à ses paroissiens :

« Nous bénissons la divine Providence qui, au milieu de nos afflictions, a daigné nous favoriser d'une joie indicible en nous faisant savoir de vos chères nouvelles, que nous avons reçues par l'entremise du R. P. de la Brosse, de la compagnie de Jésus, qui a demeuré quelque temps avec nous à la rivière Saint-Jean, et qui nous a été d'un grand secours dans nos infirmités spirituelles et temporelles ; nous avons appris avec douleur les mauvais traitements que vous ont faits les Anglais. Etant aussi bon pasteur que vous l'avez été à notre égard, Dieu vous a fait part des châtiments qui n'étaient dus qu'au seul troupeau, afin de satisfaire plus abondamment à sa justice.

» Pour vous faire savoir en abrégé nos tristes aventures, vous saurez, Monsieur, qu'après avoir reçu dans l'église votre dernière bénédiction générale, nous partîmes trente députés du Port-Royal pour Chibouctou (Halifax), et après plusieurs interrogations du gouverneur du lieu et autres puissances, sur le parti que nous voulions prendre pour l'Etat et la religion, et voyant que nous étions tous résolus de plutôt mourir que de renoncer à notre religion et à la France, notre véritable patrie, on nous a relégués neuf semaines sur une île [1], en ne nous donnant par jour que deux onces de pain et une once de viande, espérant par là nous réduire et nous faire changer de sentiment ; mais inutilement, grâce à Dieu. Désespérant de pouvoir nous faire changer, ils

[1] L'île Saint-George, à l'entrée du port d'Halifax.

nous ont fait conduire par des soldats jusqu'au Port-Royal, comme des criminels, ont mis le feu à nos maisons et ont fait embarquer les habitants qui ne s'étaient pas sauvés dans le bois (il s'en était sauvé neuf cents). Le reste des habitants a été embarqué dans six navires le 4 décembre ; cinq de ces navires ont fait voile vers les côtes de Boston et de la Caroline ; les gens du Cap. les Boudrault, Charles du Gas et les Guilbault, deux familles Desgranges qui étaient dans un de ces navires, se sont révoltés et sans aucune défense des Anglais, se sont rendus maîtres du navire et sont arrivés heureusement à la rivière Saint-Jean, d'où nous avons l'honneur de vous écrire présentement ; nous y avons trouvé un accueil favorable dans la personne de M. de Boishébert, commandant de cette seule place qui appartienne aux Français dans l'Acadie. Nous avons été attaqués par un corsaire anglais qui nous poursuivait dans notre fuite ; nous l'avons contraint de se retirer après un petit choc, sans aucune perte de notre côté.

» ... Voilà, Monsieur, le récit du bon traitement que nous a fait l'Anglais, et tel a été le sort du reste des Acadiens.

» ... Nous osons espérer, Monsieur, que, sensible à nos malheurs, vous voudrez bien nous faire connaître de vos nouvelles et faire connaître au roi de France notre fidélité. Car, en vérité, Monsieur, je ne doute pas que vous n'en ayez vu quelques preuves. La pauvreté, l'exil et tous les malheurs du monde (au péché près) ne sont pas capables de nous faire changer de sentiments ; nous sommes nés Français et nous voulons mourir Français.

» ... Nous attendons avec patience l'issue de notre sort, et nous bénissons la main de Dieu qui nous frappe, pleinement convaincus qu'un homme fidèle à sa religion, et par conséquent à sa patrie ne saurait jamais mal finir.

» Nous sommes tous persuadés, Monsieur, que vous conserverez toujours dans votre cœur cette tendresse paternelle qui vous a fait si souvent compatir à nos misères, et que nous avons toujours part dans vos saints sacrifices, c'est la grâce que nous vous demandons et tous les nôtres, s'ils étaient en pouvoir de se faire entendre.

» Nous avons l'honneur d'être, avec tout le respect et la confiance possibles, vos chers enfants en J. C. et vos très humbles serviteurs, les habitants de Port-Royal.

» Denis St-Sceine,
» Charles Du Gas,
» Joseph Guilbaud,
» Pierre Gourdeau,
» Denis St-Sceine, fils.

» Au nom de tous les autres habitants à la rivière Saint-Jean, ce 31 juillet 1756[1]. »

La rivière Saint-Jean, peu habitée jusque-là, ne pouvait suffire longtemps à la subsistance de la multitude que le désastre de l'Acadie avait jetée sur ses bords. Une partie remonta jusqu'au Saint-Laurent à travers les lacs et les rivières ; une autre arma un navire et vécut en corsaires des captures faites sur l'ennemi. Elle se rendit bientôt redoutable à tous les vaisseaux anglais qui naviguaient dans ces parages[2].

La troisième, restée à la rivière Saint-Jean, fut surprise dans la nuit du 27 au 28 janvier 1759, par un détachement d'Anglo-Américains qui brûlèrent les maisons, tuèrent deux femmes et quatre enfants, dont ils enlevèrent les chevelures, et emmenèrent vingt-trois

[1] *Archives de la Marine*, Paris.
[2] *Archives des Affaires étrangères*, Paris, *Mémoire* de M. de la Rochette.

prisonniers [1]. Ceux qui purent s'échapper se replièrent du côté du Canada.

Le 19 novembre 1755, un vent d'orage poussa dans les eaux de la Delaware trois navires [2], chargés de quatre cent cinquante Acadiens, parmi lesquels la maladie, causée par les chagrins, les fatigues de la mer et les mauvais traitements, avait commencé à faire des ravages. Plus d'un de ces passagers portait déjà sur ses traits l'empreinte de la mort.

La première impression créée dans la Pensylvanie par la présence des Acadiens, fut un sentiment d'appréhension parmi la masse de la population, imbue de préjugés religieux. Elle crut au danger d'une conspiration parmi les catholiques irlandais et allemands, enhardis, pensait-elle, par ce surcroît de leurs coreligionnaires.

On ne croirait pas que ces vulgaires préjugés aient pu s'accréditer dans les hautes sphères de la société, si on n'en avait des preuves irrécusables. Le gouverneur de la Pensylvanie lui-même s'en est fait l'écho dans une correspondance officielle adressée au gouverneur Shirley.

« Je suis fort en peine de savoir, écrivait-il, ce que je dois faire de ces Français neutres... qui sont capables d'ourdir quelque conspiration, de concert avec les catholiques irlandais et allemands de cette province et des provinces voisines. En conséquence, je crois devoir vous demander des instructions particulières pour connaître de quelle manière je dois disposer de ces gens... En attendant, j'ai fait placer à bord de chacun des navires une garde que j'ai choisie parmi les recrues qui se trou-

[1] *Dépêche du marquis de Vaudreuil*, 8 mai 1759.

[2] Le *Hannah*, le *Three Friends* et le *Swan*. Un quatrième navire destiné à la Pensylvanie avait péri, paraît-il, en mer. *Archives des Affaires étrangères*, Paris ; *Mémoire* de M. de la Rochette.

vent maintenant dans cette ville, et j'ai fait fournir à ces *neutres* des provisions qui devront être payées par le gouvernement de Sa Majesté, car il n'y a aucun fonds pour cela dans le trésor de la province[1]. »

Ces ridicules alarmes qui donnent la mesure de l'ignorance de ces populations n'étaient pas moins répandues dans les autres colonies. Voici ce que répondait le premier magistrat de New-Jersey, Jonathan Belcher[2], au gouverneur Morris, à qui ce dernier avait écrit en même temps qu'au gouverneur du Massachusetts :

« Je suis vraiment surpris qu'il ait pu entrer dans l'idée de ceux qui ont ordonné l'expulsion de ces Français neutres, ou plutôt de ces traîtres et rebelles à la couronne d'Angleterre, d'en diriger aucun sur ces provinces, où déjà nous avons un trop grand nombre d'étrangers pour notre avantage et notre sécurité. Je pense qu'ils auraient dû être transportés directement dans la vieille France, et je suis entièrement de l'opinion de Votre Honneur, que ces peuples pourraient, d'un moment à l'autre, se joindre aux papistes irlandais... pour la ruine et la destruction des colonies du roi. Si l'on essaie de faire un débarquement ici (Elizabethtown), je pense que je dois au roi et au peuple confié à mes soins de faire tout mon possible pour l'empêcher. »

Aussi bien on ne voit nulle part que l'Etat de New-Jersey ait laissé aborder aucune des cargaisons humaines expédiées par Lawrence.

L'excès du fanatisme n'était cependant pas la seule cause de ces craintes imaginaires ; l'esprit public était encore sous l'impression du désastre de la Monongahéla,

[1] *Dépêche du gouverneur Morris au gouverneur du Massachusets.*

[2] Il était le père de Jonathan Belcher, juge en chef et membre du conseil de la Nouvelle-Ecosse, l'un des plus fanatiques ennemis des Acadiens.

que continuaient d'entretenir, depuis lors, les incursions des sauvages dirigées par les officiers français et canadiens. Les uns et les autres étaient enveloppés dans les mêmes sentiments de haine et d'horreur par les *colonistes*[1]. « Dieu veuille, écrivait l'un d'eux, nous donner

[1] Je ne veux citer qu'un exemple de la hardiesse de ces expéditions. Il est dit dans une attestation signée par Vaudreuil, que les trois frères Baby, officiers dans les milices canadiennes, ayant trente hommes sous leur commandement, ont fait dans la Virginie et amené au fort Duquesne vingt-neuf prisonniers.

Ces guerres de partisans étaient de part et d'autre d'une cruauté révoltante ; mais, du moment que les blancs admettaient les sauvages comme alliés, il leur devenait à peu près impossible de les empêcher de faire la guerre à leur manière. Voici quelques extraits des ordres donnés à ces mêmes frères Baby, qui montrent jusqu'à quel point les commandants français prenaient soin de sauvegarder autant que possible les droits de l'humanité...

18 juin 1755.

« ...Les sieurs Baby... auront attention pour que les sauvages n'exercent aucune cruauté envers les prisonniers.

CONTRECŒUR,
Commandant au fort Duquesne. »

20 juin 1756.

« ...Le sieur Baby emploiera surtout tous ses talents et le crédit qu'il a sur les sauvages qu'il conduit, pour les empêcher d'user d'aucune cruauté sur ceux qui pourront tomber entre leurs mains.

DUMAS,
Commandant au fort Duquesne. »

Août 1757.

« ...Supposé que les sieurs Baby fassent des prisonniers, ils feront tous leurs efforts pour empêcher les sauvages d'exercer à leur égard aucune cruauté.

DESLIGNERIS,
Commandant au fort Duquesne. »

1757.

« ... Si les sieurs Baby font des prisonniers, ils engageront de tout leur pouvoir, les sauvages à les traiter avec beaucoup d'humanité et à n'exercer à leur égard aucune cruauté.

DESLIGNERIS,
Commandant au fort Duquesne. »

la victoire contre nos cannibales cuivrés et contre les sauvages français, également cruels et perfides de leur nature. »

Qu'on juge de la position des malheureux Acadiens, jetés à l'improviste au milieu de ces populations fanatiques et effrayées. Quelques citoyens de Philadelphie n'eurent pas honte de proposer de les mettre en vente comme esclaves ; les Acadiens se révoltèrent avec toute la fierté et l'indignation de leur sang français, protestèrent même par des requêtes contre ce criminel projet qui n'eut pas de suite. Heureusement que d'autres citoyens rachetèrent l'honneur de la Pensylvanie, par leur humanité et leurs soins charitables.

La reconnaissance du peuple proscrit a placé le nom du philanthrope Benezet à côté de celui du P. Hardy, ce missionnaire compatissant dont la charité fut sans bornes, et qui put, grâce à sa qualité de prêtre, offrir aux proscrits, en même temps que ses aumônes, les consolations de son ministère. Le P. Hardy leur administra les sacrements, leur dit la sainte messe, et les assista à leurs derniers instants. Ces cœurs brisés trouvaient aux pieds de ce saint prêtre la force de pardonner à ceux qui les faisaient mourir loin des leurs, sur une terre étrangère ; mais ils étaient devenus semblables à des plantes arrachées du sol ; ils ne pouvaient plus se reprendre à la vie. Plus de la moitié moururent peu de temps après leur arrivée [1]. La nostalgie les tuait autant que la misère ; comme l'exilé antique, ils expiraient en tournant les yeux vers leur patrie :

..... *et dulces moriens reminiscitur Argos.*

Antoine Benezet, dont je viens de mentionner le nom,

[1] *American Catholic Quarterly Review; the Acadian Confessors of the Faith, October 1884*, p. 606, Thompson, Westcott, *History of Philadelphia.*

était un petit-fils de huguenots, fixé à Philadelphie avec quelques-uns de ses coreligionnaires. Ces descendants d'exilés n'avaient pu voir les infortunes des Acadiens, sans se rappeler celles de leurs pères chassés comme eux de leur patrie. Ils firent taire leurs rancunes religieuses pour ne laisser parler que leur sang français, et s'employèrent à les assister.

Benezet avait fait, à la demande de quelques membres de l'Assemblée de Pensylvanie, un rapport sur l'état dans lequel il les avait trouvés à bord des navires où ils étaient encore à la fin de novembre. Le 24 de ce mois, le gouverneur Morris avait envoyé à la Chambre un message spécial, dans lequel il l'informait qu'il n'avait pas jugé prudent de les faire mettre à terre, mais que, la contagion s'étant déclarée parmi eux, il en avait fait débarquer quelques-uns sur l'île Province.

On lit le passage suivant dans les minutes de l'Assemblée : « Antoine Benezet, appelé à comparaître devant la Chambre, déclare qu'il a visité les Français neutres dans les navires mouillés actuellement au milieu de la rivière, non loin de la ville, et qu'il les a trouvés dans un grand état de besoin en fait de couvertures, de chemises, de bas et d'autres objets indispensables.

» Après qu'il se fut retiré, la Chambre résolut d'autoriser le dit Benezet à faire les dépenses qu'il jugerait raisonnables, pour assister les Français neutres de présents dans cette province. »

Ainsi, selon la remarque d'un historien[1], on n'a rien moins que les procédés d'une assemblée législative pour prouver que les pauvres exilés de la Nouvelle-Ecosse avaient été embarqués sans qu'on leur eût laissé même

[1] Philip H. Smith, *Acadia, A lost chapter in American History.* Ce livre est écrit avec une élévation d'idée et une impartialité qui font honneur à l'écrivain. Il m'a été très utile surtout en ce qui a trait aux Acadiens reçus en Pensylvanie et au Massachusetts.

les objets les plus nécessaires, eux qui jusqu'alors n'avaient pas connu le besoin. De plus, que leur long emprisonnement à bord des navires, où ils n'avaient pour nourriture que de la farine et du lard, avait fait éclater parmi eux une maladie alarmante qui exigeait leur débarquement immédiat ; mais que le gouverneur de la province avait eu peur de les laisser descendre à terre. On va voir par les noms et les remarques qui suivent, inscrits sur une liste de souscriptions qu'on fit circuler dans Philadelphie pour obtenir des secours, s'il était bien dangereux de mettre ces malheureux en liberté.

« Veuve Landry, aveugle et malade ; sa fille, Bonny, aveugle ; veuve Coprit, qui a un cancer à la poitrine ; veuve Seville, toujours malade ; Anne Le Blanc, vieille et malade ; veuve Le Blanc, folle et malade ; deux jeunes orphelins, enfants de Philippe Melançon ; trois orphelins, enfants de Paul Bujaud, l'aîné malade, un garçon fou, et une fille ayant une infirmité à la langue ; un enfant de Baptiste Galerne, fou ; Joseph Vincent, consomptif ; veuve Gautrau, malade, avec un jeune enfant ; Joseph Benoît, vieux et malade ; Pierre Brassy (Brassard), infirme, ayant une rupture ; Pierre Vincent, malade ainsi que sa femme ; trois enfants, un aveugle, un autre très jeune, etc., etc. »

Après avoir lu ce qui précède, on s'explique pourquoi plus de la moitié des proscrits amenés en Pensylvanie moururent en quelques semaines. On les avait laissés languir durant plus de deux mois dans des prisons flottantes, exposés à toutes les privations, par une saison rigoureuse.

CHAPITRE HUITIÈME

Appel à l'Assemblée de la Pensylvanie. — Au roi d'Angleterre. — Lord Loudun. — Dernières indignités. — Comment les exilés s'éteignent en Pensylvanie.

A une convention spéciale de l'Assemblée, qui eut lieu au commencement de février 1756, Jean-Baptiste Galerne présenta, au nom de ses compatriotes, la requête suivante qui mérite d'être citée en entier, parce qu'elle est un des rares documents parvenus jusqu'à nous, qui présente la défense des Acadiens telle qu'ils la firent eux-mêmes :

« Vers l'année 1713, lorsque Annapolis-Royal fut enlevé aux Français, et que cette contrée fut cédée à l'Angleterre, nos pères qui étaient alors établis sur la baie de Fundy, obtinrent, en vertu du traité d'Utrecht, une année de délai pour se retirer avec leurs effets ; mais ne voulant pas perdre les fruits de tant d'années de labeurs, ils préfèrent rester dans le pays et devenir sujets de la Grande-Bretagne, à la condition d'être exempts de porter les armes contre la France, la plupart d'entre eux ayant parmi les Français de proches parents et des amis qu'ils auraient été exposés à immoler de leurs propres mains. s'ils avaient consenti à porter les armes contre eux. Ils ont toujours compris que cette demande avait été accordée, lorsqu'ils prêtèrent le serment de fidélité à Sa Majesté, la reine Anne. Ce serment de fidélité a été renouvelé par nous, il y a environ sept ans, à Sa Majesté, le roi George, entre les mains du général Philipps, qui alors nous accorda l'exemption de porter les armes contre la France [1]. Nous avons toujours pensé que cette exemption avait été approuvée par le roi, jusqu'à ces derniers temps qu'on nous a dit le contraire. Nous qui sommes dans cette province, aussi bien que ceux des nôtres qui ont été transportés dans les provinces voisines, nous avons toujours observé inviolablement notre serment de fidélité, et nous avons toujours été disposés à offrir toute l'assistance en notre pouvoir aux gouverneurs de Sa Majesté, en érigeant des forts, en faisant des chemins, des ponts, etc., etc., et en fournissant des provisions pour le service de Sa Majesté, comme peuvent le témoigner plusieurs gouverneurs et officiers qui ont commandé dans la province de la Nouvelle-Ecosse ; et cela malgré les sollicitations réitérées, les menaces et les mauvais traitements, dont nous avons souffert continuellement, plus ou moins, de la part des Français et des sauvages du Canada, particulièrement il y a dix ans, lorsque cinq cents Français et sauvages vinrent sur nos établissements dans l'intention d'attaquer Annapolis-Royal, entreprise qui, si elle avait réussi, les aurait rendus maîtres de toute la Nouvelle-Ecosse ; ce lieu étant la seule place forte de cette province. Ils nous sollicitèrent instamment de nous joindre à eux et de les aider ; mais comme nous persistions dans notre résolution de garder notre serment de fidélité, et que nous refusions absolument de leur prêter notre assistance, ils

[1] Il y a ici erreur de copiste probablement ; car le serment prêté entre les mains du général Philipps, le fut en 1730.

abandonnèrent leur projet et retournèrent au Canada. Il y a environ sept ans, lors de l'établissement d'Halifax, une bande de cent cinquante sauvages étant venus dans nos endroits, arrachèrent plusieurs d'entre nous de nos habitations et voulurent nous contraindre, à force de menaces et de coups, à nous joindre à eux pour surprendre et tuer les Anglais, occupés à ériger des forts dans les différentes parties du pays ; mais sur notre refus formel, ils nous abandonnèrent après nous avoir maltraités et avoir fait un grand carnage de nos bestiaux, etc. J'ai été moi-même six semaines avant de me rétablir entièrement des coups que j'ai reçus alors.

» Nous pourrions citer des exemples presque sans nombre des mauvais traitements et des pertes que nous avons subis de la part des sauvages français, à cause de notre inébranlable attachement à notre serment de fidélité. Et cependant, malgré cette stricte observation, nous n'avons pu prévenir la terrible calamité qui a fondu sur nous, et qui est due, pensons-nous, en grande partie, à la malheureuse situation et à la conduite de quelques-uns des nôtres, établis à Chignectou, au fond de la baie de Fundy, où les Français ont érigé un fort, il y a environ quatre ans. Ceux de notre nation qui étaient établis aux environs, après avoir vu plusieurs de leurs établissements brûlés par les Français, se trouvant trop éloignés d'Halifax et de Port-Royal pour espérer un secours suffisant des Anglais, furent obligés, croyons-nous, plutôt par force et par crainte que par inclination, de se joindre aux Français et de les assister ; ce qui est également démontré par les articles de capitulation, convenus entre le colonel Monckton et le commandant français, lors de la remise de ce fort aux Anglais, lesquels sont exactement dans les termes suivants :

« En ce qui regarde les Acadiens, comme ils ont été » forcés de prendre les armes sous peine de mort, il

» leur sera accordé pardon pour la part qu'ils y ont
» prise. »

» Nonobstant cela, comme la conduite de ce peuple avait donné de justes ombrages au gouvernement, et créé des soupçons au préjudice de toute notre population, nous fûmes sommés de comparaître devant le gouverneur et le conseil d'Halifax, où nous avons été requis de prêter serment d'allégeance, sans aucune condition; ce à quoi nous ne pouvions consentir, parce que, vu la situation actuelle de ce gouvernement, nous craignions d'être obligés de prendre les armes; mais nous étions encore consentants à prêter serment de fidélité et à donner les plus fortes assurances que nous continuerions à rester paisibles et fidèles à Sa Majesté britannique, à cette exception près. Mais dans le présent état des affaires, cela n'ayant pas été regardé comme satisfaisant, nous avons été faits prisonniers, et nos biens, meubles et immeubles, confisqués au profit du roi; et peu de temps après, nous avons été embarqués sur des navires avec presque toutes nos familles et déposés dans les colonies anglaises. La précipitation et la confusion au milieu desquelles nous avons été embarqués, ont contribué à aggraver notre malheur; car par là, un grand nombre d'entre nous, qui avaient vécu dans l'abondance, se virent dépouillés du nécessaire, et plusieurs familles furent séparées, les parents de leurs enfants, et les enfants de leurs parents. Cependant nous devons bénir Dieu que le sort ait permis que nous fussions envoyés en Pensylvanie, où nous avons été secourus dans nos besoins, et où nous avons été reçus, de toute manière, avec une charité chrétienne. Laissez-moi ajouter que, nonobstant les soupçons et les craintes que plusieurs ont conçus à notre égard, dans la croyance que nous étions un peuple dangereux et prêt à rompre, sans scrupule, nos serments, le temps fera voir que tel n'est pas notre caractère. Non, la situation déplorable où nous sommes, est une preuve évidente que c'est une fausse accusation, propre à aggraver les infortunes d'un peuple déjà trop malheureux ; car, si nous avions entretenu d'aussi pernicieux sentiments, nous aurions pu facilement éviter de tomber dans le triste état où nous sommes réduits, c'est-à-dire, privés de nos biens, bannis de notre pays natal et réduits à vivre de charité sur une terre étrangère ; et cela, pour avoir refusé de prêter un serment que le christianisme défend absolument de violer, si une fois on l'a prêté ; serment que nous ne pouvions tenir sans nous exposer à plonger le poignard dans le sein de nos amis et de nos proches. Nous nous soumettrons cependant, comme nous l'avons déjà fait, à ce qui, dans l'état présent des choses, paraîtra nécessaire, et nous supporterons avec patience et résignation tout ce que Dieu, dans les desseins de sa Providence, permettra qu'il nous arrive. Nous regardons aussi comme notre devoir de conserver et d'affermir la paix du pays où nous avons été transportés, et de garder inviolablement le serment de fidélité que nous avons prêté a sa Gracieuse Majesté, le roi George, qui, nous le croyons fermement, aura pitié de notre malheureux sort, lorsqu'il sera pleinement informé de notre fidélité et de nos souffrances, et ordonnera qu'on nous accorde quelques compensations pour nos pertes. Que le Dieu tout-puissant répande ses bénédictions abondantes sur Son Honneur le gouverneur, sur l'honorable assemblée de cette province et sur le bon peuple de Philadelphie, dont la sympathie, la bienveillance, et la charité chrétienne se sont hautement manifestées et se montrent encore à l'égard d'un pauvre peuple affligé et dans la détresse ; c'est la sincère et ardente prière de

J.-B[te] GALERNE. »

Le caractère des Acadiens est tout entier dans cette

requête, remarquable par son ton de bonne foi et de dignité respectueuse ; c'est ainsi que parlent des hommes honnêtes. Réduits à l'extrémité, ils supplient, mais ils ne s'abaissent point ; ils sont restés debout dans leur malheur. Ils ne demandent pas grâce, mais simplement justice.

Le réquisitoire de leurs adversaires, qui étaient leurs juges en même temps que leurs ennemis, a été publié, et forme tout un volume. On n'a à leur opposer que de rares fragments comme celui-ci [1]. Qu'on les compare cependant, et l'on n'aura pas de peine à décider de quel côté étaient l'honneur et le droit.

On ne peut lire sans émotion certains passages d'un mémoire qui appuyait cette requête, et où l'on trouve l'expression de l'attachement des exilés pour leur chère patrie : « Nous vous prions humblement, y est-il dit, d'avoir la bonté de nous laisser partir d'ici, ou de nous renvoyer dans notre pays, ou bien en quelque autre lieu où nous pourrons rejoindre nos compatriotes ; mais si vous ne pouvez nous accorder cette faveur, nous désirons que des mesures soient prises pour notre subsistance aussi longtemps que nous serons détenus ici. Si cette humble requête nous est refusée, et qu'on laisse mourir nos femmes et nos enfants sous nos yeux, jugez quelle sera notre douleur ! N'eût-il pas mieux valu pour nous mourir dans notre pays natal ? »

Les Acadiens fondaient des espérances sur une autre requête qu'il adressèrent vers ce temps au roi d'Angleterre. Entre autres faits, passés sous silence dans les

[1] Ceci était vrai à la date où a été publiée la première édition de cet ouvrage ; mais, depuis, cette lacune a été remplie par le dépouillement que nous avons fait faire des archives de Paris et de Londres. Lorsque cette masse de pièces, dont l'impression se poursuit dans le *Canada-Français*, sera publiée en entier, nous n'aurons rien à envier à la partie adverse.

mémoires précédents, ils disent que, en conséquence du refus de violer leur serment de fidélité, non seulement leurs maisons furent pillées, leurs animaux tués et leur vie mise en danger par suite des mauvais traitements, mais que plusieurs d'entre eux furent emmenés en captivité au Canada, particulièrement René Le Blanc, leur notaire, qui, après que sa maison eut été saccagée, fut fait prisonnier par les sauvages au moment où il voyageait pour le service du roi, et traîné au fort français, où il ne recouvra sa liberté qu'avec grande difficulté, et après quatre ans de détention.

Ils ajoutent que, peu de jours avant leur dispersion, la maison où étaient conservés leur archives, leurs titres, etc., fut investie par une force armée, et que tous leurs papiers en furent enlevés par force; que, depuis, aucun de ces papiers ne leur a été restitué ; ce qui les prive des principaux moyens de prouver leur innocence et la justice de leurs plaintes[1]. Ils y répètent qu'au moment de la Déportation, les parents ont été séparés de leurs enfants, les maris de leurs femmes, parmi lesquels il y en a qui n'ont pu encore se rejoindre. Ils avaient été, continuent-ils, tellement entassés dans les vaisseaux, qu'ils n'avaient pas même de place pour se coucher, et n'avaient pu, par conséquent, emporter avec eux les choses les plus indispensables, surtout pour le soin des vieillards et des malades, dont plusieurs ont trouvé dans la mort la fin de leurs misères. Ceux-là mêmes qui, à cause de leur fidélité, avaient souffert le plus de la part des ennemis du roi, ont été également enveloppés dans la même calamité, parmi lesquels René Le Blanc, le notaire déjà mentionné, est un des exemples les plus frappants. Il fut saisi, emprisonné, emmené avec les

[1] En présence d'une preuve aussi positive que celle-ci, comment a-t-on osé nier que les autorités néo-écossaises aient fait disparaître certaines archives pour cacher leur attentat.

autres; et sa famille, composée de vingt enfants, et d'environ cent cinquante petits-enfants, fut dispersée dans différentes colonies. Lui-même fut débarqué à New-York, débile et malade, n'ayant avec lui que sa femme et deux de ses plus jeunes enfants, d'où il alla en rejoindre trois autres à Philadelphie, où il est mort sans qu'on ait fait plus de cas de lui que d'aucun des autres captifs, sans qu'on ait tenu compte de tout ce qu'il avait fait et souffert pour le service du roi [1].

Cette requête, pas plus que celle de Jean-Baptiste Galerne, ne fut prise en considération.

Les amis des Acadiens, qui se composaient de tout ce qu'il y avait de plus éclairé et de plus généreux dans Philadelphie, ne purent vaincre l'hostilité de la députation, qui refusa leur mise en liberté, et décréta (5 mars) qu'on les disperserait dans les comtés en leur offrant quelques moyens de s'établir sur des terres.

Par cet acte, l'Assemblée rivait les fers des proscrits au sol de la Pensylvanie, dont elle faisait pour eux une colonie pénale, où presque chaque individu devenait un geôlier. Pouvaient ils raisonnablement songer à se fixer définitivement sur cette terre, où la haine croissait autour d'eux plus drue que l'herbe sous leurs pieds? N'était-ce pas en même temps vouer leurs enfants à perdre le dernier bien qui leur restait, au milieu de leur ruine générale, et qu'ils regardaient comme sacré : je veux dire leur foi et leurs traditions? C'est ce qui arriva en effet au petit nombre d'entre eux qui survécurent et qui continuèrent à habiter ce pays.

[1] Un autre Acadien atteste dans une requête « qu'il a été fait trois fois prisonnier par les sauvages, et que sa maison a été brûlée, parce qu'il avait sauvé les équipages de quelques vaisseaux anglais, en les prévenant du danger qui les menaçait; et maintenant, ajoute-t-il, ces mêmes Anglais l'ont exilé dans un pays où ils lui laissent manquer de pain, lui qui naguère vivait à l'aise et dans l'indépendance. » Mrs Williams, *The Neutral French*, *Introduction*, p. 73.

Les Acadiens se retranchèrent derrière le titre de prisonniers de guerre, dont ils se réclamaient, dans l'espérance d'en obtenir les bénéfices, c'est-à-dire d'être soutenus aux frais de l'Etat, en attendant d'être échangés ou renvoyés en France.

Ceux qui veulent justifier, remarque à ce sujet M. Smith, l'expulsion forcée des Acadiens et leur détention au milieu d'un peuple étranger, feraient bien d'expliquer en quoi le principe émis dans le mémoire des Acadiens n'était pas fondé en équité. Ils n'avaient commis ouvertement aucun acte les rendant justiciables de la loi civile, et ne pouvaient être regardés, en conséquence, que comme prisonniers de guerre, ayant droit, comme tels, à être entretenus aux frais du gouvernement. S'ils n'étaient pas prisonniers de guerre, sur quoi se fondait-on alors pour leur refuser la mise en liberté qu'ils demandaient [1] ?

L'attitude prise par les Acadiens, loin de leur réussir, fut regardée comme une révolte contre l'Assemblée, accrut l'irritation contre eux et rendit de plus en plus difficile la tâche de ceux qui s'étaient faits leurs défenseurs. Telle était l'antipathie dont ils étaient l'objet, que, dans les districts ruraux, on ne voulut pas même tolérer leur présence et qu'on refusa d'employer ceux qui s'offraient à travailler. Ils se trouvèrent bientôt presque uniquement à la charge de la ville de Philadelphie. Pour comble de malheur, la petite vérole, engendrée par la misère, éclata parmi eux et éclaircit encore leurs rangs. On lit dans une de leurs requêtes adressée à l'Assemblée, que « des familles avaient été plusieurs semaines de suite sans voir ni pain, ni viande, et qu'un certain nombre avaient été forcées de piller et de voler dans les rues de la ville pour ne pas mourir de faim ».

[1] *Acadia, a lost chapter in American History*, by Philip H. Smith, p. 234.

Voilà, continue l'historien déjà cité, où en étaient réduits ces honnêtes Acadiens, naguère si à l'aise et si paisibles au fond de leurs solitaires domaines ! Ceux-là mêmes qui les ont accusés d'avoir été les auteurs de leurs propres maux n'ont pu rester insensibles en présence de tant d'infortunes !

« S'il en était parmi ces derniers, ajoute un autre écrivain protestant, qui fussent tentés d'applaudir aux persécutions d'un peuple exilé parce qu'il chérissait la religion de son enfance et de ses ancêtres, qu'ils songent à la sévère justice de l'Histoire [1]. »

Le résultat de la dernière requête fut un acte du parlement obligeant les parents à céder leurs enfants pour leur apprendre à gagner leur vie, afin que la province n'eût à sa charge que les vieillards et les malades. De toutes les mesures prises à l'égard des Acadiens, cet acte de rigueur fut celui qui leur parut le plus odieux et qui souleva leurs plus énergiques protestations. Aussi, les remontrances qu'ils adressèrent à cette occasion sont-elles ce qu'on trouve de mieux élaboré et de plus pressant dans toutes leurs requêtes. Cette requête se terminait, comme toutes les précédentes, par une prière où ils demandaient la délivrance de leur captivité, prière qui, hélas ! ne devait être entendue que par l'Ange de la mort.

Les événements, même favorables en apparence, se tournaient contre eux, et semblaient conspirer à leur perte. La guerre, qui se continuait depuis leur expulsion et qui devait se terminer par l'écroulement de la puissance française en Amérique, fut loin de réussir, dans les commencements, aux armées anglaises. On n'a pas oublié la défaite de Monongahéla, en 1755. Chacune des trois campagnes qui suivirent fut signalée par une vic-

[1] *Mémoire*, Pennsylvania Hist. Soc.

toire française : celles d'Oswego, de William-Henry et de Carillon. Le contre-coup de ces événements, si fâcheux pour les Anglo-Américains, se faisait ressentir sur les pauvres Acadiens, dont le sort s'aggravait de toute l'exaspération de leurs maîtres.

Ce qui restait de ces *neutres* à Philadelphie, occupait sur la rue des Pins (*Pine street*) une rangée de petites chaumières en bois, connue longtemps sous le nom de *Neutral Huts*. C'est là qu'ils s'éteignaient lentement, lorsque, au printemps de 1757, arriva à Philadelphie un des plus hauts dignitaires que la Grande-Bretagne eût envoyés dans cette colonie, lord Loudun, commandant en chef des armées anglaises en Amérique. Lord Loudun ne s'arrêta que peu de jours à Philadelphie, où son passage donna lieu à des fêtes et à des démonstrations publiques; toutefois, il y séjourna assez longtemps pour montrer que sa haute position ne le mettait pas à l'abri des préjugés les plus vulgaires de son temps. Il se fit donner le chiffre exact de la population catholique de la Pensylvanie, afin de prévenir les terribles dangers qui pouvaient résulter d'une conspiration papiste ! Au rapport du P. Hardy, cette population s'élevait à peine à deux mille âmes réparties entre Anglais. Irlandais et Allemands.

Les Acadiens comptaient dès lors pour si peu, que le missionnaire ne crut pas qu'il valût la peine de mentionner leurs noms dans son rapport.

Il semble qu'il ne restait plus de place que pour la pitié envers ces tristes débris, dont la misère était si extrême en ce moment que l'Assemblée elle-même, qui s'était montrée si dure à leur égard, s'en était émue, et avait passé un acte pour les recommander aux officiers publics, « afin, y disait-on, de les empêcher de périr de faim ».

Il ne manquait plus à ces malheureux qu'une dernière indignité, avant de disparaître de cette terre de malédiction ; et il était réservé à un pair d'Angleterre de la leur infliger.

On trouve dans les archives coloniales de 1757 un mandat du shérif, émis par le gouverneur, à la demande de lord Loudun, ordonnant l'arrestation de Charles Le Blanc, Jean-Baptiste Galerne, Philippe Melançon, Paul Bujauld et Jean Landry, comme étant des individus suspects et mal intentionnés, ayant proféré des discours menaçants contre Sa Majesté et ses loyaux sujets.

Il faut lire la lettre de lord Loudun à William Pitt, alors premier ministre. Rien dans les annales de la Pensylvanie n'égale la brutalité de cette pièce. Il n'y demande ni plus ni moins que la mise en esclavage de ces prisonniers.

« 25 avril 1758.

» Monsieur,

» Lors de mon voyage en Pensylvanie, j'ai trouvé que les Français neutres s'étaient montrés très révoltés, et avaient menacé d'abandonner leurs femmes et leurs enfants pour aller rejoindre les Français sur les frontières ; ils m'ont envoyé un mémoire écrit en français, où ils énuméraient leurs plaintes. Je le leur ai renvoyé, disant que je ne pouvais recevoir aucun mémoire des sujets de Sa Majesté, si ce n'est en anglais. Sur quoi ils se sont réunis en assemblée générale et ont résolu de n'envoyer aucune requête, sinon en français. Ils en sont venus, m'a-t-on dit à cette résolution, parce qu'ils se regardent comme sujets français.

» Le capitaine Cotterell, secrétaire pour la province de la Nouvelle-Écosse, actuellement ici pour le rétablissement de sa santé, a trouvé au nombre de ces *neutres*, un individu qui avait été espion de Cornwallis et ensuite du gouverneur Lawrence. Cet espion, m'a-t-il assuré, s'était bien conduit, soit en rendant compte de ce qui se passait au milieu des *neutres*, soit en tenant les gouverneurs au courant des armements dans les forts et particulièrement à Beauséjour. J'ai appris par cet espion qu'il y avait parmi eux cinq chefs principaux, auteurs de tous les troubles que ce peuple cause en Pensylvanie. Ils tâchent de leur persuader d'aller se joindre à l'ennemi, de les empêcher de se soumettre aux règlements qui ont été faits dans la province, et de permettre que leurs enfants soient employés à travailler.

» M'étant assuré du fait, j'ai cru qu'il était nécessaire de prévenir, autant qu'il m'était possible, une telle jonction avec l'ennemi. Sur quoi j'ai fait saisir ces cinq chefs et les ai fait monter sur le vaisseau du capitaine Talkingham, afin qu'il les conduise en Angleterre, et qu'on en dispose selon que les officiers de Sa Majesté le jugeront à propos. Je dois toutefois vous informer que si vous les laissez en liberté, ils vont revenir immédiatement et continuer à causer tout le trouble qu'ils pourront ; en conséquence, je crois que le meilleur moyen de les garder serait de les employer comme matelots sur les vaisseaux de guerre. »

On ignore quel fut, dans la suite, le sort de ces infortunés, coupables d'avoir élevé la voix au nom de leurs compagnons d'exil et d'avoir osé s'exprimer en langue française.

Dès lors, toute plainte devenait un crime, et il ne restait plus qu'à mourir en silence. En effet, à partir de ce moment, on ne trouve plus aucune trace de réclamations de la part des Acadiens.

Le dernier écrit officiel qui les concerne a toute la tristesse d'une épitaphe ; c'est une requête d'un entrepreneur de cercueils adressée, en 1766, à la chambre d'assemblée, et conçue en ces termes :

« Pétition de John Hill, charpentier, de la ville de Philadelphie, à l'Assemblée, exposant que le pétitionnaire a été employé, de temps en temps, à fabriquer des cercueils pour les Français neutres, qui sont morts dans la ville et ses environs, et que ses comptes ont été régulièrement reconnus et payés par le gouvernement jusqu'à ces derniers temps ; qu'il est informé, par les commissaires qui avaient coutume de le payer, qu'ils n'ont plus de fonds entre leurs mains pour l'acquittement de tels comptes ; que, n'ayant reçu aucun contre-ordre depuis le dernier règlement, il a fait seize nouveaux cercueils. En conséquence, il prie l'Assemblée de donner des ordres pour que ces matériaux et son travail lui soient payés. »

Avec cette pétition de l'entrepreneur de cercueils, se termine l'histoire authentique des Français neutres en Pensylvanie. Le reste ne se compose plus que de traditions [1].

A peine quinze ans s'étaient écoulés depuis cette date, que les quakers de Philadelphie, rebelles à leur tour à l'Angleterre, appelaient à leur secours et acclamaient comme des sauveurs, les régiments français de La Fayette, parmi lesquels se trouvaient des amis, peut-être des parents de ces mêmes Français neutres qui dormaient dans le cimetière de Potter's Field. En passant le long de ce cimetière, plus d'un soldat de France a dû demander quels étaient ces catholiques dont les tombes étaient indiquées par des rangées de petites croix. Que n'eût-on pas donné alors pour effacer la page d'histoire qu'elles redisaient !

[1] William Read. *The American exiles or the French in Pennsylvania ;* vol. VI, 1858.

CHAPITRE NEUVIÈME

Persécutions dans les colonies du Nord. — Les Acadiens prisonniers en Angleterre. — Mémoire de M. de la Rochette.

Dans le sud, les Acadiens avaient été reçus avec humanité ; mais le nord resta fermé à la compassion. Lorsque, au mois d'août 1756, un parti de soixante-dix-huit proscrits descendirent de leur bateau pour se reposer dans une anse de Long-Island, ils furent saisis par ordre du gouverneur, sir Charles Hardy, quoiqu'ils eussent des passeports signés par les gouverneurs de la Caroline du Sud et de la Géorgie, et furent relégués dans l'intérieur de la province, en divers villages écartés, où les magistrats eurent ordre d'asservir les adultes au travail, et de s'emparer des enfants « pour en faire de bons et utiles sujets », autrement dit des protestants [1]. Cinquante-neuf garçons et quarante-neuf filles furent ainsi distribués dans les comtés de Westchester et d'Orange.

Quelque dur que fût le sort de ces infortunés, il ne le parut pas encore assez au gré de leurs fanatiques ennemis ; l'année suivante, ordre fut donné de les jeter en

[1] *American Catholic quarterly Review : The Acadian confessors of the Faith ;* October 1884.

prison ; et, raconte M. Gilmary Shea, dans tout l'espace qui s'étend depuis Richmond, en gagnant vers le nord, cet arrêt fut mis à exécution.

Vers cette époque, un groupe de ces confesseurs de la foi étaient réunis dans quelques maisons voisines de la traverse de Brooklyn, dont il existe une ancienne vue indiquant ces maisons.

En juillet 1756, sept embarcations, portant quatre-vingt-dix exilés, longeaient la côte méridionale du Massachusetts ; eux aussi furent arrêtés à leur entrée dans un havre, et dispersés par les autorités locales, qui leur arrachèrent les passeports dont ils étaient munis, en maudissant les braves sudistes qui leur avaient montré de la sympathie.

En 1757, une partie de ceux qui avaient été confinés dans le comté de Westchester parvinrent à s'échapper, et essayèrent de gagner la frontière du Canada, mais ils furent arrêtés au fort Edouard, et condamnés de nouveau à la captivité.

De son côté, la Virginie n'eut qu'une voix pour repousser les Acadiens ; mais cette hostilité même eut pour résultat la rentrée d'une partie d'entre eux en France. L'Angleterre, cédant aux énergiques remontrances des Virginiens, fit transporter ces Acadiens dans les principaux ports du royaume.

Pendant les années qui suivirent, un petit nombre de captifs, et même quelques familles, furent emmenés de la Nouvelle-Angleterre dans la Grande-Bretagne, et réunis aux quinze cents prisonniers de guerre transportés de la Virginie. Quel fut le sort de tous ces prisonniers ? On le connaît du moins en partie, par un mémoire de M. de la Rochette, qui alla les visiter en 1762, par ordre du duc de Nivernais, ambassadeur de France à Londres, dont il était le secrétaire.

« Quinze cents Acadiens, dit ce mémoire, débarqués

en Virginie, furent envoyés presque aussitôt en Angleterre. Dispersés dans tous les ports de ce royaume, un grand nombre y périrent de misère et de chagrin. Trois cents avaient abordé à Bristol, où ils n'étaient point attendus, car on ne les attendait nulle part ; ils passèrent trois jours et trois nuits sur les quais de la ville, exposés à toutes les injures de l'air. On les renferma à la fin dans quelques édifices ruinés, où la petite vérole en fit périr une grande partie.

» Ceux qui étaient à Liverpool ayant adressé à M. le duc de Nivernais une requête dans laquelle ils lui exposaient les persécutions que leur attachement pour la France ne cessait de leur attirer, et où ils réclamaient sa protection et comme Français et comme malheureux, celui-ci dépêcha secrètement vers eux son secrétaire, M. de la Rochette, avec instruction de les assurer de la protection du roi.

» Arrivé à Liverpool le 31 décembre, M. de la Rochette se transporta au quartier des Acadiens, et, après s'être fait connaître à ceux qui avaient envoyé la requête à M. le duc de Nivernais, en leur produisant cette même requête, il leur fit part de sa mission et des ordres qu'il avait reçus de Son Excellence. Quelques précautions qu'il eût prises pour les engager à modérer leur joie, il ne put empêcher que des cris de *Vive le Roi!* ne se fissent entendre dans leur quartier, au point même que quelques Anglais en furent scandalisés. Les larmes succédèrent à ces premières acclamations. Plusieurs semblaient entièrement hors d'eux-mêmes ; ils battaient des mains, les levaient au ciel, se frappaient contre les murailles et ne cessaient de sangloter. Il serait impossible enfin de décrire tous les transports auxquels ces honnêtes gens s'abandonnèrent ; ils passèrent la nuit à bénir le roi et son ambassadeur, et à se féliciter du bonheur dont ils allaient jouir.

» Lorsqu'ils furent revenus de ce premier accès de joie, le sieur de la Rochette obtint d'eux les éclaircissements suivants sur leur situation actuelle :

» Depuis sept ans, on les a détenus dans la ville de Liverpool où ils ont été transportés de la Virginie. Quelques mois après leur arrivée, on leur assigna un certain nombre de maisons dans un quartier séparé, en leur donnant la ville pour prison. On assigna pareillement une paie de six sols par jour à tous ceux qui avaient plus de sept ans, et de trois sols aux enfants au-dessous de cet âge.

» Ils étaient arrivés à Liverpool au nombre de trois cent trente-six, et ils sont réduits aujourd'hui à deux cent vingt-quatre. Pendant les sept années de leur détention, on les a peu inquiétés ; mais depuis que la paix est décidée, on ne cesse de travailler à les séduire. Langton, commissaire des prisonniers acadiens, les fit paraître devant lui dans les premiers jours de décembre, et leur représenta que la France les ayant abandonnés depuis si longtemps, le roi d'Angleterra voulait bien les regarder comme ses sujets, et qu'il les renverrait en Acadie, où on leur rendrait leurs terres et leurs troupeaux. Ils répondirent tous unanimement qu'ils étaient Français, et que c'était au roi de France à décider de leur sort.

» Le commissaire les traita alors de rebelles. Il les menaça de les faire renfermer et de réduire leur paie ; mais comme rien ne les intimidait, il eut recours à un moyen qui, par l'attachement qu'ont les Acadiens pour leur religion, semblait être infaillible.

» Il séduisit un certain prêtre écossais, directeur des Acadiens, en lui promettant la place de curé principal des villages catholiques d'Acadie. Cet homme leur prêcha des sermons scandaleux, et cinquante-quatre, presque tous composés des vieillards, se déterminèrent, d'après ces sermons, à repasser dans leur pays. On doit dire cependant qu'ils n'ont voulu signer aucun des écrits que le commissaire leur a fait présenter. Tous ceux-là ont écrit depuis à M. le duc de Nivernais pour le supplier de les réclamer comme sujets du roi. Le reste, au nombre de cent soixante-dix personnes, faisant trente-huit familles, ne se laissa pas convaincre.

» Les Acadiens de Liverpool ayant fait savoir à M. le duc de Nivernais qu'il se trouvait encore près de six cents de leurs frères à Southampton, Penryn et Bristol, Son Excellence donna ordre au sieur de la Rochette de se rendre aussi secrètement dans ces trois villes.

» Le sieur de la Rochette arriva à Southampton le 18 janvier 1763. Mais comme il n'avait aucune marque à laquelle les Acadiens pussent le reconnaître, et que, d'ailleurs, les artifices répétés des Anglais engageaient ce peuple à la plus grande défiance, il ne put les convaincre ni de la réalité de sa mission, ni de celle de ses instructions. Il les quitta cependant satisfait de leur zèle pour le roi, et persuadé que l'excès de ce même zèle était l'unique motif de leur défiance. Plus voisins de Londres que leurs frères, et placés dans une ville qui devient, en été, le rendez-vous d'une partie de la noblesse anglaise, les Acadiens de Southampton avaient essuyé des attaques plus fréquentes et plus dangereuses. Le général Mordaunt, et même, en dernier lieu, le duc d'York, n'avaient pas cru au-dessous d'eux de les solliciter de renoncer à la France. D'ailleurs, dans le moment où le sieur de la Rochette leur fut envoyé, ils attendaient une réponse de la part des commissaires anglais, accoutumés à les tromper, et c'était pour eux une raison de défiance très légitime. Ils prirent le parti de dépêcher deux des leurs à M. le duc de Nivernais, pour s'assurer de la vérité, et il ne leur reste aujourd'hui aucun doute. Ces Acadiens se trouvent réduits à deux cent dix-neuf, de trois cent quarante qu'ils étaient à leur débarquement en Angleterre.

» De Southampton, le sieur de la Rochette partit pour Penryn, où il se rendit le 25 janvier. Il y trouva cent cinquante-neuf Acadiens dans la situation la plus déplorable. Depuis la fin de novembre 1762, le gouvernement a arrêté la paie. Ceux qui n'ont appris aucun métier vivent d'emprunts ; les veuves et les orphelins demandent l'aumône ; et ils doivent entre eux plus de deux cent cinquante guinées dans le bourg. Cette paie est, comme à Liverpool, de six sols par jour, pour chaque personne au-dessus de sept ans, et de trois sols, au-dessous de cet âge. Les Acadiens de Penryn ne demeurent point dans un quartier séparé, mais sont distribués dans diverses maisons bourgeoises, et d'ailleurs, plusieurs de leurs jeunes gens, en apprentissage chez des ouvriers anglais, y ont contracté des inclinations très peu françaises : ainsi il y a lieu de craindre que le secret exigé d'eux par le sieur de la Rochette n'ait pas été observé avec autant d'exactitude que dans les autres villes. Il faut dire aussi que, plusieurs d'entre eux ajoutant peu de foi aux assurances qui leur étaient données, leur bonne volonté n'a pas été unanime.

» Le sieur de la Rochette arriva à Bristol le 31 janvier. Il y trouva les Acadiens au nombre de cent quatre-vingt-quatre personnes qui s'abandonnèrent entièrement à la protection du roi. Ils n'eurent aucune peine à prendre confiance dans le sieur de la Rochette, parce qu'ils avaient vu les deux députés qui, de Southampton, s'étaient rendus auprès de M. le duc de Nivernais.

» Il y a une défiance générale qui prévaut plus ou moins chez tous ces Acadiens, et dont voici les principaux motifs :

» 1° Leurs frères qui furent transportés en France au commencement de la guerre y restèrent plusieurs mois sans recevoir aucun secours, et ils craignent d'éprouver le même sort en arrivant dans le royaume.

» 2° Ils se flattent toujours de retourner en Acadie et d'y jouir du libre exercice de leur religion, sous la protection du roi. Ceux mêmes qui sont en France, à Boulogne, à Saint-Malo et à Rochefort, persistent dans cette opinion, et l'ont même écrit aux Acadiens en Angleterre.

» 3° Ils craignent que le roi n'abandonne leurs frères dispersés dans les colonies anglaises de l'Amérique ; et ceux-là forment le plus grand nombre, étant plus de dix mille qui meurent de faim. De temps en temps, il s'en sauve quelques-uns en Europe, et deux familles de ces malheureux sont arrivées, il y a quelques semaines, de Boston à Bristol. Les Anglais cependant en transportent tous les jours. »

Le mémoire de M. de la Rochette se termine par le tableau suivant de la population acadienne :

Angleterre.	
A Liverpool	224
A Southampton	219
A Penryn	159
A Bristol	184
Pris à bord des corsaires, environ	80
En France.	
A Boulogne, Saint-Malo, Rochefort, etc.	2,000
Dans la Nouvelle-Angleterre, le Maryland, la Pensylvanie, la Caroline, etc.	10,000
Total	12,866

« On ne garantit pas l'exactitude des deux dernières évaluations, que l'on ne tient que des Acadiens d'Angleterre [1]. »

[1] *Archives des Affaires étrangères, Paris, Mémoire de M. de la Rochette.*

Ce mémoire de M. de la Rochette, et l'intérêt que prenait l'ambassadeur de France aux prisonniers acadiens étaient dus, en partie, aux efforts persévérants de l'abbé Le Loutre, leur ancien missionnaire. Fait prisonnier lui-même, à son retour en Europe, après la prise de Beauséjour, il avait subi huit ans d'une dure captivité dans l'île de Jersey ; mais cela n'avait pas ralenti son zèle pour ce peuple. Du fond de sa prison, il écrivait des lettres qu'il réussissait à faire parvenir jusqu'à la cour de France. Dès sa mise en liberté, il alla visiter les Acadiens dans les ports de mer ; et, après la conclusion de la paix, il fut un des agents les plus actifs de leur rapatriement et de leur établissement dans le Poitou, dans le Berry et à Belle-Isle-en-Mer, où leurs descendants existent encore [1].

[1] Cette île est le seul lieu en France où il y ait encore des Acadiens groupés ensemble. Ils y habitent une paroisse qui a nom *Le Palais*. Leur curé actuel, l'abbé Le Bayon, qui a bien voulu me donner des renseignements sur eux, m'écrit que le souvenir de leur origine et des terribles secousses qui les ont jetés sur les côtes de France, n'est pas effacé de leur mémoire, non plus que celui de l'abbé Le Loutre. Il n'y a qu'à lire les noms que portent la plupart des familles, pour reconnaître leur provenance acadienne : Le Blanc, Granger, Trahan, Daigre, Richard, Duon, Gautherot, Villeray, Terriau, Boudrot, Hébert, Babin, Douaron, Pitre, Aucoin, Melanson, Landry, Thibaudeau, Poirier, Doucet, Robichaud, etc., etc.

CHAPITRE DIXIÈME

Les Acadiens dans le Massachusetts. — Cruautés des Puritains. — Dislocation des familles. — Les proscrits au Maryland. — Étienne Hébert. — Les Acadiens au Canada. — L'aumônier du général de Rochambeau.

Lorsque, pendant l'hiver de 1756, Lawrence se promenait, dans les rues d'Halifax, avec les chevaux qu'il avait fait voler aux Acadiens pour son propre usage, il était loin de soupçonner les embarras que lui préparaient plusieurs des colonies anglaises, en favorisant le retour de ceux-là mêmes qu'il avait mis tant d'acharnement à chasser de leurs foyers[1]. Aussi fut-il plongé dans d'étranges perplexités, quand il apprit, au cours de l'été suivant, que des centaines d'entre eux longeaient les côtes de l'Atlantique, avec la résolution bien arrêtée de venir reprendre leurs terres. Cela mettait en question son idée

[1] Lawrence avait conçu de telles craintes d'être blâmé par l'Angleterre qu'il crut prudent de s'abriter derrière la législature de la Nouvelle-Ecosse. Il se fit, en conséquence, présenter, pendant la session de 1759, une adresse approuvant l'initiative qu'il avait prise en expulsant les Acadiens. *Public Record Office, Nova Scotia*, vol. XVII.

d'effacement complet de la race française dans la péninsule. Il se répandit en reproches et en plaintes amères, adressa même une circulaire aux différents gouverneurs. « Je conjure Votre Excellence, y disait-il, d'employer tous les moyens possibles pour empêcher l'accomplissement d'une si pernicieuse entreprise, en détruisant toutes les embarcations que ceux (des Acadiens) qui sont dans votre colonie peuvent avoir préparées, et de retenir tous ceux d'entre eux qui essayeront de passer dans aucune partie de votre gouvernement, en route pour ici, soit par terre, soit par eau[1]. »

C'est à la suite de cette circulaire qu'eurent lieu, dans les États du Nord, les redoublements de rigueur et les emprisonnements dont j'ai déjà parlé.

Le Massachusetts, qui avait pris la part la plus active à la déportation des Acadiens, fut aussi, de toutes les provinces, celle qui en reçut le plus grand nombre. Lawrence avait calculé, non sans raison, qu'il aurait moins de difficultés à les y faire accepter, que dans les provinces moins directement intéressées à leur dispersion ; la plupart avaient été faits prisonniers par des troupes et des officiers bostonnais. C'était à une compagnie de Boston que Lawrence avait confié le soin de lui expédier les transports dont il avait besoin. L'agence Apthorp et Hancock avait loué pour cet usage, aux plus bas prix possibles, tout ce qu'elle avait pu rassembler de voiliers, vieilles goélettes, etc., à raison d'un chargement de deux individus par tonneau, sans plus d'égards pour la santé, la vie même des passagers, que s'il se fût agi de transporter des bestiaux. Ces conditions de chargement avaient été même outrepassées par les capitaines de navires, qui y trouvaient leur intérêt. Il en était résulté ce que le colonel Winslow lui-même avait prévu,

[1] *Archives de la Nouvelle-Ecosse*, p. 303.

lors de l'embarquement, quand il remarquait, dans son journal, que ces navires étaient effroyablement chargés[1].

A peine avaient-ils pris la mer, que la maladie s'était déclarée parmi cet entassement d'hommes, de femmes et d'enfants, au nombre desquels il y avait des malades et des vieillards décrépits, tous confinés pêle-mêle à fond de cale dans un air empesté, car l'équipage ne permettait de monter sur le pont qu'à un petit nombre à la fois, par crainte d'une révolte. Quand on songe que ce voyage, en y comprenant le séjour forcé sur les navires, à leur arrivée dans les ports, dura jusqu'à deux mois et quelquefois plus, on imagine ce que durent être les souffrances et la mortalité. On aurait presque pu suivre les navires à la trace des cadavres qui furent jetés à la mer le long de la route. Les autorités du Massachusetts refusèrent d'abord, comme celles de la Pensylvanie, de laisser débarquer les Acadiens, que leur seul titre de catholiques faisait regarder comme les pires ennemis de la société. Ajoutez à cela qu'ils étaient Français, c'est-à-dire d'une nation considérée par les lois du Massachusetts comme dangereuse au salut public[2], enfin qu'ils étaient des rebelles

[1] I put in more than two to a tun and the people greatly crowded. *Journal de Winslow*, p. 179.

[2] La loi du Massachusetts à laquelle il est fait ici allusion est datée du 12 décembre 1695, et se lit comme suit : « Il est statué, en vue de la sûreté publique, qu'aucun individu de la nation française ne pourra exister ou résider dans aucun port de mer, ou dans aucune ville frontière de cette province, excepté ceux qui y seront autorisés par le gouverneur et le conseil. »

A l'arrivée des troupes françaises, venues pour aider les Yankees à secouer le joug de l'Angleterre, les puritains de Boston imitèrent-ils ceux de Rhode-Island, qui s'assemblèrent en toute hâte pour répudier la loi qui défendait, sous peine de mort, à tout catholique l'entrée de leur province? On ne peut s'empêcher de sourire à la pensée de la figure que devaient faire ces Yankees, en recevant les Français, dont ils venaient de décréter, le jour même, l'entrée libre dans leur pays. Quelques semaines après, les *Elders* de Boston suiet des traîtres : peu importait alors l'état affreux où ils étaient réduits.

Disons cependant, pour l'honneur de l'humanité, qu'il se rencontra de nobles exceptions qui font du bien à citer. Un des citoyens les plus marquants de Boston, plus tard gouverneur du Massachusetts, M. Hutchinson, ne put voir, sans être révolté, une pauvre femme expirant dans un coin obscur et infect, entourée de trois petits enfants qui imploraient en vain son assistance. Malgré les défenses formelles de ne laisser descendre à terre aucun captif, il la fit enlever avec ses trois enfants et transporter dans une maison où elle reçut les soins les plus délicats. Malheureusement il était trop tard, les secousses morales et physiques qu'elle avait endurées l'avaient épuisée. Ses dernières paroles furent une action de grâces envers son bienfaiteur, à qui elle confia le sort de ses trois orphelins.

Avant de permettre le débarquement des Acadiens, le gouvernement du Massachusetts voulut s'assurer que les frais de leur installation ne seraient pas à la charge de la province. Enfin, après plusieurs jours de retard, ils furent logés dans des baraques temporaires, érigées sur la place publique, en attendant qu'ils fussent distribués dans les comtés. Ils firent quelques tentatives pour être traités en prisonniers de guerre, mais durent bientôt se résigner à travailler pour vivre. Il fallait pour cela se mettre au service d'une population plus hostile encore, s'il était possible, que celle de la Pensylvanie. On ne saura jamais

vaient le crucifix, porté en procession dans les rues de la ville. Ils en avaient bien quelques remords, mais ces Français étaient si utiles! C'étaient ces mêmes puritains qui s'étaient préparés à brûler le pape en effigie, lorsqu'ils en avaient été empêchés par Washington, et qui n'avaient cessé de demander à grands cris l'expulsion du seul missionnaire, accordé aux Acadiens de la Nouvelle-Ecosse, en disant que « l'établissement d'un prêtre y était la honte du présent règne ». *Lettre de l'abbé Bailly*, 28 avril 1771.

tout ce que ces pauvres déshérités eurent à souffrir d'indignités et de barbarie. En certains endroits, on calcula même sur le fanatisme pour commettre les plus criantes injustices, convaincus que l'opini n publique donnerait le tort aux victimes.

Deux jeunes gens furent cruellement battus parce qu'ils réclamaient quinze jours de salaire qui leur était dû ; l'un d'eux fut maltraité au point qu'un œil lui était sorti de la tête.

Quel pays ! quelles mœurs ! se dit-on involontairement à la vue de tels faits. Ne se croirait-on pas en Chine ?

Un père et une mère furent également battus pour s'être plaints qu'un de leurs enfants, traîné de force sur un navire, était accablé de coups par le capitaine. L'étendue de ces désordres finit par attirer l'attention du parlement, et les lois passées pour y mettre un terme en sont la preuve irrécusable.

Une nombreuse famille, transportée à Wilmington au milieu de l'hiver, avait été placée dans une maison en ruine où il n'y avait ni portes ni fenêtres. La mère, malade, était obligée de faire transporter son lit, selon que le vent et la pluie venaient d'un côté ou de l'autre. Ils n'avaient ni bois de chauffage, ni voiture pour en transporter, et il leur était défendu d'aller en chercher dans la forêt.

On leur avait fourni un peu de provisions, en leur disant de chercher à gagner le reste. Le mari s'étant plaint que le plancher était inondé d'eau et que tout y flottait, on lui répondit en ricanant de se bâtir un canot, et qu'il pourrait naviguer dans sa maison.

On doit dire en revanche que, si les Acadiens manquaient de logement, de nourriture et de vêtements, ils ne manquaient pas de remèdes, à en juger par certains comptes présentés au gouvernement du Massachusetts. Un docteur Trowbridge, de Marshfield, qui avait visité neuf Français neutres, leur avait distribué huit vésicatoires, neuf vomitifs et cent vingt et une médecines.

Comme il n'y avait aucun méfait dont on ne crût les prisonniers capables, ils étaient sujets à une surveillance continuelle ; tout crime commis, dont on ne connaissait pas les auteurs, leur était imputé. Un village des bords de la mer demanda par une requête, qu'on reléguât dans l'intérieur ceux qu'on leur avait imposés, donnant pour raison que ceux-ci pouvaient faire sauter la poudrière du lieu.

Défense était faite à tout Acadien d'aller d'un village à l'autre, sans passeport, et quiconque était surpris contrevenant à ce règlement était condamné à cinq jours de prison ou à dix coups de fouet, et quelquefois aux deux châtiments à la fois. Cette tyrannie, aussi inutile que barbare, empêchait les familles, dont les membres étaient séparés, de se rejoindre et même de savoir ce qu'ils étaient devenus. On trouve encore aujourd'hui des traces de leurs anxiétés, dans les pétitions et les avis qu'ils faisaient circuler ou publier pour obtenir des renseignements [1]. De toutes leurs peines, celle-là était, on le conçoit, la plus sensible, et celle dont ils se plaignaient le plus amèrement.

Il n'y a pas à douter, malgré ce qu'ont prétendu des écrivains américains, que le nombre des familles ainsi disloquées ait été considérable. Qu'on se rappelle seulement le témoignage déjà cité de l'abbé Le Guerne, qui affirme que, lors de la dispersion de 1755, il y eut, dans la seule mission de Petitcoudiac et des environs, pas moins de soixante mères de famille, séparées de leurs maris. A ce témoignage on peut ajouter celui de Hutchinson [2] : « En plusieurs circonstances, dit-il, des

[1] *Acadia, a lost chapter in American History*, by Philip H. Smith, p. 244.
[2] *History of Massachusetts Bay*, vol. III, p. 40.

maris, qui s'étaient trouvés absents lors de la capture de leurs familles, furent embarqués sur des navires, en destination de certaines colonies anglaises, tandis que leurs femmes et leurs enfants furent mis sur d'autres navires, destinés à des colonies très éloignées de la première... Cinq ou six familles furent amenées à Boston, les femmes et les enfants seulement, sans leurs maris et leurs pères. Ceux-ci, à la suite d'avertissements sur les journaux, vinrent de Philadelphie à Boston, ayant ignoré entièrement dans l'intervalle ce qu'étaient devenues leurs familles. »

Dans la même ville de Boston, où avait été arrêtée une bande de fugitifs venue par eau des provinces du sud pour regagner la Nouvelle-Ecosse, cinq maris, dont les femmes y étaient détenues, demandèrent qu'on leur permît de descendre à terre pour rejoindre leurs familles ; d'autres, qui y avaient aussi des parents, firent la même demande et l'obtinrent. Ce groupe fut ensuite distribué dans différentes villes.

« Il est trop évident, ajoute l'écrivain américain de qui nous empruntons ce dernier fait, que ce malheureux peuple eut beaucoup à souffrir de la pauvreté et des mauvais traitements, même après qu'il eût été adopté par le Massachusetts. Les différentes pétitions, adressées au gouverneur Shirley, vers ce temps, sont à fendre le cœur. L'auteur a essayé d'en copier quelques-unes aux archives de la secrétairerie d'Etat, mais s'est trouvé tellement aveuglé par les larmes, qu'il a été obligé d'y renoncer. Voici les noms de quelques-uns des signataires : Dupuis, Bellivaux, Bourgeois, Amiraux, d'Entremont, Boudreau, Dugas, Breau, Gourdeaux, De Mathieu, Mius, Girouard, Gentil, Raymond, Benoît, Robichaud, Brun, Doucet, Clairmont, Charest. Ces signatures se trouvent au bas d'une pétition, adressée par huit cents personnes demandant de retourner au

Canada, après la cession du pays à la Grande-Bretagne. La réponse du gouverneur Murray équivalait à un refus, car il exigeait que l'Etat du Massachusetts leur fournît des provisions pour une année après leur arrivée [1]. »

L'aïeul de Mgr Prince, premier évêque de Saint-Hyacinthe, au Canada, fut débarqué seul à Boston, où une famille charitable le reçut ; il ne découvrit ses parents que bien des années plus tard.

Jean-Baptiste Bourgeois, séparé à Port-Royal de sa femme et de ses enfants, avait été débarqué à Philadelphie. Il écrivit de là dans les différentes colonies, fit faire des annonces dans les journaux, mais ne reçut pas la moindre nouvelle de sa famille. Quoiqu'il ne sût pas un mot d'anglais, il alla de ville en ville, de village en village, depuis Philadelphie jusqu'à Boston, demandant, avec une naïveté un peu ridicule : « Avez-vous vu ma Julie? » Après sept ans d'infructueuses recherches, il passa au Canada et se rendit dans la colonie acadienne de Saint-Jacques de l'Achigan. Un matin, il vint frapper à la porte d'une des maisons de la paroisse, appartenant aux prêtres de Saint-Sulpice, et il fit son éternelle demande à une femme qui vint lui ouvrir : « Avez-vous vu ma Julie? » A cette question, la femme recule d'un air étonné, regarde attentivement l'étranger, pâlit et tombe sans connaissance ; c'était sa Julie.

Veut-on une preuve de plus de la barbarie avec laquelle les familles furent disloquées? A Saint-Malo, où avait abordé une foule de proscrits, le nombre de parents séparés de leurs enfants était tel, qu'ils durent se concerter ensemble et adresser une requête au gouvernement français, afin d'obtenir d'être transportés de nouveau à Boston. Le motif qu'ils avaient de s'exposer ainsi à de nouvelles persécutions était « l'espérance de

[1] Mrs Williams, *The Neutral French*, *Introduction*, p. 68 et suivantes.

rejoindre leurs enfants, que les Anglais y ont amenés, et auxquels ils ont fait embrasser le protestantisme ; ils seraient heureux de les joindre pour les ramener à la vraie foi [1] ».

Le Maryland paraît ne s'être pas inquiété des déportés abandonnés sur ses rivages. Il les laissa libres, soit de s'éloigner, soit de se créer une nouvelle existence dans le pays où la présence de catholiques, descendants de la colonie de lord Baltimore, décida un certain nombre à se fixer. Un groupe fit voile vers les Antilles ; d'autres cédèrent à l'invincible besoin de revoir leurs foyers [2]. Quelques-uns ne craignirent pas de s'aventurer à travers les immenses forêts, d'affronter les partis de sauvages qui les infestaient, afin d'arriver jusqu'au Canada, où ils espéraient retrouver des membres de leurs familles dont ils ignoraient le sort. Plusieurs détachements partis d'autres points du littoral avaient entrepris le même trajet.

Au nombre de ces fugitifs était un jeune homme âgé de dix-huit ans nommé Etienne Hébert, enlevé de la paroisse de la Grand-Prée, où il habitait le vallon du Petit-Ruisseau, dans la concession dite des Héberts. Séparé de ses frères, qui avaient été jetés l'un, dans le Massachusetts, l'autre dans le Maryland, et le troisième dans un autre endroit, tandis que lui-même, débarqué à Philadelphie, avait été mis au service d'un officier de l'armée, il n'eut pas de repos qu'il n'eût rejoint ses frères, qu'il croyait rendus au Canada. Frustré dans ses espérances à son arrivée, mais non découragé, il se fit concéder des terres dans la seigneurie de Bécancourt, et repartit, en hiver, monté sur des raquettes. Après bien

[1] *Archives de la Marine, Paris. — Manuscrits* de M. Rameau, auteur d'*Une Colonie féodale.*

[2] *American Catholic Quarterly Review ; the Acadian Confessors of the Faith.* October 1884, p. 606.

des recherches, il eut la joie de les ramener tous les trois : l'un était à Worcester, l'autre à Baltimore et le troisième dans un village dont le nom a été oublié. Les quatre frères s'établirent, voisins l'un de l'autre, à Saint-Grégoire, où ils ne tardèrent pas à prospérer.

Un jour, Etienne Hébert apprit qu'une de ses voisines de la Grand-Prée, du nom de Josephte Babin, qu'il avait eu l'intention d'épouser, avait été emmenée à Québec, où elle vivait avec une de ses sœurs, sous la protection d'exilés comme elle. Malgré une longue séparation, elle ne l'avait pas oublié et n'avait jamais perdu l'espérance de le revoir. Ils se revirent en effet. Hébert, de son côté, lui était resté fidèle. Ils pleurèrent longtemps au souvenir de la Grand-Prée, au souvenir de tant de parents et d'amis morts ou disparus. Peu de jours après, ils étaient unis pour ne plus se séparer.

Qu'on ouvre *Évangéline*, et l'on verra que toute la trame de ce poème est dans cet épisode, à la seule différence qu'Evangéline ne retrouve Gabriel qu'à son lit de mort.

Les quatre frères Hébert sont devenus la souche de nombreuses et honorables familles répandues au Canada. Huit de ces familles occupent encore aujourd'hui le rang des Héberts, dans la paroisse de Saint-Grégoire [1].

Un grand nombre d'Acadiens s'étaient donné rendez-vous au Canada : ils y reçurent un accueil fraternel, malgré les temps de misère qu'on avait à traverser. De

[1] Un des descendants d'Etienne Hébert s'est distingué, de nos jours, par son admirable dévouement à la cause de la colonisation. Le premier des établissements qu'il a fondé porte, en souvenir de lui, le nom d'Hébertville.

Un autre rejeton de la même famille occupe aujourd'hui le premier rang parmi nos artistes canadiens. Il exécute actuellement, à Paris, toutes les statues qui doivent décorer la façade du palais législatif à Québec.

son côté, le gouvernement fit de grands frais pour venir à leurs secours. L'abbé Le Guerne, ancien missionnaire des Acadiens, en rend un témoignage particulier dans une lettre à Mgr de Pontbriand. L'évêque de Québec était l'écho des sympathies du peuple et du clergé, dans la réponse où il exprimait sa profonde affliction pour les infortunes des Acadiens : « Hélas ! disait-il, que de misères à souffrir, malgré toute la dépense [1]. »

Il y eut malheureusement quelques Canadiens, indignes du sang français, des misérables de l'école de Bigot et de Vergor, qui profitèrent de la naïveté des Acadiens, pour exercer contre quelques-uns d'entre eux de honteuses extorsions ; mais ce ne furent là que des cas isolés, comme il s'en rencontre en tout pays, et qu'il serait souverainement injuste d'imputer à la masse de la population.

Les prêtres de Saint-Sulpice offrirent aux exilés des terres dans leurs seigneuries, leur fournirent des secours et même des animaux pour commencer le défrichement de leurs fermes. Ce fut l'origine de la paroisse de Saint-Jacques de l'Achigan. D'autres groupes fondèrent celles de Saint-Grégoire et de l'Acadie, ouvrirent une partie de Nicolet et d'Yamachiche, où l'une des concessions porte encore le nom d'Acadie. A Saint-Gervais et à Saint-Charles, près de Québec, les concessions peuplées par les exilés s'appellent encore aujourd'hui *les Cadies*.

[1] *Archives de l'archevêché de Québec. Lettre de Mgr de Pontbriand à l'abbé Le Guerne*, 28 juillet 1756.

« En octobre 1756, deux bateaux, chargés de deux cents Acadiens, arrivèrent à Québec ; ils furent distribués dans les paroisses de l'île d'Orléans ; car il y en avait déjà quatre cents à Québec. On leur donna des rations. » *Lettre de l'intendant Bigot au Ministre*, 27 octobre 1756.

« Il y a environ quinze ou seize cents Acadiens à Québec. Trois cents sont morts de la petite vérole. » *Lettre de l'intendant Bigot*, 15 février 1758.

Le successeur de Mgr de Pontbriand au siège de Québec, Mgr Briand, envoya un de ses prêtres dans les colonies anglaises, pour y recruter des familles acadiennes, auxquelles il assurait des établissements au Canada. Ce jeune prêtre était un des exilés, que l'évêque avait protégé et ordonné tout exprès pour cette œuvre de charité. L'abbé Breau ramena, en effet, un bon nombre de familles, qui reçurent des terres, auprès de leurs compagnons d'exil, à Saint-Jacques de l'Achigan; l'abbé Breau lui-même devint leur premier curé.

Il y a loin de cet exposé vrai de la situation des Acadiens, dans le Canada, aux assertions de certains historiens américains, qui, s'appuyant sur quelques faits isolés, en concluent qu'ici, leur condition était plus dure que celle de leurs compatriotes détenus dans les colonies anglaises[1]. Autant faudrait-il soutenir que le sort des prisonniers est plus enviable que celui de l'homme libre. Telle était cependant la différence entre les deux situations. Mais il y a une réfutation plus éclatante de ce sophisme historique, dans le fait que pas un seul groupe acadien ne s'est implanté dans les colonies où ils ont été déportés, tandis qu'on vient de voir combien il s'en est formé au Canada.

Sur une ancienne vue de Baltimore, on distingue près du palais de justice, une maison bâtie, paraît-il, dès l'année 1740, par un colon irlandais, Edward Fotterall. C'est dans cette maison inachevée et inoccupée, que plusieurs familles acadiennes s'établirent à leur arrivée dans le Maryland. Elles y apprirent bientôt qu'un missionnaire, le P. Ashton, résidait à quinze milles de Baltimore; et elles lui envoyèrent une députation pour le prier de leur accorder l'assistance de son ministère La

[1] M. Parkman, *Montcalm and Wolfe*, vol. I, p. 282.

première messe dite à Baltimore, remarque à ce sujet M. Shea, eut lieu dans cette maison abandonnée, sur un autel improvisé, en présence d'une poignée de proscrits acadiens et d'Irlandais catholiques.

L'abbé Robin, attaché comme aumônier à l'armée du comte de Rochambeau, a tracé un tableau touchant de la petite colonie acadienne, qu'il trouva dans le Maryland, en 1781. « La moitié de la ville de Baltimore, dit-il, est habitée d'Acadiens, que les Anglais arrachèrent inhumainement de leurs heureuses contrées, pour les laisser sans ressources dans ce nouveau pays. Leur quartier est le moins riche et le plus mal bâti. La tyrannie du gouvernement anglais les a empêchés de profiter de l'heureuse position de cette ville.

» Ils conservent entre eux la langue française, sont demeurés très attachés à tout ce qui tient à leur ancienne nation, surtout à leur culte, qu'ils suivent avec une rigidité digne des premiers âges du christianisme. La simplicité de leurs mœurs est un reste de celle qui régnait dans l'heureuse Acadie. Leurs prêtres exerçaient sur eux l'empire que les vertus et les lumières donnent sur les hommes qui ne sont point corrompus. Ils étaient leurs juges, leurs médiateurs ; et aujourd'hui même, ils ne les nomment pas sans attendrissement... Leur église est bâtie hors de la ville, sur une hauteur entourée de sept ou huit temples de différentes sectes. Ils se plaignent beaucoup de ne pas retrouver, dans leurs pasteurs actuels, le zèle et l'affection de ceux de l'Acadie. Occupés du soin de leurs habitations, ceux-ci donnent peu à l'instruction de leur troupeau ; et presque toutes leurs fonctions pastorales se bornent à une basse messe tous les mois.

» La vue d'un prêtre français sembla leur rappeler leurs anciens pasteurs. Ils me sollicitèrent d'officier dans leur église. Je ne pus, en remplissant cette sainte fonction, me dispenser de les féliciter sur leur piété, et de leur retracer le tableau des vertus de leurs pères. Je leur rappelais des souvenirs trop chers ; ils fondirent en larmes. La musique du régiment, que j'avais amenée, contribua encore à émouvoir leurs cœurs [1]. »

Malgré la proximité de coreligionnaires, les Acadiens ne s'implantèrent cependant pas plus dans le Maryland que dans les autres colonies où ils furent jetés. La plupart se dispersèrent graduellement, ou allerent se fixer dans des contrées plus hospitalières. Le reste finit par se fondre dans la population.

Les malheurs des Acadiens ont inspiré à un historien américain des paroles émues qu'il fait bon de citer : « Des sept mille proscrits, dit-il, qui furent ainsi dispersés comme les feuilles par les vents violents de l'automne, depuis le Massachusetts jusqu'à la Géorgie, au milieu d'un peuple qui haïssait leur religion, détestait leur pays, se moquait de leurs coutumes et riait de leur langage, il en resta peu comparativement pour grossir le nombre des catholiques de ce pays. En descendant sur ces lointains rivages, ces hommes, qui avaient connu l'abondance et la richesse, se virent montrés du doigt et repoussés comme des vagabonds réduits à la mendicité ; et ces cœurs brisés, atteints dans toutes leurs affections, ne rencontrèrent que rarement de bons samaritains pour panser leurs plaies intérieures et verser l'huile et le vin de la consolation sur leurs poitrines endolories [2]. »

[1] *Nouveau voyage dans l'Amérique septentrionale en l'année 1781, et campagne de l'armée de M. le comte de Rochambeau*, par l'abbé Robin. Paris 1782.

[2] Stevens, *History of Georgia*, vol. I, p. 476.

CHAPITRE ONZIÈME

Férocité de Lawrence. — Le capitaine Prebble au cap de Sable. — Les Acadiens pourchassés par Lawrence. — Sa mort. — Retour des exilés à la Grand-Prée. — Nouvelles déportations. — Blâme de l'Angleterre. — Émigration aux Antilles.

On a vu quelles avaient été les mesures prises par Lawrence pour empêcher le retour des exilés dans la Nouvelle-Ecosse ; il ne fut pas moins implacable pour les débris des Acadiens restés dans la Péninsule. Profitant du départ pour Boston d'un régiment américain, il donna au major Prebble, qui le commandait, l'ordre suivant, qui n'a pas besoin de commentaires : « Il vous est ordonné par les présentes de jeter l'ancre au cap de Sable, d'y débarquer avec vos troupes, et d'y saisir tout ce que vous pourrez d'habitants et de les emmener avec vous à Boston. En tout cas, vous devrez détruire et brûler les maisons des dits habitants, et emporter leurs mobiliers et leurs troupeaux de toute espèce ; vous en ferez une distribution à vos troupes, en récompense de l'accomplissement de ce service. Enfin, vous détruirez tout ce qui ne pourrait être facilement emporté [1]. »

[1] *Archives de la Nouvelle-Écosse. Ordre de Lawrence au major Prebble,* Halifax, 9 avril 1756, p. 300.

Cette invitation au pillage s'adressait à des milices qui avaient fait leurs preuves en ce genre d'exploits ; les ruines fumantes qui couvraient la péninsule étaient là pour le dire. Prebble n'eut cependant pas tout le succès qu'il attendait de l'expédition qui lui était confiée. « Le 23 avril, raconte l'abbé Desenclaves, témoin oculaire, un village fut investi et enlevé ; tout fut brûlé, et les animaux tués ou pris. » Entre autres exploits, « ils enlevèrent la chevelure d'un des enfants de Joseph d'Entremont, après avoir pillé et brûlé sa maison [1] ». Le reste des habitants eut le temps de fuir dans les bois.

Cette première descente fut suivie, bientôt après, d'une autre, où se commirent de nouvelles dévastations ; l'abbé Desenclaves y fut fait prisonnier avec plusieurs de ses paroissiens [2].

L'enlèvement de ce missionnaire acheva de découra-

[1] *Archives de l'archevêché de Québec. Lettre de l'abbé Desenclaves*, 22 juin 1756, citée au long, p. 146.

[2] L'abbé Desenclaves fut retenu prisonnier jusqu'en 1759, qu'il fut envoyé en France. Souffrant de la poitrine depuis plusieurs années, et épuisé par de continuelles secousses, il alla mourir peu après dans le Limousin, d'où il était natif. Les tragiques événements, dont il avait été témoin, lui causait une telle tristesse, qu'il avait résolu de n'en point parler et de chercher à en oublier jusqu'au souvenir. C'est lui-même qui nous l'apprend, dans une lettre qu'il écrivait de Honfleur (8 mars 1759) à l'évêque de Québec, et dans laquelle il exhalait une dernière plainte contre la corruption de l'administration française en Amérique, contre cette foule de « petits gentilshommes, qui ne subsistent que par les bienfaits de Sa Majesté très chrétienne, ne pensent qu'à faire leur bourse au dépens du public et des particuliers, ne veulent pas faire un pas pour défendre une place, dont la prise entraîne après elle la ruine des plus belles espérances de la France... et la désolation d'environ seize cents familles, par la perte des biens, de la liberté et même de la vie pour le plus grand nombre...

» Mais désormais j'y penserai le moins que je pourrai, et en parlerai encore moins. Sur la fin de mes jours, je ne dois plus penser qu'à prier le Seigneur pour tous les Etats... »

ger ce qui restait de la population du cap de Sable et des environs, dont le chiffre paraît avoir été considérable. Sa position semblait en effet désespérée : elle ne pouvait attendre aucun secours extérieur ; elle était réduite à une profonde misère, et exposée chaque jour à la destruction. Dans cette extrémité, plusieurs chefs de famille, instruits du caractère humain du nouveau gouverneur du Massachusetts, M. Pownall, prirent le parti de lui adresser une humble supplique et d'en appeler à sa générosité. Ils en vinrent jusqu'à promettre de s'engager au service de l'Angleterre, si on l'exigeait absolument.

« Nous, vos humbles suppliants, y disaient-ils, nous vous adressons ces quelques lignes, dans l'espérance qu'elles obtiendront l'heureux résultat que nous en désirons. Nous souhaitons, par dessus toutes choses, que Votre Excellence ait pitié de nous, qui sommes vos semblables, réduits à la détresse, et que vous nous accordiez l'humble demande que nous implorons instamment de vous. Qu'il plaise à Votre Excellence de nous prendre sous son gouvernement et de nous établir ici sur cette terre où nous vivons. Nous regarderons toujours comme une stricte obligation de vous aimer et honorer jusqu'à notre dernier soupir ; et nous assurons Votre Excellence que nous sommes disposés de tout cœur à faire tout ce que vous exigerez de nous, autant qu'il nous sera possible. Si jamais aucun dommage est causé dans nos endroits par les sauvages, il devra nous être imputé. Nous sommes en tout environ quarante familles, formant à peu près cent cinquante âmes ; les sauvages qui vivent entre ici et Halifax, ne dépassent pas le nombre de vingt, et ils sont disposés aussi à se joindre à nous. Enfin, si par malheur notre humble supplique n'était pas écoutée, nous nous soumettrons à ce que Votre Excellence jugera à propos dans sa bonté. Et, si nous sommes condamnés à être bannis d'ici, nous obéirons à Votre Excellence, et nous partirons, quoique ce départ nous soit aussi pénible que la mort [1]. »

Le gouverneur du Massachusetts fut ému de ce cri de détresse ; il profita de la présence du général Amherst à Boston, pour lui communiquer la requête des Acadiens. Amherst en fut touché et voulut s'intéresser à leur sort ; mais les pétitionnaires relevaient du gouverneur de la Nouvelle-Ecosse, et il convenait de lui soumettre la requête. Pour toute réponse, Lawrence expédia sans délai un navire qui transporta les Acadiens du cap de Sable en Angleterre, où ils furent retenus prisonniers [2].

Il se hâtait en même temps de faire occuper les plus belles terres des Acadiens restées désertes depuis leur enlèvement. La crainte des sauvages et des bandes réfugiées auprès d'eux en avait défendu d'abord l'accès, mais, après le triomphe final des armes anglaises, un mouvement de colonisation avait été organisé dans la Nouvelle-Angleterre, avec des garanties de sécurité et d'abondants secours matériels. Pas moins de vingt-deux navires chargés de colons, convoyés par un sloop armé de seize canons, abordèrent dans le bassin des Mines, le 4 juin 1760, et prirent possession de la contrée. A leur descente au rivage, les premiers objets qui attirèrent leur attention furent soixante chariots à bœufs, encore munis de leurs jougs, abandonnés là par leurs infortunés

[1] *Archives de la Nouvelle-Écosse*, p. 306. *Requête des Acadiens du cap de Sable*, 15 septembre 1758.

[1] Le général Amherst ayant appris les horreurs commises au cap de Sable, en écrivit au gouverneur Lawrence pour lui témoigner sa désapprobation. Il lui signalait un certain capitaine Harsen comme le principal coupable; et il ajoutait : « I shall always disapprove of killing women and helpless children. » *Albany, May 29th 1759.* Sur quoi le Dr Brown fait cette réflexion : « Even women and helpless children butchered in Nova Scotia — relating to the Cap Sable Planters. The wild, the gay, the sportive d'Eutremonts with their indian blood. » *Dr A. Brown's MSS.* Add. MSS. 19073, fol. 61.

propriétaires, au jour de l'embarquement. Sur la lisière du bois, des monceaux d'ossements indiquaient les endroits où leurs milliers de bestiaux avaient péri de faim et de froid dans le cours de l'hiver. Quelques familles acadiennes en haillons, la figure hâve comme des spectres, poussées sans doute par l'excès de la misère, osèrent se montrer et s'entretenir avec les nouveaux venus. *Elles n'avaient pas mangé de pain depuis cinq ans*, et avaient vécu, cachées dans le voisinage, d'abord de la chair des animaux qui avaient survécu au premier hiver, ensuite de poisson et de légumes recueillis dans les clairières inaccessibles.

Le cabinet de Londres, qui n'avait pas trempé dans l'expulsion des Acadiens, qui même ne l'avait su qu'après coup, s'était vu forcé d'en subir les conséquences, et de laisser Lawrence achever son œuvre de proscription. Le motif qu'il lui en donnait renferme une qualification sévère de sa conduite : « Il n'y a pas, disait-il, de vengeance, quelque cruelle et désespérée qu'elle soit, qu'on ne doive attendre d'un peuple exaspéré, comme celui-ci a sujet de l'être des traitements qu'il a subis [1]. »

Lawrence dut se rappeler ces prévisions, lorsqu'il apprit les représailles commises sur terre et sur mer par des bandes de proscrits que sa conduite inhumaine avait poussés au désespoir. Des attaques furent dirigées avec succès sur divers points de la péninsule. Plusieurs petits vaisseaux furent armés, qui coururent sus aux navires ennemis avec une persévérance et une audace inouïes. Avant la fin de la campagne de 1759, pas moins de seize ou dix-sept vaisseaux, quelques-uns d'une grande valeur furent capturés et servirent de butin aux armateurs acadiens [2].

[1] *Archives de la Nouvelle-Ecosse*, p. 304.

[2] These land ruffians, turned pirates, have had the hardiness to fit out shallops to cruise on our coast, and sixteen or seventeen

Après la chute de Québec (1759), les Acadiens avaient cru qu'ils seraient traités comme les Canadiens, qu'ils auraient part aux conditions faites à ceux de ces derniers qui avaient accepté le nouveau régime. Ils y avaient d'autant plus de droit qu'ils avaient plus souffert.

Au mois de novembre 1759, environ deux cents d'entre eux, accompagnés de leurs missionnaires, les PP. Cocquart et Germain, descendirent des bois au fort Frédéric sur la rivière Saint-Jean. Ils présentèrent au commandant, le colonel Arbuthnot, une lettre attestant qu'ils avaient prêté serment d'allégeance, à Québec, devant le juge Cramahé, et un permis d'aller reprendre leurs terres, signé par Monckton. Ce dernier était le même qui commandait à Beauséjour en 1755, et qui avait déshonoré ses épaulettes d'officier en exécutant les ordres de bannissement des Acadiens. Etait-ce le souvenir des scènes navrantes qu'il avait provoquées et le remords de sa conduite inhumaine qui l'avaient fait consentir à cet acte de justice? Essayait-il de réparer une partie des malheurs qu'il avait causés, et cet acte fut-il suivi d'autres semblables? On aime à le supposer. Quoi qu'il en soit, sa conduite en cette circonstance contraste étrangement avec celle de Lawrence. A peine celui-ci eut-il reçu les informations d'Arbuthnot, qu'il répondit par un refus insultant. Ne pouvant contester l'authenticité des lettres de Monckton et de Cramahé, il prétendit que les Acadiens n'avaient pu les obtenir que par fraude, et il décida avec son conseil, instrument toujours docile entre ses mains, qu'ils seraient regardés comme des prisonniers de guerre et transportés au plus tôt en Angleterre. Il eut le soin de tenir cette résolution secrète, afin de les

vessels, some of them very valuable, have already fallen into their hands. *Archives de la Nouvelle-Écosse. Lettre de Lawrence aux lords du commerce*, p. 308.

garder autour du fort, et de les avoir sous la main à l'arrivée des navires qui devaient les transporter. Cette précaution était presque superflue. car les Acadiens, ayant épuisé leurs dernières ressources, n'étaient plus en état de retourner dans les forêts où ils seraient bientôt morts de faim.

Vers le même temps, un égal nombre de fugitifs des environs de Peticoudiac et de Memramcouk, pressés aussi par la famine, vinrent faire leur soumission au colonel Frye, commandant du fort Cumberland (Beauséjour). Ils furent suivis peu après de plus de sept cents autres retirés à Richibouctou, Bouctouche et Miramichi. Frye eut l'humanité de leur fournir quelques provisions, sans lesquelles un tiers d'entre eux seraient morts de faim dans le cours de l'hiver. Mais il n'obtint cette autorisation de la part de Lawrence, que parce que celui-ci y voyait un moyen de les rassembler, de s'emparer d'eux comme prisonniers, selon qu'il avait été décidé dans son conseil, et de les déporter en Angleterre, à l'exemple de ceux de la rivière Saint-Jean. Il exigea des otages, comme garanties de la présence, au printemps suivant, de tout ce qui restait dans cette région d'Acadiens, dont le chiffre s'élevait à douze cents âmes.

Un arrêt du même genre, édicté l'année suivante à Halifax, engloba dans la même proscription un autre groupe de sept cents réfugiés au fond de la baie des Chaleurs, principalement à Ristigouche. Dès l'ouverture du printemps de 1760, des centaines de ces malheureux, proscrits pour la deuxième fois, furent dirigés les uns par terre, les autres par mer, sur Halifax, où les casernes de la ville leur furent assignées pour prison ; d'autres furent condamnés par Lawrence à réparer les digues, rompues presque partout par suite de l'abandon où elles avaient été laissées. Ainsi les maîtres de ces domaines, naguère si fortunés, se voyaient maintenant réduits à l'état d'ilotes sur ces mêmes domaines, qu'ils étaient forcés de rouvrir de leurs propres mains à la culture, au profit d'étrangers, avant de repartir pour l'exil.

Ce fut le dernier acte de persécution de Lawrence. La mesure de ses iniquités était comble. Il mourut peu après de la mort des persécuteurs, frappé dans la force de l'âge par un mal foudroyant, au sortir d'un bal public donné, parait-il, en réjouissance de la capitulation de Montréal.

Le révérend Hugh Graham, ministre protestant d'Halifax, écrivait, en parlant des soldats américains notés d'infamie pour leurs cruautés envers les Acadiens : « On a observé que ces soldats, presque tous sans exception, terminèrent leurs jours misérablement. »

Telle fut aussi la fin de Lawrence. Ces châtiments ne rappellent-ils pas ce que raconte Lactance, en parlant de la mort des persécuteurs ?

Les deux principaux persécuteurs des Acadiens, avant Lawrence étaient morts comme lui misérablement : Armstrong se suicida dans un moment d'aliénation mentale (1739) ; on le trouva mort percé de cinq coups de sabre ; Mascarène finit ses jours dans la disgrâce et l'abandon (1760).

Le nouveau gouverneur de la Nouvelle-Ecosse, Jonathan Belcher, ne valait guère mieux que son prédécesseur. Président du conseil de ce dernier, il avait souscrit servilement à tous ses actes arbitraires, et il eut d'autant plus à cœur de marcher sur ses traces et d'achever son œuvre, qu'il y était poussé par la part de responsabilité qu'il avait prise dans la spoliation et au bannissement d'un peuple, et surtout par le besoin d'en effacer tout vestige. Pour lui, en effet, de même que pour Lawrence, chaque apparition d'Acadiens revenant de l'exil était une vision menaçante comme le spectre de Banco. Il en était chaque jour obsédé, car de nouvelles bandes d'Acadiens affluaient de toutes parts vers leurs anciennes propriétés, ne pouvant se persuader qu'ils les avaient perdues pour toujours ; d'autant moins que des permis d'occupation avaient été récemment donnés, comme ceux de Monckton ; qu'au surplus, un grand nombre de déportés n'avaient consenti à se rendre et à s'embarquer, en 1755, qu'après avoir reçu l'assurance qu'ils seraient réinstallés dans leurs biens après la guerre[1] ; et qu'enfin, le commandant général Amherst, jugeant de la situation plus froidement que les autorités de la Nouvelle-Écosse, ne mettait pas d'opposition au retour des exilés[2].

Il en résultait des conflits entre ceux-ci et les nouveaux occupants, qui ne cessaient d'adresser des demandes de protection au gouverneur. Il eût été assez facile à celui-ci de tout concilier en offrant aux Acadiens des terres dans quelque région inoccupée de la province, comme le fit, un peu plus tard, le lieutenant-gouverneur Franklin, second successeur de Belcher. Les Acadiens, qui depuis six ans, n'avaient pas eu où reposer la tête, et qui soupiraient plus que jamais après la tranquillité, se seraient bientôt résignés à prendre ce parti. Ils en donnèrent des preuves, du moment qu'on leur en fit la proposition ; mais ce temps était encore éloigné.

La législature de la Nouvelle-Écosse se montrait aussi intolérante que le gouverneur Belcher. Elle lui adressa une pétition dans laquelle elle lui demandait de bannir une seconde fois les Acadiens. Le motivé de cette requête est un chef-d'œuvre d'ineptie, qui fait sourire de pitié quand il ne provoque pas l'indignation. Un des grands

[1] « Il n'est point de trahisons dont l'Anglais ne se soit servi contre l'habitant pour l'emmener... On n'enlevait, disait-on, les familles que pour les empêcher de porter les armes pour les Français... La paix ramènerait un chacun sur son ancienne habitation. » *Lettre de l'abbé Le Guerne à M. Provost*, 1756.

[2] *Archives de la Nouvelle-Écosse*, p. 314, 318.

reproches qu'on y fait aux Acadiens est celui de l'ingratitude, parce qu'ils ne goûtent pas la mansuétude et les douceurs du régime britannique (*The lenity... and the sweets of the English Government*[1]).

On dénonce l'insolence qu'ils ont de venir réclamer leurs terres. On leur reproche leur religion, pour laquelle ils montrent la plus grande *bigoterie*, leurs principes politiques et leur attachement à la France, qui leur ont été inculqués depuis longtemps par leurs prêtres : toutes choses qui les empêcheront de devenir jamais de vrais bons sujets.

Tous les anciens griefs formulés contre les Acadiens sont récapitulés dans cette requête ; mais, chose digne de remarque, il n'est allégué aucun acte de révolte ni de désordre commis par les Acadiens, depuis la capitulation de Québec.

On avait espéré que l'Angleterre se hâterait d'ordonner le transport des Acadiens; mais l'Angleterre n'était pas plus pressée de s'en embarrasser que ne l'avaient été les colons américains lors de la première expulsion. La Nouvelle-Ecosse se trouvait ainsi chargée d'un fardeau qu'elle s'était mis elle-même sur les épaules, et dont elle ne savait plus comment se défaire. Le trésor public était, en outre, obéré par les dépenses qu'entraînaient l'entretien et la nourriture de cette multitude de prisonniers, dont le nombre était tel, seulement à Halifax, qu'il fallait tenir à tour de rôle, le quart de la population de cette ville sous les armes pour les garder. Les citoyens, fatigués de cette servitude, demandaient à grands cris d'en être débarrassés. On avait cherché à soulager le trésor public en mettant à gages chez les particuliers une partie des détenus ; un bon nombre d'autres étaient employés à l'ouverture des chemins et à la réparation des digues.

[1] *Archives de la Nouvelle-Écosse*, p. 316, 317.

Belcher ne pouvait s'empêcher de reconnaître la supériorité des Acadiens dans ce dernier genre d'ouvrage. Au cours d'une lettre qu'il écrivait au secrétaire d'Amherst, M. Forster, pour demander l'autorisation de les forcer à ce travail, il disait : « Il me paraît de la dernière importance que les colons soient assistés par les Acadiens pour réparer les digues, d'autant plus que la subsistance de ces colons dépend de l'avancement de ces travaux, pour lesquels les Acadiens sont les plus habiles du pays. Cette puissante raison, jointe à la considération du grand service rendu à ces établissements au moyen des Acadiens, me presse de vous renouveler la demande de m'envoyer des ordres, afin qu'il n'y ait aucun retard dans le progrès de ces établissements. J'espère que j'éprouverai d'autant moins de difficulté à obtenir cette autorisation, que le secrétaire des affaires militaires m'a assuré récemment de votre part, que *les Acadiens devront être prêts à recevoir mes ordres*, A UNE DEMI-HEURE D'AVIS [1]. »

Après la lecture de cette lettre, on comprend pourquoi les Acadiens goûtaient peu les douceurs de ce régime, qui, à une demi-heure d'avis, les faisait esclaves d'étrangers incapables d'exploiter les terres sur lesquelles eux-mêmes avaient vécu richement de père en fils. On comprend aussi quelle source de richesse eussent été ces mêmes Acadiens pour la Nouvelle-Ecosse, si on leur avait seulement donné un coin de terre à cultiver paisiblement. La conduite de Belcher et de son gouvernement était d'autant plus condamnable que, dès le 22 mars de la même année 1761, le général Amherst conseillait fortement des mesures de conciliation à l'égard des Acadiens : « Je n'ai rien plus à cœur, écrivait-il au gouverneur, que l'intérêt et la sécurité de la province de la

[1] *Archives de la Nouvelle-Écosse. Lettre de Belcher au colonel Forster*, p. 319.

Nouvelle-Ecosse ; mais, dans les circonstances où se trouve cette riche et florissante province, je ne vois pas qu'elle puisse avoir rien à craindre ou à redouter de la part des Acadiens, mais au contraire on pourra retirer de grands avantages en les occupant convenablement. Je dois avouer que j'incline à les laisser s'établir dans la province sous une législation convenable [1]. »

Au lieu de suivre ces sages conseils dictés par l'humanité, Belcher faisait armer deux vaisseaux pour aller chercher les Acadiens qui s'étaient réfugiés dans le golfe et jusqu'au fond de la baie des Chaleurs, où ils vivaient de chasse et de pêche ; sept cent quatre-vingt-sept individus, hommes, femmes et enfants furent capturés. Sur ce nombre, trois cent trente-cinq furent mis à bord des vaisseaux ; les autres, faute de moyens de transport, durent être relâchés, sur promesse de venir se rendre, quand l'ordre leur en serait signifié.

Vers cette même époque, avaient lieu d'autres déportations du côté de la baie de Fundy, où avaient abordé plusieurs familles venues du fond de leur exil, à travers une série de dangers et de misères impossibles à décrire. La plupart étaient originaires des paroisses de la rivière aux Canards, de la Grand-Prée ou des environs immédiats. Il est facile d'imaginer quelles furent leurs émotions en mettant pied à terre au bassin des Mines. Elles revoyaient enfin les lieux natals, d'où elles s'étaient crues bannies pour toujours. Que de souvenirs se pressaient dans leur mémoire, à la vue de tout ce qui les entourait ! C'était ici que chacun de ces malheureux était né, qu'il avait grandi, qu'il avait vécu si longtemps heureux et paisible.

En traversant la Grand-Prée, il leur semblait que tous les points de l'horizon, si familiers à leurs regards, leur

[1] *Archives de la Nouvelle-Ecosse*, p. 326.

souhaitaient la bienvenue. Le cap au Porc-Epic dressait toujours là-bas ses falaises roussâtres, couronné de ses forêts primitives. De l'autre côté, la rivière Gaspareaux descendait toujours en serpentant dans la vallée. Vers les hauteurs de la Grand-Prée et de la Rivière-aux-Canards, ils distinguaient leurs terres. Mais qu'étaient devenues leurs maisons ? Qu'étaient devenus les villages et les églises de la Grand-Prée et de la Rivière-aux-Canards ? Hélas ! tout avait été saccagé, brûlé et rasé jusqu'à terre. Des maisons bâties depuis par des étrangers se dressaient çà et là.

Il ne faudrait pas connaître le caractère des Acadiens, ni l'esprit de foi qui les distinguait si éminemment, pour supposer qu'un de leurs premiers soins n'ait pas été d'aller prier pour leurs morts, dans les cimetières où ils étaient abandonnés depuis si longtemps ; nul doute qu'ils vinrent s'y agenouiller, prier et pleurer ; ce fut là leur plus douce consolation.

Qu'allaient-ils maintenant devenir? Allait-on les laisser vivre en paix au sein de leur pays ? Ou bien seraient-ils encore pourchassés comme des bêtes fauves, poursuivis par la haine et un fanatisme implacable? Bien souvent ils s'étaient posé ces questions, pendant qu'ils cheminaient péniblement, de leur lointain exil jusqu'ici. Maintenant que la guerre était finie, ils se flattaient de l'espoir que l'apaisement se ferait autour d'eux ; ils ne furent pas longtemps sans connaître l'horrible vérité. A peine s'étaient-ils montrés, avant même qu'ils eussent fait valoir leurs réclamations, ils furent violemment repoussés par les usurpateurs de leurs terres. Plusieurs durent se cacher pour éviter d'être pris et jetés en prison. D'autres moins heureux furent contraints, comme on l'a vu, de travailler à la réparation des digues, au profit de leurs spoliateurs. L'animosité de ces derniers était d'autant plus vive qu'ils n'avaient à leur opposer que le droit de la force contre la force du droit. Ils adressèrent pétition sur pétition au gouverneur, dont on connaît l'esprit; ils ne furent que trop vite écoutés; d'un seul coup, cent trente furent saisis et conduits à Halifax, sous une escorte de miliciens du comté de King [1].

Pendant ce temps, Belcher attendait vainement la coopération de l'Angleterre pour le transport de ses victimes. Les lords du commerce répondirent qu'ils ne pouvaient se charger de cette besogne, et que cela regardait le secrétaire d'Etat, lord Egremont [2]. Le secrétaire d'Etat, de son côté, s'en lava les mains, et renvoya Belcher au général Amherst, dont on a vu les dispositions.

Sur ces entrefaites, le retrait d'une partie des troupes, occasionné par la prise de Saint-Jean de Terre-Neuve par les Français, aggrava la situation de la Nouvelle-Ecosse, compromise par sa conduite inqualifiable à l'égard des Acadiens. Elle craignit que ces malheureux, exaspérés par tant de mauvais traitements, ne se portassent à quelque acte de désespoir. Belcher assembla son conseil et décréta précipitamment un envoi en masse au Massachusetts, sans prendre même la précaution d'en prévenir les autorités locales. Tout ce qui put être trouvé d'Acadiens, de tout âge et de tout sexe, dans toute l'étendue de la Nouvelle-Ecosse, fut arrêté, traîné jusqu'à Halifax, embarqué sur cinq navires avec ceux qui étaient déjà détenus dans cette ville, et envoyé à Boston (1762).

On n'eut pas plus de respect pour les liens de famille, dans cette seconde déportation, que dans la première. Un journal américain du temps, le *New-York Mercury*, ne put s'empêcher de protester contre ces actes d'inhu-

[1] C'était sous ce nom qu'avait été désigné le canton des Mines, et c'est le même qu'il porte aujourd'hui.

[2] *Archives de la Nouvelle-Écosse. Lettre des lords du commerce*, 23 juin 1761, p. 320.

manité. « Les femmes et les enfants (des prisonniers), y disait-on, n'eurent pas la permission de s'embarquer avec eux, mais furent expédiés sur d'autres navires [1]. »

Arrivés à Boston, ils attendirent en rade, sous les canons du fort Williams, la décision de la législature du Massachusetts, qui se trouvait alors en session.

Malgré la forte pression exercée sur cette chambre, elle refusa péremptoirement de laisser débarquer les déportés, et fit signifier ses ordres au capitaine Brooks, chargé de convoyer les transports. Celui-ci ne vit alors d'autre parti à prendre que de les ramener à Halifax, où leur arrivée répandit la consternation et fit éclater une explosion de colère contre le Massachusetts. Il suffit de raconter de tels faits pour les faire juger.

Belcher et son conseil portèrent leurs plaintes jusqu'en Angleterre, accablèrent de leurs accusations la législature de Boston, et demandèrent avec plus d'instances que jamais la déportation des Acadiens.

« Ce renvoi des navires, disaient-ils, est d'autant plus regrettable que tant d'expulsions répétées et inutiles doivent naturellement exaspérer l'esprit de cette dangereuse population, qui peut se porter par désespoir aux plus terribles méfaits, tant par elle-même que par ses instigations auprès des sauvages [2]. »

Les lords du commerce répondirent par un refus formel de se prêter à ces interminables persécutions, disant « qu'il n'était ni nécessaire ni politique d'expulser les Acadiens, vu que si l'on employait à leur égard des moyens convenables, ils pouvaient servir les intérêts de la colonie, et devenir des membres utiles à la société,

[1] « Their wives and children were not permitted with them, but were ship'd on board other vessels. » *New-York Mercury*, August 30, 1762.

[2] *Archives de la Nouvelle-Écosse. Governor Belcher to Board of Trade*, p. 336.

suivant ce qui paraissait être le sentiment du général Amherst[1] ».

Croira-t on qu'après cela la Nouvelle-Ecosse se soit obstinée à tenir les Acadiens en servage, qu'elle n'ait pas abandonné ses projets de déportation, et qu'elle ait continué d'en importuner l'Angleterre? C'est dans ce but qu'elle ne voulut pas les établir sur des terres, qu'elle les fit éparpiller sur toute la péninsule, et les mit au service des colons, dont plusieurs poussèrent l'inhumanité jusqu'à refuser de leur payer des gages[2].

On frémit à l'idée du sort infligé à ces infortunés. Huit ans étaient révolus depuis qu'ils avaient été arrachés de leurs riches et paisibles demeures ; et, après avoir enduré tant de souffrances et de fatigues pour y revenir, ils s'en étaient vus arrachés de nouveau, traînés de prison en prison, déportés une seconde fois, et enfin ramenés pour être réduits à l'état de parias parmi leurs oppresseurs.

On est ému à la lecture d'*Evangéline ;* mais, quand on connaît toute l'histoire des Acadiens, on est forcé d'avouer que la fiction de Longfellow est bien au-dessous de la vérité. Qu'était-ce en effet que le sort de la fiancée de Gabriel, comparé à celui de tant de jeunes filles fiancées comme elle, et de plus, captives? Qu'étaient-ce que ses malheurs comparés à ceux de tant de mères de famille, dont les maris, dont les enfants étaient morts les uns après les autres, sur les chemins de l'exil, et qui n'avaient pas même la liberté d'aller y rejoindre leurs parents?

La plupart des Acadiens avaient fini par prendre en

[1] « ... it was neither necessary nor politic to remove them, as they might, by a proper disposition, promote the interest of the colony, and be made useful members of society, agreeable to what appears to be the sentiments of General Amherst. » *Nova Scotia Archives. — Minutes of the Proceedings of the Lords of Trade.* p. 337.

[2] *Archives de la Nouvelle-Ecosse*, p. 338.

horreur le séjour de l'Acadie. Eux qui avaient tant désiré d'y rentrer n'aspiraient plus maintenant qu'à en sortir. Lorsque, à la suite du traité de Paris (1763), ils apprirent que leurs compatriotes, détenus en Angleterre, avaient obtenu la liberté de rentrer en France, grâce aux soins du duc de Nivernais et de l'abbé Le Loutre, ils conçurent l'espoir d'aller les y rejoindre et firent des démarches en conséquence. Ils avaient été déclarés prisonniers de guerre comme eux, il n'était que juste qu'ils fussent mis sur le même pied. Il semble d'ailleurs qu'on aurait dû saisir avec empressement cette occasion de s'en débarrasser, puisqu'on ne voulait pas les souffrir dans la Nouvelle-Écosse; mais, chose presque incroyable, sur le simple soupçon, d'ailleurs non fondé, que le secrétaire du duc de Nivernais, M. de la Rochette, s'était occupé de leur rapatriement, le gouvernement anglais en prit ombrage, et adressa d'énergiques protestations à la cour de France. Lord Halifax, président du bureau de commerce, écrivit en même temps au gouverneur Wilmot, successeur de Belcher, de veiller de plus près sur les Acadiens, afin d'arrêter toute tentative d'évasion. Le recensement des différents groupes de cette population, avec leurs lieux de résidence, dressé à cette occasion, indique que Wilmot, dont la politique ne différait pas de celle de ses prédécesseurs, avait suivi ponctuellement les ordres du noble lord [1].

	Familles	Individus
[1] A Halifax et aux environs................	232	1,056
Comté de King, fort Edouard..................	77	227
Annapolis....................................	23	91
Fort Cumberland..............................	73	388
	405	1,762

Il y avait, en outre, dans l'île Saint-Jean (Prince-Edouard) 300 autres Acadiens. *Governor Wilmot to Lord Halifax*, March, 22, 1764, p. 346.

Ce dernier acte de tyrannie acheva d'exaspérer les Acadiens. Ils se soulevèrent avec indignation, dressèrent des réclamations, déclarant qu'ils ne prêteraient jamais serment d'allégeance, qu'ils étaient et qu'ils voulaient rester Français et catholiques, qu'ils étaient prêts à tout souffrir pour cela, et qu'ils en avaient donné des preuves.

Pour bien comprendre toute la portée de ces réclamations, il faut se rappeler que le principal motif de la déportation des Acadiens, en 1755, avait été un motif religieux ; je veux dire l'accusation de *papistes récusants* portée contre eux, parce qu'ils avaient refusé de prêter serment. Or, le gouverneur Wilmot exigeait d'eux maintenant le serment d'allégeance sous une nouvelle formule, qu'ils croyaient contraire à la foi catholique [1].

Ceux qui se décidèrent ensuite à prêter ce serment, le firent avec de grandes craintes, et ne se tranquillisèrent qu'après avoir consulté M. Bailly, missionnaire canadien que leur envoya, en 1767, l'évêque de Québec.

En terminant leur requête, les Acadiens avaient demandé qu'on leur fournit les moyens de passer aux Antilles, où ils savaient rencontrer de leurs compatriotes partis de la Géorgie et de la Caroline du Sud.

Sur un refus de Wilmot, ils préparèrent secrètement une expédition, et partirent, au nombre d'environ six cents, dans l'automne de 1764. Le gouverneur ferma les yeux sur les préparatifs de cette expédition, ou du moins n'y mit guère d'obstacles, car ce départ était tout ce qu'il désirait. Il écrivait à Londres, vers cette même date, qu'on ne pouvait choisir de lieu plus favorable que les Antilles, pour les y envoyer. Le motif qu'il en donne est à noter : c'est que plus ils seront loin, mieux ce sera pour la sûreté de la Nouvelle-Ecosse, et que le climat

[1] (The Council) drew up the form of such an oath in terms least liable to an equivocal sense. *Wilmot to Halifax*, p. 340.

des Antilles est mortel pour les hommes du Nord ; qu'un grand nombre d'Acadiens, qui avaient voulu s'y établir, y étaient morts des fièvres, et que les fièvres viendraient bien vite à bout de ceux-ci [1].

Peu de temps avant ce départ, un autre groupe de cent cinquante personnes des environs de Canseau s'était soustrait à la vigilance des magistrats, et avait fait voile pour Saint-Pierre et Miquelon. C'est aussi vers cette date que dut avoir lieu l'embarquement des derniers restes de la population de l'île Saint-Jean, composée en grande partie des habitants de Cobequid et de Beaubassin, qui s'y étaient réfugiés, les uns à partir de 1750, les autres au moment même de la proscription.

Les progrès de cette colonie sont assez faciles à suivre jusqu'à la prise de Louisbourg et du Cap-Breton (26 juillet 1758), dont elle dépendait et dont elle subit la destinée. Mais à partir de ce jour, son histoire est plus ou moins enveloppée de mystères. L'île Saint-Jean ne comptait pas moins de cinq à six mille habitants, avec de vastes étendues de terre en culture, où paissaient plus de six mille têtes de bestiaux. Son principal centre était défendu par un fort et une garnison commandée par M. de Villejoin, gouverneur de l'île. Après la capitulation de Louisbourg, dans laquelle, comme je viens de le dire, avait été comprise la cession de l'île Saint-Jean, les clefs du fort Lajoie avaient dû être remises au colonel Rollo, envoyé avec une flotte pour soumettre la colonie.

[1] ... The farther they are distant, the greater our safety...

... Great numbers of them have lately died at cape Français (West Indies)...

... As that climate is mortal to the natives of the Northern countries, the French will not be likely to gain any considerable advantage from them. *Letters from Wilmot to Lord Halifax*, p. 345, 349, 351.

Wilmot réitéra par trois fois la demande de déporter les Acadiens aux Antilles. *Archives de la Nouvelle-Ecosse*, p. 346.

A la grande consternation des habitants, qui espéraient rester sur leurs terres, ordre leur fut signifié d'évacuer l'île jusqu'au dernier. C'était un acte aussi impolitique que barbare, car il privait l'Angleterre de cinq ou six mille colons endurcis à la misère, qui auraient bientôt peuplé toute l'île et qui aujourd'hui déborderaient sur les parages voisins. Mais c'était une conséquence de l'inqualifiable conduite de Lawrence, qui n'avait pas manqué de conseiller fortement cette mesure aux commandants anglais, afin de faire disparaître toute trace de son crime.

La nouvelle conquête allait d'ailleurs relever du gouvernement de la Nouvelle-Ecosse, et par conséquent les réfugiés acadiens allaient encore une fois retomber dans les griffes de Lawrence.

Quelles tristes scènes accompagnèrent les nouveaux embarquements ! On ne le saura peut-être jamais, car à peine en reste-t-il quelques vestiges. On peut cependant se figurer le désespoir des malheureux Acadiens, qui avaient encore présentes à l'esprit les horreurs de la première déportation faite trois ans auparavant. Un certain nombre s'étaient enfuis à l'approche de l'ennemi ; mais ceux qui avaient mis pied à terre à Miramichi, où s'était assemblée une partie des réfugiés, furent obligés de s'en revenir parce qu'on y mourait de faim.

Après le départ de M. de Villejoin, embarqué au port Lajoie avec la garnison et sept cents habitants qui devaient être transportés à Louisbourg et de là en France, il restait encore quatre mille colons dans l'île Saint-Jean. Quel fut le sort de ces infortunés ? Il était entendu que tous devaient aussi être envoyés en France, mais de fait il n'y en eut qu'un petit nombre qui y parvinrent. La mer en engloutit une partie ; le climat des tropiques en dévora une autre pendant qu'on les transportait [1]. Le

[1] Au retour de la paix, le gouvernement français fit des tentatives

plus grand nombre, au moment de se décider, aima mieux s'exposer à périr de faim et de misère dans les îles et sur les plages voisines plutôt que de se confier à un ennemi qui les avait tant de fois trompés.

pour créer une colonie acadienne dans la Guyane. Il chargea de cette négociation un Canadien, le sieur Perrault, qui avait visité les détenus à Halifax. Dans une des lettres qu'il écrivit à ceux qui s'étaient réfugiés à Saint-Pierre et Miquelon, on remarque les passages suivants :

« ... Vous me dites que les offres que le ministre vous a faites à Cayenne vous paraissent très avantageuses, mais qu'un pays aussi chaud que celui de cette colonie vous coûterait trop cher, que vous l'avez éprouvé par le climat excessivement chaud où les Anglais vous avaient transportés.

» Vous n'avez peut-être pas examiné qu'avant d'arriver dans ce climat, vous étiez tous plus morts que vifs par les mauvais traitements que les Anglais vous faisaient dans leurs vaisseaux, où vous étiez si pressés, que ce n'est que par un effet de la divine Providence, si quelqu'un de vous en est échappé. On peut donc conclure de là que c'est plutôt la misère qui vous a tués que la chaleur du pays...

» ... Vous me dites que le nombre de vos Acadiens est petit après en avoir perdu la majeure partie par la faim, la prison, et les mauvais traitements des Anglais.

» Vous me confirmez dans ce que je vous marque à mon premier point, que c'est la misère qui vous a tués, et non la chaleur du pays.

» Vous m'exposez les maux que les Anglais vous ont fait souffrir pour faire changer les sentiments et l'affection que vous avez envers le roi de France.

» C'est parce que vous êtes de bons sujets, que le roi notre bon maître veut bien vous recevoir dans le sein de son royaume. Il veut vous faire oublier les peines que vous avez endurées, par le bon traitement qu'il veut vous faire dans un endroit où vous pourrez passer vos jours heureusement, et où vous ne serez plus exposés à subir le même sort que vous avez ci-devant éprouvé... »

Voici maintenant quelques-unes des réflexions des Acadiens en réponse à M. Perrault :

« ... Un pays aussi chaud que celui de Cayenne nous coûterait trop cher, de même que les pays chauds nous ont coûté où les Anglais ont transporté nos gens...

» ... Nous préférerons toujours la vie à tout, et jamais nous

S'il faut en croire le récit d'un certain capitaine Pile commandant du navire l'*Achille* vers la fin du siècle dernier, un chargement entier de déportés périt en mer dans les circonstances les plus lamentables.

« Le capitaine Nichols, dit-il, commandant un transport venant d'Yarmouth, fut employé par le gouvernement de la Nouvelle-Ecosse pour enlever de l'île Saint-Jean trois cents Acadiens avec leurs familles. Avant de mettre à la voile, il représenta à l'agent du gouvernement qu'il était impossible que son navire, dans l'état où il était, pût arriver sans danger en France, surtout à l'époque avancée de la saison où l'on se trouvait. Malgré ses représentations, il fut forcé de les recevoir à son bord, et d'entreprendre le voyage. Arrivé à une centaine de lieues des côtes de l'Angleterre, le navire faisait eau à tel point que, malgré tous les efforts de l'équipage, il était devenu impossible de l'empêcher de sombrer. Quelques minutes avant qu'il s'enfonçât, le capitaine fit venir le missionnaire qui se trouvait à bord, et lui dit que le seul moyen de sauver la vie d'un petit nombre était de faire consentir les passagers à laisser le capitaine et les matelots s'emparer des chaloupes. Le missionnaire fit une exhortation aux Acadiens, leur donna l'absolution et les amena à se soumettre à leur malheureux sort. Un seul Français s'embarqua dans une des

n'accepterons le parti de quitter ce climat, c'est le sentiment commun de tout notre monde, quoique le nombre en soit petit, après en avoir perdu la majeure partie, tant par la faim, la prison et les mauvais traitements des Anglais, pour nous faire accepter leur parti, et changer de sentiments pour notre grand roi. Mais rien n'y a pu réussir; l'affection pour notre patrie l'a emporté sur toutes les peines des fers et toutes sortes de mauvais traitements que nous avons soufferts de l'ennemi ; ainsi, le petit nombre que nous sommes étant réchappés de tant de maux et rentrés dans le sein de notre patrie, nous espérons que notre bon roi de France, notre père, voudra bien nous traiter comme ses pauvres enfants et fidèles sujets... »

chaloupes, mais sa femme lui ayant reproché qu'il l'abandonnait avec ses enfants, il revint à bord. Peu d'instants après, le navire s'engloutit avec tous ses passagers. Les chaloupes, après avoir couru mille dangers, arrivèrent dans un port situé à l'ouest de l'Angleterre[1]. »

En terminant son récit, le capitaine anglais a cru lui donner du piquant en faisant jouer un rôle ridicule au missionnaire, et en disant qu'il avait lâchement abandonné ses compagnons d'infortune. Malheureusement pour le narrateur, ce détail n'a pas de vraisemblance. Quant au fait en lui-même, il paraît confirmé par une lettre de Brook Watson, déjà citée, où il est dit que treize cents Acadiens périrent vers ce temps, les uns dans un naufrage, les autres de la variole à Southampton et dans les ports voisins, où ils avaient été débarqués.

En parlant de ces désastres, Watson fait une réflexion mélancolique qui fait bien voir l'esprit juste et droit de cet homme de bien : « Ce peuple infortuné, dit-il, livré par la France sans son consentement, fut, à cause de son attachement à des principes, que tout noble esprit regarde comme digne de louanges, arraché de son pays natal, chassé par la nation qui réclamait son obéissance, et rejeté par celle dont il descendait et dont il suivait la religion, les coutumes et les lois avec le plus profond attachement[2]. »

Vers le temps que le navire du capitaine Nichols périt en mer, et dans les mêmes parages où il fut englouti, cinglait un autre navire, chargé, lui aussi, d'Acadiens de l'île Saint-Jean. Ceux-ci n'avaient pas attendu les dernières persécutions pour fuir de leur pays ; ils en étaient partis dès l'automne de 1758, au nombre de cent

[1] *Collection de la Société Historique de la Nouvelle-Écosse*, vol. II, p. 148.

[2] *Ibid.*, vol. II, p. 132.

soixante-dix-neuf. Surpris par une tempête en arrivant sur les côtes de France, ils avaient trouvé un refuge dans le port de Boulogne-sur-Mer (26 décembre), où le gouvernement s'était occupé de leur subsistance et de leur établissement, soit dans les provinces, soit dans les colonies [1]. Ils étaient repartis de Boulogne le 22 novembre 1764, et avaient peut-être croisés, sans être aperçus, le malheureux vaisseau où tant des leurs allaient disparaître. Ce groupe d'Acadiens était en route pour la Guyane française [2], où il s'établit, et où quelques-uns de leurs descendants se rencontrent encore et se rappellent leur origine.

Pendant la révolution de 93, quelques exilés français, abordés à Sinnamari, vinrent demander l'hospitalité à une famille acadienne. Ils furent reçus avec empressement. « Soyez les bienvenus, leur dirent ces braves gens ; nos ancêtres ont été, comme vous, bannis de leur pays, et ils nous ont appris à secourir les infortunés. Asseyez-vous à notre foyer ; nous sommes trop heureux de pouvoir vous offrir toutes les consolations dont nous sommes capables. »

[1] *Archives commerciales de Boulogne-sur-Mer.*
[2] *Bulletin de la Société académique de Boulogne.*

CHAPITRE DOUZIÈME

Le gouverneur Franklin. — Son humanité. — L'abbé Bailly de Messein. — Sa mission en Acadie. — Les d'Entremont. — MM. Bourg et Le Roux.

Le successeur de Wilmot adopta une ligne de conduite toute différente de celle de ses devanciers; il se montra aussi bienveillant que ceux-ci s'étaient montrés barbares. Michael Franklin, qui s'était élevé, de la condition de simple marchand, aux plus hautes charges de sa province, paraît avoir été un homme excellent; il avait dû gémir bien souvent de tout le mal dont il avait été témoin. Il n'épargna rien pour faire oublier aux pauvres Acadiens, restés dans la péninsule, les traitements dont ils avaient eu tant à souffrir. Au reste, il ne faisait qu'obéir aux injonctions du gouvernement anglais, qui, mieux informé du caractère et des dispositions des Acadiens, voulait le reconnaître en se montrant juste et équitable envers eux. « Vous ne manquerez pas, lui écrivait le ministre anglais, lord Hillsborough, de leur donner les plus entières assurances de la faveur et de la protection de Sa Majesté et de ses bienveillantes intentions... Sa Majesté est pleine de tendresse et d'attentions à l'égard de ceux qui ont fait des établissements au Cap-Breton, sous la protection de permis temporaires du gouvernement de la Nouvelle-Ecosse, et elle veut qu'on veille avec un soin attentif à leur avancement[1]. »

Franklin n'avait eu rien de plus pressé que de mettre en vigueur cette politique de conciliation. Dès la réception de cette dépêche, il écrivit à l'un des magistrats du bassin des Mines : « J'ai reçu ordre de Sa Majesté de donner aux Acadiens les plus amples assurances de sa royale faveur et de sa protection. Et vous pouvez aussi leur donner, de ma part, la plus entière assurance que je repousse totalement et désavoue toute intention de les employer comme milice hors de cette province, et que de tels rapports n'ont pu venir que de la part d'esprits faibles et mal intentionnés. Vous pouvez de plus leur garantir qu'ils seront traités, en tout temps, avec le même degré d'indulgence et de protection que Sa Majesté a pour ses autres sujets. Vous pouvez ajouter aussi que le gouvernement n'a pas le moindre dessein, soit de les molester, soit de les inquiéter au sujet de leur religion[2]. »

Un mois après, le lieutenant-gouverneur réitérait les mêmes recommandations au colonel Denson : « Quelques-uns des Acadiens, disait-il, du comté de King et de Windsor... m'ont informé qu'ils ont été enjoints de faire les exercices avec les milices ; ce qu'ils considèrent comme une charge trop dure pour eux, n'ayant pas d'armes, et étant incapables de les acheter immédiatement, s'il fallait le faire.

» En conséquence, je désire que vous les exemptiez d'être appelés et de faire ces exercices, jusqu'à ce que

[1] *Archives de la Nouvelle-Écosse*, p. 352, 353.

[2] *Archives de la Nouvelle-Écosse. Lettre du lieutenant-gouverneur Franklin à M. Deschamps*, 1er juin 1768, p. 353.

vous receviez des ordres contraires... De plus, je dois vous signifier que c'est l'intention du roi, et que c'est aussi ma volonté, qu'ils soient traités, par les officiers du gouvernement, avec toute la douceur et la tendresse possibles, en toute occasion, afin qu'ils n'aient pas le moindre sujet de se repentir de s'être soumis, d'une manière si parfaite, au gouvernement de Sa Majesté [1]. »

En étudiant cette politique si humaine et si sage de Franklin, on ne peut s'empêcher de faire cette réflexion : Que de malheurs eussent été évités de part et d'autre ; que d'embarras de moins pour l'Angleterre et la Nouvelle-Ecosse ; que de haines apaisées ; que de progrès accomplis, si, à la place de Lawrence, il y avait eu, à Halifax, un gouverneur du caractère de Franklin ! Au lieu de cent mille Acadiens dans les provinces maritimes, l'Angleterre y compterait aujourd'hui un million de plus de ces sujets fidèles et utiles !

Et dire qu'à l'heure qu'il est il se rencontre encore des apologistes de la conduite de Lawrence, même parmi des gouverneurs de la Nouvelle-Ecosse [2] ! On est bien forcé d'avouer que la science politique a encore des progrès à faire dans notre pays.

Franklin, qui avait été témoin de l'héroïque attachement des Acadiens pour leur foi, savait qu'il ne pouvait leur donner de meilleures preuves de ses bonnes intentions, et des gages plus rassurants pour l'avenir, qu'en accordant à leurs missionnaires toute liberté de les visiter et de les évangéliser. C'est, en effet, sous son administration, et à sa demande, que fut envoyé le premier missionnaire venu du Canada depuis la conquête,

[1] *Archives de la Nouvelle-Écosse. Lettre du gouverneur Franklin au colonel Denson*, 4 juillet 1768, p. 354.

[2] Voir le discours prononcé par le gouverneur Archibald devant la Société Historique d'Halifax, novembre 1886.

M. Bailly de Messein [1], qui arriva à Halifax au moment où l'abbé Maillard y terminait sa longue vie d'apostolat.

L'abbé Maillard était le seul missionnaire dont la présence avait été tolérée dans la Nouvelle-Ecosse, depuis 1759.

Lorsqu'il avait été fait prisonnier, quatre ans auparavant, il n'avait pas tardé à faire tomber bien des préjugés autour de lui, par l'intérêt qui s'attachait à sa personne, à ses connaissances et à ses hautes qualités. Il finit par acquérir l'estime générale ; et les meilleurs esprits recherchèrent son amitié. Il s'en servit pour rendre son ministère aussi utile que possible durant ces tristes années.

A l'issue de la guerre, il avait employé la grande influence dont il jouissait auprès des sauvages, pour leur faire déposer les armes ; et le gouvernement apprécia si bien ses services, qu'il lui accorda une pension annuelle jusqu'à sa mort (1768). Il fut regretté des protestants aussi bien que des sauvages et des Acadiens ; l'élite de la société d'Halifax voulut assister à ses funérailles.

Son successeur dans la Nouvelle-Ecosse était un homme de naissance, d'une éducation parfaite,et animé du zèle bouillant d'un jeune prêtre au sortir de son ordination. Malgré sa jeunesse et son peu d'expérience, l'abbé Bailly avait été choisi pour cette rude tâche, parce

[1] M. Bailly devint plus tard précepteur des enfants de lord Dorchester, gouverneur du Canada, avec qui il passa en Angleterre. A son retour à Québec, quatre ans après, il fut sacré sous le titre d'évêque de Capse, et nommé coadjuteur de Mgr Hubert, évêque de Québec. Il mourut avant d'être appelé à lui succéder. Mgr Bailly prit toute sa vie un grand intérêt aux missions de la Nouvelle-Ecosse. Il légua, en mourant, une forte somme pour le soutien de ces missions.

qu'on espérait que ses qualités sociales le feraient accepter plus facilement des autorités ombrageuses d'Halifax. A son départ, l'évêque de Québec, Mgr Briand, lui avait obtenu du gouverneur du Canada, sir Guy Carleton, des lettres de recommandation pour le gouverneur de la Nouvelle-Ecosse. Franklin l'accueillit, en effet, dès son arrivée, avec bienveillance, et favorisa sa mission auprès des Acadiens [1].

Ceux-ci commençaient à se grouper principalement le long de la baie Sainte-Marie, jusqu'au cap de Sable et du côté de l'isthme : à Memramcouk et à Peticoudiac. D'autres groupes s'étaient déjà formés au Cap-Breton et le long des rivages du golfe.

La juridiction de l'abbé Bailly s'étendait sur tout cet immense territoire, qu'il lui fallait parcourir d'étape en étape. Il avait en outre à visiter la rive occidentale de la baie de Fundy, où se trouvaient des familles sauvages, et la mission de Sainte-Anne, formée des débris de la population de la rivière Saint-Jean, laquelle s'agrandissait rapidement par de nouvelles arrivées de proscrits. Ce groupe, moins éprouvé que les autres, à cause de son éloignement, n'avait jamais été entièrement privé de secours religieux. Malgré cet avantage, il faut dire que cette colonie n'avait pas conservé le même attachement à la foi et la même simplicité de mœurs qu'on retrouvait ailleurs. La cause en était due à la présence d'un certain nombre d'exilés qui avaient mené longtemps une vie

[1] M. Bailly avait fait la meilleure impression sur Franklin, qui écrivait au gouverneur Carleton : « His conduct has been hitherto irreproachable, and, to all appearance, bids fair to be of great benefit to this Province, by quieting the mind of the Indians who began to be very uneasy; and his mission had this further good tendency of reconciling the consciences of the Acadians, who have lately taken the oaths of allegiance to His Majesty's Government. »

Nova Scotia Archives. Franklin to Carleton, August 17th 1768, p. 356.

errante au milieu des villes et des campagnes, où ils avaient été aigris par les rebuts et privés de toute instruction religieuse.

L'abbé Bailly fut accueilli comme un sauveur par les Acadiens de la Nouvelle-Écosse. Ce jeune prêtre, dont les mains étaient, pour ainsi dire, encore humides de l'onction du sacerdoce, leur paraissait comme la colombe de l'arche apportant la branche d'olivier, après le déluge de maux qui les avait submergés. Avec quelle joie, avec quel empressement, ils tiraient de leurs cachettes les objets du culte, les ornements d'église, les calices, les ciboires, etc., etc. ! On dressait un autel rustique dans une des chaumières les moins pauvres. Les femmes et les enfants y apportaient quelques fleurs des bois ou cueillies dans les parterres. Puis on se réunissait pour assister à la sainte messe et recevoir les sacrements. On faisait baptiser les enfants, dont un grand nombre, nés depuis plus de douze ans, n'avaient jamais vu de prêtre. Que de douces paroles étaient échangées ! Que de larmes versées ! Mais celles-là n'étaient pas amères ; elles ressemblaient à ces gouttes de pluie qui tombent à travers les rayons de l'arc-en-ciel.

Cependant la saison des jours mauvais n'était par encore finie pour les pauvres Acadiens ; un autre genre de tribulation avait commencé pour eux. A la persécution ouverte succédait une persécution sourde, fomentée par la malveillance des subalternes, malgré les volontés exprimées de l'Angleterre et du gouverneur [1]. Ainsi on

[1] Il était bien dans la destinée des Acadiens d'être victimes des serviteurs infidèles de l'Angleterre. Sans vouloir exonérer celle-ci de tout blâme, on doit dire que les uns ont violé ouvertement ses ordres, et que les autres ont méconnu ses intentions. A l'origine, ce fut Nicholson qui donna l'exemple, lequel ne fut que trop bien imité par ses successeurs; puis vint le fameux Lawrence, suivi de ses deux satellites, Belcher et Wilmot; enfin, c'est une sequelle infime qui

mettait des obstacles au groupement des familles : on avait l'œil, par exemple, à ce qu'une terre octroyée à un Acadien, le fût entre deux propriétaires protestants [1], et encore cette terre devait-elle être située, non sur les côtes, mais dans l'intérieur de la péninsule. Au surplus, le mode de concession territoriale, à titre de simple permis temporaire, adopté par la Nouvelle-Écosse, n'était pas fait pour rassurer l'esprit méfiant des Acadiens, tant de fois trompés.

Qu'ils eussent raison de se défier de ces permis temporaires, la suite des événements en donna des preuves. Je n'en veux citer qu'une : en 1784, c'est-à-dire à près de trente ans d'intervalle, les dépossédés de 1755, fixés à la rivière Saint-Jean, furent de nouveau dépossédés au profit des loyalistes américains et de soldats congédiés, qui

n'a pas même de nom auquel on puisse attacher une flétrissure.

Au reste, ce fait n'est pas sans parallèle dans notre histoire. Qui ne sait qu'après la conquête, les Canadiens-Français ont failli succomber sous les mêmes conspirations ? Le premier gouverneur anglais, James Murray, n'a-t-il pas été dénoncé et rappelé, parce qu'il n'avait pas voulu écouter les clameurs, ni se faire l'instrument d'une tourbe d'aventuriers, la plupart anglo-américains, qui s'étaient abattus sur nos rivages comme des oiseaux de proie, et qui voulaient à tout prix faire des Canadiens un peuple d'ilotes, comme leurs pareils avaient fait des Acadiens ? N'est-ce pas de ce même groupe qu'a surgi le régime oligarchique qui a fini par amener la révolte de 1837 ? Enfin, ne sont-ce pas leurs descendants qui ont incendié le palais du parlement à Montréal, en 1849, assailli et injurié le représentant de la couronne, parce qu'il avait osé se montrer impartial à l'égard des Canadiens ? Il a fallu tous les excès commis par ces prétendus *loyaux* pour les perdre aux yeux de l'Angleterre, et mettre un terme à leurs calomnies.

[1] Ce procédé n'était que la mise à exécution du plan diabolique proposé en 1744, c'est-à-dire onze ans avant l'expulsion des Acadiens, par Shirley, gouverneur du Massachusetts. Il proposait de plus, comme je l'ai déjà dit, d'accorder le denier de Judas à tout Acadien qui abjurerait le catholicisme. Après cela, on ose blâmer les missionnaires de l'Acadie d'avoir jeté le cri d'alarme.

n'eurent qu'à s'asseoir à leurs tables pour manger leur pain, et devenir, du jour au lendemain, rois et maîtres des propriétés arrosées par les sueurs de la race proscrite. Ces malheureuses familles, impuissantes contre la force, n'eurent plus qu'à reprendre le chemin des forêts. Elles remontèrent la rivière Saint-Jean, à trente lieues de toute habitation, et ouvrirent, la hache à la main, les plateaux de Madawaska, où elles se multiplièrent avec la merveilleuse fécondité qu'on leur connaît. Leurs descendants, plus nombreux qu'une ruchée d'abeilles, ont formé aux alentours une multitude d'essaims, devenus aujourd'hui de belles et riches paroisses.

On a un exposé de la situation des Acadiens et de celle des sauvages, à l'arrivée de M. Bailly, d'autant plus intéressant qu'il est saisi sur le fait, dans les lettres de missions, écrites par l'abbé Bailly lui-même à son évêque, Mgr Briand. En voici quelques extraits :

« Ekouipahan [1], 20 juin 1768.

» Monseigneur,

» ... Si je n'ai point informé Votre Grandeur plus tôt de l'état de la mission confiée à mes soins, l'impossibilité en a été la cause. J'attends de la miséricordieuse bonté de N.-S. Jésus-Christ, et j'espère que cette vigne, devenue stérile, portera bientôt des fruits abondants. La mission d'Ekouipahan, où je réside ordinairement, et où il paraît que le gouvernement veut me fixer, est presque toute composée de sauvages malécites, au nombre d'environ quarante et quelques familles assez bonnes.

» Les femmes et les filles ne boivent point, ni les

[1] *Ekouipahan*, appelé aussi *Ekoupag*, était un village indien situé à quarante lieues du fort Menagouech « qui commande l'embouchure de la rivière Saint-Jean ». *Mémoire sur le Canada*, *Archives de Marine*, Paris.

garçons, et il y a aussi quelques hommes tempérants. J'ai obtenu d'eux qu'ils n'apportent plus d'eau-de-vie dans le village. Il y a, aux environs du village, onze familles acadiennes, celles-là mêmes que Votre Grandeur a eu la bonté de confirmer à Sainte-Anne [1]. Les Acadiens qui sont restés parmi les Anglais sont encore très fervents; leur seul défaut est un grand entêtement, soit pour rester chacun dans son canton et ne vouloir point se réunir, soit pour avoir des terres aux mêmes conditions qu'ils les avaient autrefois, ne relevant que du roi. C'est ce que les Anglais, qui les détestent, leur ont reproché. Le gouvernement ne veut point les concéder à cette condition, cependant on a exigé un serment de fidélité; ils sont très difficiles à desservir, car ils restent chacun dans des cantons séparés; l'été, sur les bords de la mer, à la pêche, l'hiver, dans les bois, à la chasse.

» La mission des Micmacs est de toutes la plus nombreuse; il y a trois villages principaux, le plus proche est Richibouctou, à soixante lieues; jamais il n'y a eu de missionnaires en ce lieu : les sauvages ont toujours été desservis par Miramichi où ils sont plus nombreux, et à cent vingt lieues d'ici. Le dernier missionnaire de cet endroit est, je crois, le P. Maurice de la Corne. Les murs de la chapelle subsistent encore, et les sauvages tiennent les ornements cachés; jamais je n'ai pu les leur faire rapporter. Une grande partie de ces sauvages est venue ici; l'autre est allée à Ristigouche, sur ce qu'ils avaient entendu dire que le P. Ambroise y était. Le village de Ristigouche, étant de la province de Québec, s'il y avait un missionnaire en cet endroit, il pourrait, avec moins de difficultés que moi, desservir les îles Saint Jean, la Magdeleine, et le Cap-Breton, où il y a encore quelques Acadiens. Pour desservir ces îles, il me faut faire

[1] Mission acadienne de la rivière Saint-Jean.

un voyage long et coûteux ; je ne pourrai aller en ces endroits que le printemps prochain, encore il me faudra commencer dès l'hiver.

» Grâce à la Providence du Seigneur, j'ai subsisté jusqu'à présent. Les présents des sauvages et mon casuel peuvent monter à cent piastres et plus ; c'est assez pour vivre sous quatre écorces ; les voyages m'embarrassent un peu. Pour les Acadiens, il m'a fallu les faire vivre.

» Voilà à peu près, Monseigneur, l'état de la mission de la Nouvelle-Ecosse. Santé, travaux, fatigues, inquiétudes, je puis assurer Votre Grandeur que je n'ai rien épargné pour cultiver cette partie du champ du Père de famille, que vous avez confiée à mes soins. Si Votre Grandeur ne considère que la bonne volonté et l'envie de travailler, et non les talents et les vertus nécessaires à un si auguste ministère, je m'offre, je suis entre les mains de Votre Grandeur. Le moindre signe de sa volonté sera toujours pour moi la parole du Seigneur.

» J'espère que Votre Grandeur voudra bien obtenir pour moi du Père des miséricordes une petite étincelle de ce feu céleste qui embrase les cœurs ; mes travaux seront toujours inutiles sans cela. »

« Halifax, 23 mai 1769.

» Je suis à Halifax, depuis le mois de mai, où milord William Campbell [1] a mille bontés pour moi qui ne les mérite guère, mais qui fais tout mon possible pour contenter et remplir les intentions de Votre Grandeur. Mais la mission est bien abondante et bien difficile ; les Acadiens sont épars çà et là, et la voix du pasteur n'est point assez forte pour les réunir. Les sauvages sont assez bons ; je n'ai qu'un ennemi principal à combattre pour eux, c'est l'ivrognerie.

[1] Successeur de Franklin.

» Tout l'hiver j'ai été en voyage, et je me suis assez bien trouvé de la raquette, qui n'est pas à beaucoup près aussi difficile qu'on se l'imagine ; ce qui m'a le plus fait souffrir, c'est la pluie continuelle des mois de janvier et février. Dans le bois, couché sur une neige fondante, et à l'abri de quelques méchantes écorces, jugez de ma situation ; mille fois heureux, si, tandis que je ne pouvais avoir de feu pour réchauffer mon corps tout mouillé, j'eusse ressenti que mon cœur brûlait du feu de l'amour divin. Je crains et je tremble de ne pas correspondre à toutes les grâces que le Seigneur me fait.

» Ma mission est de plus de cinq cents lieues de tour. J'ai été extrêmement malade, un mois après mon retour de Québec ; ce mal me prit le jour de la Présentation de la très sainte Vierge, après avoir chanté la messe ; et, le soir, j'étais sans connaissance ; maintenant je suis assez bien ; cependant, je ressens une respiration difficile ; quoi qu'il en soit, le Seigneur est mon soutien.

» Je me recommande aux prières de Votre Grandeur et de tout le diocèse ; seul ici, sans soutien, sans conseil, hélas ! quel terrible compte pour ma tiédeur ! »

« Halifax, 22 juillet 1769.

» Je suis dans la ville d'Halifax depuis trois mois, ayant cependant fait des excursions, de temps en temps, pour desservir les Micmacs. J'ai éprouvé ici bien des bontés de la part de milord William Campbell et de tous les messieurs du Conseil ; l'on a même obtenu pour moi une pension de cent livres, de Sa Majesté. Je partirai le 25 pour le cap de Sable ; c'est l'ancienne mission où s'étaient réfugiés MM. Desenclaves et de Vauquelin ; j'aurai là des enfants de quatorze à quinze ans à baptiser, et un reste de besogne en proportion. Les Acadiens et les sauvages sont si dispersés dans les différents coins de la province, qu'il est mal aisé de me fixer, étant difficile que je puisse toujours être ambulant.

» Il y a beaucoup d'Acadiens du côté de Pentagoët et des monts Déserts. Pour ce qui regarde les Micmacs, Miramichi et Caraquet sont les deux endroits où tous peuvent se réunir plus facilement pour être instruits. Il paraît que le gouvernement désire que je me fixe en la ville ou au proche ; la distance qui me séparerait alors de mes deux principales missions serait bien grande pour pouvoir instruire les pauvres Indiens suffisamment ; cependant je n'ai encore pris aucun parti. Il n'y a presque point de catholiques en la ville ; il serait dangereux d'y attirer les sauvages à cause de leur penchant pour l'ivrognerie.

» La carrière que j'ai à parcourir est grande, et le champ que j'ai à défricher est vaste. Hélas ! que de sueurs et de travaux ! Que de larmes secrètes ne suis je pas forcé de verser souvent, sans avoir personne qui puisse les essuyer ! Que d'anxiétés, de doutes, sans avoir personne à qui m'ouvrir et qui puisse me rassurer ! Telle est ma situation.

» Je me porte assez bien. J'ai été fatigué un peu d'avoir, je pense, marché l'espace de deux jours dans l'eau, l'hiver dernier ; mais le voyage était indispensable. Je pense que le Seigneur ne me reprochera point cette imprudence. »

« Halifax, 24 avril 1771.

» ... Pour la baie des Chaleurs, je n'ai pu absolument m'y transporter, et je ne sais pas si je le pourrai cet été. De tous les endroits de la province, c'est le plus mal aisé par terre ; il y a plus de cent quatre-vingts lieues de distance, et il n'y a point de chemins ; par mer, il me faut faire le tour du cap Nord ; mais rien de cela ne m'aurait empêché, si Son Excellence milord William Campbell n'avait point paru désapprouver mes entreprises. Deux Acadiens sont venus ici, le mois de mars passé, pour avoir licence de chercher un missionnaire ; ils ont été absolument refusés. Tout paraît jusqu'à présent opposé, dans le gouvernement, à la pluralité des missionnaires catholiques ; et cette opposition vient toute de presbytériens et des gens de la Nouvelle-Angleterre. J'ai dit la messe, en cette ville, l'espace de trois mois l'hiver dernier, et subitement il m'a fallu chercher un trou à six milles de la ville, dans les bois, pour célébrer les dimanches. Je n'aurais pas eu ce trouble, si j'avais voulu fermer la porte du grenier, où je la disais avant, à tous les catholiques, non Acadiens et sauvages. C'est tout ce que je puis faire que de me maintenir ici. Même à l'égard des Acadiens, je ne suis que faiblement toléré ; les mariages m'ont été permis mais non comme conformes aux lois. Tant qu'il n'y aura que des catholiques dans les familles, tout ira bien. Pour des terres, les Acadiens peuvent en avoir, mais à un si haut prix qu'il n'y a rien de pareil au Canada ; point de seigneur ici, les plus riches sont ceux qui ont le plus de fermes. Cent arpents de terre bons à cultiver reviennent, en bois debout, sans avance, à vingt-deux dollars, quatre shellings et six sols. Il faut qu'une famille catholique soit placée entre deux familles protestantes. Ainsi vous voyez que les Acadiens ne peuvent être que très pauvres : la pêche, la chasse, couper du bois, voilà leur vie.

» Jusqu'à ce jour, j'ai, en général, de la consolation ; leur religion n'est point perdue, et mes sueurs, souvent mes larmes, sont suivies d'un contentement que Dieu seul connaît[1]. Il n'y a qu'une peine qui quelquefois me

[1] Il est intéressant de voir jusqu'à quel point un protestant, témoin oculaire, confirme ce que dit l'abbé Bailly sur les Acadiens que celui-

fait regarder derrière moi, c'est d'être seul ; et je pense, que véritablement, sans la consolation et le soutien qui me viennent des missionnaires de Philadelphie, je serais de retour au Canada. Votre Grandeur jugera elle-même, en voyant les gazettes de Boston, ce qui s'écrit contre moi. Tous les honnêtes gens m'ont dit de mépriser et laisser dire, j'ai écrit à M. de Villars [1], et il me semble que je pourrais attendre du secours de lui. S'il se trouvait quelque missionnaire qui voulût faire comme on fait à la Chine [2], il ferait à merveille au cap de Sable ; et les magistrats d'ici sont disposés à prendre cause d'ignorance.

» Que ne suis-je à Québec et un autre à ma place ici ! Si je le pouvais, j'endosserais un habit de jardinier, et

ci eut à desservir dans la Nouvelle-Ecosse. Brook Watson parle d'abord en ces termes de leur conduite en exil et de leur retour :

« Their orderly conduct (in Georgia), their integrity, sobriety and frugality, secured to them the good will of the people and gained them comfortable support. But, still longing for their native country, all their industry was stimulated, all their hopes, supported by that landmark of their former felicity; many of them built boats, and, taking their families, coasted the whole American shore, from Georgia to Nova Scotia... But, alas! what did they find? all was desolated for the more effectually to drive them out of the country: all their houses had been burnt, all their cattle killed by order of government; hence they found no shelter; still they persevered with never-failing fortitude, with unremitting industry, and established themselves in different remote parts of the province, where they had been *suffered* to remain, but without any legal property; at least, I have not heard of any land having been granted to them. »

Puis Watson ajoute : « Their numbers, I am told, have increased about two thousand, and I am informed they still continue, what I know them to be in their prosperous state, an honest, sober, industrious and virtuous people. »

Nova Scotia Historical Society. Hon. Brook Waston to Rev. Dr Brown, July 1st, 1791, p. 132.

[1] Ancien supérieur du séminaire de Québec, retourné en France.

[2] C'est-à-dire se cacher sous un déguisement.

je ferais fleurir un jardin spirituel au cap de Sable, c'est l'endroit où il y a le plus de catholiques, et les plus fervents d'ailleurs. Cela est si loin de la ville, et si à *désamain*, qu'un larron pourrait y vivre quarante ans sans être pris. Que serait-ce donc d'un honnête homme qui se comporterait en bon sujet, et qui sous main exercerait ses fonctions ? Les Acadiens ont ici des biens à eux. Je ne me risquerais dans aucun autre endroit. »

L'abbé Bailly n'explique pas ici pourquoi les habitants du cap de Sable avaient des titres de propriété. Cette exception était due à une faveur accordée à la famille d'Entremont, et voici à quelle occasion. Vers 1765, plusieurs membres de cette famille s'étaient embarqués à Boston, dans l'intention d'aller se fixer à Québec. En passant à Halifax, où leur navire avait fait escale, ils rencontrèrent, dans la rue, un officier anglais qui les reconnut et leur fit grand accueil, parce que, dans un combat où cet officier avait été fait prisonnier, l'un des d'Entremont lui avait sauvé la vie. Il les détourna du dessein d'aller s'établir au Canada, en promettant qu'il les ferait remettre en possession de leurs terres. Il le fit en effet, et c'est ce que remarqua l'abbé Bailly, à son passage au cap de Sable.

Les d'Entremont avaient été rejoints, peu après leur arrivée, par d'autres familles principalement de la baie d'Argyle, qui, elles aussi, avaient eu leur histoire durant les années de la proscription. Ces pauvres familles n'avaient pu se décider à quitter entièrement l'admirable coin de terre qu'elles habitaient de père en fils. Cette extrémité de la Nouvelle-Ecosse, comprise aujourd'hui dans le comté d'Yarmouth, ne renferme en effet pas moins de quatre-vingts lacs, tous plus jolis les uns que les autres, et tous communiquant avec la rivière Tousquet, laquelle se jette dans la baie d'Argyle. Ces lacs, de grandeurs et de formes variées, sont entourés de bois du plus beau feuillage. Vu à vol d'oiseau, le paysage doit ressembler à un vaste tapis vert, parsemé de fleurs d'azur. La baie d'Argyle, avec ses îles aussi nombreuses que les lacs du rivage, rivalise avec lui d'aspect riant et pittoresque. C'est à travers ces îles que les Acadiens se livraient paisiblement à la pêche, sans négliger la culture de leurs terres.

Chassés des bords de la mer, ils s'étaient réfugiés dans le haut de la rivière Tousquet, et s'étaient établis sur ses rives ; mais cette retraite si solitaire et si sûre en apparence, ne put les soustraire aux poursuites de leurs meurtriers. Une frégate anglo-américaine jeta un jour l'ancre dans la baie d'Argyle. Un parti de soldats, guidé par un pilote expérimenté, peut-être par un traître, remonta la rivière jusqu'à un mille du village, qu'il croyait surprendre, ayant dissimulé sa marche avec soin, en suivant en silence l'ombre du rivage. Dans cet endroit, la rivière se rétrécit en un chenal qui n'a guère que quinze à vingt toises de largeur, ombragé d'épais fourrés qui s'étendent en arcade sombre au-dessus du cours d'eau. C'est là que les Acadiens, qui les avaient aperçus de loin, s'étaient mis en embuscade. Ils avaient fait sur eux, à leur passage, un feu si meurtrier, que pas un canot ne s'était échappé. Mais ce triomphe momentané ne fit que retarder leur ruine de quelques jours; les ennemis revinrent en nombre et mirent tout à feu et à sang. Une partie des habitants fut emmenée en captivité, les autres s'enfuirent dans les bois, où ils menèrent la vie aventureuse des sauvages, jusqu'à ce que le retour de la paix leur permît d'apparaître au bord de la mer. Quelques-uns de ceux-ci se fixèrent au cap de Sable, les autres, au ruisseau à l'Anguille (*Eel brook*), et le long de la baie Sainte-Marie. Ils formaient cette partie de la mission de l'abbé Bailly, que celui-ci regardait d'un œil de prédilection, et où il aurait voulu faire fleurir un jardin spirituel.

« Je suis à la veille, continue l'abbé Bailly dans la lettre citée plus haut, de quitter la soutane pour m'habiller à la bourgeoise ; je suis trop gêné et ne puis même m'acquitter de mes fonctions. Le gouverneur le désire ; dès qu'ici un homme a la réputation d'être catholique, sa maison m'est interdite, ou il faut qu'il soit disposé à la laisser saisir. Dans une petite ville chacun s'examine et s'épie.

» Si un missionnaire venait à la baie des Chaleurs, il pourrait s'établir sur la partie du gouvernement de Québec ; et je pense que, prudemment et en habit séculier, il pourrait faire un tour sur la partie de la Nouvelle-Ecosse.

» Pour moi, Monseigneur, je me désespère d'être si longtemps sans compagnon ; je puis aller tous les ans à Philadelphie, n'être que trois ou quatre semaines au plus dans le voyage. Je n'ai pas voulu l'entreprendre, sans avoir eu l'honneur de consulter Votre Grandeur. Les missionnaires me promettent l'hospitalité et toute l'assistance possible. Le principal commerce de cette place est avec Philadelphie. D'ailleurs, tous les bâtiments qui font la traite sont commandés par des catholiques. Quand je suis à la rivière Saint-Jean, il m'est aussi facile d'aller à Québec qu'il est difficile d'ici de m'y rendre. La contrainte et les mesures qu'il me faut prendre me fatiguent presque plus que tout le reste de la mission.

» Le gouverneur continue de m'honorer de sa protection, ainsi que les principaux ; mais dans un gouvernement d'Amérique, les membres, et non la tête, commandent. Tous sont bien intentionnés pour la religion catholique, mais la populace est fanatique. Deux ministres presbytériens ont prêché publiquement contre moi ; j'ai été nommé dans les gazettes ; si l'on souffre, dit-on, que le roi mette un prêtre dans la Nouvelle-Ecosse, il faudra souffrir qu'il en mette un dans Boston. L'établissement d'un prêtre en Nova-Scotia est la honte du présent règne : voilà le précis des objections. C'est un orage, Dieu le calmera. J'espère qu'il aura pitié d'un pauvre peuple qui ne demande autre chose que d'apprendre à le servir et à l'aimer.

» Je me recommande instamment aux prières et saints sacrifices de Votre Grandeur. Qu'il me faut des grâces bien précieuses et bien multipliées, pour conduire cette partie du troupeau confié à mes soins par Votre Grandeur ! »

En lisant ces lettres de M. Bailly, ne croirait-on pas lire les relations des premiers missionnaires du Canada ?

Le fanatisme puritain, qui s'acharnait contre l'abbé Bailly et demandait son expulsion, s'appuyait sur la constitution de la Nouvelle-Ecosse, d'après laquelle la liberté de conscience était accordée à tout le monde, excepté aux papistes. Tout prêtre catholique devait être banni ; et quiconque lui donnait asile était condamné au pilori, devait payer une amende de cinquante livres sterling, et donner des garanties de sa conduite à venir.

Les lettres de M. Bailly font bien voir dans quelle triste condition étaient encore les Acadiens, près de vingt ans après leur expulsion. Elles montrent aussi quel degré de liberté religieuse leur était accordé : un seul missionnaire toléré pour une population éparpillée sur une étendue de pays de quatre ou cinq cents lieues de circonférence : les mariages devant l'Eglise non reconnus par les lois. Les Acadiens étaient-ils bien ingrats de ne pas goûter *the lenity and the sweets* (la mansuétude et les douceurs) de ce régime ?

Qu'on le remarque bien encore une fois, la faute était beaucoup moins à Londres qu'à Halifax, de même qu'en 1755.

M. de Tocqueville a dit quelque part : « Si vous voulez bien connaître le faible d'un gouvernement, étudiez-le dans ses colonies. Là, les défauts apparaissent grossis, comme si on les voyait à travers un microscope. » La Nouvelle-Ecosse est un exemple frappant de cette vérité. L'abbé Bailly l'exprimait en d'autres termes, lorsqu'il disait que, dans un gouvernement d'Amérique, ce sont les membres et non la tête qui commandent.

La réponse suivante de l'évêque de Québec à M. Bailly de Messein achève de faire connaître cette situation :

« Québec, 5 juin 1771.

» Mon cher monsieur,

» Ne doutez point de mon affection, les bons prêtres l'ont tout entière.

» Je suis étonné que Son Excellence votre gouverneur puisse vous gêner, et que le parti presbytérien trouve à redire qu'il y ait un missionnaire dans l'Acadie; vous savez vous-même qu'étant aussi gêné que je le suis, en Canada, pour les prêtres, je ne vous eusse pas envoyé en ces contrées, si l'on ne m'avait pressé et sollicité. Une de mes premières vues en vous accordant, a été d'entrer dans les vues du gouvernement, à qui notre religion nous prescrit d'obéir dans toutes les choses qui ne la blessent point. Je ne vous ai donné mission qu'avec l'agrément du gouverneur du Canada, que j'ai consulté; le vôtre et celui-ci, quant au bien général, doivent avoir le même but; et ma conduite en cette occasion se conforme à leurs intentions. On voulait retenir les Acadiens ; le moyen était de leur envoyer un missionnaire, je l'ai fait. Vous êtes entré dans mes vues par vertu, et malgré l'opposition de votre illustre et chère famille et surtout de votre tendre mère.

» Dès que vous avez l'approbation et la protection de Son Excellence le gouverneur, ne vous affligez pas de ce que disent les gazettes. Je ne trouverais pas mauvais qu'à la volonté et à l'exigence de monsieur le gouverneur, vous preniez l'habit séculier : *Habitus non facit monachum*. Je suis inquiet sur votre conscience, et si jaloux de votre salut et tranquillité, que je vous permets, de tout mon cœur, d'aller à Philadelphie, si cela vous est plus commode.

» Je vous prie d'assurer de mon profond respect Son Excellence monsieur votre gouverneur, de le remercier de ma part des bontés qu'il a pour vous, et de l'assurer que je ferai mention de lui au saint autel. Qu'il ne s'en scandalise point : saint Paul nous le prescrit, nos gouverneurs d'ici me l'ont demandé.

» J'ai été deux ans à Londres; je sais assez que votre gouverneur ne sera pas réprimandé pour favoriser aux catholiques de la langue française, l'exercice de leur religion. Si vous êtes gêné, revenez, au reste; je vous recevrai dans mon sein avec toute l'effusion de mon cœur. »

M. Bailly revint en effet; il fut remplacé par un vétéran des missions, dont le nom est encore dans toutes les mémoires, le vénérable P. de la Brosse, de la Compagnie de Jésus. On peut juger du bien que fit ce missionnaire, par la grande réputation de sainteté qu'il a laissée après lui.

Cependant, l'accroissement de la population lui ayant rendu bientôt impossible la desserte de cet immense territoire, l'évêque de Québec se décida à écouter les instances que ne cessaient de lui faire les bons Acadiens pour obtenir un prêtre, malgré les refus qu'ils avaient essuyés à Halifax. Leur joie fut d'autant plus vive que l'abbé Bourg, qu'il leur envoyait, était comme eux un enfant de l'Acadie, exilé comme eux, un homme de zèle, d'action et d'un rare mérite, en un mot un véritable apôtre.

Connaissant ses qualités et son origine, le prélat l'avait protégé dès sa jeunesse, et choisi pour aller recueillir les restes épars de sa nation. L'abbé Bourg revenait de France, où il avait été se former à la science et aux vertus ecclésiastiques.

Mgr Briand fut si satisfait des résultats de sa première année de mission (1773), qui lui conféra le titre et les pouvoirs de vicaire général, dans toute l'Acadie et ses dépendances.

Dans la lettre qu'il lui remit à cette occasion se trouve un passage relatif aux Acadiens, qui confirme si parfaitement les témoignages de M. Bailly, qu'il mérite d'être cité :

« Le compte, dit-il, que vous avez rendu de votre conduite dans les missions dont nous vous chargeâmes l'année dernière, et de la docilité des peuples vers lesquels nous vous avions envoyé, nous a donné une joie vraiment sensible, que nous vous avons déjà témoignée d'une manière toute particulière.

» Le zèle qui vous fit abandonner l'Europe pour vous sacrifier au salut de vos frères, plus chers à votre cœur par les sentiments de la religion que par ceux de la nature, ne trouve point d'obstacles insurmontables, dès qu'il s'agit de gagner des âmes à Jésus-Christ ; la difficulté des chemins, la mauvaise humeur des peuples, que nous ne vous avons point laissé ignorer, et qui ne vous ont pas épouvanté, l'incertitude du succès, rien de tout cela n'a ralenti votre zèle. A toutes ces représentations que notre affection autant que notre devoir nous obligeait de vous faire, vous ne nous avez donné que des réponses dignes d'un vrai ministre de Jésus-Christ : « Je ne suis venu, avez-vous dit, que pour les âmes abandonnées de secours. » De si beaux sentiments ne pouvaient que nous plaire infiniment ; ils ont, en effet, pénétré jusqu'au plus tendre et au plus intime de notre cœur. Et, pour entrer dans toutes vos saintes et pieuses intentions, seconder votre piété et votre esprit apostolique, nous vous avons revêtu et vous revêtons, par les présentes, de tous nos pouvoirs.

» Nous croyons qu'il est nécessaire de vous avertir que vous ne trouverez pas, dans les habitants de la rivière Saint-Jean, la même obéissance, une semblable piété, une aussi belle naïveté et candeur, autant d'attachement à la religion, un aussi profond respect pour les prêtres de Jésus-Christ, que vous en avez trouvé dans ceux des côtes maritimes de l'Acadie.

» Quant aux habitants des autres missions, dont vous nous avez fait un rapport si consolant, nous voulons que vous leur fassiez connaître notre contentement et notre parfaite satisfaction, et que vous les engagiez, de notre part, à persévérer et à marcher constamment dans la voie qu'ils ont prise, se rappelant sans cesse ce grand oracle du Saint-Esprit : *Qui perseveraverit usque in finem, hic salvus erit.* »

Peu après le départ de M. Bourg, arriva à Québec un prêtre français du diocèse de Tours, l'abbé Le Roux, ancien supérieur de maison ecclésiastique, homme de tact et d'expérience, venu à la demande de l'évêque de Québec, pour se vouer aux missions du Canada. Mgr Briand crut l'occasion favorable pour faire une tentative vers l'isthme de la Nouvelle-Ecosse, où plusieurs groupes d'Acadiens réclamaient un missionnaire. Il espérait qu'à force de prudence et de précaution, vu l'isolement des lieux, un prêtre pourrait se maintenir sans trop créer d'ombrage.

L'abbé Le Roux y réussit, évangélisa, durant plus de vingt ans, toute cette région jusqu'aux îles de la Madeleine, et bâtit enfin une église à Memramcouk. Cette paroisse, comme je l'ai dit ailleurs, ne compte aujourd'hui pas moins de six mille âmes, et est devenue le principal centre acadien des provinces Maritimes.

Quels furent les travaux, les fatigues et les dangers de cet apostolat ? M. Le Roux lui-même en donne une idée dans une de ses lettres :

« Depuis bientôt quinze ans, dit-il, j'ai fait les fonctions de missionnaire avec beaucoup de tribulations, de peines et de misères, surtout pendant la guerre. Le cher M. Bourg l'a éprouvé lui-même. On m'a mis le pistolet sur la gorge ; j'ai fait naufrage une fois ; je suis tombé à la mer, dont j'ai été retiré, n'ayant plus ni mouvement ni connaissance, et cela, en revenant de mes missions ; sans compter la faim, la soif, réduit à manger de la soupe de vache marine, et encore puante.

» Après tant de peines, de fatigues, de travaux, on cherche à nous persécuter mal à propos. Dieu soit béni [1]. »

Cependant se préparait, dans les colonies anglaises, un grand événement qui devait influer sur les destinées de toute l'Amérique, et ramener plus de liberté et de calme sous le toit des Acadiens. Dès que le premier coup de canon de la guerre de l'Indépendance eut été tiré, ils

[1] *Archives de l'archevêché de Québec. Lettre de M. Le Roux à M. le grand vicaire Gravé de la Rive*, 21 août 1788.

Au rapport de M. Le Roux, il y avait, en 1785, seulement à Memramcouk, au delà de cent soixante familles, formant six cents personnes, en âge de communier. L'abbé Le Roux avait en outre des missions acadiennes à Peticoudiac, Shédiac, Cocagne, et dans l'île du Prince-Edouard.

D'après un recensement fait la même année, par M. Bourg, il y avait au cap de Sable et à la baie Sainte-Marie, cent cinquante familles ; au Cap-Breton, plus de cent quarante ; et à l'île du Prince-Edouard, cinquante, toutes acadiennes. Le recensement officiel, fait en 1774, indiquait, au Cap-Breton, cinq cent deux habitants d'origine française.

s'aperçurent qu'on avait pour eux des ménagements auxquels ils n'étaient pas accoutumés. On craignit, en effet, les complications qu'aurait pu causer un soulèvement parmi eux, lequel aurait infailliblement entraîné celui de leurs constants alliés, les sauvages. Leur sécurité s'augmenta de tous les dangers que courait la puissance britannique dans ses colonies américaines. A la fin de 1775, toute la province du Canada était aux mains des insurgés. L'Angleterre n'y gardait plus qu'un seul rempart, la citadelle de Québec, serrée de près par le général Montgomery. On savait que le sort de cette province dépendait de la fidélité ou de la défection des Canadiens. On avait donc tout intérêt à ménager leurs frères de la Nouvelle-Ecosse.

Ce fut grâce à ces années de guerre et à la tranquillité intérieure qui s'ensuivit pour les Acadiens, que purent s'organiser, insensiblement et sans bruit, les paroisses de la baie Sainte-Marie, de Memramcouk et ensuite de Madawaska, qui servirent de point d'appui aux autres groupes acadiens.

Telle fut la fin de cette persécution sans parallèle dans les annales de l'Amérique. On a peine à s'expliquer comment la race acadienne n'a pas disparu entièrement dans cette tourmente. On s'explique encore moins comment, sans autre secours que le développement naturel des familles, elle a pu faire de si rapides progrès ; comment elle peut compter aujourd'hui, dans les provinces Maritimes, une population compacte et homogène de plus de cent mille âmes. Ce phénomène ne peut être attribué qu'à une seule cause : la puissance du sentiment religieux et national.

CHAPITRE TREIZIÈME

Délaissement des Acadiens. — Secours providentiel. — Réorganisation. — Les exilés de la révolution française en Acadie. — MM. Desjardins et Ciquard.

On se souvient de ce passage d'*Évangéline,* où Longfellow compare l'Acadien chassé de ses foyers au chevreuil poursuivi par le chasseur au fond des bois :

> ...Where are the hearts that...
> Leaped like the roe, when he hears in the woodland the
> [voice of the huntsman ?

Si le poète américain avait connu toute l'histoire du peuple acadien, telle qu'on la sait aujourd'hui, il aurait plutôt comparé ce peuple à un essaim d'hirondelles dont la tempête a renversé les nids, et qui disparait au loin pour un temps, mais qui, attiré bientôt par un invincible besoin, revient s'abattre au même lieu, et recommence à bâtir ses demeures, avec une patience qui ne connaît pas le découragement. C'était ce travail silencieux et fécond qui s'opérait, à la fin du siècle dernier, aux endroits où se voient aujourd'hui les groupes français des provinces Maritimes. Il n'avait pas fallu moins de vingt-cinq ans, pour que les familles errantes dans l'intérieur des terres ou revenues de tous les points de l'horizon se fussent fixées définitivement au sol. Tous les genres d'obstacles avaient retardé leur établissement ; d'abord des proscriptions réitérées, puis, le refus de titres de propriété, enfin le défaut de moyens pour se livrer à la culture.

On sait ce qu'il en coûte aux colons de nos jours pour ouvrir des terres, avec toute la protection, souvent même l'assistance matérielle qu'ils reçoivent du gouvernement et de leurs familles. Les Acadiens ne pouvaient compter sur aucun de ces avantages. A peine avaient-ils eu, pendant les premiers temps qui suivirent leur arrivée, de quoi se vêtir et s'empêcher de mourir de faim. Ils se trouvaient, les uns entourés d'un monde hostile, les autres complètement isolés, comme, par exemple, ceux de l'île Madame, au sud du Cap-Breton, qui s'y étaient réfugiés en secret, et avaient risqué de s'établir sur des terres sans titres de propriété [1]. Leurs seules ressources consistaient dans leurs bras et leur volonté ; mais leurs poignets étaient plus forts que les nœuds des érables qu'ils abattaient, et leur volonté était plus forte que leurs bras : elle avait la ténacité de leurs convictions.

Tout accès aux charges publiques leur était fermé, et leur existence politique devait se borner à être oubliés ou à se faire pardonner leur présence. Ils n'avaient pas même l'avantage de se concerter ensemble, la plu-

[1] Un petit nombre d'entre eux avaient obtenu, quelque temps après leur arrivée, des titres *temporaires*.

En 1760, un voyageur français trouva à l'île Madame cent treize habitants. « Ils vivent comme ils peuvent, écrivait-il, sur un sol stérile, soutenus seulement par le travail de la pêche. » Et il ajoutait en terminant : « Nous quittâmes ce pays sans regrets, excepté celui d'y laisser tant de familles dans la misère. »

part de leurs groupes étant séparés les uns des autres par de grandes distances. Un dernier lien cependant les unissait, lien invisible, mais dont la force était souveraine et suppléait à tous les autres. Il était symbolisé par la petite croix qu'on trouvait partout accrochée à leurs chevets, et qui dominait les humbles chapelles où ils se réunissaient le dimanche pour assister à l'office divin, quand ils avaient le bonheur bien rare d'avoir le missionnaire de passage au milieu d'eux, ou pour entendre une *messe blanche*, que leur lisait un des vieillards choisi parmi les plus respectables du lieu. C'était pour ne pas briser ce lien de la religion, cette chaîne mystérieuse qui nous relie au ciel, que tant des leurs et eux-mêmes s'étaient voués à toutes les horreurs de l'exil. Ils s'étaient attachés à cette religion, de toute l'étendue des maux qu'ils avaient soufferts pour elle. Ils avaient encore présents à la mémoire tous ces morts qu'ils avaient laissés, là-bas, sur tant de plages diverses, et qu'ils avaient vus mourir, calmes et résignés, le regard au ciel, le crucifix sur les lèvres. Ils croyaient toujours entendre ces voix d'outre-tombe, qui leur disaient de rester fidèles à cette religion qu'ils avaient confessée.

A certain dimanche de l'année, quand ils entendaient le prêtre lire au prône ce passage de l'Evangile : « Qui nous séparera de la charité de Jésus-Christ ? Sera-ce la tribulation, les angoisses, la faim, la nudité, les périls, les persécutions ou le glaive ? Selon qu'il est écrit, on nous regarde comme des brebis destinées à la boucherie ; mais parmi tous ces maux, nous demeurons victorieux par Celui qui nous a aimés ; car je suis assuré que ni la mort, ni la vie, ni les choses présentes, ni les choses futures, ne pourront nous séparer de la charité de Dieu en Jésus-Christ Notre-Seigneur » ; quand, dis-je, ils entendaient ces paroles, ils faisaient un retour sur eux-mêmes ; ils ne pouvaient s'empêcher de se les appliquer ; ils rendaient grâce à Dieu d'avoir été ces témoins de la foi, et de grosses larmes tombaient de leurs yeux. Un de leurs prêtres avait pu leur dire un jour avec vérité : « Vous êtes comme les chrétiens des premiers temps ; vos catacombes, à vous, ce sont vos déserts et vos forêts. Persévérez comme vos pères dans la foi. »

C'était pour garder cette foi et la transmettre à leurs enfants, qu'à leur retour au pays, leur première sollicitude avait été de demander des missionnaires.

On a vu avec quelle joie ils avaient accueilli M. Bailly, et quels fruits de bénédictions avaient opérés parmi eux ses successeurs, MM. Bourg et Le Roux. Ces deux derniers furent les seuls prêtres qui les visitèrent régulièrement jusqu'en 1790, c'est-à-dire durant plus de quinze ans.

Les évêques de Québec, dont l'immense diocèse s'étendait depuis Détroit jusqu'à Halifax, c'est-à-dire, sur un espace de plus de cinq cents lieues, n'avaient pas même un nombre suffisant de prêtres pour satisfaire aux besoins les plus pressants. Les tentatives que ces évêques avaient faites, en différents temps, pour recruter des sujets en France, avaient toutes échoué ; car l'Angleterre, qui nourrissait continuellement le projet de protestantiser le Canada, y avait mis une opposition formelle et systématique. Ce n'était même que par un heureux concours de circonstances que M. Le Roux avait pu arriver jusqu'à Québec ; et il ne s'était maintenu à Memramcouk que grâce au profond isolement où il se trouvait et à l'extrême prudence de sa conduite. Mais, à la date où nous sommes parvenus, les Acadiens se voyaient à la veille de manquer entièrement de missionnaires. L'abbé Le Roux, accablé d'années et de travaux apostoliques, n'avait plus pour longtemps à vivre ; et l'abbé Bourg, quoique jeune encore, avait contracté des infirmités qui devaient bientôt lui interdire la vie de mission. Qu'allaient donc devenir leurs ouailles ? Dieu voulait-il abandonner la race acadienne au moment où elle sortait de ses ruines ? Allait-il la laisser périr, après l'avoir préservée, comme par miracle, de l'anéantissement ? Les pères et les mères de famille, inquiets sur leur postérité, se demandaient, comme autrefois les enfants d'Israël, d'où leur viendrait le salut : *Unde veniet auxilium mihi ?* Sur l'avis de leurs pasteurs, inquiets comme eux de l'avenir, ils s'assemblaient le soir et récitaient en commun des prières, surtout le chapelet, pour fléchir le ciel et demander des ouvriers évangéliques. De quelle manière furent-ils exaucés ? Comment l'Eglise du Canada se trouva-t-elle tout à coup riche d'une nouvelle famille spirituelle, qui lui permit d'en doter les plus déshérités des siens ? D'où lui vinrent ces fils qu'elle n'avait pas enfantés ?

Nous sommes ici en face d'une de ces harmonies de la Providence, qu'on ne peut contempler sans admirer ses merveilleux procédés. Une tempête avait dispersé le peuple acadien ; une tempête devait lui apporter le salut. Il était réservé à des exilés de venir recueillir et sauver ce qui restait d'un peuple exilé. A ce peuple, confesseur de la foi, Dieu devait des apôtres, confesseurs de la foi comme lui. Pour faire mieux éclater cette harmonie de la Providence, on vit le gouvernement anglais changer tout à coup de politique, et mettre autant d'empressement à envoyer des prêtres au Canada, qu'il en avait mis, la veille, à les exclure.

La révolution française sévissait alors dans toute sa fureur, et jetait, sur les rivages d'Angleterre, une masse d'émigrés et de prêtres, échappés à la guillotine. Les admirables exemples de vertu que donna le clergé proscrit, parmi lequel on comptait les plus grands noms de France, ne tardèrent pas à faire tomber les préjugés qu'avait eus jusqu'alors le peuple anglais contre tout ce qui était catholique. Son mépris se changea en estime et sa haine en sympathie. La générosité que déploya l'Angleterre, en cette circonstance, lui acquit l'admiration du monde entier. Les particuliers rivalisèrent avec le gouvernement pour soulager les victimes de la Révolution. « Quel touchant spectacle, dit à ce sujet un écrivain français, quel admirable exemple a donné aux autres nations cette nation hospitalière, quand on l'a vue tout entière, clergé et laïques, roi et sujets, grands et petits, accourir au devant des confesseurs d'une religion qui n'était pas la sienne, s'empresser de les accueillir, de soulager leur douleur, de subvenir à leurs besoins, d'en adoucir les maux [1] ! » Parmi les moyens d'assistance proposés par la presse anglaise, fut celui de fonder, au Canada, une colonie d'émigrés et de prêtres français.

Mgr Hubert, évêque de Québec, se hâta de profiter de ce mouvement de l'opinion pour demander au cabinet de Londres, l'autorisation de faire venir quelques-uns de ces prêtres, qu'il s'engageait à employer dans son diocèse ; il obtint cette autorisation sans difficulté. Malgré les ressources restreintes dont il disposait, il fit passer immédiatement des fonds en Angleterre, afin de subvenir aux frais de voyage d'un certain nombre de ces prêtres.

Deux ecclésiastiques français n'avaient pas attendu ce temps favorable pour se rendre en Amérique ; ils s'étaient fait transporter des îles Miquelon à Halifax, où les autorités avaient fermé les yeux sur leur présence. Par une singulière coïncidence, ils arrivèrent précisément à l'heure où l'abbé Bourg quittait la Nouvelle-Ecosse ; et ils auraient pu, pour ainsi dire, reconnaître la trace de ses pas, encore fraîche, sur le rivage où ils venaient de débarquer.

[1] Le cardinal de la Luzerne. *Œuvres complètes*, t. II, p. 114.

Une petite colonie irlandaise établie à Halifax, et composée de *loyalistes* américains et de soldats licenciés de l'armée anglaise, avait obtenu, peu de temps auparavant, l'exercice libre de leur religion et l'autorisation de faire venir de Cork un prêtre de leur nation. Le P. Jones, de l'ordre des capucins [1], homme instruit et fort distingué, avait bâti pour eux une église et exerçait, à la place de l'abbé Bourg, les fonctions de vicaire général de l'évêque de Québec. Le P. Jones s'empressa d'accepter les services de ces deux prêtres, munis des meilleures recommandations. L'abbé Allain alla évangéliser le groupe acadien le plus inaccessible et le plus délaissé de tous : celui des îles de la Madeleine. L'abbé Lejamtel de la Blouterie eut en partage l'île du Cap-Breton, et se fixa à Arichat, où vint bientôt le rejoindre un autre exilé de France, l'abbé Champion, comme lui du diocèse d'Avranches.

En 1794, l'abbé Desjardins succéda à M. Bourg dans la baie des Chaleurs, où il fut bientôt suivi par MM. Levaivre et Orfroy.

L'abbé Castanet accepta la mission de Miramichi ; l'abbé Joyer, celle de Caraquet ; l'abbé Sigogne, celle de la baie Sainte-Marie ; enfin l'abbé de Calonne, frère du ministre de Louis XVI, les missions de l'île Saint-Jean, où il eut pour compagnon l'abbé Pichart.

On peut imaginer quel essort donnèrent à ces missions ces hommes instruits, quelques-uns même savants, accomplis de toutes manières, éprouvés par les persécutions, et exerçant leur zèle ardent sur un peuple simple, avide de leur parole, et ouvert au sentiment religieux. C'est à ces confesseurs de la foi que la race acadienne doit son organisation ; ce sont eux qui ont été les vrais fondateurs de sa nationalité.

[1] *Archives de l'archevêché de Québec. Lettre de l'abbé de Calonne à l'évêque de Québec*, 1801.

Quand le dernier survivant de cette petite phalange en Acadie, l'abbé Sigogne, se coucha pour dormir son dernier sommeil, il y a aujourd'hui quarante-trois ans, le peuple acadien pouvait compter sur l'avenir. L'œuvre qu'ils ont accomplie paraissait, de leur vivant, bien humble et bien obscure ; mais quand on la regarde aujourd'hui, quand on la mesure à ses résultats, on voit combien elle était grande et fructueuse. Ils croyaient n'écrire leur nom qu'au livre de Dieu, et ils l'ont écrit aussi au livre des hommes. Leur mémoire, entourée de bénédictions, vivra autant que le peuple dont ils ont préparé la destinée.

La vie de mission de chacun de ces prêtres se ressemble ; elle se composait de cette multitude d'occupations pastorales qui font les jours pleins, mais incolores et uniformes. Aucun événement remarquable n'est venu la traverser. Il y a donc peu d'intérêt à suivre chacune de ces carrières l'une après l'autre. On ne peut qu'en détacher un petit nombre de faits qui se recommandent à l'attention.

L'abbé Desjardins, qui vint finir ses jours à l'Hôtel-Dieu de Québec, était frère de l'abbé du même nom, qui devint vicaire général de l'archevêque de Paris, et qui, en 1793, avait été envoyé par l'Angleterre pour se concerter avec les gouverneurs des provinces du Canada sur l'établissement d'une colonie d'émigrés français.

Les goûts d'artiste de l'abbé Desjardins nous ont valu les plus beaux tableaux d'église que possède la province de Québec. Ces tableaux, enlevés pendant la Révolution, lors de la profanation des temples, avaient été enfouis dans des greniers où ils étaient exposés à périr. Quelques-uns mêmes, coupés en deux, comme la magnifique toile de Philippe de Champagne, *le Repas chez le Pharisien*, qui orne l'église des Ursulines de Québec, servaient d'enveloppe à des ballots de marchandises. Pendant un séjour en France, l'abbé Desjardins se mit à la recherche de ces tableaux, et en recueillit un bon nombre, qui furent acquis par les fabriques de nos paroisses.

L'amour de l'art chez M. Desjardins ne nuisait cependant en rien à l'amour du devoir : aucun de ses confrères ne le surpassait en zèle et en activité. Il n'y a pour s'en convaincre qu'à jeter un coup d'œil sur les rapports de missions qu'il écrivait de la baie des Chaleurs à l'évêque de Québec, conjointement avec l'abbé Castanet, le compagnon ordinaire de ses courses. Ces rapports sont des modèles du genre et indiquent autant de sollicitude que d'intelligence.

Veut-on savoir à quel genre de vie l'astreignaient ses devoirs de pasteur ? Il le dit lui-même dans une note laissée à son successeur.

J'en extrais les passages suivants, qui font connaître l'état de cette mission :

« M. Orfroy me demande quel était l'ordre que j'observais dans mes visites et les différents temps où j'allais dans chaque mission. Le voici : je restais à Caraquet les mois de novembre, décembre, janvier et quelquefois la moitié de février. C'était ordinairement le temps où je faisais faire la première communion. J'étais dans l'usage de recevoir les enfants à ma table ce jour-là. Vers la mi-février, je partais pour Miramichi et autres lieux circonvoisins, et j'étais ordinairement un mois et demi dans ma tournée. C'était à la Bartabogue [1] que je résidais le plus longtemps. Je m'en revenais de là à Caraquet, et y restais ordinairement quinze jours ou trois semaines. Je partais ensuite vers le milieu d'avril, sur les glaces, pour me rendre à Nipisiguit, où j'étais un mois ou cinq semaines.

[1] L'étymologie de ce mot est assez singulière pour être notée : c'est une corruption du nom d'un individu qui a habité cet endroit, *Barthelemi Borgne.*

» En général, tous les Acadiens y sont bons, excepté ceux qui ont été en Canada, qui ne les valent pas. Il sera aisé à Monsieur le missionnaire de les distinguer.

» De Nipisiguit, je revenais à Caraquet, et les premières années, je m'empressais pour me trouver vers la Pentecôte à la mission des sauvages; mais ensuite le concours n'ayant plus lieu à cette fête, je me contentais de me rendre à ladite église des sauvages à la Sainte-Anne, où le concours est le plus grand. J'avais le soin et le temps auparavant de faire ma mission chez les Anglais; et à la fin de cette mission, de me rendre pour ladite Sainte-Anne à l'église des sauvages. Je ne restais guère plus de huit à dix jours à cette misson après la Sainte-Anne, vu qu'ils sont très pressés de s'en aller par défaut de vivres.

» Nigawek ou Taboujamtek se faisait desservir avec les sauvages, l'été; mais l'hiver à Nigawek, où il y a une chapelle. Il n'y a guère en cet endroit que deux familles qui donnent de la consolation aux missionnaires: ce sont celles de François et de Jean Julien. Le fils aîné de ce dernier, François, est un des meilleurs Indiens. L'incomparable Madeleine, sa femme, est l'interprète des sauvages, lorsque le missionnaire ne sait pas la langue; elle est quelquefois plus sévère que le missionnaire.

» Je revenais, vers le 10 d'août, à Tracadie, où je demeurais environ huit jours.

» Je m'arrêtais un jour à Pokmouche, et je m'en revenais à Caraquet, où je restais quelquefois trois semaines, quelquefois plus. Vers la mi-septembre ou un peu plus tard, je partais pour Nipisiguit, où j'étais environ un mois, jusque vers la Toussaint, époque à laquelle je revenais à Caraquet.

» Quoique j'aie dit que je voyageais l'hiver, néanmoins, si monsieur le missionnaire voulait me croire, il ne le ferait que pour des malades, vu que les visites d'hiver ne sont pas ordinairement très fructueuses, à cause des fréquents mauvais temps ; à moins qu'il ne se sente porté à aller se cabaner avec les sauvages pour les convertir, ce qui serait une bien belle œuvre. M. Castanet a séjourné plus de deux mois de suite parmi ces sauvages. »

Dans une lettre à Mgr Plessis, M. Desjardins ajoutait :

« L'Eglise de Bonaventure n'est point heureusement dans un besoin si pressant que celle de Tracadietche (Carleton) ; et les facultés de ses habitants sont grandes. La nouvelle bâtisse se continue avec beaucoup d'activité ; et l'espoir d'obtenir un prêtre pour prix de leur zèle ranime l'émulation des braves gens de Bonaventure. J'ose vous assurer, Monseigneur, qu'ils sont plus dans le cas de faire vivre un missionnaire, que les gens de Caraquet, et qu'il y aurait grandement de quoi l'employer dans la desserte du bas de la baie, jusqu'à la rivière aux Renards. Un autre aurait bien aussi suffisamment à s'occuper des missions de Ristigouche et Tracadietche. La population augmentant ici dans une progression étonnante, et les sauvages ayant été jusqu'ici infiniment trop négligés, demandent des soins tout particuliers. Il n'est pas possible qu'un seul prêtre, chargé de tant d'ouvrage, le puisse bien faire, et qu'il tienne lui-même longtemps, aux voyages pénibles que la distance des lieux rend si difficiles. J'ai passé presque tout mon hiver en courses d'ici à Bonaventure, à cause des maladies fréquentes qu'il y a eu de ce côté. J'aurais désiré aller jusqu'à Percé, et l'hiver serait en effet le vrai temps pour y catéchiser ces pauvres gens qu'on a peine à réunir dans l'été ; mais comment se résoudre à abandonner pour quelques ouailles une si grande partie de son troupeau ? Deux prêtres, qui voudraient travailler de concert au salut des âmes, le feraient sans doute ici avec beaucoup plus de succès et de sûreté pour eux-mêmes [1]. »

Les besoins pressants dont se plaignait ici M. Desjardins se faisaient sentir bien plus encore du côté de Memramcouk, où M. Ciquard ne put être appelé qu'en 1803. La mort de M. Le Roux, arrivée dix ans auparavant, y avait été une perte irréparable. Depuis lors cette paroisse avait été desservie très irrégulièrement, et par des curés qui ne connaissaient qu'imparfaitement la langue et le génie du peuple. Tandis que les dangers y augmentaient chaque jour par l'affluence d'une immigration protestante venant de tous côtés, la vigilance pastorale y avait diminué, et la paroisse était tombée dans un état de décadence qui faisait tout craindre pour l'avenir. Pour comble de désastres, le feu avait pris à l'église durant l'absence du dernier desservant ; et, comme le toit était en chaume, tout fut consumé en si peu de temps qu'on eut peine à sauver les ornements et les vases sacrés. La nouvelle église n'était pas encore achevée, quand Mgr Denaut jeta les yeux sur l'abbé Ciquard pour venir reprendre l'œuvre interrompue de l'abbé Le Roux.

Mgr Denaut avait compris qu'il ne fallait pas moins qu'un fils de M. Olier et un disciple de M. Emery [2], pour y relever les ruines de cette mission.

Aucun des prêtres français, venus ici à la suite de la Révolution, n'avait eu une carrière aussi pleine de vicissitudes que celle de M. Ciquard.

Natif de l'Auvergne, il était entré au séminaire de Saint-Sulpice de Paris, en 1783, et avait été envoyé l'année suivante au séminaire de Montréal. Le Canada se trouvait alors sous le régime tyrannique du général Haldimand. Dès que ce gouverneur eut été informé de l'arrivée de ce prêtre français, il le fit redescendre à

[1] *Archives de l'archevêché de Québec. Lettre de M. Desjardins.*

[2] *Archives de l'archevêché de Québec. Lettre de M. Ciquard.*

Québec et de là, à la Malbaie, où il avait ordre d'attendre un navire qui devait le ramener en Europe. L'abbé Ciquard espéra échapper à la vigilance du gouverneur en désertant à travers les bois et en franchissant les montagnes qui le séparaient de Québec, d'où il regagna Montréal sans être reconnu. Il ne put s'y tenir si bien caché, qu'il ne fut découvert par les limiers du général, qui, cette fois, le fit conduire sous bonne garde jusqu'à soixante lieues au-dessous de Québec, dans l'île du Bic, d'où il le fit embarquer un mois après pour l'Europe. Il était supérieur du séminaire de Bourges, lorsque la Révolution vint l'en chasser en 1791. Il passa à la Nouvelle-Orléans, et de là, à Baltimore, où Mgr Carroll lui confia la mission abénaquise de la rivière Passamaquoddy. La lettre suivante donne quelque idée de ses travaux apostoliques :

« ... Cinq canots de Penobscot formaient notre flottille. Leurs équipages se composaient de quinze hommes, sept femmes, cinq enfants et moi.

» Nous avons campé dans le bois pendant trois nuits employées à traverser le désert. Nous avons eu beaucoup de pluie, et les moustiques nous ont fort tourmentés ; mais je n'ai reçu de leurs attaques aucun inconvénient sérieux. Les deux dernières nuits, j'ai dormi sans interruption depuis le moment où je me suis couché jusqu'au lever du jour. Nous n'avions pas le temps de bâtir des *wigwams* (cabanes) ; nous dormions sous l'abri d'un canot, et je m'en trouvais très bien. Une vieille Indienne, qui faisait ma cuisine à Quoddy, était à ma suite ; elle a pris de moi le plus grand soin. Depuis le vendredi midi jusqu'au lundi soir, nous n'avons pas vu une seule habitation ; toujours des arbres et de l'eau ! Ce n'était cependant pas une vue désagréable. La terre était presque toute couverte de grands bois qui réjouissaient nos yeux par leur magnifique verdure ; et sur le sol s'étalait une herbe splendide, comme je n'en ai jamais vu. Mon esprit cherchait à entrevoir le temps où cette contrée sera toute colonisée. Je me plaisais à l'idée qu'elle pourra devenir l'asile de la vertu et de l'innocence, maintenant persécutées presque partout. Plein d'espérance et désireux de la consacrer en quelque sorte, je célébrai la grand' messe et les vêpres avec mes bons Indiens, en l'honneur de la sainte Trinité.

» Nous avons traversé six lacs, dont deux assez larges, à travers lesquels coule la rivière Schoudick. De la fin du dernier lac au ruisseau Penobscot, comme disent les sauvages, on compte que la route est d'environ quatre milles ; mais je crois bien que j'en ai fait douze. Vous ne pouvez pas avoir une idée de l'état de cette route ; les yeux perçants des Indiens peuvent à peine en découvrir la trace. Il faut toute leur agilité et toute leur force pour surmonter les obstacles qui l'embarrassent, chargés comme ils sont de leurs canots et de leurs bagages. De grands arbres, dont quelques-uns sont pourris et cèdent sous le pied qui les presse, encombrent la voie. Ici, c'est un marais fangeux ; là, des rochers glissants. Je suis tombé une douzaine de fois, mais sans me faire de mal. Je me croyais bon marcheur ; et les Indiens disent que je le suis certainement pour un homme blanc, mais quand je me compare à eux, je crois que je me traîne à peine comme un limaçon.

» ... Dès que mes pieds ont eu touché la terre, les Indiens se sont mis à tirer des coups de fusil en signe de joie. Ils m'ont fait un accueil tout à fait amical et touchant. Nous sommes ensuite allés à l'église. Après avoir offert mes remerciements à Dieu et l'avoir prié de bénir ma mission, après avoir adressé quelques paroles aux sauvages, j'ai été introduit dans mon presbytère. Il est près de l'église. Tous deux sont bâtis sur une colline, au-dessus des cabanes indiennes. Ma maison (et je le dis avec orgueil, car bien du temps s'est écoulé depuis que je n'ai été dans ma maison), ma maison donc a environ dix pieds carrés en surface et huit en hauteur. L'église est un peu plus large, mais pas beaucoup plus haute. Il n'y entre pas d'autres matériaux que de l'écorce, avec quelques troncs d'arbres et des bâtons en croix pour la soutenir. La seule ouverture est la porte ; aussi l'église est-elle sombre ; à peine peut-on lire à l'autel. La seule pièce d'ameublement qui existe dans la maison est une grande table faite de planches grossières. J'ai mis, la nuit dernière, mon matelas sur la table, et j'ai dormi passablement. L'église est tapissée de deux pièces de drap, l'une écarlate, l'autre bleue, auxquelles sont attachées, avec des épingles, quelques images.

» Les Indiens étaient, hier, si joyeux de me voir, qu'ils oubliaient de manger. Ils n'avaient rien préparé pour notre repas. Heureusement j'avais mes deux barils de biscuits ; on nous a apporté d'une ferme voisine du bon lait et du bon beurre, de sorte que nous avons pu dîner et souper parfaitement. Aujourd'hui, je suis traité avec des pigeons sauvages.

» ... J'ai chanté une grand'messe pour les morts, et j'ai parlé contre l'ivrognerie. J'ai déclaré à mes Indiens, que je ne recevrais à la communion que ceux qui auraient été longtemps sans boire, par exemple, une année. Je crois que j'aurai peu de communions ; mais je ne veux pas exposer les sacrements à une profanation certaine.

» Les sauvages ont chanté toutes les parties de l'office auxquelles le peuple mêle sa voix ; et ils l'ont fait exactement sur le même ton que nous. Au *Kyrie*, ils ont gardé les mêmes mots. Quel courage et quelle patience dans les premiers missionnaires !...

» Ce que les autres appellent misère, est pour moi le luxe de la vie ; et cela me convient extrêmement bien. L'autre nuit, je me suis éveillé presque à la nage dans mon lit ; la violence de la pluie avait fait un trou dans le toit de ma cabane, et j'avais été inondé. Ce bain froid m'a fortifié ; au lieu de me donner un rhume, il ne m'a rendu que plus vigoureux et plus dispos.

» ... La corruption a augmenté parmi les sauvages, mais cela est dû à ce qu'ils n'ont pas de prêtre pour les gouverner.

» ... Ce sont littéralement de petits enfants, mais bien élevés. Je pense qu'ils seront obéissants et soumis à l'avenir ; ils l'ont été depuis le peu de temps que je suis leur père. Ils m'aiment ; je leur suis attaché ; je le suis beaucoup à quelques-uns, et je ne les quitterais pas sans les arroser de mes larmes [1]. »

Le manque absolu de moyens d'existence obligea l'abbé Ciquard d'abandonner, quoique bien à regret, ces pauvres sauvages, après les avoir desservis deux ans ; et il se rendit au désir de l'évêque de Québec qui l'appelait au milieu de l'intéressante colonie acadienne de Madawaska.

Il y était encore en 1803, lorsque Mgr Denaut l'en arracha pour le fixer à Memramcouk, dont la mission comprenait en même temps celle de Peticoudiac et de Ménoudie. Les habitants de ces localités avaient alors à lutter contre un nouveau genre de vexations qu'ils n'avaient pas prévu. Le gouvernement de la province, sans égard pour leurs travaux, et sans songer que son premier devoir était de protéger ces défricheurs du sol, les avait sacrifiés à des étrangers, auxquels il avait concédé des titres de propriété sur les nouvelles circonscriptions territoriales formées de ce côté de l'isthme. Les

[1] Mgr de Cheverus, évêque de Boston et plus tard cardinal-archevêque de Bordeaux, visita cette mission après M. Ciquard, et pendant que celui-ci était encore à Madawaska. Ces deux esprits également justes se rencontrent sur tous les points dans leurs observations sur ces missions sauvages.

nouveaux seigneurs exigeaient de leurs tenanciers le rachat de leurs terres, ou des rentes si onéreuses qu'un grand nombre en furent ruinés. Ceux de Ménoudie, en particulier, furent presque tous dépossédés, et forcés d'aller reprendre leur dur métier de défricheurs sur le chemin de Memramcouk, à Shédiac, ou dans les environs.

Telle était la situation de ces missions à l'arrivée de l'abbé Ciquard. Les malheureux colons avaient toutes les peines du monde à subvenir aux premiers besoins de leur missionnaire. Celui-ci se trouva souvent dans un état de pauvreté qui lui rappelait son séjour chez les sauvages. Il se dévoua cependant avec un admirable courage, et acheva d'user ses forces, durant les neuf ans qu'il eut à desservir cette rude mission ; mais il eut la consolation, dans les dernières années de son séjour, d'y voir refleurir les beaux jours du règne de M. Le Roux.

Jusqu'à la fin de sa vie, l'abbé Ciquard eut la ferveur d'un séminariste. Il ne lisait jamais les lettres de son évêque, qu'agenouillé sur les marches de l'autel, afin, lui écrivait-il, d'être prêt à déposer au pied du crucifix tous les sacrifices qu'on jugerait à propos de lui imposer.

Voici en quels termes ce vieillard plein de mérites demandait à son ancien supérieur de Baltimore, M. Nagot, un petit réduit pour y aller mourir :

« Je n'ai plus d'espérance d'être jamais reçu et admis au séminaire de Montréal, quoique M. Le Roux le désire beaucoup ; le gouvernement anglais, toujours ombrageux, s'y oppose, et par là, me voilà condamné pour toujours à vivre dans ces pénibles missions, pour y mourir seul, abandonné et privé de tout secours. Je ne crains pas d'y vivre, puisque c'est la volonté de Dieu, mais je crains bien d'y mourir, et c'est pour moi une triste et terrible perspective. Comment espérer un autre sort ? Où chercher un autre asile ? En quel endroit pouvoir trouver, auprès de mes confrères, un petit réduit pour y faire pénitence et y finir mes jours? Chez vous? Je le désire, mais je n'ose ni l'espérer ni le demander, parce que je ne puis que vous être inutile. Mais si je suis inutile partout et en tout, j'oserais assurer que je ne serai jamais à charge à personne, ni incommode, ni envieux nulle part. Le genre de vie que je mène depuis que je suis dans ces pays déserts et sauvages, ainsi que mes missions, m'ont trop appris pour cela à me contenter de peu, soit pour la vie et l'habillement, aussi bien que pour le logement et le service; car je me sers, ou du moins je sais me servir moi-même, vivre seul ou en compagnie.

» Hé! combien de fois je me suis vu réduit à n'avoir pour tout logement qu'une pauvre et chétive cabane sauvage, à vivre de ce que la Providence m'envoyait, et où j'étais, le jour comme la nuit, aveuglé par la boucane, dévoré par les mouches, piqué par les poux; le jour, assis sur la sellette, la nuit, couché ou étendu par terre sur quelques branches de sapin, pour me reposer des fatigues du jour; et passer ainsi, presque dans l'insomnie ou dans les pénibles travaux du ministère, des mois entiers sans interruption.

» Combien de fois, même dans mes courses, me serais-je trouvé heureux et content, si j'avais pu rencontrer quelque vieille masure ou cabane sauvage, pour m'y mettre à l'abri des orages et y passer la nuit; n'ayant pour lit que la terre nue, pour couvert, la calotte des cieux, ou tout au plus dans le mauvais temps, un petit canot renversé ou quelques écorces levées à la hâte, ou les branches de quelque arbre, faible abri contre le froid, la neige ou la pluie. Je n'avais alors que la compagnie de quelques sauvages; j'étais seul et abandonné à moi-même, éloigné de plus de cent lieues de tout prêtre; et maintenant après dix-sept ans de pareil genre de vie, ne devrais-je pas me trouver content dans le plus chétif réduit, en la compagnie de mes confrères [1] ? »

Mgr Plessis, à qui l'abbé Ciquard communiqua son projet de retraite, lui répondit avec des témoignages d'estime et d'affection si paternels, que le bon missionnaire en fût touché jusqu'aux larmes. L'évêque obtint son retour au Canada (1812), et lui procura ce repos qu'il avait si bien mérité, en lui confiant l'agréable et facile desserte de Saint-François du-Lac. Enfin, dans ses dernières années, il lui facilita l'entrée de cette terre promise du séminaire de Montréal, qu'il n'osait plus espérer.

[1] *Archives de l'archevêché de Québec. Lettre de M. Ciquard*, 4 mai 1809.

CHAPITRE QUATORZIÈME

L'abbé de Calonne. — Les Acadiens à l'île du Prince-Edouard. — Aux îles de la Madeleine. — Au Cap-Breton.

Un autre homme de Dieu, non moins ardent que l'abbé Ciquard, opérait, dans l'île Saint-Jean, ce que celui-ci avait fait sur l'isthme de la Nouvelle-Ecosse ; c'était l'abbé de Calonne, qui, depuis, a laissé au Canada la réputation d'un homme aussi éloquent que le P. Bridaine, et aussi austère que l'abbé de Rancé. L'abbé de Calonne, fils du premier président du parlement de Douai, avait été élevé parmi la haute noblesse de France, et avait joué, pendant sa jeunesse, un rôle brillant à la cour de Versailles, surtout à l'époque où son frère était ministre de Louis XVI. L'abbé de Calonne ne le cédait à celui-ci ni en esprit ni en grandes manières. On connaît cette réponse du ministre à la reine Marie-Antoinette :

« Madame, si ce que vous demandez n'est que difficile, c'est fait ; si cela est impossible, nous verrons [1]. »

[1] M. Thiers, dans son *Histoire du Consulat et de l'Empire*, vol. III, p. 314, dit en parlant de l'ancien ministre de Louis XVI : « Le personnage qui, après M. Fox, occupait le plus l'attention publique

L'abbé de Calonne, prêchant un jour dans la cathédrale de Québec, tira de dessous son surplis un bout de galon doré.

— Voici, dit-il, en le montrant à ses auditeurs, une partie des guides dont je me servais pour conduire mon équipage dans les parties de plaisir de la Cour. Je m'en allais en enfer en carrosse, ajoutait-il, si Dieu n'avait fait éclater le coup de foudre de la Révolution.

Après cet éclat de foudre, l'abbé courtisan s'était relevé apôtre ; et après sept ans d'une vie de prière et de mortification à Londres, il inaugurait son apostolat en Amérique, en parcourant, l'une après l'autre, les petites bourgades acadiennes pauvres et dispersées le long des rivages de l'île Saint-Jean.

Ces établissements avaient été formés à peu près comme celui de l'île Madame, c'est-à-dire sans titres de propriété. Quelques-uns des colons en avaient demandé, mais ils avaient été refusés ou laissés sans réponse. La plupart n'avaient pas même pris ces précautions. C'était une imprudence, sans doute blâmable, et qui les exposait à perdre le fruit de leurs labeurs ; mais on est porté à l'excuser, quand on sait qu'un grand nombre de leurs compatriotes, particulièrement de la baie des Chaleurs, n'avaient cessé de solliciter des titres, et n'en avaient pas encore reçu à la date de 1811. Quoi qu'il en soit, le gouvernement anglais, à l'instigation de certains spéculateurs, avait fait diviser, en soixante-sept can-

était M. de Calonne. C'était le prince de Galles qui avait sollicité et obtenu pour lui la permission de reparaître à Paris... son arrivée y avait fait une grande sensation. On disait même qu'il allait redevenir, pour les finances, ce que M. de Talleyrand était pour la diplomatie, le grand seigneur rallié; prêtant son expérience, l'influence de son nom au génie du premier consul. »

C'était à cette même date que l'abbé de Calonne menait la vie d'un pauvre missionnaire dans les parages presque inhabités de l'île Saint-Jean.

tons ou townships de vingt mille acres chacun, l'île Saint-Jean, qui reçut peu après le nom de New-Ireland, changé depuis en celui de Prince-Edouard[1]. Les acquéreurs de ces townships laissèrent les naïfs Acadiens défricher le sol, sans les prévenir; et quand leurs terres eurent acquis de la valeur, ils envoyèrent des agents ou vinrent eux-mêmes les sommer de payer une rente d'un ou deux schellings, et même d'une demi-piastre, par acre de terre en superficie. Les tenanciers qui se soumirent à ces deux dernières impositions ne tardèrent pas à être obérés, et par suite évincés. Plusieurs aimèrent mieux abandonner immédiatement tous leurs travaux, et aller coloniser ailleurs surtout au Nouveau-Brunswick, quoique les Acadiens de Memramcouk et de Ménoudie eussent à souffrir les mêmes vexations. Les plus aisés se libérèrent en payant des sommes plus ou moins considérables. Le reste, obligé de livrer chaque année le plus net de ses bénéfices, se trouva réduit à végéter dans une espèce de servage.

Une colonie écossaise, composée de catholiques persécutés comme eux pour leur religion, s'était formée à peu près dans les mêmes conditions, privés eux aussi de leurs droits politiques, à cause de leur croyance.

Quoique vivant dans la plus parfaite harmonie, on peut dire que ces deux populations étaient plutôt juxtaposées qu'unies, car jamais aucune alliance de famille ne se faisait entre elles. Leur prêtre, le P. McEachern, homme plein de zèle, qui devint plus tard le premier suffragant de l'évêque de Québec dans les provinces Maritimes, était venu d'Ecosse, à l'origine de leur colonie.

La langue, les traditions, les mœurs de ces deux races étaient toutes différentes; leur religion seule était la

[1] En l'honneur du duc de Kent, père de la reine Victoria, qui commandait en 1800 les armées anglaises dans l'Amérique britannique.

même ; mais on n'aurait pu dire de quel côté la foi était plus vive.

Un demi-siècle d'épreuves et de pauvreté avait conservé chez les Acadiens cette pureté de mœurs à laquelle leurs ennemis mêmes ont rendu témoignage. Tels étaient les habitants chez qui l'abbé de Calonne était venu annoncer la parole évangélique. Leur ignorance des sciences humaines était grande ; mais ils étaient de ces petits pour qui le royaume des cieux est proche.

L'impression que fit l'abbé de Calonne sur ces cœurs simples et droits fut immense. L'esprit de pauvreté de ce grand seigneur d'autrefois, son humilité, sa vie de pénitence et de mortification, joints à ses talents et à son éloquence, tout en lui les étonnait, les édifiait, les entraînait vers le bien. De son côté, l'abbé de Calonne n'oublia jamais les vertus qu'il avait trouvées sous les pauvres toits de l'île Saint-Jean. Sur ses vieux jours, il parlait encore avec admiration de ceux qu'il n'appelait jamais autrement que ses bons Acadiens.

En 1812, Mgr Plessis rapportait de son voyage dans le golfe Saint-Laurent la même impression sur ces braves gens. En parlant de sa visite dans un de leurs villages, celui de Chéticamp, peuplé de réfugiés de l'île Saint-Jean établis sur la côte occidentale du Cap-Breton, il disait :

« On est abondamment dédommagé des fatigues de la mission par la bonté des habitants, par leur respect et leur affection pour les prêtres. Ces sentiments se manifestèrent d'une manière bien consolante à l'arrivée de leur premier pasteur à Chéticamp. Ils n'avaient encore jamais vu d'évêque chez eux. Leur joie était inconcevable. Chaque famille venait à deux et trois arpents au devant de lui, dans l'empressement où ils étaient de recevoir sa bénédiction ; puis ils se rangeaient à sa suite, faisant mille offres de leurs services à lui et à ses compagnons, que tous étaient jaloux d'accueillir et de loger dans leurs maisons.

» La voix d'un prêtre parmi eux est aussi puissante que le serait celle d'un ange, parce qu'ils sont incapables de soupçonner qu'un prêtre puisse leur annoncer autre chose que la vérité, ou exiger d'eux autre chose que ce que Dieu lui commande. Ils ne parlent à un ecclésiastique que chapeaux bas, lors même que la pluie leur lave les cheveux, ou que le soleil leur brûle la tête, ils soutiendraient avec lui une heure de conversation sans oser se couvrir.

» La simplicité de ce peuple est si grande et si sévère, qu'une fille qui s'aviserait de porter *une pince* à son *mantelet*, — car ici on ignore entièrement l'usage des robes, — serait considérée comme une mondaine et ne trouverait point à se marier. Il en serait de même d'un garçon qui oserait porter un habit bourgeois.

» A la fin de la mission, la plupart des habitants voulurent escorter l'évêque jusqu'à sa chaloupe, qui devait le recevoir à l'entrée du havre. Pour s'y rendre, il fallait faire une demi-lieue à pied. Cette distance ne fit relâcher ni les hommes ni les femmes. L'évêque ne put résister au sentiment de tendresse qu'excita dans son cœur cette foule de braves gens à genoux sur la grève, lui demandant sa dernière bénédiction et se recommandant, les larmes aux yeux, à ses prières. Ce spectacle renouvelé dans plusieurs autres endroits rappelle celui que donnèrent à saint Paul les fidèles de l'église de Milet[1]. »

Les Acadiens des îles de la Madeleine n'étaient pas moins fidèles à eux-mêmes, que leurs frères de Chéticamp. L'origine de cette population remonte à 1761. Quelques-unes des familles chassées de leur pays vinrent

[1] *Voyage de Mgr Plessis en 1812*, p. 227.

alors s'y établir, après avoir erré un certain temps de la baie des Chaleurs à l'île Saint-Jean, et de l'île Saint-Jean à la baie des Chaleurs.

« Après quelques années passées aux îles de la Madeleine, raconte Mgr Plessis, elles les abandonnèrent en partie pour se rapprocher des lieux où il y avait des prêtres; puis elles y revinrent attirées par le séjour d'un missionnaire venu de France; et, quoique ce missionnaire les eût abandonnées après quelques années, elles y demeurèrent néanmoins, pour ne pas perdre le fruit de leurs travaux, et dans l'espérance qu'il viendrait d'autres prêtres à leur secours.

» Il n'y a que des catholiques qui puissent concevoir combien la présence d'un ministre de l'Evangile est propre à donner de la consolation, et combien il est fâcheux pour un fidèle d'être privé, dans ses derniers moments, des secours de la religion.

» Les habitants des îles de la Madeleine, élevés dans l'Acadie, dans toute la ferveur et la simplicité de leur foi, constamment édifiés par les vertueux prêtres des Missions étrangères qui leur avaient été donnés pour pasteur, n'auraient pas hésité d'abandonner de nouveau leurs établissements s'ils ne se fussent consolés dans l'espoir d'être bientôt pourvus de missionnaires.

» Leur attente ne fut pas vaine. Peu d'années après le départ de M. Le Roux, ils furent visités par un missionnaire irlandais du nom de William Phelan; puis par un intrus, dont ils se servirent sans le connaître; et enfin, ils eurent pour pasteur à poste fixe, en 1812, M. J.-B^te^ Allain, prêtre vénérable, auparavant vice-préfet apostolique à l'île de Miquelon, qu'il aima mieux quitter à l'époque de la révolution française que de se souiller par un serment auquel sa conscience répugnait. Une partie des habitants de Miquelon l'y suivirent, la plupart aussi Acadiens d'origine, entremêlés de quelques familles françaises.

» Nul n'était plus propre que lui à les maintenir dans cette estimable simplicité digne du plus bel âge du christianisme, dans cette innocence de mœurs, dans cette union, cette harmonie et cette probité à toute épreuve que l'on admire encore parmi eux.

» Ces heureux colons, qui savent mourir sans médecins, savent aussi vivre sans avocats. Ils n'ont nulle idée de la chicane non plus que de l'injustice; si quelquefois il s'élève des contestations entre eux, elles sont aussitôt soumises à un arbitrage et terminées sans retour. Ils ignorent l'usage des clefs et des serrures, et riraient de celui qui fermerait sa maison autrement qu'au loquet, pour s'en éloigner de deux à trois lieues; si quelques hardes les incommodent en route, ils les laissent tout simplement le long du chemin, assurés de les y trouver à leur retour, n'eût-il lieu que le jour suivant [1].

» On conçoit combien la religion a dû se fortifier chez un peuple ainsi disposé. La foi y est vive, la piété sincère, la docilité parfaite. Il arriva une année que des jeunes gens s'avisèrent de donner quelques repas qu'ils nommaient *frolics*... et qui auraient pu conduire à des rassemblements dangereux; d'un autre côté, quelques particuliers montrant du goût pour les boissons enivrantes, il était à craindre qu'ils ne s'y accoutumassent à leur préjudice; la voix du missionnaire s'éleva contre ces commencements de désordres, et ils cessèrent.

» ...Il semble que ce soit le sort des pauvres Acadiens de travailler pour autrui. En 1806, le vice-amiral sir T. Coffin, baronet, a obtenu de la Couronne les îles de la Madeleine en seigneurie; et dès lors il a signifié aux

[1] On ne dira pas que ceci est un tableau de fantaisie; et cependant jamais, en aucun temps, on n'a fait un plus bel éloge des Acadiens.

habitants qu'il était seul propriétaire de tous les fonds qu'ils occupaient; et qu'il fallait ou déguerpir ou lui payer telles rentes ou tels droits qu'il trouverait bon de leur imposer. On s'est récrié d'abord sur l'inhumanité de cette déclaration, puis on a fini par consentir à payer chaque année deux quintaux de morue par terre, petite ou grande indistinctement; ce qui peut être évalué à six piastres de rente annuelle.

» Le bon amiral n'en a pas plus consenti à leur accorder des concessions de leurs terres; et ils courent risque d'en être évincés, même après avoir payé, pendant quinze et vingt ans, cette rente qui leur semble beaucoup trop forte, et qui, cependant, au total ne produit qu'environ cent louis, somme à peine suffisante pour l'entretien d'un agent sur les lieux, dont le seigneur ne peut se passer, à moins d'y demeurer lui-même. Aussi a-t-il annoncé aux colons qu'il ne s'en tiendrait pas là, et qu'il les assujettirait à d'autres redevances; ceux-ci répondirent qu'ils consentiraient à payer douze piastres par an, au lieu de six, s'il voulait leur donner des titres de leurs possessions ; qu'à moins de cela, ils aiment mieux émigrer ailleurs ; et il est à craindre qu'ils ne prennent ce parti. »

Les braves insulaires n'auraient pas manqué, en effet, de prendre ce parti, s'ils avaient pu voir dans l'avenir, s'ils avaient su qu'après trois quarts de siècle, ils ne seraient pas encore délivrés de cette servitude.

Moins molestés que les habitants des îles de la Madeleine, ceux du Cap-Breton, dont le centre principal était Arichat, purent donner libre cours à leur industrie. Aussi ne tardèrent-ils pas à prospérer, grâce surtout à l'abondance de la pêche, à laquelle ils se livrèrent presque exclusivement, et à leur position dans un des plus magnifiques ports du golfe.

L'abbé Lejamtel y fut le digne émule de ses confrères.

« C'est un vrai missionnaire pieux et très actif », écrivait de lui le P. Jones.

« Les protestants de l'endroit, ajoutait plus tard Mgr Plessis, sont en bonne intelligence avec M. Lejamtel, dont ils honorent les vertus et la conduite irrépréhensible.

» Ces protestants, continue l'évêque de Québec, assistent volontiers, les dimanches, à l'office paroissial. Il y en a même un, et un des plus marquants, qui donne les espérances d'une conversion prochaine. Dieu, qui se sert de tout pour opérer le salut des hommes, a permis que celui-ci ait recherché en mariage une jeune Acadienne, du consentement de laquelle il ne doutait nullement, parce qu'il croyait que sa pauvreté ne tiendrait pas contre l'assurance de se trouver tout à coup très riche en l'épousant. Mais il fut extrêmement surpris de recevoir d'elle cette réponse :

« Moi vous épouser, vous, un protestant ! Vous me donneriez votre maison pleine d'or que je ne consentirais pas à déshonorer ainsi ma religion. Faites-vous catholique, après quoi vous me parlerez de mariage, si vous voulez, et je verrai comment vous répondre. »

» On imaginerait à peine l'impression singulière qu'a faite sur le gentilhomme cette réponse ferme et édifiante. Il lui en a résulté la plus grande estime pour la jeune fille et pour sa religion, de manière qu'il paraît décidé à adopter prochainement l'une pour parvenir à l'autre. Si son motif est humain, du moins il n'est pas criminel, et l'on peut espérer que Dieu le rectifiera [1]. »

A la date de la visite de Mgr Plessis (16 juin 1815), la paroisse de Notre-Dame d'Arichat ne comptait pas moins de onze à douze cents communiants, ce qui répond à environ deux mille âmes.

[1] *Voyage de Mgr Plessis en 1815.*

« Tant que les nouveaux colons surent se borner à la pêche et à la construction de petits vaisseaux, à laquelle se prêtait très bien la qualité du bois de leurs forêts, rien ne fut plus innocent, plus religieux, que cette chrétienté. Encore même aujourd'hui, vous voyez avec édification, tous les samedis soirs, rentrer dans le havre, les goélettes et chaloupes qui ont été toute la semaine en pêche, souvent à une grande distance. Ils craindraient d'attirer la malédiction de Dieu sur leurs travaux, s'ils n'étaient fidèles à sanctifier le dimanche. Aussi le jour du Seigneur est-il, dans la saison de la pêche, le seul où l'on voit des hommes dans la paroisse. Toute la semaine vous n'y voyez que des femmes.

» Mais autant les mœurs et la piété se soutiennent parmi les pêcheurs, autant perdent-elles de leur empire chez ceux des *Arichatiens* qui, portant leur ambition plus loin, se sont attachés au cabotage. Cette allée et venue dans les ports étrangers les expose inévitablement à faire des rencontres et à lier des rapports funestes, soit à leur probité, soit à leur sobriété, soit à d'autres vertus qui se dissipent dans le tumulte du monde et dans l'embarras des affaires. C'est au milieu et comme en conséquence de ces dangers spirituels, que l'état temporel d'Arichat a pris une attitude toute différente de ce qu'il était d'abord. Il y a même une différence sensible et une amélioration considérable depuis trois ans. Les maisons se construisent plus élégamment ; les habitants s'habillent avec plus de choix, se nourrissent mieux, mangent tous du pain (chose dont les Acadiens savent si bien se passer), non que leurs terres rapportent plus de blé, car ils ne les cultivent pas, mais parce qu'ils ont assez d'argent pour se procurer des farines étrangères. Il y a aussi beaucoup plus d'activité dans le port, beaucoup plus de vaisseaux et de chaloupes qui entrent et sortent à tout instant, beaucoup plus de hardiesse dans les spéculations. Les uns transportent du charbon de terre de Sydney ; les autres du plâtre d'Antigonish ; d'autres vont, jusque dans le détroit de Belle-Isle, amasser sur des rochers, les œufs de goélans, sterlets, margots, cormorans, moniaques et autres oiseaux aquatiques, les mettent dans leurs goélettes à pleine cale, comme on mettrait du blé, les transportent à Halifax, et les vendent jusqu'à quinze sous anglais la douzaine aux soldats de la garnison et aux matelots de la flotte [1]. »

« Non seulement les gens d'Arichat naviguent, mais ils construisent des goélettes pour les autres navigateurs du golfe ; on en voit en chantier sur presque tous les points de la côte ; dans le cours de l'année 1811, ils en construisirent plus de soixante.

» L'église d'Arichat, située au fond du havre, est avoisinée par un élégant presbytère et par un vaste cimetière bien clos. Cette église, quoique allongée déjà une fois, est encore trop petite pour le nombre des paroissiens. Elle est du reste pourvue d'ornements, d'un clocher, de deux cloches, choses rares dans ces quartiers [2]. »

[1] *Voyage de Mgr Plessis en 1815.*

[2] *Le Foyer canadien*, t. III. *Voyage de Mgr Plessis en 1812*, p. 238.

CHAPITRE QUINZIÈME

Jean-Baptiste Doucet. — L'abbé Sigogne au cap de Sable et à Sainte-Marie. — Un désastre.

A l'autre extrémité de la Nouvelle-Ecosse, les riverains de la baie Sainte-Marie et du cap de Sable commençaient, avec le siècle, à renaître à la vie sociale, sous la bénigne influence de leur nouveau missionnaire.

L'homme le plus remarquable qu'ait produit la Nouvelle-Ecosse, Haliburton, s'honorait de l'amitié de l'abbé Sigogne, dont il fit l'éloge en plein parlement. L'abbé Sigogne a été, de tous les prêtres proscrits par la Révolution, celui qui a fait le plus long séjour dans la Nouvelle-Ecosse, et qui y a laissé la trace la plus profonde. Encore aujourd'hui les habitants de la baie Sainte-Marie font des pèlerinages à son tombeau, si grande est la réputation de sainteté qu'il a laissée après lui.

Ce fut un Acadien, fils de proscrits, proscrit lui même, dont la Providence se servit pour lui préparer les voies. Jean-Baptiste Doucet était un homme d'une belle intelligence, qui avait eu l'avantage, bien rare parmi les siens, de recevoir de l'instruction. Son honnêteté proverbiale, jointe à une droiture d'esprit et une amabilité de caractère tout à fait rares, lui avait acquis l'estime universelle, et donné une grande influence, même parmi la société protestante. Il avait fini par entrer dans les bonnes grâces des gouverneurs, et il s'en était servi non seulement pour son propre bien, mais pour celui de ses compatriotes, Il convainquit ces gouverneurs de la fidélité des Acadiens et de leurs bonnes dispositions. Grâce à lui, plusieurs d'entre eux reçurent des titres de propriété. Il fit plus : il obtint, en faveur des Acadiens exclusivement, une concession de six mille cinq cents acres de terre, en arrière de leurs propriétés. Lors de la visite épiscopale de Mgr Plessis, en 1815, l'éloge de cet homme de bien était encore dans toutes les bouches, quoiqu'il fût mort depuis assez longtemps.

Les habitants de cette côte n'avaient pas manqué de profiter de l'heureux changement qu'il avait opéré, pour faire de nouvelles instances afin d'obtenir un missionnaire, promettant même de payer son voyage d'Europe au cap de Sable ; car, de même que les Canadiens depuis la cession, les Acadiens n'avaient à leur portée d'autre élément d'organisation que le clergé catholique. Hors de là, point de salut pour eux, non seulement au point de vue religieux, mais au point de vue national. Il ne leur restait d'autre alternative que de sacrifier ce qui tient le plus au cœur de l'homme : ses traditions, sa langue, tout ce qui distingue une race, en un mot, tout ce pour quoi ils avaient tant souffert.

Leur requête, envoyée en Angleterre, fut remise à Mgr De la Marche, évêque de Saint-Pol-de-Léon, chargé par le gouvernement britannique de distribuer les secours accordés aux prêtres exilés. Mgr De la Marche jeta les yeux sur l'abbé Sigogne, qui n'attendait que l'occasion d'exercer son zèle. Comme l'abbé Le Roux, M. Sigogne était du diocèse de Tours, plein d'ardeur comme lui, mais d'une plus haute intelligence et d'une énergie indomptable.

A son arrivée au cap de Sable (4 juillet 1799), l'abbé Sigogne avait trouvé un esprit bien différent de celui qu'avait admiré l'abbé Bailly, trente ans auparavant. Ce « jardin spirituel » qu'il avait rêvé d'y faire fleurir, avait été abandonné presque complètement depuis une dizaine d'années, et produisait maintenant plus de ronces que de fruits.

La révolution américaine avait jeté de ce côté une partie de ceux qui avaient embrassé la cause de la Grande-Bretagne, et que la nouvelle république repoussait de son sein. Ce voisinage avait singulièrement affaibli la foi et les mœurs des Acadiens, surtout parmi la nouvelle génération, qui avait grandi sans instruction d'aucun genre, et qui avait été livrée presque entièrement à elle-même.

Le P. Jones qui, d'Halifax, observait la même démoralisation parmi ses ouailles de langue anglaise, écrivait tout alarmé à l'évêque de Québec :

« Si on ne prend des mesures pour supporter quelques missionnaires, la religion catholique sera bientôt morte en ce pays ; il faudrait des établissements réguliers à Saint-Jean, Shelburne, Annapolis, Windsor ; et deux ou trois visites par année dans les havres ; autrement, si on excepte un petit nombre d'Acadiens et de sauvages, il n'y aura plus de catholiques en ces provinces dans vingt ans d'ici. Mon cœur saigne quand je réfléchis à ce qui pourrait être fait, et que je ne vois personne venir de l'avant pour faire l'œuvre de Dieu. Ah ! si le ciel me mettait en main le revenu de quelques bénéfices des vieux pays !

» D'autre part, tenez pour certain qu'il n'y a aucune partie du globe (la Nouvelle-Angleterre exceptée), où les préjugés soient plus intenses que dans cette province ; les calvinistes écossais d'un côté, les différentes sectes américaines de l'autre ; et, ce qui est pire encore, les lois sont une terrible verge qui frappe les étrangers et leur donnent une idée défavorable de nous.

» Quant à la mission du Cap-Breton, elle est beaucoup plus régulière que celle-ci, parce que là, l'Église catholique se compose de Français et de sauvages, qui sont accoutumés à l'ordre et à la régularité, depuis les jours de l'immortel Maillard ; mais la mission du cap de Sable et de Sainte-Marie diffère beaucoup de ce qu'elle était au temps de l'abbé Bailly ; elle se gâte par le contact des protestants et par l'absence de prêtres. Les gens de cette mission sont difficiles à mener. Ils sont de vrais Américains à l'égard de leur police ecclésiastique [1]. »

Il ne fallait rien moins qu'un homme d'une grande vertu, aussi fort en volonté que puissant en paroles, pour réveiller la foi qui commençait à s'éteindre chez ce peuple, pour remuer cette terre restée sans semence, et pour y ramener les années d'abondance. Cet homme s'était rencontré dans l'abbé Sigogne.

Son apparence extérieure ne décelait point la force morale et physique dont il était doué. Il était d'une taille ordinaire, et fort maigre [2] ; sa tenue modeste lui donnait même un air de timidité ; mais il avait de la flamme dans les yeux.

Tout était à créer ou à refaire dans sa mission, tant au regard du temporel que du spirituel. Les chapelles de Sainte-Anne et de Sainte-Marie qu'il avait à desservir, situées à cinquante milles l'une de l'autre, étaient en ruines et présentaient l'image de la décadence morale de leurs fidèles.

L'abbé Sigogne fixa sa résidence à Sainte-Marie, la

[1] *Archives de l'archevêché de Québec. Lettre du P. Jones à l'évêque de Québec et à M. Gravé de la Rive*, de 1787 à 1795.

[2] ...Not strong in body and about thirty-seven years old. *Lettre du P. Jones*, 2 août 1799.

plus importante des deux missions, celle-ci comptant cent vingt familles, tandis que l'autre n'en comptait que quatre-vingts. Du premier coup d'œil, il comprit que, pour cette société dont les liens s'étaient relâchés, il fallait une règle rigide ; il l'établit avec une sévérité qui peut paraître étrange, mais dont les résultats ont fait voir l'excellence. L'abbé Sigogne, élevé dans les principes d'une théologie qui avait pour modèle l'enseignement de l'abbé Collet, c'est-à-dire serré autant qu'il était possible de l'être, sans devenir janséniste, était d'un rigorisme excessif pour lui-même et pour les autres. Seul dans le misérable réduit qui lui tenait lieu de presbytère, il y vivait en anachorète. Le temps que ne lui prenaient pas ses ouailles, il le donnait à la prière, à l'étude et aux travaux manuels. Son obéissance était toute passive comme celle du militaire. En signe de respect pour l'autorité, il n'écrivait jamais à son évêque que prosterné à deux genoux.

On conçoit l'effet que devait produire un homme d'une pareille trempe de caractère, sur un peuple pour qui cet exemple était tout nouveau. Quand ils le voyaient célébrer les saints mystères, administrer les sacrements, se livrer à de longues oraisons avec un recueillement angélique, ils restaient stupéfaits d'admiration. En chaire, c'était pour eux un prophète : son éloquence toute de feu les transportait, les suspendait à ses lèvres. Il les tenait, pour ainsi dire, entre ses mains, les pétrissait comme une cire. Il les faisait tour à tour trembler d'effroi en leur représentant les jugements de Dieu, ou pleurer d'attendrissement en leur montrant le ciel, et en leur peignant les divines miséricordes. En peu d'années, la face de la mission fut changée ; les mœurs pures et simples des premiers Acadiens reparurent ; le zèle remplaça la tiédeur pour les choses de Dieu. L'église et le presbytère de Sainte-Marie furent rebâtis d'après ses plans ; l'église et le presbytère de Sainte-Anne mis en construction [1].

L'abbé Sigogne ne suspendait ses occupations que pour écouter le bruit des grands événements qui étonnaient alors l'Europe, et qui parvenait jusqu'au fond de sa solitude. Il n'aurait pas été Français, s'il n'eût pas tourné souvent un regard de regret vers son cher pays de France, d'où il était banni depuis plus de dix ans.

« Je suis tenté quelquefois, écrivait-il, de prendre les moyens de retourner en France, où je suis aujourd'hui invité de la part des supérieurs du diocèse de Tours [2]. »

L'homme de Marengo était alors à l'apogée de sa gloire. L'Europe s'était tue devant lui. Il avait fait la paix avec toutes les puissances ; il venait de signer le concordat avec l'Eglise. En apprenant cette nouvelle, l'abbé Sigogne écrivit à l'évêque de Québec :

« J'ai reçu dernièrement d'Europe les pièces principales concernant le rétablissement de la religion en France ; je m'en réjouis sincèrement ; j'admire et je bénis le courage et la soumission de Mgr d'Aix, ainsi que des évêques démissionnaires. Mais je m'afflige sen-

[1] « Mr. Sigogne is well pleased with the prospect before him : the people are highly pleased with him ; so they ought. » *Lettre du P. Jones*, 20 octobre 1799.

Des deux missions de l'abbé Sigogne, la moins nombreuse, Sainte-Anne d'Argyle, paraissait celle où la réforme des mœurs était la plus urgente. Quoiqu'il n'y fît pas sa résidence principale, il y avait déjà acquis, dès 1799, un tel ascendant sur les esprits, qu'il y fit adopter un règlement obviant à tous les désordres que les signataires, composés des principaux habitants, s'étaient engagés à observer sous la foi du serment.

(*Voir à l'appendice de la première édition les principaux extraits de ce curieux document.*)

[2] *Archives de l'archevêché de Québec. Lettre de l'abbé Sigogne*, 20 septembre 1801.

siblement de l'asservissement où je vois évidemment réduite cette belle portion du troupeau de Jésus-Christ, pour laquelle j'ai eu le bonheur de souffrir l'exil, quoique indigne à cause de mes péchés. Je prends la liberté de recommander aux prières de Votre Grandeur l'Eglise de France, d'où vous tenez vous-même votre origine. J'écris ceci à genoux par respect, et comme pour vous prier d'exaucer ma demande que mon cœur me presse de faire ; j'écris les yeux baignés de pleurs tirés par un sentiment de joie de la victoire glorieuse qu'a remportée la religion. »

Cet évêque à qui l'abbé Sigogne n'écrivait qu'à genoux, il ne le connaissait pas, il ne l'avait jamais vu ; mais il connaissait son âme, il savait sa sollicitude paternelle, et il aimait à lui obéir, parce qu'il avait trouvé en lui une lumière dans ses doutes, un soutien dans ses peines. Ce fut une des grandes joies de sa vie de recevoir Mgr Denaut, lorsque, dans sa tournée pastorale de 1803, il se rendit jusqu'à Sainte-Marie et au cap de Sable.

« Permettez-moi, lui mandait-il peu de temps après, d'admirer votre zèle et de m'en féliciter moi-même. Le voyage difficile et long que vous avez entrepris l'été dernier, pour le salut des âmes, m'a agréablement surpris et édifié. J'ai reconnu un homme apostolique. Que le Seigneur soit à jamais béni de vous avoir inspiré le dessein, donné le courage, l'occasion et les moyens de visiter notre pays nouveau et écarté. Je crois que c'est le coin le plus difficile à visiter, étant si hors de portée.

» On a déterré, il y a quelque temps, ici, une très belle pierre bien polie sur une face ; elle sera apportée au plus tôt auprès de l'église pour servir de monument et perpétuer le souvenir de la première visite d'un homme apostolique en ce pays, en gravant dessus avec le ciseau (ce que je puis bien faire), la date de l'année et du jour de l'arrivée de Votre Grandeur. Je me persuade qu'elle ne désapprouvera pas ce petit tribut de mon admiration pour cette visite, ainsi que de ma reconnaissance. »

Dans la même lettre, l'abbé Sigogne ajoutait : « Le jour de l'érection de la charpente de l'église d'Argyle, dont vous avez ordonné la construction, ainsi que le lendemain, ont été comme des jours de fête et de joie. Français, Anglais, catholiques, protestants de toutes sortes, semblaient tous ne faire qu'un, n'avoir qu'un dessein ; tous s'empressaient unanimement et se réjouissaient également en s'entr'assistant. Vingt moutons ont été tués pour faire le régal et donner à manger aux étrangers, qui y étaient en assez grand nombre pour l'endroit ; plusieurs étaient venus de fort loin. Pour finir, j'ai fait placer une croix couronnée de fleurs et de feuillage, au-dessus de la charpente ; et les Anglais avec moi, ainsi que les Français, en mettant ce bouquet, ont souhaité succès à l'église de Sainte-Anne, en buvant un coup, et, à leur ordinaire, faisant tourner leurs chapeaux au-dessus de leurs têtes, en donnant trois fois le cri de joie ; et les Français s'y joignirent. La part que j'ai prise en cette affaire assurera, sans doute, Votre Grandeur de toute ma satisfaction en ce moment [1]. »

Le successeur de M. Denaut, Mgr Plessis, qui, lui non plus, ne connaissait pas personnellement l'abbé Sigogne, le seul de ses prêtres qu'il n'eût pas vu avant sa visite de 1815, et qu'il avait hâte de connaître depuis qu'on lui avait parlé de ses œuvres, fut ravi d'étonnement en apercevant tout le bien que le saint homme avait opéré dans cette partie du diocèse.

[1] *Archives de l'archevêché de Québec. Lettre de l'abbé Sigogne à Mgr Denaut*, 6 février 1804.

« L'abbé Sigogne, écrivait-il, est un homme d'une activité rare. C'est le travailleur le plus infatigable de sa paroisse. Outre les deux églises et les deux presbytères construits par ses soins, il a fait, de ses propres mains, des murs de pierres sèches assez considérables, l'un pour clore son jardin de Sainte-Marie, l'autre pour dessécher, tout auprès de la mer, un marais dont il voulait tirer du foin. On dira peut-être qu'il serait plus digne d'un prêtre de vaquer à l'étude et à la prière qu'à des travaux corporels. Oui, sans doute ; mais il n'est pas dans la nature humaine de toujours prier ou étudier. Il faut des délassements ; heureux le missionnaire que son goût porte à délasser l'esprit par les travaux du corps. Il y puise non seulement un remède contre les tentations auxquelles l'expose sa solitude, mais encore un moyen de santé et un exercice de pénitence...

» M. Sigogne est parvenu à faire, dans son église, ce que l'on tenterait inutilement dans un grand nombre de celles de ce diocèse. Il a placé tous les hommes d'un côté, et toutes les femmes de l'autre, selon l'avis de saint Charles Borromée. Pour y parvenir, il n'a pas souffert qu'on mît les bancs à la criée ; mais il a accoutumé les paroissiens à louer seulement les places. Ainsi chaque paroissien, au moyen de quelques sous de rente annuelle, a une place attitrée dans un des bancs de la droite, si c'est un homme, et dans un de ceux de la gauche, si c'est une femme. Il serait à souhaiter que la jurisprudence suivie en Canada, permît d'adopter ce système. Il préviendrait une infinité d'irrévérences dans le lieu saint[1]. »

L'abbé Sigogne poussa la hardiesse plus loin ; il imposa, en certains cas, des pénitences publiques, comme dans la primitive Eglise.

[1] *Archives de l'archevêché de Québec. Journal de voyage de Mgr Plessis*, en 1815.

On s'étonne aujourd'hui de l'extraordinaire vitalité de la race acadienne ; on refuserait de croire à la rapidité de son accroissement, si l'on n'en avait la preuve officielle. Qu'on remonte à l'origine de sa formation ; le secret de son prodigieux développement n'est pas ailleurs.

Parmi tant de réformes et de travaux que l'abbé Sigogne avait menés à bonne fin, il trouva encore le temps d'apprendre la langue micmaque, pour instruire les sauvages des environs, que son zèle ne pouvait voir sans secours religieux. Il établit également des écoles dans ses deux missions, et eut pour auxiliaire, dans cette œuvre, la législature de la Nouvelle-Ecosse, dont les préjugés avaient grandement diminué, surtout depuis les événements de 1812.

L'excellent missionnaire était à la veille de jouir de quelque repos, fruit de vingt-deux ans de labeurs, lorsqu'un accident imprévu vint plonger toute sa paroisse et lui-même dans la désolation et la ruine. A la suite de plusieurs semaines d'une extrême sécheresse qui avait évaporé toute l'humidité du sol et rendu très inflammables les broussailles et les forêts, composées en grande partie de bois résineux, le feu prit dans le canton voisin, et, poussé par un ouragan furieux, se propagea avec une incroyable rapidité. En un instant, l'église, le presbytère et le village de Sainte-Marie furent la proie des flammes (septembre 1820). C'était un désastre qui semblait irréparable dans l'état précaire où se trouvaient la plupart des habitants ; mais avec un homme de l'activité et des ressources de l'abbé Sigogne, l'impossible se faisait réalisable. Il fit un appel à tout ce qu'il comptait d'amis depuis la Nouvelle-Écosse jusqu'au Canada, et ils étaient nombreux.

Voici en quels termes il annonçait le désastre à Mgr Plessis, et en appelait à sa charité :

« Les gazettes viennent de m'apprendre votre joyeuse arrivée (de Rome), et votre bienvenue à Québec. Mais, hélas! dans quel état de détresse et de misère ces belles nouvelles m'ont-elles trouvé! Mon église, mon presbytère, ma bibliothèque, mes granges et autres dépendances, avec toutes mes provisions, les trois quarts de mes meubles ; et vingt ou vingt-deux de mes voisins, leurs maisons, granges, bestiaux, clôtures, tout a été victime d'un torrent de feu poussé par un vent irrésistible. Je me suis trouvé enveloppé dans le feu qui avançait plus vite qu'un cheval au grand galop. Je me suis sauvé avec la vie, mais avec bien du mal, et voilà déjà trente-deux jours que je garde la chambre entre les mains des chirurgiens ; il n'y a encore que deux ou trois jours que je puis me servir librement de la main droite. Dieu soit béni ! Dans notre désastre, cependant, il n'est péri qu'un enfant au berceau et un vieillard octogénaire. Mais, hélas ! Monseigneur, quelles ruines, quel état que celui de tous mes voisins ! Deux milles de terrain au-dessous et autant au-dessus de l'église ont été incendiés, et tous les habitants réduits à la dernière nécessité, sans logement, sans provisions, avec peu d'assistance. La détresse n'est pas moins grande dans la partie basse de ma paroisse, du côté du cap Fourchu, où un autre feu a tout détruit devant lui, comme parmi nous. Mes paroissiens, ainsi destitués et ruinés, se jettent aux pieds de Votre Grandeur pour implorer votre secours, afin que par votre bonne intercession nous puissions obtenir, des bons et riches Canadiens, quelque assistance pécuniaire pour nous aider à bâtir notre église et notre presbytère [1]. »

Mgr Plessis ne resta pas sourd à cet appel, et les Canadiens souscrivirent généreusement.

[1] *Archives de l'archevêché de Québec. Lettre de l'abbé Sigogne*, 14 octobre 1820.

« La poste de Digby, répondait l'abbé Sigogne à Mgr Plessis, vient de m'apporter votre estimable réponse à ma lettre du mois d'octobre. Elle m'est arrivée dans un moment où mes paroissiens assemblés chez moi, prenaient des arrangements pour relever leur église, et n'ont pas été peu encouragés, lorsqu'ils ont connu la bonté avec laquelle Votre Grandeur a accueilli leur demande, et la peine que vous avez prise pour faire connaître leur détresse et leurs besoins. Nous vous en rendons grâces. Daignez accepter les témoignages de notre sincère reconnaissance.

» Quant à moi, j'ai beaucoup souffert pendant deux mois et demi. Maintenant je suis presque entièrement guéri de mes brûlures. J'en serai quitte à bien meilleur marché qu'on ne voulait me le faire accroire ; et je me trouve maintenant assez bien pour croire, et croire fermement, s'il ne m'arrive rien de pis que je ferai mes jardins à mon ordinaire au retour du printemps, même mes murailles, s'il en est besoin [1]. »

Grâce à l'énergie de l'abbé Sigogne et aux secours qu'il sut obtenir, le désastre fut réparé en quelques années.

[1] *Archives de l'archevêché de Québec. Lettre de M. l'abbé Sigogne*, 21 janvier 1821.

CHAPITRE SEIZIÈME

Haliburton. — Abolition du serment du *test*. — Les Acadiens de nos jours.

La petite société, si bien organisée par le curé de Sainte-Marie, et restée si française qu'on eût cru se retrouver, chez elle, sur un rivage reculé de la Bretagne ou de la Basse-Normandie, avait un cachet d'originalité qui frappait les visiteurs.

« Dès qu'on entre dans le canton de Clare, racontait l'un d'eux en 1825, les maisons, les instruments de culture et de ménage, la langue étrangère et les coutumes uniformes mais caractéristiques, excitent la surprise du voyageur. On ne croirait pas qu'il existe, dans la Nouvelle-Ecosse, un canton d'une physionomie si distincte du reste du pays. Les Acadiens sont loin d'être aussi avancés en agriculture que leurs voisins. (Ils diffèrent en cela de leurs ancêtres, qui étaient d'excellents cultivateurs ; mais la raison en est facile à concevoir, pour quiconque connaît leur histoire depuis leur dispersion.) Il ont un singulier attachement pour leur langue et pour leurs coutumes. Quoique leurs trafics les mettent naturellement en rapport avec les Anglais, il ne se fait aucun mariage entre eux ; ils n'adoptent pas leurs manières, ils ne s'établissent pas dans leurs villages. Ceci ne provient pas d'un sentiment d'aversion pour le gouvernement anglais, mais doit être plutôt attribué à leurs habitudes, à leur caractère national et à leur système d'éducation.

» S'ils n'ont pas autant d'esprit de progrès que les colons anglais ils peuvent soutenir fièrement avec eux la comparaison, sous le rapport des vertus domestiques et sociales. Sans ambition et d'une grande frugalité, ils vivent selon leurs moyens. Dévoués à leur ancien culte, ils ne sont point divisés entre eux par les discordes religieuses. Avec leur disposition joyeuse et leurs habitudes morales, ils jouissent peut-être de tout le bonheur compatible avec la fragilité de la nature humaine. Ce canton et celui du ruisseau à l'Anguille (*Eel Brook*), dans le comté voisin de Shelburne, ne forment maintenant qu'une seule paroisse sous la direction de M. l'abbé Sigogne, missionnaire d'une rare activité et d'un grand zèle, qui a pris la charge de cet établissement, il y a très longtemps, et qui y est profondément attaché.

» Le canton de Clare est dans un état florissant : on y possède un bon nombre de petits vaisseaux, et le surplus des produits du sol et les revenus de la pêche permettent aux habitants d'agrandir et d'améliorer leurs terres, et d'acheter ailleurs tous les articles nécessaires à leur confort. Ils ont deux chapelles, une à chaque extrémité du village ; celle qui s'élève à l'extrémité orientale est une des plus grandes de la Nouvelle-Ecosse, et fait beaucoup d'honneur à la libéralité du peuple qui l'a construite et terminée sans aucune aide ou secours étranger. Ils ont plusieurs moulins à farines et au delà de trente-deux scieries mécaniques. On ne voit plus de trace du grand incendie qui consuma tout le village pendant l'été de 1820.

» Il y a deux autres établissements français dans le canton d'Argyle (situé à cinquante milles plus loin) : l'un à Pubnico [1], l'autre à *Eel Brook*. Dans ces deux endroits, le peuple a aussi la réputation d'être tempérant, industrieux et hospitalier. Ils ont de bons troupeaux de bétail, et sont en général logés très confortablement. Les naissances illégitimes sont à peu près inconnues dans ces établissements, et la vraie misère y est presque ignorée, car les pauvres sont soutenus par le reste des habitants ; et comme ils sont les membres de la même grande famille, ils passent leur vie à séjourner de maison en maison [2]. »

On a qualifié de fantaisies romanesques les descriptions faites, par certains écrivains du siècle dernier, des Acadiens du bassin des Mines. N'en trouve-t-on pas ici toute la réalité sous la plume d'un témoin oculaire dont la véracité ne peut être révoquée en doute ?

L'amitié de Haliburton pour l'abbé Sigogne remontait à l'époque de son élection comme député pour le comté de Clare, dans lequel est comprise la paroisse de Sainte-Marie.

Ces deux hommes, d'un talent supérieur dans des carrières différentes, s'étaient compris dès leur première entrevue. L'auteur de *Sam Slick* prenait un intérêt infini à la conversation de ce prêtre français, dont la vie, les idées, les habitudes contrastaient si singulièrement avec tout ce qui l'entourait. De son côté, le curé de Sainte-Marie estimait et aimait ce protestant convaincu, éclairé, libre de préjugés, cet esprit fin, sarcastique, d'une gaieté toute gauloise. Il n'avait pas tardé à comprendre le parti qu'on pouvait tirer de son influence, en

[1] *Pomcoup* ou *Poboncoup*.

[2] *Haliburton's Nova Scotia*, vol. I, p. 172, vol. XI, p. 172 et suivantes.

faveur de la liberté religieuse. Il fut un des premiers à lui proposer l'abolition du serment du *test*, qui rendait tout catholique inhabile aux charges publiques. En 1827, l'abbé Sigogne fut un des premiers promoteurs de la loi d'émancipation présentée devant la législature de la Nouvelle-Ecosse, et adoptée à l'unanimité, grâce au discours magistral prononcé en cette circonstance par Haliburton. On y remarqua surtout l'éloge qu'il fit du peuple acadien, dont il avait fait une étude toute particulière pendant son séjour à Annapolis, de 1822 à 1824.

« Ce discours, remarque à ce sujet Beamish Murdoch, est le plus magnifique morceau d'éloquence qu'il m'ait jamais été donné d'entendre. Haliburton était alors dans tout l'éclat de la vie et de la force mentale et physique. L'atmosphère fortifiante de la campagne, dont il jouissait à Windsor, son lieu natal, lui avait donné une apparence robuste, quoique alors sa figure fût encore jeune et mince. En cette circonstance, il enleva littéralement son auditoire par l'élévation et l'éclat de son éloquence, nourrie des classiques et des leçons de l'histoire, et par l'appel qu'il fit aux sentiments les plus généreux de l'humanité [1]. »

Ce discours entre trop bien dans notre sujet pour n'en citer au moins quelques passages.

Après avoir dit qu'il était le représentant d'un grand nombre de catholiques, et que, depuis plusieurs années, il vivait dans l'intimité de leur respectable et vénéré pasteur, l'abbé Sigogne : « Pour quelle raison, ajoutait-il, les protestants et les catholiques de ce pays se mêlent-ils dans les mêmes réunions sociales, et vivent-ils dans une si parfaite harmonie ? Pourquoi le catholique pleure-t-il dans la mort l'ami protestant qu'il a aimé dans la vie ? Pourquoi porte-t-il son cercueil et suit-il ses restes

[1] Beamish Murdoch, *History of Nova Scotia*, vol. III, p. 578.

mortels à sa dernière demeure, en mêlant ses larmes à la poussière qui le couvre ? Si dans la Grande-Bretagne il y a un sentiment d'hostilité évidente, la cause doit en être autre part que dans une simple différence de religion. L'état de l'Irlande offre le spectacle le plus triste ; tandis que le catholique y est lié par devoir et entraîné par inclination à soutenir ses prêtres, il est obligé par la loi de payer la dîme au ministre protestant. On voit là des églises sans fidèles, des pasteurs sans troupeaux, et des évêques jouissant d'immenses revenus sans avoir aucun devoir à remplir. Ces catholiques doivent être quelque chose de plus ou de moins que des hommes, s'ils supportent tout cela sans frémir ; ils le sentent et ils murmurent. Les protestants, de leur côté, poussent des clameurs incessantes contre eux, et les déclarent un peuple méchant. Les propriétés de l'Eglise catholique ont passé aux mains du clergé protestant avec les terres, les dîmes, les domaines des monastères.

» Qui peut contempler sans regret ces monastères, vénérables encore dans leurs ruines ? Que sont devenus ces asiles de la science, de la charité et de l'hospitalité, où le pèlerin, accablé d'une longue route, où le voyageur harassé reposait ses membres et trouvait un accueil bienveillant ; où les pauvres recevaient leur nourriture quotidienne, et imploraient, d'un cœur plein de gratitude, les bénédictions des hommes bons et pieux qui les nourrissaient ; ces asiles où le savoir tenait ses assises et où la science plongeait son flambeau dans les ombres de la barbarie et de l'ignorance ?

» Permettez-moi, monsieur le président, de m'arrêter, comme je l'ai fait souvent, dans un temps déjà loin, pendant des heures et des jours, parmi ces ruines ; vous aussi, vous vous êtes arrêté pour contempler ces scènes désolées ; dites-moi, pendant que vous contempliez ces cloîtres, et que vos pas foulaient leurs mosaïques à travers lesquelles pousse l'herbe, n'avez-vous pas cru distinguer les vagues rumeurs des marches lentes et solennelles des moines, dans leurs saintes processions? N'avez-vous pas cru entendre le carillon des cloches, jetant le soir ses douces et mélancoliques harmonies, dans la tranquille et solitaire vallée ? N'avez-vous pas évoqué les cœurs séraphiques répandant les flots harmonieux de leurs hymnes à travers les immenses nefs, ou parmi les ogives aériennes? Est-ce que les colonnes en ruine, les arceaux gothiques, les murailles lézardées et les tourelles couvertes de lierre, ne vous demandaient pas, en vous rappelant l'œuvre des spoliateurs, le tribut d'une larme à la mémoire des hommes grands et bons qui les ont fondés ?

» On a dit que les catholiques étaient les ennemis de la liberté ; mais cela, comme tant d'autres accusations portées contre eux, est entièrement faux ! Qui a créé la Grande Charte? Qui a établi les juges ? les procès par jury, les magistrats, les shérifs, etc... ? Ce sont les catholiques. C'est à ce peuple calomnié que nous devons tout ce dont nous sommes fiers. N'ont-ils pas été braves et loyaux? Demandez aux collines verdoyantes de Chrystler's Farm, demandez à Châteauguay, demandez aux coteaux de Queenstown ! Ils vous diront qu'ils couvrent la valeur catholique et la loyauté catholique, les cendres des héros tombés pour la cause de la patrie. Ici leurs sentiments avaient libre cours, car il n'y avait point de cause de division, point de propriétés à disputer. Nous les avons regardés comme de bons sujets et de bons amis. L'amitié est naturelle au cœur de l'homme : elle est comme le lierre qui cherche le chêne, s'attache à son tronc, embrasse ses branches et les entoure de superbes festons ; il grimpe jusqu'à son sommet et balance sa bannière de feuillage au-dessus de sa tête, comme s'il triomphait d'avoir vaincu le roi des forêts.

» Regardez le township de Clare : on y voit un magnifique spectacle. Tout un peuple ayant les mêmes coutumes, parlant le même langage et uni dans une même religion. C'est un spectacle digne de l'admiration des hommes et de l'approbation de Dieu. Voyez leur digne pasteur, l'abbé Sigogne ; regardez-le au lever du soleil, entouré de ses ouailles, rendant grâce à l'auteur de tout bien. Suivez-le au lit des malades ; voyez-le répandant le baume de la consolation sur les blessures des affligés ; voyez-le dans son champ, où il donne l'exemple de l'industrie à son peuple, dans son cabinet, où il instruit l'innocente jeunesse. Suivez-le dans sa chapelle ; vous verrez le sauvage accourant du désert avec toutes ses passions farouches et ingouvernables ; vous le verrez subjugué et soumis en présence du saint homme. Vous entendrez ce prêtre dire à l'Indien de reconnaître Dieu dans le calme et la solitude de la forêt, dans le grondement de la cataracte, dans l'ordre et la splendeur du système planétaire, dans la succession régulière des jours et des nuits. Ce sauvage n'oublie pas de remercier Dieu de ce que l'homme blanc lui a montré la lumière de la révélation dans le dialecte qu'il parle. »

M. Haliburton fait ensuite le récit de la dispersion des Acadiens ; puis, en qualité de représentant des descendants de ce peuple, il demande aux députés l'abolition du serment du *test*, non pas comme une faveur, — il ne voudrait pas l'accepter de leur commisération, — mais comme un acte de justice.

« Tout homme, dit-il en concluant, qui met la main sur le Nouveau Testament et qui dit que c'est là le livre de sa foi, qu'il soit catholique ou protestant, anglican ou presbytérien, baptiste ou méthodiste, quelle que soit l'étendue des points de doctrine qui nous séparent, il est mon frère et je l'embrasse. Nous marchons par différents chemins vers le même Dieu. Dans le sentier où je marche, si je rencontre un catholique, je le salue, je fais route avec lui, et quand nous arriverons au terme, à ces *flammantia limina mundi*, quand le temps viendra, ainsi qu'il doit venir, où cette langue, qui maintenant s'exprime, se glacera dans ma bouche, où cette poitrine, qui maintenant respire l'air pur du ciel, me refusera ses services, où ces vêtements terrestres retomberont dans le sein de la terre d'où ils viennent, et iront se mêler à la poussière des vallées, alors, avec ce catholique, je tournerai en arrière un long et languissant regard. Je m'agenouillerai avec lui, et au lieu de dire avec le présomptueux pharisien : « Grâce à Dieu, je ne suis pas comme ce papiste », je prierai, afin que tous deux, étant du même sang, nous soyons tous deux pardonnés, et, qu'étant frères, nous soyons tous deux reçus là-haut [1]. »

Ce langage d'un protestant, adressé à des protestants, devait produire et produisit son effet. Il montre en même temps quelle impression avait faite sur les esprits la vie sainte de l'abbé Sigogne, et de quel prestige il était entouré.

Les catholiques de la Nouvelle-Ecosse, et particulièrement les Acadiens, ont placé, à côté du nom de Haliburton, celui de M. Uniacke, l'un des membres les plus marquants de la législature, qui appuya le député de Clare, sinon avec la même éloquence, du moins avec le même esprit de justice. Avec cette victoire tomba la dernière chaîne des Acadiens, et s'ouvrit l'ère de liberté qui en a fait un des peuples les plus heureux de la terre.

La Providence accorda encore dix-sept ans de vie à l'abbé Sigogne; après cette date, pour raffermir le bien

[1] Beamish Murdoch, *History of Nova Scotia*, vol. III, p. 514 et suivantes.

qu'il avait fait au milieu de cette population de plus en plus docile à sa voix et à ses exemples.

Il s'éteignit de vieillesse, en 1844, à l'âge de quatre-vingt-cinq ans, emportant avec lui les regrets de tout son peuple, et tout ce qui peut faire croire à un homme qu'il vaut la peine d'avoir vécu, la conviction du devoir accompli et des œuvres qui ne meurent pas.

Si jamais vous passez par la baie Sainte-Marie, vous verrez la tombe de l'abbé Sigogne entourée d'honneur et de respect. Vous y verrez agenouillés, les fils de ceux qu'il a baptisés, et dont il a fait des hommes dignes des confesseurs du siècle dernier.

Avec l'abbé Sigogne s'est éteinte, en Acadie, la génération des hommes apostoliques que la tempête de 93 avait répandus sur sa surface, divisée alors en trois provinces : celle du Nouveau-Brunswick, de la Nouvelle-Ecosse et de l'île du Prince-Edouard. Les petits groupes de familles que ces missionnaires avaient trouvés à la veille de se perdre, qu'ils ont organisés, disciplinés, auxquels ils ont donné une part de leur vie et de leurs vertus, sont devenus aujourd'hui des légions pleines de force et d'avenir, avec lesquelles il faut compter.

Après s'être accrues par leur propre vertu, « en se doublant tous les vingt et un ans, de 1785 à 1827, elles se sont doublées tous les vingt-deux ans, de 1827 à 1871 [1]. » Le dernier recensement officiel (1881) constate qu'il y a aujourd'hui 56,635 Acadiens dans le Nouveau-Brunswick ; 41,219 dans la Nouvelle-Ecosse, dont fait partie l'île du Cap-Breton ; 10,751 à l'île du Prince-Edouard.

Dans ces chiffres ne sont pas comprises les populations acadiennes des îles de la Madeleine, qui dépassent trois

[1] E. Rameau, *Une Colonie féodale*, p. 362.

mille âmes [1], ni celles du nord du golfe [2] et de la baie des Chaleurs, relevant de la province de Québec, ni celles de Terre-Neuve, ni enfin celles de l'Etat du Maine, appartenant au groupe de Madawaska, lesquelles s'élèvent à peu près à vingt mille individus, donnant à la population acadienne de toutes ces régions un total de plus de 130,000 âmes.

J'ai déjà dit que les Acadiens sont représentés par des hommes de leur race, dans le sénat et aux communes du Canada ; qu'ils ont leurs députés et même des ministres aux législatures locales, des hommes instruits et marquants parmi toutes les classes de la société, dans le clergé et dans les professions libérales. On ne compte plus le nombre de leurs écoles, à la tête desquelles brille le collège classique de Memramcouk, sans contredit la première institution catholique des provinces Maritimes. Ils ont plusieurs couvents voués à l'instruction de la jeunesse, dans chacune des provinces, et jusqu'aux îles de la Madeleine.

Ils contrôlent les élections dans plusieurs comtés. Ils ont leurs journaux français, vigoureusement rédigés, qui font valoir leurs droits et qui entretiennent passionnément le culte des souvenirs, l'attachement à leur langue et à la France, tout en proclamant leur entière fidélité à l'Angleterre. En un mot, ils possèdent tous les éléments de progrès qu'il est possible de souhaiter.

La réunion des provinces britanniques en confédération

[1] M. Flynn, député de Gaspé, que j'ai consulté au sujet de la population des îles de la Madeleine, qui dépendent de sa division électorale, estime qu'aujourd'hui cette population est d'environ 5,000 âmes, dont 3,000 au moins sont d'origine acadienne.

[2] D'après l'évaluation de Mgr Bossé, préfet apostolique de la rive nord du golfe Saint-Laurent, la population acadienne de cette région serait d'environ 2,000 âmes; sur ce nombre, 1,100 seraient groupées à la Pointe-aux-Esquimaux, et 500 à Natashquan.

les a fortifiés en les reliant plus intimement avec leurs frères du Canada. Dans cinquante ans, ils seront un demi-million, et s'imposeront dans les provinces Maritimes, comme font aujourd'hui les Canadiens dans la Confédération.

CHAPITRE DIX-SEPTIÈME

De Saint Jean, N.-B. à Yarmouth. — Mgr Sweeney. — Charles de La Tour et d'Aulnay de Charnisay.

De Québec à Saint-Jean, Nouveau-Brunswick, sur la baie de Fundy, 579 milles, — 24 heures de chemin de fer par l'Intercolonial.

Le train, comme d'habitude sur cette ligne, est juste assez en retard pour faire manquer la correspondance avec le bateau qui fait le trajet trois fois par semaine, entre Saint-Jean, Digby et Annapolis. Force m'est donc d'attendre jusqu'au soir pour prendre le steamer de Saint-Jean à Yarmouth, Nouvelle-Ecosse. Ces retards sont si bien calculés, que les malins prétendent qu'il y a entente entre les employés de ce chemin et les hôteliers de Saint-Jean, lesquels ont la réputation bien méritée d'écorcher les voyageurs. Le patron du *Royal Hotel*, où je suis descendu, hôtel assez bon, du reste, a des droits sans conteste à cette réputation.

Invitation à dîner chez Mgr Sweeney, évêque de Saint-Jean, dont j'ai déjà dit l'amitié et l'intérêt pour les Acadiens. Au sortir de table, la voiture de l'évêque, un léger *buggy* que le prélat conduit lui-même, nous attend à la porte du palais. L'après-midi s'écoule rapidement à visiter la ville et ses environs, qui méritent l'attention des voyageurs ! Portland, qui n'est qu'un faubourg de la ville ; Carleton, de l'autre côté de la rivière, avec ses hauteurs pittoresques, avec sa vieille tour Martello, d'où l'œil embrasse un vaste et splendide panorama ; la ville avec ses clochers ; le havre, ainsi que le mouvement de ses navires et de ses vapeurs ; l'immense baie de Fundy, s'étendant à l'horizon, et, bien loin vers le sud, les rivages bleus de la Nouvelle-Ecosse, séparés vis-à-vis d'ici par l'étroite et profonde échancrure de montagnes formant le *gut* de Digby. Le pont, suspendu à près de cent pieds au-dessus de la gorge abrupte au fond de laquelle la rivière Saint-Jean se précipite en cataracte écumante, est un chef-d'œuvre de hardiesse et d'élégance. D'ici on observe un des phénomènes les plus curieux de l'Amérique du Nord : la marée, qui s'élève en cet endroit jusqu'à vingt-six pieds de hauteur, s'engouffre dans cette gorge, repousse le torrent, l'aplanit, et permet, pendant quelques minutes, aux navires de remonter au-dessus de la cataracte.

De retour au palais épiscopal, Mgr Sweeney me fait visiter sa cathédrale, la plus vaste église de la province. C'est un bel édifice de style ogival primitif, bien situé, et d'une grande pureté de lignes. Le palais de l'évêque, qui l'avoisine, quoique d'un genre plus sévère, s'harmonise bien avec les proportions de la cathédrale. Les deux vastes constructions qui s'étendent en arrière à droite et à gauche de l'abside ; l'un, le couvent des sœurs de la Charité, l'autre, l'asile des orphelins, sont des fondations de l'évêque, à qui reviennent également la construction du palais et l'achèvement de la cathédrale, commencée par son prédécesseur. Aucun évêque des provinces Maritimes n'a eu un épiscopat plus rempli ni plus fécond que Mgr Sweeney ; on ne soupçonnerait pas cette activité, en voyant, pour la première fois, ce petit vieillard grêle, à figure placide, un peu rêveuse ; mais il se révèle au cours de la conversation, et surprend autant par l'élévation de ses vues que par le sens pratique qui les caractérise.

A sept heures du soir, le petit steamer l'*Alma* se détache du quai. L'ordre parfait, l'extrême propreté de ce bateau, la politesse de l'équipage préviennent agréablement dès qu'on met le pied à bord. Pendant qu'il sort rapidement de la rade au soleil couchant, et côtoie l'île aux Perdrix (*Partridge Island*) et les fortifications qui défendent l'entrée du port, je songe au passé tout français de ce coin de terre aujourd'hui complètement anglais. Ce fut Champlain et De Monts qui pénétrèrent les premiers à l'embouchure de cette rivière, qu'ils découvrirent le jour de la Saint-Jean, 24 juin 1604.

C'est sur la pointe de Carleton, en face de Navy Island, à quelques arpents au-dessous de la cataracte, qu'un gentilhomme huguenot, originaire de la Champagne, Claude Turgis de Saint-Etienne, sieur de La Tour, construisit, dès l'année 1634, un fort d'où il entretenait un commerce de fourrures très lucratif avec les sauvages. Ce fort, dont il ne reste plus aucun vestige, fut témoin d'un événement tragique resté célèbre dans les annales de l'Amérique. Parti de Paris, accompagné de son fils Charles Amador, alors âgé de quatorze ans, Claude de La Tour avait d'abord songé à s'établir en Acadie, auprès de Poutrincourt, qui venait de fonder Port-Royal. Dix-sept ans plus tard, Charles de La Tour était devenu gouverneur de l'Acadie, par suite de la mort de Biencourt, fils de Poutrincourt, auquel il avait succédé. Il commandait, depuis quatre ans, au fort Saint-Louis, érigé au fond du port La Tour, à l'extrémité méridionale de l'Acadie, lorsqu'il s'y vit assiégé par son propre père.

Claude de La Tour, fait prisonnier par les Anglais quelque temps auparavant, avait été conduit à Londres, où on l'avait entouré de caresses, créé baronet, et marié ensuite à une des filles d'honneur de la reine Henriette de France, femme de Charles Ier, cette même princesse qui fut immortalisée par Bossuet. De ces honneurs à la trahison, le pas n'était pas difficile à franchir pour un huguenot, à une époque où les protestants de France étaient toujours prêts à conspirer contre leur roi. Claude de La Tour offrit au roi d'Angleterre de lui faire remettre les clefs du fort Saint-Louis, le seul poste où les Français fussent fortifiés en Acadie. Il fit voile vers l'Amérique avec deux frégates, vint ancrer sous les murs du fort Saint-Louis, dont on distingue encore aujourd'hui quelques ruines, et fit à son fils la proposition de livrer cette place, lui assurant en même temps les plus grands honneurs à Londres, et le commandement suprême de l'Acadie, au nom du roi de la Grande-Bretagne.

— « Mon père, lui répondit Charles de La Tour avec indignation, vous vous trompez étrangement si vous me supposez capable de livrer cette forteresse aux ennemis de l'Etat. Je la défendrai pour le roi, mon maître, tant qu'il me restera un souffle de vie. J'estime hautement les dignités que m'offre le roi d'Angleterre ; mais jamais je ne les achèterai au prix de la trahison. Le prince que je sers est capable de me récompenser ; mais, m'oubliât-il, je retrouverai dans ma fidélité la plus belle des récompenses. »

Le malheureux traître employa, tour à tour les plus affectueuses supplications et les menaces les plus terribles pour vaincre l'héroïsme de son fils, mais en vain. Il ne vit d'autre alternative que de débarquer ses troupes avec du canon, et d'attaquer le fort, mais il fut vaillamment repoussé et forcé de lever le siège. Devenu à la fois traître à l'égard de la France et auteur d'un désastre pour l'Angleterre, l'infortuné La Tour n'osa plus revenir en Europe. Il conseilla à sa femme de s'en retourner avec la flotte, car, pour lui désormais, il ne lui restait plus en partage que la honte et la misère.

— « Jamais ! lui répondit la noble femme ; je ne vous ai pas épousé pour vous abandonner au premier revers de fortune ; partout où vous me conduirez, et quelle que soit la misère où vous soyez réduit, je serai toujours votre compagne fidèle ; mon bonheur sera de soulager vos peines. »

La Tour se tourna alors vers son fils, dont il avait appris à connaître la grandeur d'âme, et eut recours à sa clémence. Le héros ne se démentit pas : il sut allier la tendresse d'un fils à la vigilance d'un soldat. Il accueillit le vieux La Tour avec sa famille et sa suite ; lui donna une maison et largement tout ce qu'il lui fallait, mais à la condition expresse que ni lui ni sa femme ne mettraient le pied dans le fort. Ils y vécurent plusieurs années, heureux et paisibles.

A la suite de ces événements. l'Acadie avait été divisée en trois grands fiefs, dont Nicolas Denys, le commandeur de Razilly, et le chevaleresque défenseur du fort Saint-Louis, devinrent les feudataires. Denys eut en partage le nord de la presqu'île avec le littoral adjacent, c'est-à-dire, depuis Canseau jusqu'au Cap des Rosiers, Razilly obtint le centre, et La Tour la partie méridionale. A la mort de Razilly, qui arriva bientôt, son domaine passa aux mains de son parent Charles de Menou, sieur d'Aulnay de Charnisay, allié comme lui au cardinal de Richelieu. De vives contestations s'étant élevées entre d'Aulnay et Charles de La Tour, alors établi au fort de la rivière Saint-Jean, au sujet des limites de leurs territoires, d'Aulnay employa en sa faveur la grande influence dont il jouissait à la cour de France, et obtint de Louis XIII l'ordre d'amener, les fers aux mains, La Tour en France. Ce fut entre ces deux puissants rivaux, l'origine d'une guerre à mort qui rappelle les luttes des hauts barons du moyen âge. En 1643, d'Aulnay parut devant le fort de la rivière Saint-Jean avec six vaisseaux, et commença le siège de la place. La Tour abandonna la garde de son fort à ses soldats, s'échappa sur un vaisseau, et entra dans la rade de Boston, avec cent quarante huguenots de La Rochelle. Là il souleva le fanatisme des puritains contre les forces catholiques qui l'assiégeaient, et obtint un puissant secours qui fit lever le siège et mit en fuite d'Aulnay et sa flotte. Deux ans après, durant l'absence de La Tour, d'Aulnay revint attaquer son fort ; mais il fut vaillamment repoussé, avec perte de trente-trois de ses hommes, par la petite garnison que commandait elle-même Mme de La Tour. Il revint à la charge quelques mois après, et ouvrit un siège régulier du côté de terre. Il y travaillait inutilement depuis trois jours, lorsqu'un traître, une sentinelle suisse, paraît-il, livra une des portes à l'ennemi. Durant la lutte désespérée qui s'ensuivit, Mme de La Tour conduisit ses troupes avec tant de bravoure, que d'Aulnay lui proposa la reddition de la place aux conditions qu'elle stipulerait elle-même. Mais cette capitulation fut lâchement violée, et Mme de La Tour condamnée à assister, la corde au cou, au massacre de ses braves défenseurs. Elle en mourut de chagrin trois semaines plus tard.

Quand La Tour reparut à la rivière Saint-Jean, quelques années après cette catastrophe, d'Aulnay était mort. Il avait été trouvé gelé dans un marécage, où il s'était enfoncé en revenant d'une de ses explorations. La Tour entra dans tous ses droits par la plus bizarre des transactions : en épousant la veuve de d'Aulnay.

Lorsqu'on lit cette page qu'on croirait dérobée aux

siècles barbares, et qui rappellent les romans de Walter Scott, on est forcé d'avouer que la réalité est ici plus étrange que la fiction : elle en a au moins tout l'imprévu et tout l'attrait. Cependant, malgré ce que ces aventures poétiques ont de séduisant, on se prend à désirer qu'elles n'eussent jamais existé, quand on réfléchit que, si tant d'efforts stériles avaient été employés utilement, ils auraient pu assurer probablement à la France la colonisation de ces domaines. D'Aulnay y dépensa à lui seul plus de huit cent mille livres ; il eut du moins sur ses rivaux le mérite de laisser quelques traces après lui. Tandis que Denys se livrait exclusivement au commerce des pêcheries, et La Tour à la traite des fourrures, lui se livra à la culture du sol, et fonda à Port-Royal une petite colonie d'où sont sortis les premiers habitants de l'Acadie.

Quelques-uns de ses colons, attirés comme La Tour par les avantages qu'offre le port de la rivière Saint-Jean, étaient venus s'y établir Ils formaient, en 1755, une petite colonie de 150 à 200 âmes, protégée par le fort Ménagouèche, où le gouvernement du Canada entretenait une garnison. Cette garnison était commandée, en 1751, par M. De Gaspé, aïeul de l'auteur des *Anciens Canadiens ;* « officier qui a des talents, écrivait M. De la Galissionnière, fort adroit, fort intelligent et qui, par ses actions, mérite l'attention [1] ».

A la suite des dévastations de 1755, la petite colonie de la rivière Saint-Jean fut détruite ou dispersée. Les horreurs qu'y commirent les troupes anglo-américaines furent telles qu'on hésite à les raconter. M. Bellefontaine, major des milices envoyées à ce poste par M. De la Galissionnière, était un vieillard richement établi sur la rivière Saint-Jean, où il possédait un vaste et beau

[1] *De la Galissonnière au Ministre*, 6 octobre 1748.

domaine en valeur. Fait prisonnier par les *New-Englanders*, il fut sommé de jurer fidélité à l'Angleterre, et, comme il refusait fièrement de trahir son pays, il vit massacrer sous ses yeux sa fille et trois des enfants de cette fille. Les bourreaux espéraient, par ces atrocités, vaincre le courage de l'héroïque soldat; mais il ne fléchit pas, et parvint à s'échapper avec deux des enfants de sa malheureuse fille [1]. Son fils, Michel Bellefontaine, vit, comme lui, sa femme et son enfant renversés morts à ses pieds, parce que, à l'exemple de son père, il refusait de se déshonorer par la trahison [2].

A notre départ de Saint-Jean, une chaloupe de pilote s'était amarrée derrière le steamer et dansait dans le sillage. Les passagers s'expliquèrent cette manœuvre au sortir du havre, en voyant la course que prenaient d'au-

[1] *Archives de la Marine et des Colonies, rôle des officiers acadiens.*

[2] Ces énormités ne seraient pas croyables si les hordes qu'on avait déchainées sur ces infortunés rivages n'avaient partout marqué leur passage par des actes semblables.

Après la prise de Beauséjour, où furent faits prisonniers un grand nombre d'Acadiens, pendant qu'on sommait leurs familles de venir les rejoindre en menaçant d'incendier leurs maisons, de pauvres femmes furent fouettées au point de tomber mortes sous les coups. (*Vaudreuil au Ministre*, 30 octobre 1755.)

Vers le même temps, un parti de quatorze sauvages de la rivière Saint-Jean ayant été surpris et capturé, les soldats s'étaient amusés à les couper par morceaux comme de la viande de porc, et à éparpiller sur le sol ces horribles restes. (*Vaudreuil au Ministre*, 18 octobre 1755.)

Du côté du cap de Sable, une famille sauvage, l'homme et la femme, laquelle était enceinte, avaient été pareillement hachés par quartiers, et précipités dans un ruisseau. (*Lettre de M. Prévost au Ministre*, 17 juin 1753.)

Quel exemple donné à ces barbares, et quoi d'étonnant s'ils en ont tiré d'épouvantables vengeances! C'est à la suite de cet acte qu'ils avaient feint un traité à Halifax, et que, renvoyés avec des présents sur une goëlette, ils s'en étaient emparés et avaient massacré tout l'équipage.

tres chaloupes pour arriver les premières à un gros navire qui cinglait à toutes voiles vers Saint-Jean. Plus habiles qu'elles celle-ci se détacha de nous vis-à-vis le navire, et gagna sans peine le pilotage convoité.

Après une soirée calme, étoilée, attiédie par la brise de juillet, sur une mer d'émeraude, veloutée par les rayons de la pleine lune, le voisinage de la Nouvelle-Ecosse s'annonce par une barre de brume à fleur d'eau, qui bientôt nous envahit et se condense en gouttelettes sur les cordages. Cette brume est si basse et si diaphane, qu'elle n'intercepte pas la clarté des étoiles; mais elle ferme l'horizon et oblige de ralentir la marche du vapeur, dont le sifflet retentit de minute en minute. Cette côte est la région des brouillards; ils y règnent presque en permanence.

...The shores of the mournful and misty Atlantic [1].

C'est aussi la région des naufrages. Le marin, qui brave la tempête, redoute le brouillard, car il fait de lui l'aveugle qui tâtonne le long du chemin.

2 juillet. — Au lever du soleil, la brume se dissipe et découvre l'île aux Eglantiers (*Brier Island*), à l'entrée de la baie Sainte-Marie, puis le cap Fourchu, dont la pointe se bifurque, avant l'entrée du havre d'Yarmouth. A mesure qu'on en remonte le chenal tortueux, étroit, assez difficile, les deux bras de la baie s'allongent derrière nous en chaînes de rochers couronnés d'arbustes et de plateaux cultivés. La petite ville d'Yarmouth, qui s'arrondit au fond de l'anse, n'a de remarquable que son commerce de cabotage, l'un des plus considérables du monde, eu égard à sa population.

Une heure passée à jeter un coup d'œil sur la ville,

[1] Longfellow, *Evangéline*.

après avoir déjeûné et commandé une voiture qui doit me conduire à Saint-Michel de Tousquet (*Tuskett Wedge*), la première paroisse acadienne à une douzaine de milles au sud-est d'Yarmouth.

N'ayant pu débarquer à Digby, j'ai dû modifier mon itinéraire : je descendrai d'abord d'étape en étape jusqu'à Pomcoup (*Pubnico*), où se trouve le dernier groupe français de ce côté ; de là, je remonterai à Yarmouth pour aller visiter les paroisses acadiennes de la baie Sainte-Marie.

CHAPITRE DIX-HUITIÈME

Saint-Michel de Tousquet. — L'abbé Parker. — Une verte leçon. — Un dimanche à Tousquet. — Une vision de la Grand-Prée.

Deux heures de voiture par une route sablonneuse, bien entretenue. Après avoir passé deux petits villages anglais, Arcadia et Plymouth, le chemin circule à travers un bois avant de déboucher sur les établissements acadiens. Le sol peu fertile est semé d'une quantité prodigieuse de roches qui rendent les défrichements très difficiles et peu profitables.

Ce sont de ces champs pour lesquels nos habitants ont trouvé cette désignation expressive : « Il n'y a pas assez de terre pour fricasser les cailloux. »

Aussi le peuple a-t-il été, dès l'origine, livré forcément à la pêche, dont l'abondance, dans ces parages, est connue du monde entier.

On est frappé tout d'abord de l'aisance des propriétaires et du bon goût qui règne dans la construction de leurs maisons et des dépendances. Elles soutiennent avantageusement la comparaison avec celles de nos campagnes du Canada.

Des bords de la rivière Tousquet, que l'on côtoie en arrivant, l'église de Saint-Michel, élégante et fraîche, assise avec son joli presbytère sur une colline isolée, se détache en vives arêtes sur le ciel bleu, entre des bouquets de sapins, d'épinettes et d'aulnes qui bordent l'horizon. Ici, comme au Canada, on sent que la société catholique repose avant tout sur l'organisation paroissiale. Ici, encore plus qu'au Canada, elle est le secret de la puissance et de l'expansion irrésistible de la famille française; car l'influence politique, qui est venue l'appuyer chez nous, s'est fait moins sentir ici. L'Acadien d'aujourd'hui est sous ce rapport le Canadien d'il y a quarante ans.

L'abbé Parker se reposait devant sa porte et s'amusait à agacer un superbe chien de Terre-Neuve, lorsque je l'aperçus en détournant l'angle du presbytère, et que je me présentai à l'improviste devant lui.

— Ah! s'écria-t-il tout surpris, en me tendant la main dès que je me fus nommé, je vous attendais. *Le Moniteur Acadien* a annoncé votre venue dans nos parages. Je suis heureux de vous voir. Voici ma vieille mère, une Irlandaise *of the old country;* elle a un vrai culte pour les prêtres : vous allez être choyé.

Un quart d'heure après, nous étions de vieilles connaissances. L'abbé Parker est un jeune homme aussi intelligent que pieux et actif, qui a fait ses études classiques, partie à Poitiers, partie à Stonyhurst, et son cours de théologie à Montréal. Inutile de dire qu'il est familier avec les langues française et anglaise. Il s'est fait Acadien depuis qu'il est devenu curé des Acadiens; il a embrassé chaleureusement leur cause, et, chaque fois que l'occasion s'en présente, il les défend dans les journaux d'Yarmouth. Il oblige même ces journaux à publier ses correspondances en français, quand il le juge à propos. Le bien qu'il a fait à ses paroissiens et aux Acadiens en général a besoin d'être vu pour être apprécié autant qu'il le mérite.

— Vous allez être, me dit-il, agréablement surpris en visitant nos cantons ; vous allez vous trouver absolument dans l'ancienne Acadie. Nulle part le vieux type national ne s'est mieux conservé qu'à cette extrémité de la Nouvelle-Ecosse ; cela est dû à l'isolement dans lequel les Acadiens y ont toujours vécu et y vivent encore. Ce sont les mêmes coutumes, la même simplicité de mœurs, la même naïveté dans les esprits, le même attachement à la religion, qu'aux jours de la Grand-Prée.

Aux dernières pâques, il n'y a eu que quatre personnes qui se sont abstenues, sur une population de quinze à seize cents âmes. Il n'y a pas un seul protestant dans ma paroisse ; vous avez vu comment on est séparé d'eux par un grand bois, que les gens nomment le Portage.

On ne parle que le français dans les familles ; les femmes surtout ne savent pas un mot d'anglais. Elles portent encore la cape normande, telle que l'a chantée Longfellow. Pas plus tard que la semaine dernière, une jeune fille s'est mariée dans ce costume. Il n'y a pas de pauvres ici, il n'y a pas de riches non plus. Tout le monde à peu près vit dans une honnête aisance.

Actuellement dans les maisons, on ne voit guère que des femmes et des enfants : les hommes sont tous à la pêche. C'est demain dimanche ; voyez les goélettes qui entrent dans la rivière. Ce sont les pêcheurs qui viennent assister aux offices de l'église. Ceux qui pêchent au loin sur les bancs ne travaillent pas ce jour-là. Chaque capitaine a toujours avec lui son *Paroissien romain ;* et, à l'heure de la messe, il assemble son équipage, et lit tout haut l'office du dimanche qu'il termine par la récitation du chapelet. Il est inouï que personne manque à ce devoir.

Mais on ne connaît bien la foi de cette brave population, qu'après avoir assisté à une de ses fêtes religieuses, le Jeudi-Saint, par exemple, ou la Fête-Dieu. Le Jeudi-Saint, l'église est littéralement remplie jusqu'au soir; et toute la nuit, des gardes d'honneur de vingt et même de quarante hommes chacune, commandées par un capitaine, font le quart à tour de rôle, à la manière des marins, jusqu'au jour.

La procession de la Fête-Dieu est un événement pour les protestants aussi bien que pour les catholiques. Une foule de ces protestants viennent jusque d'Yarmouth pour y assister, et s'en retournent émerveillés. Aussi cette procession offre-t-elle le spectacle le plus imposant qu'on puisse voir en ce pays. Tous les jeunes gens, parfaitement disciplinés, sont sous les armes ce jour-là, et donnent à la fête un aspect martial.

L'église, les reposoirs, décorés à profusion, ressemblent à des corbeilles de fleurs. Tout le chemin que parcourt la procession est planté d'arbres au-dessus desquels flottent des banderoles, des oriflammes, des drapeaux de toutes couleurs. C'est au milieu de cette pompe que la procession sort de l'église au chant des cantiques, au bruit des fanfares et du commandement militaire, bannières déployées au vent. Elle s'avance ainsi, lente et solennelle, laissant après elle des parfums d'encens et des flots d'harmonie. Mais ce qui frappe, ce qui impressionne les étrangers témoins de cette démonstration, ce n'est pas l'éclat extérieur qui l'accompagne, c'est le recueillement vraiment angélique de cette foule, où tous, depuis les vieillards jusqu'aux petits-enfants, prient ou chantent, les yeux baissés, avec la même ferveur, le même esprit de foi.

— *These are real believers*, répétaient des protestants, après avoir assisté à une de ces cérémonies.

Sous le rapport de l'instruction, les habitants de Tousquet sont plus avancés que bien d'autres centres acadiens : il y a dans la paroisse huit écoles où le français est soigneusement enseigné en même temps que l'anglais. Ce n'est pas sans danger, ajoutait judicieusement à ce sujet l'abbé Parker, que l'on fait oublier le français aux Acadiens. Après la religion, c'est la meilleure part de leurs traditions. Vous le savez ; malheur à un peuple qui tourne le dos à son passé : il tombe au-dessous de lui-même, au-dessous de ceux qu'il veut imiter.

Je pourrais vous nommer, non loin d'ici, certaine paroisse où les habitants ont cru se relever en renonçant à leur langue, en défigurant leurs noms et en essayant de se faire passer pour des Anglais. Qu'est-il arrivé ? Ils ont presque oublié leur religion ; ils vont au prêche protestant, quelques uns ont apostasié, et leurs filles, méprisant leurs compatriotes, ont cherché à se marier avec des protestants.

Elles en ont été dédaignées, et plusieurs d'entre elles traînent aujourd'hui les rues de certaines villes que je pourrais vous nommer et font le déshonneur de leur race.

A propos de cette manie *d'anglification,* un de mes confrères m'a conté une verte leçon qu'il avait eu l'occasion de donner un jour. Ce brave prêtre irlandais, curé d'une paroisse acadienne, voyageant d'Yarmouth à Digby, vit monter dans le train deux jeunes filles qui portent l'un des beaux noms de l'ancienne Acadie, les demoiselles de... Toutes deux étaient vêtues dans le dernier goût americain, et s'entretenaient ensemble en anglais. Tout à coup, elles aperçoivent, assises devant elles, deux bonnes Acadiennes coiffées de la cape normande.

— *Look at these two French women*, s'écrie l'une d'elles ; *how ridiculous !* Et toutes deux de rire à cœur joie.

Le brave curé, qu'elles n'avaient pas vu, se retourne indigné, les dévisage du regard ; et d'une voix qui attire l'attention de tous les voisins :

— Comment! leur dit-il, n'avez-vous pas honte? Vous, des Acadiennes! Vous rougissez de votre nationalité! Je vous connais au reste; vous êtes loin de valoir ces deux braves femmes dont vous vous moquez. Je les connais elles aussi; ce sont d'excellentes mères de famille, l'exemple de leur paroisse; et vous!...

Un silence complet s'était fait dans le char; les deux jeunes filles anéanties, se cachèrent la figure avec leurs mouchoirs.

Dimanche, 3 juillet. — Je ne sache pas sur le globe de rivage plus capricieusement ouvragé que ce coin de la Nouvelle-Ecosse. Havres, promontoires, îles et caps s'enchevêtrent, se contournent, se retirent, s'avancent, s'abaissent, s'élèvent, forment mille dédales qu'on dirait faits exprès pour égarer la fée des eaux. Et pour mieux réussir à la tromper, ils s'enveloppent presque chaque matin d'une écharpe de brouillards qui dissimule leurs arêtes et leurs dunes.

Ce réseau de brume est encore étendu ce matin sur la cime des arbres. L'herbe en est toute humide, comme après une forte averse. Il s'enroule peu à peu vers la mer à mesure que le soleil monte à l'horizon. Avec lui, montent aussi vers l'église des groupes de fidèles, venant les uns en chaloupe de l'île de Surette, de la butte à Comeau, de la pointe à Pinkney; les autres par terre du cap des Corporons et des extrémités de la paroisse. Ils stationnent sur la place de l'église, comme chez nous, en attendant le dernier coup de la cloche.

— Remarquez, me dit l'abbé Parker, pendant que nous passions d'un groupe à l'autre, l'expression de mélancolie empreinte sur presque toutes les figures, particulièrement sur celles des femmes. Peut-être la cape normande, dont la plupart s'enveloppe la tête, espèce de châle de soie noire qui rappelle vaguement la mantille espagnole, contribue-t-elle à leur donner cette expression; peut-être aussi la voie douloureuse que ce peuple a suivie depuis si longtemps a-t-elle imprimé sur les visages ce cachet de tristesse douce et résignée? Le sourire même cache des larmes. Quelle que soit la cause de ce phénomène, il est visible pour tout œil observateur.

Dans l'église, la vue de cette foule toute composée de descendants des confesseurs de la foi, restée fidèle comme eux, évoqua tout naturellement le souvenir de la scène rapportée par l'abbé Robin, aumônier de l'armée de Rochambeau, lorsqu'il fut invité un dimanche, par les Acadiens de Baltimore, à officier dans leur église. Le prédicateur du jour fut ému comme lui, en les félicitant de leur piété et en leur rappelant les vertus de leurs pères. « Je leur rappelais des souvenirs trop chers, ils fondirent en larmes. »

Durant toute la journée du dimanche, l'église de Tousquet ressemble à une ruche bourdonnante d'abeilles. L'assistance est aussi nombreuse à l'office des vêpres qu'à celui du matin. J'admire le zèle des instituteurs et des institutrices qui se partagent, avec le curé, l'enseignement religieux des enfants : ils les réunissent dans la nef, les petits garçons d'un côté, les petites filles de l'autre, les interrogent, s'assurent de leur savoir, en attendant l'heure du catéchisme.

Quelle est l'école philosophique qui ait jamais inventé un pareil système pour former de bons citoyens? Toutes les races, toutes les sectes de l'Amérique du Nord s'accordent à regarder les Acadiens comme un peuple honnête, paisible, soumis aux lois. Voilà l'école où leurs générations ont été formées.

Dans la sérénité lumineuse du soir, quand la dernière psalmodie, avec le dernier souffle de l'orgue, s'est envolée à travers les croisées ouvertes, quand le peuple est descendu des portiques, et s'écoule lentement, emportant aux plis de ses vêtements des odeurs d'encens, dans sa pensée, le roulis des hymnes, au fond de son cœur, des épanouissements de paix et de prières : c'est l'heure où les deuils récents s'acheminent silencieux et viennent s'agenouiller dans le cimetière. Il est là, tout auprès, appuyé au mur de l'église. De la cime du clocher, l'ombre de la croix se penche sur les tombes, s'y promène tout le long du jour, les indique du doigt, implorant pour chacune d'elles une prière.

Nul peuple au monde n'est plus fidèle à ses morts que les Acadiens ; ils ont pour tradition immémoriale de faire dire ou chanter vingt messes pour chaque membre de leurs familles qui meurt, et ils s'imposent les plus grands sacrifices pour acquitter ce devoir.

Le travail extraordinaire qu'a coûté le cimetière de Tousquet, fait tout entier au moyen de corvées volontaires, est un témoignage de cette piété.

On devine une population maritime aux coquillages de toute nuance et de toute forme, semés comme des fleurs et disposés en palmes, en couronnes et en guirlandes sur la verdure des tertres.

En ce moment, ce champ des morts se transforme en champ des vivants : on y prie, on s'y promène, on y cause à demi-voix. Les petits enfants qui ne comprennent pas encore la mort, circulent vifs et gais autour des veuves agenouillées, qui ne la comprennent que trop.

Au-dessus des têtes passe la grande brise du large, qui jette des notes plaintives dans les branches des sapins, et des fraîcheurs salines sur le gazon des talus.

Le cimetière ne retombe dans son silence et son immobilité déserte, qu'aux dernières lueurs du crépuscule.

CHAPITRE DIX-NEUVIÈME

Tousquet et ses traditions. — La Butte à la Croix. — L'abbé Maillard et les exilés de la Nouvelle-Angleterre. — La famille Pothier. — Le village de Belleville. — Sainte-Anne du Ruisseau. — Le dialecte acadien. — La baie d'Argyle. — Les d'Entremont de Pomcoup. — Mathieu Kénini.

4 juillet. — Visite et causerie chez quelques-uns des anciens. Les Acadiens doivent vivre vieux, si j'en juge par le nombre d'octogénaires et même de nonagénaires qu'il y a dans Tousquet. Le plus intéressant de ces vieillards est Frédéric Le Blanc, âgé de *nonante-six ans*, petit-fils de Pierre Le Blanc, établi avec sa famille aux Petites-Côtes, sur la rivière Gaspareaux, et relégué à Salem après la Déportation.

— Voici, me dit le père Le Blanc en m'indiquant une jeune fille assise auprès de lui, voici un souvenir vivant de Longfellow : c'est ma nièce, Évangéline Doucet. Elle est fiancée, elle aussi, comme l'héroïne du poète. Les Acadiens ont un culte d'admiration et de reconnaissance pour Longfellow, qui a si bien chanté leurs infortunes.

Le père Le Blanc a passé toute sa jeunesse avec les fils des exilés, et tient de leur bouche les faits du siècle dernier qu'il raconte.

Les plus nombreuses familles de Tousquet sont les Pothier, les Le Blanc, les Boudreau, les Surette ; viennent ensuite celles des Corporon, des Cotreau, des Mius, des Richard, des Doucet. Toutes ces familles conservent plus ou moins le souvenir des migrations de leurs ancêtres.

D'après ces traditions, le nombre des familles acadiennes qui ont vécu dans les bois, à la suite de la Dispersion, fut plus grand qu'on ne le suppose généralement. De ce nombre était Victor Babin, aïeul d'Euphrosine, veuve de Cyrille Pothier.

— Mon grand-père, avec sa famille et plusieurs autres, me racontait la vieille nonagénaire, s'était enfui du bassin des Mines et avait erré aux environs, se nourrissant des animaux qui avaient résisté au froid, et qui étaient devenus presque sauvages, ensuite de pêche, de gibier, de racines.

La misère qu'ils eurent à souffrir est impossible à imaginer, plusieurs n'en trouvèrent la fin que dans la mort.

Enfin, poussés par le désespoir, quelques-uns se décidèrent à se dévouer pour les autres et se rendirent au fort anglais, qui n'était pas éloigné. Ils furent fort mal accueillis ; on finit cependant par leur accorder quelques provisions, en y mettant pour condition qu'ils viendraient tous se rendre prisonniers.

Un individu plus humain que les autres, touché de leur détresse, les aborda à l'écart et leur dit de ne point reparaître ; ajoutant que, s'ils revenaient avec leurs compagnons et leurs familles, c'en était fait d'eux ; ils seraient tous déportés.

La petite troupe de proscrits se dispersa alors ; les uns allèrent se réfugier du côté de Memramcouk, les autres à Arichat et jusqu'à Louisbourg. Quelques-uns, parmi lesquels Victor Babin et Anselme Bellefontaine avec leurs familles, prirent du côté de la mer et vinrent s'arrêter à Chezetcouk.

Lorsque la guerre fut finie, ils se montrèrent à Halifax, et vécurent en vendant le produit de leur chasse, de leur pêche, avec des écorces employées à l'usage des tanneries. Les femmes et les enfants, de leur côté, se livraient en été à un petit commerce de fruits et de baies sauvages cueillis dans les savanes et sur les montagnes.

Malgré le peu de ressources que leur offrait cette côte stérile, ils y étaient attachés cependant, à cause du voisinage où ils s'y trouvaient du seul missionnaire resté dans ses parages : le vénérable abbé Maillard, fixé à Halifax, en qui ils avaient une confiance illimitée, et qui leur donnait des conseils d'une prudence et d'une sagesse consommées.

Un dimanche que le bon missionnaire avait dit la messe pour les sauvages des environs, il fit venir les Acadiens qui y avaient assisté, et après s'être soigneusement renfermé avec eux dans son appartement, il les exhorta par les paroles les plus touchantes à rester attachés plus que jamais à leur foi, et termina en leur disant ces mots qui les frappèrent de consternation.

— Mes enfants, sauvez-vous d'ici le plus tôt possible, sinon, avant peu, vous serez réduits à un état pire que celui des esclaves.

Victor Babin et ses compagnons se jetèrent en pleurant aux genoux du saint prêtre et lui demandèrent sa dernière bénédiction.

Ils équipèrent, aussitôt qu'ils purent, une embarcation, et vinrent aborder dans la rivière Tousquet.

Une poignée de leurs compatriotes les y avait précédés (1766) : les uns, comme les Enard, les Corporon, descendus de leurs campements dans l'intérieur de la péninsule, les autres, comme les Boudreau, les Le Blanc, venus du Massachusetts.

A une petite distance de l'église, on vénère encore, sous le nom de butte à la Croix, le lieu où fut dite la première messe pour ces nouveaux colons, probablement par M. Bailly, dont les îles voisines de la butte à Comeau portent encore le nom.

A son départ, M. Bailly avait conféré à l'un des anciens, Amable Boudreau, surnommé depuis l'*évêque* Amable, le pouvoir de faire les mariages, les baptêmes et même d'accorder certaines dispenses.

C'est au pied du calvaire, érigé sur la butte à la Croix, que durant les beaux jours, on se donnait rendez-vous les dimanches que l'*évêque* Amable faisait le prône, les annonces et récitait l'office du jour.

Ces assemblées patriarcales, organisées au passage des missionnaires pour suppléer à leur absence, ont été le moyen providentiel qui a maintenu la foi des Acadiens. Elles avaient été instituées même chez ceux qui avaient été amenés en captivité dans les colonies anglaises ; et cela grâce aux soins du saint abbé Maillard, resté seul à la garde de ces malheureux débris, comme il l'était déjà de ceux de la Nouvelle-Ecosse.

D'Halifax il correspondait secrètement avec quelques-uns de leurs groupes, et leur adressait des épîtres vraiment apostoliques, qui étaient lues dans les assemblées des fidèles avec un respect qui rappelait celui des premiers chrétiens, lorsqu'ils écoutaient les épîtres que leur écrivait l'apôtre saint Paul.

Dans une de ces lettres, toute pleine de l'esprit de cet apôtre, adressée à Louis Robichaud, à qui il avait confié la direction des fidèles de Salem, l'abbé Maillard disait :

« Je ne manque point cette occasion pour vous faire savoir combien je désirerais d'être à proximité de vous et de tous les autres catholiques dispersés çà et là dans les contrées de Boston et ailleurs, pour votre consolation à tous et la mienne. Mais il convient que nous vivions plus que résignés entièrement à la volonté du Seigneur, en nous soumettant surtout de bon cœur à tout ce qu'il lui plaira de faire de nous.

» J'approuve volontiers que vous receviez le consentement mutuel exprimé par la parole des parents de tous ceux et celles qui veulent s'unir en mariage. Mais faites cela en présence de témoins requis à cette fin.

» Je sais que tout cela vous donnera des misères, cependant vous n'en serez que mieux devant Dieu, qui, un jour à venir, y aura égard, si vous avez, en tout ceci, intention de servir le prochain et de m'aider en même temps pour l'amour de lui.

» Comme nous avons ici une grande liberté pour vaquer aux fonctions de notre sainte religion, dans notre oratoire de la grande batterie d'Halifax, nous avons par conséquent la consolation de conserver le Saint-Sacrement devant lequel nous entretenons jour et nuit un luminaire. Et pour le pouvoir faire longtemps, j'écris à tous nos frères de Chignectou, de Pigiquit, de Louisbourg et d'ailleurs, qu'ils aient à se joindre à nous pour cette dépense; et qu'ils prouvent par là qu'ils nous sont unis pour ne faire tous ensemble qu'un seul pain et qu'un seul et même corps en Jésus-Christ, qui est notre chef.

» Mais remarquez qu'en cela je ne m'adresse qu'à ceux qui sont pénétrés de la vérité de ce grand et redoutable mystère. Je laisse à part les indifférents. Remarquez en outre que je ne demande pas des sommes, mais seulement qu'un chacun fournisse selon ses facultés Un liard donné d'un bon cœur à cette intention, vaut une pistole à celui qui ne peut faire plus.

» Proposez, s'il vous plaît, cet article dans votre assemblée de prières au saint jour du dimanche.

» Vous rendrez ainsi hommage au temple du Seigneur où se célébreront tous les jours les saints mystères, auxquels vous avez part, puisque aussi bien que nous, vous êtes membres de l'Eglise catholique.

» J'ai soin tous les dimanches de vous avoir présents en esprit, et de vous regarder alors comme joints à nous dans l'action du saint sacrifice. J'en fais mention expresse en présence de tout le peuple fidèle qui m'entoure. Faites de même dans vos prières communes.

» Faites bien mes compliments à votre épouse, à votre sœur Nanniche et à toute votre famille, aussi bien qu'à tous ceux qui ne m'ont pas encore oublié [1].

» A Halifax, 17 septembre 1762. »

5 juillet. — Promenade sur la butte à Comeau et sur pointe à Pinkney ; excursion dans les îles de Tousquet, entrevues à travers une gaze de brumes légères qui noient leurs contours et les enfoncent dans des lointains factices, semblables à des décors de théâtre.

Sur l'île au Massacre, où jadis fut cernée et anéantie une tribu micmaque, visite d'une *attrape* aux maquereaux, immense réseau de filets tendus à grands frais par une compagnie acadienne, les frères Pothier. Une autre pêcherie semblable est construite aussi par eux dans le voisinage, près du rocher aux Vaches.

Les frères Pothier sont des armateurs de Tousquet d'une hardiesse tout américaine. Leur vaste établissement que j'ai visité au cap des Corporons, dont, par parenthèse, la falaise opposée porte le nom sauvage de *Kébec* ou *Chébec*, est une des curiosités de l'endroit. Ils possèdent une flotte de onze navires, sans compter ceux qu'ils louent chaque année pour compléter leurs expéditions, soixante-dix *dories* [2] et barges pour la pêche à la morue, servies par des centaines de marins et de pêcheurs

[1] *Documents et manuscrits* recueillis par M. Placide Gaudet, de Shédiac.

[2] Canots.

acadiens. Leurs exportations aux Antilles s'élèvent en moyenne à cent cinquante mille dollars par an.

L'esprit d'entreprise des frères Pothier n'a d'égal que leur esprit de générosité et de zèle pour tout ce qui touche aux bonnes œuvres et aux intérêts religieux.

Les proscrits dont ils descendent vinrent à travers les forêts d'Halifax, où durant quelque temps ils avaient été détenus en otages. Aux plus mauvais jours, ils avaient erré dans les montagnes des environs du détroit de Canseau, obligés de faire continuellement la sentinelle, de peur d'être surpris.

Deux des jeunes filles, ayant eu l'imprudence de s'aventurer trop loin à l'orée du bois, l'une d'elles fut prise par une bande de *rangers* commandée par un scélérat bien connu, et immédiatement pendue à une arbre. La douleur et la colère qui s'emparèrent des Pothier, quand on leur apprit cet acte d'atrocité, sont inexprimables. Avec cette énergie et cette persévérance dont leurs descendants ont hérité, ils jurèrent de venger ce crime sans nom, et se mirent à la poursuite du meurtrier. Pendant des mois, ils l'épièrent nuit et jour à la manière des sauvages, si bien, qu'enfin ils réussirent à mettre la main sur lui. Le garotter, lui mettre une corde au cou, et l'accrocher au premier arbre, fut l'affaire d'un instant.

De Tousquet à Sainte-Anne du Ruisseau *(Eel Brook)*, autrefois Sainte-Anne du cap de Sable, la physionomie du pays n'a rien de remarquable.

La prédilection des Acadiens pour le saule, cet arbre mélancolique si bien en harmonie avec leur destinée, n'est pas moins prononcée aujourd'hui qu'au temps jadis. Partout où il y a des Acadiens, vous êtes sûr de voir des plantations de saules, qu'ils désignent à tort sous le nom d'*osiers*. Ils en font des avenues le long des chemins; ils en entourent leurs vergers, dont ils aiment la culture autant que leurs pères. Parfois, on voit un de ces énormes saules dresser son tronc noueux auprès d'une maison, l'embrasser de ses branches et lui faire un dôme de son pâle feuillage.

A voir comme ils en plantent sur les tombes, on dirait qu'ils ont deviné la pensée du poète des *Nuits :*

Mes chers amis, quand je mourrai,
Plantez un saule au cimetière.
J'aime son feuillage éploré,
Sa pâleur m'en est douce et chère
Et son ombre sera légère
A la terre où je dormirai.

Avant d'arriver au village de Sainte-Anne, le chemin longe un de ces petits lacs pittoresques dont le pays est rempli. Ce lac, long et étroit, semé d'îlots sauvages, au bord duquel s'échelonne le joli village acadien de Belleville, serpente comme l'anguille, dont il porte le nom, entre des promontoires chargés de noir feuillage, dont la tête s'allonge en fronçant le sourcil au-dessus des eaux.

Placez par l'imagination quelques wigwams sur ces caps ou au fond de ces anses, sur le lac quelques canots d'écorce pagayés par des Micmacs, et vous retrouverez cette nature dans toute sa sauvagerie primitive.

Le village de Belleville est en partie formé par la famille de M. Léon Pothier, qui n'a pas eu moins de dix-sept enfants, et qui porte encore vaillamment ses soixante-quinze ans.

— Comment avez-vous fait pour établir si bien votre nombreuse famille, lui demandai-je, pendant que sa femme, aussi vaillante que lui, nous apportait pour souper un beau plat de gaspareaux fumés, avec deux jattes de lait couvert d'une crème dorée.

— Ah! me répondit-il, on ne meurt pas d'avoir travaillé, car il y a longtemps que je serais au cimetière.

Après sept ans d'une vie de pêcheur aux îles de la Madeleine, je me suis vu partir d'ici, avec quinze jours de vivres sur le dos, pour aller camper dans les bois et y couper du chêne pour les navires. Bien des fois, quand je revenais le samedi à la maison, je me suis senti tellement exténué de fatigue, que je me suis assis au bord du chemin pour y mourir. La pensée de ma femme et de mes enfants qui m'attendaient là-bas me ramenait à la vie.

Aujourd'hui la demeure de M. Léon Pothier, entourée d'un superbe verger, et celles de plusieurs de ses enfants, sont les plus belles de ce joli village.

6 juillet. — C'est sous le nom du cap de Sable, lequel est situé à une grande distance d'ici, vers l'extrémité sud-est de la Nouvelle-Ecosse, qu'était connue autrefois, comme je l'ai dit plus haut, la mission devenue aujourd'hui la florissante paroisse de Sainte-Anne du Ruisseau. Autour d'elle s'est formé un essaim de missions destinées à composer de nouvelles paroisses, comme le sont déjà devenues celles de Tousquet et de Pomcoup. La mission de l'île de Surette et celle des Fourches de la rivière Tousquet dépendent de Sainte-Anne ; celles de la butte à Comeau et de la pointe à Pinkney, de Saint-Michel de Tousquet ; enfin celle de Pomcoup-est relève de Saint-Pierre de Pomcoup.

L'avenir n'est pas éloigné où l'on comptera ici huit paroisses distinctes, provenant du seul accroissement des quatre-vingts familles qu'y avait trouvées l'abbé Sigogne à son arrivée ; c'est-à-dire, une paroisse par chaque groupe de dix familles. Telle est la fécondité de la race française en Amérique.

A mesure que l'on pénètre au cœur de cette brave population, on va de surprise en surprise ; on s'émerveille de voir comment, en dépit d'une séparation séculaire, tout s'y est conservé intact : la langue, le caractère, les coutumes, les traditions, le souvenir de la France, et quel souvenir! J'ai vu des voix se briser en sanglots, des yeux se remplir de larmes au récit de ses malheurs.

— Mes ancêtres ont toujours été fidèles à la France, me disait le vieux Michel Surette; ils ont été ruinés, chassés, dispersés à cause de cet attachement. N'importe, si c'était à recommencer je ferais comme eux.

Et, avec une précision de détails vraiment merveilleuse, il me racontait comment son trisaïeul, Pierre Surette, avec sa femme Catherine Breau, était parti de La Rochelle, vers 1710, pour se fixer à Port-Royal; comment de là ils avaient établi leurs enfants à Pigiquit; qu'ils y étaient huit, tous établis sur de beaux biens, l'un à la suite de l'autre; cinq garçons, Olivier, Amand, Pierre, Joseph, Paul, grand-père de Michel; et trois filles : Anne, mariée à Dominique Pothier, Marie, épouse de Jean Bourque, et Madeleine, mariée à Joseph Babin. Tous s'étaient enfuis avec leurs familles pour éviter d'être pris par les Anglais.

Après des traverses sans nombre, les uns émigrèrent de Chezetcouk à Cocagne, d'autres à l'île du Prince-Edouard, tandis que les quatre frères, Olivier, Joseph, Pierre et Paul, vinrent avec leurs familles d'Halifax à Sainte-Anne.

Je dépasserais de beaucoup les limites que je me suis tracées, si je voulais raconter toutes les traditions et anecdotes que je recueille d'une famille à l'autre. Je ne dirai donc ni les déchirements de la famille des Bourque, embarquée au bassin des Mines, les hommes sur un navire, les femmes et les enfants sur un autre; ni la douleur des deux frères, Jean et François Bourque, et de leur sœur, échappés aux poursuites et réfugiés à la baie des Chaleurs, lorsqu'ils apprirent par des lettres écrites du fond de la Caroline du Sud, que leur père et leur mère étaient morts de chagrin et de misère, laissant des enfants à la mendicité.

Je ne dirai pas non plus par quel stratagème les trois frères Landry s'échappèrent, avec quelques autres de la prison du fort Lawrence, ni comment, après s'être perdus de vue, leurs petits enfants se sont retrouvés en 1854, les uns fixés à Memramcouk, les autres à Saint-André de Kamouraska. Le recueil de toutes ces traditions formerait à lui seul un volume.

8 juillet. — De Sainte-Anne du Ruisseau à Pomcoup, il y a une vingtaine de milles, par des chemins bien entretenus. Le docteur Landry, avec qui je fais le trajet, est un Acadien instruit, parfaitement renseigné sur le pays, qui possède par conséquent toutes les qualités qu'on puisse souhaiter dans un compagnon de voyage. C'est de plus un ancien compagnon de collège qu'à ma grande surprise j'ai trouvé établi à ces confins du monde.

Le docteur Landry m'entretient longuement du dialecte acadien, et me cite une foule d'expressions originales, particulières à la contrée. Pour comprendre la nature de ce dialecte, il faut se rappeler que la colonisation de l'Acadie s'est faite avant la formation définitive de la langue française, et que toute émigration de France a cessé à partir du jour où l'Acadie a passé sous la couronne d'Angleterre (1713). Les colons, qui avant comme après la conquête de leur pays, n'ont guère eu de moyens d'instruction, et qui ont toujours vécu dans l'isolement, ont dû nécessairement garder le vieux parler de leurs pères. Rien, en effet, n'est plus frappant ni plus curieux à observer que leur conversation, pour quiconque est familier avec la langue du seizième siècle. Ainsi, les Acadiens se servent encore de l'ancien style de numération : *septante, octante, nonante.* Ce vieillard, diront-ils, doit avoir *septante-trois* ans, *octante-cinq*, ou *nonante-six* ans.

Ils adouciront certaines lettres ou certaines syllabes : la lettre *r*, par exemple, sera remplacée par *l*. Ils disent *molue* au lieu de *morue*. Nicolas Denys, dans sa *Description de l'Amérique Septentrionale*, écrit invariablement le mot *molue*, tel que les Acadiens le prononcent aujourd'hui.

Ils adoucissent les finales *omme*, *onne*. Ainsi, *personne*, *homme*, *automne*, deviennent *persoune*, *houme*, *autoumne*. *Je counais cette boune femme.*

Cette prononciation qui donne une extrême douceur au discours, et qui a malheureusement disparu du français moderne, se retrouve dans les vieux auteurs. Au treizième siècle, Walter de Bibblesworth l'employait dans les vers suivants :

> L'enfant couvent de chatouner
> Avant ke sache à pées aller [1].

C'est-à-dire, l'enfant va d'abord comme le chat, à quatre pattes, avant de marcher sur ses pieds.

Chatonner — ce mot est encore employé dans le même sens au Canada, particulièrement sur la rive nord du Saint-Laurent, au-dessous de Québec. Aux Eboulements, dans l'île aux Coudres, entre autres endroits, on entend continuellement dire d'un enfant qui essaye de se traîner : *Le petit commence à chatonner.*

L'emploi du pronom singulier avec le pluriel du verbe, si fréquent chez les Acadiens, est connu encore aujourd'hui en France beaucoup plus qu'ici.

Le maréchal de Vieilleville, dans ses *Mémoires*, fait dire à Henri II :

« Cela n'avions jamais entendu, et ne tenions pas ceux de Rieux de tel rang et de tel estoc [2]. »

[1] *History of domestic manners and sentiments in England during the Middle Ages*, par Thomas Wright, Londres, 1862, p. 51.

[2] *Mémoires* du sir de Vieilleville, p. 93. — *Le vieux langage*,

Henri IV disait comme Henri II : *J'ons le courage, j'aimons le bon vin.*

Voici d'autres expressions acadiennes d'origine latine ou provenant du vieux français. Il y a beaucoup d'*éloëzes*, d'éclairs. L'*éloëze* l'a frappé ; du latin *elucere*, briller. Ce terme était employé au quatorzième siècle.

Les haricots s'appellent *faillots*, du latin *faba, fabalia*, tige de fève.

Où trouver un plus joli mot que *métiver*, pour dire *couper le grain*, de latin *metere*, faire la moisson ?

Pour exprimer l'action de calmer un enfant qui pleure, on dira : Je vais l'*amouneter ;* allez donc l'*amouneter ;* adoucissement du verbe *admonester*.

On dit *ung* ou *yung* pour *un*, *dempuis* pour *depuis*, *de meshui* pour *désormais*, *maintenant* ; comme on disait aux quinzième et seizième siècles.

Montaigne écrit : « Il osait dire que ses réponses devaient *meshui* servir de lois. »

Et Chaulieu :

> Naguère avais dans un accès de goutte,
> Juré de par le benoît saint Martin,
> Que ne boirais, quelque cher qu'il m'en coûte,
> *De meshui* plus un pauvre coup de vin.

On dit encore *dévaler* l'escalier, le côteau, pour descendre l'escalier, le côteau ; à l'exemple de Ronsard qui écrivait :

> Je semble au mort qu'on *dévale* en la fosse.

Ce cheval, dit-on, est de bon *harage*, est de *harage*, pour signifier de bonne race ; du latin *hara*, étable, d'où est venu le terme français *haras*.

étude manuscrite par M. P. B. Casgrain, auteur de *Letellier et son temps*.

Les vieux mots, *hucher*, *bailler*, *nenni*, ou mieux *nâni*, sont d'usage habituel, ainsi que le verbe *mander*.

Voici quelques bribes d'un dialogue entre un vieillard et un enfant, tel que noté à Pomcoup.

LE VIEILLARD. — Petit, ton père m'a-t-il *mandé* de venir ?

L'ENFANT. — *Nâni*.

LE VIEILLARD. — Va le *hucher* sur la grève.

L'ENFANT. — Qu'est-ce que vous me *baillez* pour la course ?

LE VIEILLARD. — Plus que tu penses ; mais dépêche-toi ; le soleil est couché, il commence à *sombrir*.

On donne le nom de *feu chalain* aux éclairs de chaleur.

Une autre expression dont je n'ai pu découvrir l'origine est celle-ci : attendez un petit *élan*, je vais me reposer un petit *élan*, pour un instant.

Les Acadiens, livrés en si grand nombre à la pêche, ont introduit dans leurs discours une foule de termes de marine. Ils ont sur ce point des hardiesses qui étonnent même des oreilles canadiennes, comme celles-ci par exemple : Ça *halera* si je n'y vais pas. Va dire au sacristain d'*arimer* l'autel, c'est-à-dire d'orner l'autel.

Je pourrais extraire de mon carnet bien d'autres expressions pittoresques, notées au cours de mon voyage, si je ne craignais de nuire au *Glossaire acadien* que prépare en ce moment un ancien élève du collège de Memramcouk, M. Pascal Poirier, dont j'ai déjà dit le nom et les travaux.

Le patois, si répandu en France, est inconnu ici aussi bien qu'au Canada ; mais, ici plus encore qu'au Canada, la langue souffre de l'introduction des mots et des locutions anglaises, qui viennent des rapports plus fréquents que chez nous avec les peuples de cette langue, au milieu desquels les Acadiens sont éparpillés. On ne dit cependant pas, comme à Paris, le *hall* pour le vestibule, les *rails* pour les lisses de chemin de fer, ni les *wagons* pour les chars, etc., etc.

Ce défaut disparaîtra, du moins en partie, comme il commence à disparaître chez nous, depuis qu'il est signalé et battu en brèche par toutes les voix de la presse et de l'enseignement.

Je ne veux ajouter qu'un dernier mot, avant de clore sur ce sujet. La conservation de la langue française chez les Acadiens, dans les conditions exceptionnelles que l'on connaît, est un fait aussi surprenant que celui de leur renaissance [1].

Les Acadiens peuvent dire à la France avec plus de fierté encore que le poète canadien :

> Nous avons conservé le brillant héritage
> Légué par nos aïeux, pur de tout alliage,
> Sans jamais rien laisser aux ronces du chemin [2].

L'église du Ruisseau s'éloigne rapidement de nous, pendant que le docteur Landry et moi, nous causons langue et vieilles souvenances.

Après avoir traversé un canton peu défriché, assez monotone, la route perce un épais fourré, et débouche

[1] L'extrait suivant d'un *Mémoire sur la dispersion des Acadiens*, écrit par un contemporain, fait voir jusqu'à quel point on était convaincu alors que la race acadienne était bien morte pour toujours.

« Voilà, dit-il, l'histoire abrégée de ce malheureux peuple. *Il n'existe plus ; son souvenir même est presque effacé.* Puisse cet écrit le rappeler à tous les Français, et leur inspirer les sentiments d'horreur qu'une dispersion aussi cruelle doit exciter ! Si je connaissais un homme en place, je ne cesserais de lui dire : « N'oubliez jamais les Acadiens et souvenez-vous toujours des Anglais. » *Archives des Affaires étrangères, Paris. Lettre au duc de Nivernais*, 2 décembre 1762.

[2] Octave Crémazie, *Œuvres complètes*, p. 115.

tout à coup sur la magnifique baie d'Argyle. Des côtes élevées qu'on suit, l'œil plonge sur cette vaste nappe d'eau, peuplée d'îlots d'une variété infinie de formes et d'aspects. Il n'y a de comparable à ce ravissant paysage, que celui des Mille-Iles du Saint-Laurent, tant vanté par les touristes. Çà et là, à travers les canaux étroits et tortueux glissent des bateaux pêcheurs, dont les voiles à cette distance ressemblent à des ailes d'oiseaux de mer.

Les effets de lumière et d'ombre qui se produisent en ce moment sur cette scène lui donnent une apparence vraiment féerique. Tandis que l'intérieur de la baie est inondé de clarté, sous un ciel resplendissant, les îles lointaines et les extrémités des caps, ensevelies dans une sorte de crépuscule, apparaissent à peine à travers les vaporosités qui dorment sur l'océan.

Dès qu'on a perdu de vue la baie d'Argyle, on aperçoit le havre de Pomcoup, dont ce port n'est séparé que par une étroite et longue presqu'île. C'est de chaque côté de ce port spacieux et sur les falaises qui le dominent, qu'est assise la colonie française de Pomcoup, en grande partie peuplée par les d'Entremont, la plus ancienne et la plus remarquable des familles acadiennes. Ils retracent leur origine jusqu'à Etienne de La Tour, et sont alliés avec les descendants du fameux baron de Saint Castin.

La population de Pomcoup se livre aujourd'hui, comme de tout temps, à l'exploitation de la pêche toujours inépuisable sur cette côte. Elle possède une flotte considérable, et compte un bon nombre d'armateurs qui se distinguent dans le haut commerce de la Nouvelle-Ecosse. Tous les d'Entremont sont familiers avec l'histoire de leur famille, dont ils sont très fiers. Au temps de leur exil dans le Massachusetts, ils durent, à l'illustration de leur nom et à l'influence dont ils jouissaient parmi leurs compatriotes, certains égards qui rendirent leur détention plus tolérable, et qui furent quelquefois utiles aux autres Acadiens.

On dit que tous les d'Entremont, à peu près, ont gardé un air de distinction qui rappelle la noblesse de leur race. Je le crois sans peine, si j'en juge par ceux d'entre eux que j'ai connus ; la plupart sont de beaux hommes, alliant aux allures fières du marin les bonnes manières du gentilhomme de campagne. Le meilleur représentant de la tradition parmi eux, depuis la mort de Simon d'Entremont[1], est en même temps un des meilleurs types de la famille.

Mathurin d'Entremont est un robuste gaillard, dans la force de l'âge, à l'œil plein de feu, aux traits réguliers, portant une barbe abondante qui lui donne un air de gravité précoce.

Comme tous ceux qui ont la passion des souvenirs, il est inquisiteur, et il ne se contente pas de glaner autour de lui. A force d'écrire à différents maires, en France, il est venu à bout de retrouver la trace des siens, que les perturbations du siècle dernier y avaient rejetés. Il vous donnera aussi bien des renseignements sur les d'Entremont de Paris et de Nantes, que sur les Granger, ses cousins de Cherbourg. Il vous dira qu'un d'Entremont, fils d'un exilé, devint officier dans la marine royale ; qu'il eut pour fils Désiré-Burdin d'Entremont, né à Orléans en 1791, grand-père de Charles-Ozouf d'Entremont, né à Nantes, actuellement au 104e régiment d'infanterie en garnison au Mans.

Il vous apprendra qu'un capitaine Granger, commandant d'un navire probablement de Port-Royal, se trouvant en croisière aux environs de Pomcoup, peu après l'enlèvement des habitants, et étant descendu à

[1] Simon d'Entremont fut le premier Acadien nommé député à l'assemblée législative de la Nouvelle-Ecosse.

terre avec une partie de son équipage, vit sortir du bois et accourir une jeune fille qui les avait reconnus pour des Français. Cette jeune fille, âgée seulement de vingt ans, était une Mius d'Entremont, qui avait fui à l'approche des Anglais. Elle avait vu piller et brûler le village et le manoir des d'Entremont. Les scènes affreuses dont elle avait été témoin l'avaient mise presque hors d'elle-même, et elle n'aspirait qu'à fuir le théâtre de tant d'horreurs.

Emmenée en France, elle devint l'épouse du capitaine Granger.

Ses descendants habitent Cherbourg, et l'un d'eux, Désiré Granger, a encore en sa possession le plan du manoir seigneurial acadien, dont la façade porte les armes et les initiales des Mius d'Entremont.

Pendant que Mathurin note ces souvenirs de famille, Hilaire d'Entremont, dont le goût pour les choses du passé le dispute à celui de son voisin, recueille les traditions indiennes du pays.

Voici ce qu'il a entendu raconter sous la tente de Mathieu Kénini, campé l'année dernière *à la tête* de Pomcoup. Mathieu Kénini est le petit-fils d'un chef micmac de renom dans sa tribu aujourd'hui réduite à quelques familles.

Une frégate anglaise avait jeté dans le port Rossignol, maintenant Liverpool, un détachement chargé d'aller exterminer quelques familles sauvages, cabanées à quatorze milles dans les terres au bord du lac. Le détachement était revenu au port sans avoir frappé coup, et de là envoyait des éclaireurs dans toutes les directions. Un parti de quatorze soldats avait fini par surprendre et emmener deux sauvagesses restées seules, pendant que leurs maris étaient allés à la chasse dans le voisinage. Ceux-ci, à leur retour, voyant leurs huttes désertes, se mirent à suivre les ravisseurs à la piste. Ils les découvrirent le soir, campés pour la nuit dans une de ces grossières cabanes, construites en troncs d'arbres bruts, par les travailleurs des chantiers. Avec cette oreille fine, particulière aux Indiens, les deux sauvagesses captives ne tardèrent pas à s'apercevoir de l'arrivée de leurs maris. Lorsque la nuit fut venue, et que le feu, allumé à la porte de la cabane, commença à s'éteindre, elles profitèrent du sommeil de plomb dans lequel les soldats à moitié ivres étaient plongés, pour leur enlever leurs armes et se glisser dehors. Un instant après, un terrible cri de guerre retentit, et les deux sauvages, placés de chaque côté de la porte, le tomahawk à la main, et soutenus par leurs femmes armées comme eux, attendirent leurs victimes. Les soldats éveillés en sursaut, et glacés d'épouvante en se voyant désarmés, furent assommés l'un après l'autre, dès qu'ils cherchèrent à s'échapper.

CHAPITRE VINGTIÈME

Les paroisses de la baie Sainte-Marie. — La tombe de l'abbé Sigogne. — Mœurs acadiennes. — L'anse aux Grosses Coques. — Les premières familles venues de l'exil. — Madeleine Du bois.

9 juillet. — De Pomcoup à Sainte-Marie, une demi-journée de promenade en voiture, et une heure en chemin de fer.

Mon premier soin, en arrivant, après avoir passé par l'église, est d'aller m'agenouiller au cimetière, sur la tombe de l'abbé Sigogne. Elle est marquée par une simple table de marbre, couchée horizontalement sur le sol et entourée d'un grillage en fer. Le gazon qui l'avoisine est durci par les genoux de la piété reconnaissante.

Si celui qui en est l'objet, et qui n'a vécu que pour Dieu et le prochain, avait cherché l'estime des hommes, eût-il souhaité une gloire plus pure, une mémoire plus douce et plus aimée? Mais il avait placé plus haut ses espérances ; il aspirait à la gloire qui ne passe pas. Toutes les voix qui s'élèvent sur cette tombe proclament qu'il a conquis l'une et l'autre.

Qu'est-il advenu des cent vingt familles qu'il trouva courbées sous sa bénédiction, le jour où il mit le pied au bord de la baie Sainte-Marie ? Devenues sous sa garde de vrais enfants d'Israël, elles se sont multipliées comme les étoiles du firmament. Six paroisses magnifiques, outre une mission, s'échelonnent aujourd'hui le long de cette baie : Saint-Vincent de la rivière aux Saumons, Méteghan, Saulnierville, Sainte-Marie, Saint-Bernard, Sainte-Croix, et la mission de Corbury.

Le total de la population française de cette région, en y comprenant l'ancienne mission du cap de Sable, comprise également sous la juridiction de l'abbé Sigogne, s'élève aujourd'hui à près de vingt mille âmes.

Si ce peuple est resté attaché au catholicisme et à la France, nul n'y a plus contribué que l'abbé Sigogne. Voilà sa couronne. *Et laudent in portis opera ejus.*

L'abbé Gay, curé de Sainte-Marie, est un Savoyard du pays de Mgr Dupanloup, et un de ses élèves. Il s'en est montré absolument digne durant les trente années qu'il a exercé le ministère pastoral dans la Nouvelle-Ecosse. C'est dire qu'il est le vrai continuateur de l'œuvre de l'abbé Sigogne.

Pendant la soirée, promenade au soleil couchant, sur la pointe de l'église, d'où l'on a une très belle vue de la baie Sainte-Marie, large et profond bras de mer enlacé entre deux immenses côtes s'élevant en pente douce, réjouies par les villages français groupés de distance en distance. A nos pieds, la grande mer déferle en lames vertes à crinière d'écume, et roule sur les galets avec des bruits sonores. La brise, qui s'endort avec le soleil qui se couche, laisse tomber de ses ailes les moiteurs iodées des varechs et des goémons.

« Quel spectacle incomparable, me dit l'abbé Gay, que la fin du jour au bord de la mer ! j'en jouis habituellement, et je ne m'en lasse jamais. »

La pointe où nous sommes assis est l'emplacement de l'ancienne église incendiée en 1820 ; à l'endroit même où s'élevait l'autel, l'abbé Sigogne a fait placer la pierre commémorative dont il parle dans une de ses lettres, à l'occasion de la première visite d'un évêque sur cette côte. Sur une des faces latérales, l'abbé Sigogne a gravé lui-même ces mots dans la pierre : *Hic stetit ara Christo.* C'est sur cette pierre qu'on fait chaque année, selon l'intention de l'abbé Sigogne, le dernier reposoir où s'arrête la procession de la Fête-Dieu.

Les coutumes sont à peu près les mêmes de ce côté que de celui de Tousquet, quoique le peuple s'adonne plus à la culture qu'à la pêche, à laquelle il n'a guère recours que pour les besoins de la famille. La terre y étant meilleure, les habitants paraissent plus prospères. C'est la même pureté de mœurs, les mêmes habitudes domestiques ; la majorité des femmes portent encore la cape normande.

L'usage des métiers dans les familles est le même qu'au temps de la Grand-Prée ; une partie des vêtements et du linge de ménage est fabriquée avec les tissus de laine et de toile faits à la maison.

Les habitants de chaque paroisse se regardent comme les enfants d'une même famille, et se soutiennent, s'entr'aident les uns les autres. Ils ne connaissent point l'existence des asiles ni des hôpitaux ; ils y suppléent par la charité. Cela est si bien entré dans leurs mœurs, qu'ils ne soupçonnent même pas ce qu'il y a d'héroïque dans certains actes que la pitié leur inspire. Ainsi un père et une mère, chargés d'enfants, n'hésiteront point à adopter un ou deux orphelins et s'étonneront si on leur en témoigne de l'admiration.

« On ne peut pas les laisser mourir de faim », vous répondront ils tout simplement.

En revenant de la butte à Comeau, le curé de Tousquet m'a fait remarquer le champ d'une veuve, que ses voisins avaient cultivé tout entier pour elle.

Dès qu'une famille reste sans père ni mère, les orphelins sont adoptés dans la paroisse.

Les pauvres infirmes passent en *pains bénits* de maison en maison, c'est-à-dire, que chacun à son tour leur donne l'hospitalité.

Que dire de la piété filiale des Acadiens ? Les vieux parents, loin d'être considérés comme un fardeau par leurs enfants, sont à leurs yeux une bénédiction. C'est la coutume qu'ils séjournent six mois à tour de rôle chez chacun d'eux.

10 juillet. — Excursion à Saulnierville et à Méteghan, deux des plus belles paroisses détachées de Sainte-Marie.

Partout l'harmonieuse langue française, les physionomies et les coutumes de l'ancienne mère-patrie ; partout l'urbanité d'autrefois saluant l'étranger sur la route, chapeau bas, avec cette ampleur et cette grâce que savait y mettre un chevalier de Drucour, ou un Grandfontaine, de Port-Royal.

A voir ces gens, à les entendre, on a peine à croire qu'un siècle et demi de conquête soit passé par là.

Pour eux, Windsor, Wolfeville, Annapolis n'existent pas ; c'est toujours Pigiquit, la Grand-Prée et Port-Royal.

A chaque instant, nous rencontrons sur le chemin de magnifiques paires de bœufs attelés au joug, que leurs guides rangent d'un coup d'aiguillon pour nous laisser passer, car ici on ne se sert presque pas de chevaux pour le travail.

Il y a quelques semaines, pendant un séjour au lac du Bourget, j'arrêtais, sur la route d'Aix-les-Bains, des paysans conduisant leur attelage, et je m'entretenais avec eux. Je me demande quelle différence il y a entre les physionomies et les habitudes que j'avais alors sous les yeux, et ce que je vois, ce que j'entends aujourd'hui.

Au retour de Méteghan, l'abbé Gay m'invita à descendre chez M. Louis Bourque, un des patriarches de sa paroisse, qui a passé sa jeunesse sous le toit même de l'ancien curé de Sainte-Marie.

Lorsque l'abbé Sigogne arriva d'Halifax au cap de Sable, en juillet 1799, il reçut d'abord l'hospitalité chez un des habitants du lieu, M. Joseph Bourque, qui vivait près de l'église. Il y remarqua un enfant de trois ans qui lui parut intelligent et avancé pour son âge. Il demanda aux parents de lui confier cet enfant, leur promettant qu'il l'instruirait lui-même, et que, s'il avait de la vocation pour l'état ecclésiastique, il en ferait un prêtre.

Après quelques hésitations, les parents y consentirent, et le jeune Louis Bourque suivit l'abbé Sigogne à Sainte-Marie.

Durant seize ans, il vécut au presbytère, où il servit d'enfant de chœur et fit un cours d'études ; mais alors, ne se sentant pas de vocation pour la prêtrise, il s'en ouvrit à l'abbé Sigogne, qui l'aida à s'établir et à se marier dans la paroisse.

M. Louis Bourque n'oublia jamais les bienfaits de son protecteur, fut toujours son meilleur soutien dans les affaires publiques, et devint enfin l'exécuteur de ses dernières volontés.

M. Bourque est aujourd'hui un vieillard nonagénaire, d'une santé faible, mais jouissant encore de toutes ses facultés. Comme tous les vieux, il vit plus dans le passé que dans le présent. Il se sent rajeunir lorsqu'il en cause et qu'il en remue les cendres. *Laudator temporis acti.*

Le père de l'abbé Sigogne, me dit-il, était révolutionnaire et maire de Lyon ; il fit tous ses efforts pour convaincre son fils de prêter serment à la constitution. Ce fut probablement à son influence qu'il dut d'échapper à la guillotine. Il était sur l'échafaud, le couperet sur la tête, quand le bourreau reçut l'ordre de laisser descendre sa victime. L'abbé Sigogne se tint assez longtemps caché en France, avant de passer en Angleterre, où il vivait depuis deux ans, lorsqu'il fut appelé en Amérique.

L'abbé Sigogne avait voué une éternelle reconnaissance à l'Angleterre, en souvenir de la générosité et des égards dont lui et ses compagnons d'exil y avaient été l'objet.

L'expression de ce sentiment, qu'il se plaisait à faire connaître, lui avait valu l'estime de la population anglaise de la Nouvelle-Ecosse, et une influence à Halifax, qui fut en plusieurs circonstances fort utile aux Acadiens, et même aux familles sauvages que l'abbé Sigogne avait prises sous ses soins.

Ces familles venaient deux fois par année, en été et en hiver, de toutes les parties de la péninsule jusqu'au détroit de Canseau, pour recevoir les enseignements du *Noutchinen*, c'est-à-dire du missionnaire.

La pointe de l'église, ordinairement déserte, prenait alors un air d'animation et d'étrangeté qui rappelait quelque chose des temps préhistoriques. De longues files de canots d'écorce, seul moyen de transport dont se servaient les Peaux-Rouges, étaient échoués sur le sable de la grève. Auprès se dressait tout un village de cabanes, également d'écorce, dont la toiture conique, ouverte par le sommet, laissait échapper des nuages de fumée.

Dans l'intérieur de ce village et aux alentours, circulait ou stationnait la population sauvage, si différente des blancs par ses habitudes de réserve et de gravité silencieuses.

Durant huit à dix jours, l'église de Sainte-Marie

retentissait de chants, de prières et d'instructions en langue micmaque.

Aux fêtes de Noël, qui étaient une des époques de leurs réunions, c'était aux sauvages seuls que l'abbé Sigogne réservait l'honneur de chanter la messe de l'aurore ; ils exécutaient ces chants en leur langue, avec une beauté de voix et une perfection musicale qu'on était loin d'attendre de ces enfants de la nature.

Grâce au zèle de l'abbé Sigogne, il s'était opéré parmi ces sauvages une grande réforme en peu d'années ; les anciens lui en témoignaient leur reconnaissance, en disant que les jours de l'abbé Maillard étaient revenus.

Les réminiscences du « grand dérangement » sont encore vivaces et précises le long de la baie Sainte-Marie.

Ce littoral fut fréquenté, peu de temps après la Dispersion, par quelques-uns des fugitifs errants dans les bois. La crainte d'être surpris les empêchant de se montrer le jour, ils profitaient des nuits claires pour s'aventurer au bord de la mer, où ils ensemençaient de pommes de terre quelques petits prés entourés de hauts joncs, appelés par eux herbes à outardes, dans lesquels ils se cachaient à la moindre alerte. L'automne arrivé, ils revenaient aux mêmes heures de la nuit faire la récolte.

Parmi ces Acadiens vivait une jeune fille qui avait été séparée de ses parents d'une manière assez singulière. Elle n'était connue que sous son nom de baptême, Madeleine, auquel on avait ajouté le surnom de *Du bois*, parce que c'était dans les bois qu'elle avait été élevée.

Lors d'une incursion des Anglais, elle se trouvait seule à la maison au moment où ses parents, qui travaillaient dans les champs, furent faits prisonniers et eurent la douleur d'être jetés sur un navire, sans qu'on leur permît d'aller chercher leur malheureuse enfant.

Quelques sauvages, étant entrés dans la maison peu de temps après, la trouvèrent pleurant dans son berceau. Ils l'emmenèrent avec eux dans la forêt et l'adoptèrent.

Elle était déjà grande quand elle fut rencontrée par une famille qui se croyait alliée à la sienne, celle de Jean-Jeannotte Comeau, qui l'adopta à son tour et la maria ensuite à un Acadien du nom de Manuel Mius, dont les descendants sont aujourd'hui nombreux dans le pays.

La première escouade d'exilés venus pour se fixer définitivement à la baie Sainte-Marie arriva au printemps de 1766. Elle était composée d'un très petit nombre de familles, dont les principales avaient pour chefs Paul Dugas, Pierre-Ambroise Melançon, Amand Melançon et Charles Le Blanc, surnommé Joppé. Ces familles furent suivies immédiatement après par plusieurs autres : celles de Poncy Gaudet, de Jean Belliveau, de Jean-Jeannot Melançon, de Prudent Robichaud, de Claude et René Saulnier, de Salomon Maillet, d'Amand Lanoue, d'Amable Doucet, de Justinien Comeau, d'Hilarion Boudreau, de Joseph Thériault, de Pierre Doucet, de Pierre Le Blanc, lequel avait neuf enfants, etc...

Presque toutes ces familles arrivaient du Massachusetts ou des environs.

Dès que le retour de la paix eut débarrassé les Acadiens de la surveillance exercée sur eux dans les colonies anglaises, ces familles s'étaient donné rendez-vous à la frontière. Elles y furent rejointes par un bon nombre d'autres, et tous ensemble s'engagèrent dans les forêts qui couvraient l'immense territoire situé à l'ouest de la baie de Fundy. Elles parvinrent à les franchir malgré des difficultés et des misères qui ne furent égalées que par leur courage et leur persévérance.

Arrivés à Memramcouk, un certain nombre y voyant des compatriotes déjà établis abandonnèrent leur projet d'aller plus loin, et se fixèrent au milieu d'eux. Le reste de la caravane reprit sa pénible marche, passa successivement devant Beaubassin, Cobequid, Pigiquit, le bassin des Mines et Port-Royal.

La plupart de ces tristes pèlerins étaient originaires de l'un ou de l'autre de ces endroits. Ils revirent, — on peut imaginer dans quels sentiments, — les lieux où ils étaient nés, les terres qu'ils avaient occupées onze ans auparavant, l'emplacement de leurs foyers ; mais, hélas ! ils étaient devenus étrangers dans leur propre pays. L'attitude menaçante des nouveaux propriétaires disait assez jusqu'à quel point leur présence était importune et odieuse, et combien il eût été inutile d'élever des réclamations. Ils se décidèrent donc à dire adieu pour toujours à ces domaines de leurs pères, où leurs cœurs étaient restés si profondément enracinés, et où, malgré les apparences, ils avaient toujours espéré vivre encore.

Quelques-uns laissèrent partir leurs compagnons et s'arrêtèrent assez longtemps à Pigiquit ne pouvant se résoudre à perdre de vue le bien paternel, et se berçant toujours d'espérances qui devaient être déçues.

A Port-Royal, la caravane se divisa en deux bandes : l'une prit la voie de mer pour gagner la baie Sainte-Marie, l'autre continua par terre, suivie de quelques chevaux achetés en route, et qui portaient les plus faibles sur leur *échine* (sic).

A une lieue au-dessus de la pointe de l'église, s'ouvre une petite baie appelée l'anse aux Grosses Coques, à cause des énormes palourdes, excellentes à manger, qu'on y trouve, et qu'on ne pêche nulle part ailleurs dans la baie Sainte-Marie.

C'était un précieux voisinage pour les voyageurs réduits à la dernière pénurie sur cette plage déserte, éloignés de tout lieu d'approvisionnement.

Las de leur long pèlerinage, ils y firent halte ; et, après avoir délibéré, ils résolurent de s'y établir.

Avec cette foi vive qui suivait partout les Acadiens, ils dressèrent à la hâte une croix rustique, et, agenouillés à l'entour, tandis que le soleil disparaissait derrière les arbres, — car le soir était venu, — ils entonnèrent le *Vexilla Regis* afin d'implorer la bénédiction du ciel sur leur nouvelle colonie.

Tel fut le premier jour de la *Ville-Française*, nom primitif de Sainte-Marie et qui s'étend aujourd'hui à toute la colonie acadienne de la baie.

Grâce à l'habileté traditionnelle des Acadiens pour toute espèce de métiers, et particulièrement pour les ouvrages de charpenterie, ils eurent bientôt construit des maisonnettes, avec des troncs d'arbres équarris à la hache et posés pièce sur pièce.

Vingt jours après leur arrivée, naquit le premier enfant acadien qui ait vu le jour à la baie Sainte-Marie depuis la Dispersion. Joseph, fils de Paul Dugas, devenu un des bons habitants du lieu, fut toujours, en mémoire de ce fait, entouré d'une considération particulière qu'il méritait d'ailleurs. Il vécut jusqu'à l'âge avancé de quatre-vingt-douze ans, n'étant mort qu'en 1858.

On montre encore à l'anse aux Grosses Coques, au milieu d'un verger, l'emplacement de la première chapelle érigée par les colons, à l'arrivée de l'abbé Bailly.

CHAPITRE VINGT ET UNIÈME

De la Ville-Française au Cap-Breton. — Sissibou. — Le détroit de Canseau. — Le Bras-d'Or. — Chéticamp. — Arichat. — Shédiac. — Une arrière-petite-fille du notaire Le Blanc. — Louis Bastarache. — Conclusion.

12 juillet. — De la Ville-Française à Digby, le chemin royal côtoie presque toujours la baie, dont la rive s'élève graduellement en falaise et s'arrondit pour former le col de Digby. A mi-chemin, cette falaise est coupée par une profonde crevasse qui donne issue à la gracieuse et pittoresque rivière Sissibou. Rien n'est plus ravissant que le paysage qu'on découvre, lorsque, en traversant cette rivière, on suit de l'œil, jusqu'à son embouchure, le ravin sinueux et verdoyant qu'elle s'est creusé.

Au sommet de l'angle que forme la rive gauche avec le bord de la baie, est assis le petit village français de Sissibou, auquel on a eu l'idée, dans ces derniers temps, d'infliger le nom baroque de *New-Edinburgh*. Il était difficile de faire un changement à la fois plus absurde et de plus mauvais goût. D'abord, il n'y a pas le moindre rapport entre cette appellation mi-anglaise, mi-écossaise, et le village français qu'elle désigne ; ensuite le nom primitif avait l'avantage de l'ancienneté et de la couleur locale ; enfin, quel contraste entre la douceur de ces syllabes indiennes *Sissibou*, et la rudesse du mot hybride *New-Edinburgh !* Le sauvage n'est pas toujours celui qu'on croit.

Pour aller d'ici visiter les centres acadiens du Cap-Breton, il faut traverser toute la presqu'île de la Nouvelle-Ecosse. On ne peut s'y rendre par voie ferrée, qu'en suivant les nombreux zigzags que fait cette route entre Annapolis, Halifax, Truro et Mulgrave : deux jours de voyage.

A Truro, pendant que je prends mon dîner au *Victoria Hotel*, un étranger me frappe sur l'épaule :

— Vous ne me reconnaissez pas ? me dit-il ; nous avons fait connaissance ensemble, il y a deux ans, à Memramcouk.

L'abbé Bourque, prêtre acadien, est en effet professeur au collège de Saint-Joseph.

— De quel côté allez-vous ? lui dis-je.

— Au Cap-Breton.

— Au Cap-Breton ? et moi aussi.

— Je vais remonter le Bras-d'Or jusqu'à Bédèque, répond l'abbé Bourque ; et de là je me rendrai par terre jusqu'à Chéticamp, où je me propose de passer une partie de mes vacances.

Mon dessein était d'abord de me rendre directement à Arichat ; mais les pressantes invitations de l'abbé acadien me décidèrent à l'accompagner jusqu'à Bédèque, et de là peut-être jusqu'à Chéticamp.

On a vite oublié la monotonie de la route entre Truro et le port Mulgrave, lorsque, des hauteurs qui dominent ce havre, on aperçoit le *gut* de Canseau, justement appelé la porte dorée du Saint-Laurent.

On dit qu'il n'y a pas dans le monde entier de détroit,

celui de Gibraltar excepté, où il passe un aussi grand nombre de voiles.

Au moment où le train longe la falaise, on a peine à compter toutes celles qui entrent, sortent, ou qui ancrent dans les ports des deux rives.

Le détroit, qui n'a qu'un mille environ de largeur sur quinze de longueur, est encaissé entre de belles montagnes légèrement ondulées et nuancées à ravir, comme pour tenter le pinceau d'un paysagiste. Çà et là, sur chacune des deux côtes, de petits villages s'étalent au soleil, les uns bâtis en amphithéâtre sur les versants cultivés, les autres abrités au creux des anses par des forêts de mélèzes et de sapins.

D'après certains philologues, il faudrait remonter jusqu'aux langues sauvages pour trouver l'étymologie de *Canseau*. Ce mot viendrait de *camsoke,* qui signifie *roc sourcilleux*.

Sous le régime français, ce détroit a longtemps porté le nom de *Passage de Fronsac,* en mémoire d'un des gouverneurs du Cap-Breton, l'habile et entreprenant sieur de Fronsac. Au reste, tout ici rappelle l'ancienne France coloniale.

Dès l'année 1518, le baron de Léry visita l'île du Cap-Breton, et y débarqua même des bestiaux, dans l'intention de fonder là une colonie. En 1604, De Monts trouva ici quatre navires basques, partis de Saint-Jean-de-Luz, et faisant commerce avec les Indiens. Pontgravé, le plus remarquable des compagnons de Champlain, parcourut longtemps ces parages en croisière pour protéger le monopole de la traite.

Quelques villages acadiens, voilà tout ce qui reste aujourd'hui pour rappeler ici l'ancienne souveraineté de la France.

Le vapeur *Marion,* qui fait le service entre Mulgrave et Sydney, n'attend que l'arrivée du train pour se détacher du quai. Il traverse le *gut,* touche un instant à la grande digue, sur l'île Madame, et met le cap sur le canal Saint-Pierre, où jadis le rival de La Tour et de d'Aulnay, M. Denys, avait élevé un de ses forts.

Le canal Saint-Pierre, construit, il y a peu d'années, coupe l'isthme qui unissait les deux immenses langues de terre dont est formé le Cap-Breton. Après avoir franchi cet étroit passage, le *Marion* prend sa course sur le magnifique Bras-d'Or. Ce lac, qui emplit tout l'intérieur de l'île, est d'un aspect plus sauvage mais non moins pittoresque que le *gut* de Canseau.

Voici, sur un des îlots qui embellissent le Bras-d'Or, la chapelle de la mission sauvage, où les prêtres de l'île réunissent les Micmacs dispersés dans le Cap-Breton. Tous ces sauvages, au nombre de sept à huit cents, sont catholiques, et, en général, d'une conduite régulière ; ils gardent encore, comme leurs frères, et bénissent la mémoire de l'abbé Maillard, à qui ils doivent d'avoir conservé la foi.

Le petit village écossais de Bédèque n'a de remarquable que son site romantique, à la tête du petit lac Bras-d'Or. C'est l'endroit le plus rapproché d'où l'on puisse gagner par terre la colonie acadienne de Chéticamp ; la route, qui n'a guère moins de cinquante milles, est difficile, montueuse et presque sans habitations.

Grâce aux renseignements précis que me fournit l'abbé Bourque, qui a déjà séjourné à Chéticamp, je suis dispensé de faire ce pénible trajet. Je l'accompagne cependant jusqu'à la rivière du Milieu *(Middle River),* attiré par le charmant plaisir de la pêche à la mouche, qui donne ici avec une incroyable abondance. En quelques heures nous tirons un bon nombre de truites pesant de deux à trois livres. Il n'y a que les amateurs qui comprennent l'agrément d'un pareil sport. Mon compagnon m'aurait fait consentir à me rendre jusqu'à la rivière Marguerie pour y faire la pêche au saumon qui y est fort abondante, si je ne m'étais réservé ce plaisir pour un peu plus tard, sur la rivière Nipisiguit, à l'entrée de la baie des Chaleurs.

On n'a pas oublié la scène qui avait si profondément touché Mgr Plessis, lorsque, à son départ de Chéticamp, il avait vu toute la population qui l'avait suivi jusqu'au lieu de l'embarquement s'agenouiller sur le rivage et lui demander une dernière bénédiction. Il n'avait pu s'empêcher de se rappeler alors les premiers chrétiens faisant leurs adieux à saint Paul, sur la plage de Milet. A l'exemple de cet apôtre, il avait levé les mains au ciel, et il avait appelé sur ces pieuses familles toutes les miséricordes divines. Soixante-quinze ans se sont écoulés depuis ce jour. Quelle a été la vie de ce petit peuple durant ce long intervalle ? Quel est-il aujourd'hui ? Répond-il aux espérances qu'il donnait alors ?

L'évêque de Québec, dont le clergé était loin de suffire aux besoins de l'immense diocèse, n'avait pas osé promettre à ces braves gens, malgré leurs instantes prières, de leur donner un prêtre résident. Mais il ne les avait pas perdus de vue, et il eut bientôt la satisfaction de leur envoyer, pour missionnaire, l'abbé Dufrêne, jeune prêtre plein de promesses, qu'il venait d'ordonner, et à qui il confia plusieurs ornements et de beaux vases sacrés, offerts par le prélat, comme marque de son estime au bon peuple de Chéticamp.

Une catastrophe mit à néant toutes ces belles espérances : la goélette qui emportait l'abbé Dufrêne avec ses présents fut engloutie dans une tempête, près des côtes de la Nouvelle-Ecosse.

Il semble que la population de Chéticamp, condamnée par suite de ce triste accident à rester encore longtemps livrée à elle-même dans cette complète solitude, sans presque aucun secours religieux, eût dû dégénérer peu à peu de sa foi première, et tomber dans l'indifférence et le désordre, conséquence naturelle de l'ignorance. Loin de là : elle s'est conservée ce qu'elle était avec une persévérance non moins étonnante que son accroissement numérique.

Trois belles paroisses, Chéticamp, Tête-de-Moine (*Friar's Head*) et Marguerie, très bien organisées et d'une admirable régularité, sont sorties de la petite mission de 1812. Leurs habitants livrés à la culture en même temps qu'à la pêche, sont dans un état de bien-être et de prospérité qui font augurer mieux encore pour l'avenir.

16 juillet. — La grande activité que Mgr Plessis avait remarquée dans le port d'Arichat, et qui paraissait assurer un rapide progrès à cette station maritime, a singulièrement diminué depuis le percement du canal Saint-Pierre. Le commerce s'en est détourné et a pris la direction du lac Bras-d'Or. On s'en aperçoit en mettant le pied sur les quais d'Arichat, à l'air de vétusté de ses maisons plus ou moins délabrées, à l'aspect de ses rues silencieuses et de son magnifique port presque désert.

Arichat est cependant resté le principal centre des populations acadiennes de ces parages, dont plusieurs, telles que le Petit-Arichat, l'Ardoise, la Rivière-à-Bourgeois, D'Escousse, du côté du Cap-Breton, et le Havre-à-Boucher, Tracadie, Pomquet, de l'autre côté du *gut* de Canseau, sont des paroisses considérables.

Le grand obstacle à l'avancement de ces populations, aussi bien que de la plupart des autres groupes acadiens, est l'absence d'instruction, surtout parmi les hommes. Il leur manque ce qui a fait le salut du Canada, c'est-à-dire de fortes maisons d'éducation adaptées au génie national, où, en même temps que la langue anglaise, on leur enseignerait leur propre langue, où l'on entretiendrait chez eux le sentiment patriotique par le culte des traditions, où enfin on les préparerait à toutes les carrières. L'élan extraordinaire imprimé par le seul collège de Memramcouk est là pour prouver l'immensité du bien qui s'opérerait, si de pareilles fondations se faisaient ailleurs. Malheureusement l'on n'a pas su, où l'on n'a pas voulu profiter de cet exemple ; et ce qu'il y a de triste à dire, c'est que ce sont moins les ressources qui ont fait défaut que les volontés. Là est le grand danger pour la race acadienne. Presque tous les éléments qui l'entourent tendent à lui faire perdre son autonomie. Espérons qu'elle saura vaincre ce danger, comme elle en a vaincu tant d'autres. La Providence l'a fait échapper à trop d'ennemis pour qu'il soit permis de croire qu'elle ne la sauvera pas de celui-ci.

19 juillet. — Retour par Mulgrave et Truro jusqu'à l'embranchement de Monckton à Shédiac, l'ancien *Gédaïque* des Français ; vingt-deux heures de voyage.

L'Intercolonial se prolonge jusqu'à un mille plus bas que Shédiac, et s'arrête sur le quai de la pointe du Chêne, d'où une ligne régulière de bateaux à vapeur met les voyageurs en communication avec l'île du Prince-Edouard. C'est de là que je me proposais de m'y rendre directement, si je n'avais eu la bonne fortune de rencontrer à Shédiac le plus érudit des Acadiens, l'infatigable Placide Gaudet, rédacteur du *Moniteur Acadien*, qui m'a fourni tous les renseignements désirables sur l'ancienne île Saint-Jean.

A Shédiac vit encore une descendante directe du vieux notaire Le Blanc, immortalisé par Longfellow, mais dont l'histoire vraie, comme on l'a vu, est bien plus triste que ne l'a dit le chantre d'*Evangéline*. Quatre-vingt-dix-huit ans, une taille robuste, un maintien ferme des traits bien conservés, une intelligence nette et une mémoire excellente, telle est la vieille Euphrosine Le Blanc, veuve d'Amable Léger.

Elle me raconte avec une clarté parfaite comment ses grands-parents s'étaient enfuis de la Grand-Prée, au lendemain de la proclamation de Winslow. La famille était composée de huit personnes : Augustin Le Blanc, fils du vieux notaire, sa femme et six enfants, cinq garçons et une fille. Les garçons étaient assez âgés, car ils portaient sur leur *échine* (sic) le peu d'effets qu'on avait pu prendre au départ.

Ce jour-là, Augustin Le Blanc, qui ne pleurait jamais, était entré à la maison, les traits bouleversés :

« Ça va dur ! » avait-il dit à sa femme ; et il s'était tenu longtemps assis devant la cheminée, la tête cachée dans ses deux mains. Quand il se releva, son visage était tout baigné de larmes. Il ne dit pas un mot, mais il se mit à ramasser les objets qui pouvaient être emportés.

Augustin Le Blanc conduisit sa femme au cimetière, à son arrivée au Canada. Deux de ses fils ont fait souche aux environs des Trois-Rivières ; les trois autres, Augustin, Joseph, Jean et leur sœur, ne purent résister au mal du pays, et repartirent dans l'espérance de revoir leur chère Grand-Prée. Ils la revirent, en effet, mais pour la pleurer toujours.

Revenus à Peticoudiac, ils y défrichèrent des terres dont ils ne purent obtenir les contrats de concession qu'en 1789. La jeune fille épousa, à la baie des Winds, René Thibaudeau, auprès de qui la vieille Euphrosine a vécu des années, et qui lui a souvent raconté les détails de cette triste histoire.

Tout ce pays, jusqu'à l'entrée de la baie des Chaleurs, est une vaste plaine favorable à la culture, quoique difficile à ouvrir, comme toutes les terres où il faut commencer par attaquer la forêt. Les colons y trouvent cependant, dans le voisinage d'une mer extrêmement poissonneuse, un avantage inappréciable qui ne se rencontre pas dans les territoires trop vantés du Nord-Ouest.

C'est à Cocagne, distant d'environ douze milles de Shédiac, que s'était retiré l'abbé Le Guerne avec les restes de sa mission ; et c'est de là qu'il écrivit l'intéressante relation qu'il a laissée de l'enlèvement des Acadiens.

Son successeur dans la paroisse actuelle de Cocagne est le généreux bienfaiteur du collège de Memramcouk, dont le nom s'est déjà rencontré sous ma plume. Aucun Acadien n'est mieux informé que l'abbé Cormier sur l'histoire de son pays ; il connaît surtout et il raconte admirablement les vicissitudes de sa propre famille.

Pierre Cormier passait pour le plus riche propriétaire de Chignectou (Beaubassin). Pris les armes à la main à la chute de Beauséjour, il fut condamné à être fusillé ; mais il s'échappa de prison, grâce au dévouement d'une de ses sœurs, qui vint lui apporter des vêtements de femme. Il trompa, sous ce déguisement, la vigilance des sentinelles, et alla rejoindre sa famille et celles de ses frères cachées dans la forêt, d'où ils émigrèrent au Canada.

Au retour de la paix, quelques-uns, entre autres Pierre Cormier, se joignirent à un parti de leurs compatriotes qui s'en allaient recommencer la vie de défricheurs à la mission de Sainte-Anne, sur la rivière Saint-Jean. En peu d'années, leurs vigoureuses mains eurent fait fleurir le désert ; leurs granges s'emplirent de gerbes, et leurs étables, de bestiaux.

Ils commençaient à oublier les orages du passé, quand de nouveaux bruits de guerre parvinrent à leurs oreilles ; c'était le commencement de la guerre de l'Indépendance.

Ils virent alors ces mêmes Anglo-Américains, qui

leur avaient tant reproché leur prétendue rébellion contre l'Angleterre parce qu'ils ne voulaient pas lui sacrifier leur foi et leurs traditions, venir les exciter à la révolte au nom de vulgaires intérêts.

Aucun motif n'eût justifié cette trahison de la part des Acadiens ; on respectait leur religion, leurs sentiments, leurs propriétés ; ils n'avaient jamais demandé autre chose.

A l'exemple de leurs frères du Canada, ils refusèrent. Alors, ces Américains s'en prirent comme autrefois à leurs missionnaires. L'abbé Bourg, qui les desservait, faillit être tué. On a vu comment, à Memramcouk, l'abbé Le Roux fut assailli le pistolet sur la gorge.

Bientôt le pays fut envahi par des hordes indisciplinées, qui se livrèrent à tous les désordres. Ceux des Acadiens qui habitaient du côté de l'isthme furent même forcés d'aller de nouveau se cacher dans les bois, lors de l'incursion des insurgés venus pour attaquer le fort Cumberland.

Le bon sens du peuple acadien a stigmatisé d'un mot cette guerre fratricide d'Anglais contre Anglais : il l'appela la *guerre folle* ; et encore de nos jours, il ne la désigne pas sous un autre nom.

On sait comment, après cette guerre, ces *sujets utiles* furent récompensés de leur loyauté. La province qu'ils habitaient, connue depuis sous le nom de Nouveau-Brunswick, était devenue le refuge des partisans que l'Angleterre avait gardés aux Etats-Unis. Il n'est pas sans intérêt de remarquer ici, en passant, qu'au nombre de ces fugitifs était la famille de Winslow, dont on sait le rôle à la Grand-Prée : il subissait, dans les siens, le châtiment de l'exil qu'il avait infligé aux innocents Acadiens.

A la suite de ces *loyalistes*, était venue une partie des

troupes soldées par l'Angleterre, et licenciées par elle à l'issue de la guerre.

Ceux des malheureux Acadiens qui ne furent pas dépossédés immédiatement devinrent la proie de ces étrangers ; ils brûlaient leurs clôtures, volaient leurs bestiaux ; pendant les plus grands froids de l'hiver, ils ouvraient la nuit leurs caves pour faire geler leurs provisions de pommes de terre. Ils allaient jusqu'à enlever de force les femmes dans les maisons.

Un soir, quelques Acadiens revenant de veiller chez un de leurs voisins aperçurent des *loyalistes* qui traînaient avec eux une jeune fille dont ils avaient bandé les yeux. Les Acadiens se précipitèrent pour la délivrer, et n'y parvinrent qu'après avoir essuyé plusieurs coups de pistolet.

Les sauvages qui habitaient encore la mission de Sainte-Anne, et qui comme toujours vivaient en paix à côté des Acadiens, ne furent pas plus exempts qu'eux de ces indignités ; ils finirent même par être dépouillés de leur *réserve* [1].

Un jour, quelques *loyalistes*, flânant au bord de la rivière Saint-Jean, avisèrent un canot conduit par des Indiens, remontant la rivière.

— J'ai bonne envie, dit l'un d'eux, en levant son fusil, de loger une balle dans la tête de cette *squaw ;* et avant que ses compagnons qui voulaient l'arrêter eussent eu le temps de détourner son arme, le coup était parti et la sauvagesse était tombée raide morte dans le canot.

A peine la nouvelle de ce crime fut-elle répandue dans la mission sauvage, que toute la tribu se souleva comme un seul homme ; les chefs allèrent en députation auprès des *loyalistes* et les sommèrent de leur livrer le meurtrier, les menaçant, en cas de refus, d'une guerre à mort.

[1] *Voyage de Mgr Plessis* en 1815.

Les *loyalistes* intimidés le livrèrent, et aussitôt il fut traîné dans leur village, dépouillé de ses vêtements, attaché à un poteau, et brûlé vif.

L'établissement de la rivière Saint-Jean était devenu un enfer inhabitable pour le petit nombre d'Acadiens restés sur leurs terres. Les uns allèrent rejoindre les dépossédés qui venaient de fonder la colonie de Madawaska ; les autres, au nombre desquels étaient Pierre Cormier et sa famille, traversèrent le désert de forêts qui les séparait de l'isthme de la Nouvelle-Ecosse, et se réfugièrent auprès de leurs frères de Memramcouk.

22 juillet. — De Cocagne à la gare de Richibouctou par la route de Bouctouche ; vingt-deux milles. Plaines sans physionomie, traversées par des rivières qui ont des proportions de fleuves.

Il y a dix ans, Bouctouche était une paroisse arriérée, sans organisation et sans importance. Aujourd'hui, Bouctouche est une des paroisses les plus florissantes et les plus progressives de tout ce canton.

Cette transformation est due à un seul homme, venu là sans autres ressources que son intelligence et son dévouement. Dans ce court espace de temps, il a tout changé, tout créé.

La paroisse de Bouctouche était loin des grandes voies de communication ; aujourd'hui, grâce à l'influence de l'abbé Michaud, une ligne de chemin de fer la rattache au réseau de l'Intercolonial. Une superbe maison d'éducation, bâtie par ses soins, se remplit d'élèves qui viennent y recevoir une instruction aussi solide que pratique. L'église, détruite par un accident, se rebâtit sur de plus belles proportions. Un vaste terrain, conquis en partie sur la mer, sert de ferme modèle, où les habitants viennent apprendre à cultiver la terre avec intelligence et profit.

Tout cela s'est fait sans ostentation, sans la moindre

réclame. Le bien ne fait pas de bruit ; le bruit ne fait pas de bien.

On rencontre sur ce littoral des familles dont les ancêtres, jetés dans les colonies méridionales, ont eu l'incroyable courage de traverser tout le continent pour revoir leur pays.

Un détachement d'une trentaine d'Acadiens, partis de la Caroline du Sud, mais relégués, peu après leur débarquement, dans l'intérieur du pays, où ils étaient en butte à la malveillance, résolurent de s'échapper et, selon leur propre expression, « d'aller frapper sur la rivière du Canada ».

Au nombre de ces hardis fugitifs étaient Joseph Bastarache et sa famille, de Port-Royal, dont les descendants peuplent aujourd'hui la paroisse de Bouctouche, et conservent précieusement le souvenir des pérégrinations de leur ancêtre. J'en ai entendu le récit de la bouche même de Louis Bastarache, arrière-petit-fils de l'exilé, beau grand vieillard encore vert, aussi bon chrétien qu'excellent charpentier, esprit fin et original, et dont je regrette de ne pouvoir traduire le langage pittoresque.

— « Tenez, me dit-il, en plantant le large taillant de sa hache à équarrir dans un madrier, asseyez-vous sur cette lambourde je vais vous conter cela. Quand même je me reposerais *un petit* ; je donne une corvée pour rebâtir notre église qui a été brûlée l'année passée par le tonnerre.

» J'ai entendu, toute ma jeunesse, raconter cette histoire par mon grand-père, et je me la rappelle comme d'hier. Quand j'entends aujourd'hui les miens se plaindre de la dureté des temps, je leur dis : Taisez-vous, mes enfants, vous ne savez pas ce que c'est que la misère ; ce que vous appelez misère aujourd'hui, c'eût été le paradis pour les vieux du temps passé.

» Ils s'étaient donné rendez-vous cette fois-là, à la tombée de la nuit, dans un champ de blé-d'Inde, en dehors du village. Chacun avait apporter tout ce qu'il avait pu trouver de provisions. On ne marchait que la nuit, de crainte d'être découvert. Le jour, on se cachait dans les fourés ou dans les grandes herbes, jusqu'à ce qu'on eût gagné le bois. Là, on tint conseil et on jugea qu'il valait mieux se diviser en deux bandes pour trouver plus facilement de quoi vivre. L'une inclina plus au sud. Quelle fut sa destinée? Se décida-t-elle chemin faisant à gagner la Louisiane, ou périt-elle de faim, ou bien tomba-t-elle entre les mains de quelque tribu sauvage qui la retint en captivité ou la fit mourir dans les supplices? On n'en a jamais entendu parler *dempuis*.

L'autre escouade composée de seize personnes faillirent plusieurs fois avoir le même sort. Après avoir traversé de grandes montagnes, toujours en se dirigeant vers le nord, ils arrivèrent à une rivière qui coulait du côté du soleil couchant. Pendant qu'ils construisaient un radeau pour la descendre, un des voyageurs, qui s'était éloigné du camp, fut aperçu au haut d'un rocher d'où il les *huchait* en leur faisant signe de venir. Il avait découvert un vieux canot fait d'un tronc d'arbre abandonné sur le rivage ; ce fut une bonne aubaine pour eux. Ils l'étanchèrent en le calfatant avec des morceaux de leur linge, et s'en servirent pour porter une partie de leurs gens et diriger le radeau.

Grâce à leur habitude de chasse et de vie dans les bois, et à la précaution qu'ils avaient eue de se munir de quelques fusils, ils n'eurent pas trop à souffrir de la famine, mais d'aucuns pâtirent terriblement des fièvres de ces pays ; à peine s'ils pouvaient se traîner. Une nuit, l'une des femmes, plus faible que les autres, mourut d'épuisement. Son mari, qui faisait pitié à voir, ne voulait plus quitter la tombe où on l'avait enterrée sur le bord de la grève. Il fallut l'en arracher de force.

Enfin, après bien des jours, ils arrivèrent à l'embouchure de la rivière. Leur désappointement fut grand, quand ils reconnurent que le fleuve où elle se jetait courait vers le Sud. Ils étaient donc bien loin de la rivière du Canada : c'était le Mississipi. Comme ils y entraient, ils aperçurent, au détour d'une pointe, un village sauvage et plusieurs canots qui faisaient force de rames pour les cerner. En un clin d'œil, ils furent entourés, faits prisonniers, traînés à terre, au milieu de cris et de menaces qui faisaient voir quel sort les attendait : on les avait pris pour des Anglais.

Un des Acadiens fit remarquer à ses compagnons qu'il y avait un blanc parmi ces sauvages, et, en même temps, il le désignait du doigt. Celui-ci, entendant parler français, leur adressa la parole et apprit bientôt leur histoire. C'était un Canadien, coureur de bois, marié à la fille du chef de cette tribu. Touché de leur infortune, il les prit sous sa protection et les conduisit à sa cabane.

— N'ayez garde de sortir d'ici, leur dit-il, en les quittant, car votre vie est en danger. Je vais aller trouver le chef et essayer d'obtenir votre liberté. Peut-être serai-je longtemps, car il n'agira pas sans le conseil des anciens, et c'est un consentement bien difficile à gagner.

La nuit était venue quand il fut de retour.

— Mes amis, leur dit-il, réjouissez-vous, j'ai obtenu votre grâce, mais non sans difficulté ; il m'a fallu lutter toute la journée. Vous êtes libres d'aller où vous voudrez.

— Nous sommes incapables de continuer notre route, lui répondirent les Acadiens, après lui avoir témoigné leur reconnaissance. Nous n'avons absolument rien à manger.

— Votre misère est finie, répartit le brave Canadien,

soyez sans inquiétude. Dans huit jours mes canots arriveront du Canada pour emporter mes fourrures. Vous partirez avec eux, sans qu'il vous en coûte rien.

Quelques uns de ces Acadiens se fixèrent au Canada ; les autres, comme Joseph Bastarache, se laissèrent entraîner par l'amour du pays, et redescendirent dans les parages du golfe, où l'on retrouve aujourd'hui leurs descendants.

Les établissements acadiens ont ici une importance que ceux déjà parcourus ne peuvent que faire pressentir. Ils s'étendent le long du golfe Saint-Laurent sur une ligne immense et ininterrompue, qui va depuis la baie Verte jusqu'au fond de la baie des Chaleurs, c'est-à-dire sur un espace de plus de deux cents milles. Ils composent à eux seuls plus de la moitié de la population totale des Acadiens.

Par une singulière coïncidence, cette population est disposée à peu près comme une armée prête à livrer bataille. Le corps principal de cette armée fait face à la mer et s'appuie à droite sur l'isthme de la Nouvelle-Ecosse, à gauche, sur la baie des Chaleurs, où il touche les populations françaises du Canada. En avant sont placés trois forts détachements : le premier de dix mille âmes sur l'île du Prince-Edouard ; le second non moins important de chaque côté du détroit de Canseau ; et le troisième de vingt mille à l'extrémité de la Nouvelle-Ecosse. L'arrière-garde se compose du groupe compact de Madawaska.

Cette armée, toute pacifique, n'a qu'un cœur et qu'une âme ; elle a le même cri de ralliement qu'avaient ses pères : *Dieu et Patrie* ; et elle est prête à mourir comme eux pour la même cause.

Si on voulait pousser plus loin la comparaison, on pourrait dire que cette armée ne manque ni d'officiers habiles, ni de chefs pour la commander. Il y en a plusieurs dont les noms sont déjà connus ; d'autres n'attendent que le temps pour se distinguer à côté d'eux.

Cette armée a sur chacune de ses ailes, un corps d'élite qui sert en même temps de sentinelle avancée : l'un à Shédiac, l'autre à Bathurst ; je veux dire les petites phalanges qui dirigent *le Courrier des Provinces Maritimes* et *le Moniteur Acadien*, lesquelles luttent au premier rang pour la cause commune.

Le succès de cette cause ne fait guère de doute aujourd'hui ; et quiconque étudiera l'histoire des Acadiens, présentée sous son vrai jour, ne saura s'empêcher d'y applaudir.

Il n'est pas de lecteur impartial qui, après avoir lu ces pages, ne se dise à lui-même en fermant le livre : Ce peuple est aussi étonnant par ses vertus que par ses malheurs.

FIN.

APPENDICE

N° I

(Voir page 29.)

L'abbé Maillard a raconté très au long la mort du capitaine Howe qui a servi de prétexte à des attaques contre les missionnaires, surtout contre l'abbé Le Loutre. — (*Lettre de l'abbé Maillard sur les Missions micmaques... Soirées Canadiennes*, année 1863, p. 405.)

Si l'on veut se former un jugement impartial sur cette époque, il faut tenir compte, en étudiant les documents français, de l'esprit anti-religieux que Voltaire et les philosophes avaient mis alors en vogue. Les préjugés contre le catholicisme et le clergé n'étaient pas moins intenses parmi les Français que parmi les Anglais.

L'auteur de l'*Histoire de la Nouvelle-Ecosse*, Beamish Murdoch, quoique protestant, fait la même remarque en parlant du jugement qu'il porte sur l'abbé Le Loutre. « Il faut cependant se rappeler, dit-il, que nous avons pris nos informations sur ce personnage, de sources qui n'étaient pas amies des prêtres de son Eglise ; les Français de cette époque étant entachés de la philosophie de Voltaire. »

Bien loin d'attribuer la mort du capitaine Howe à l'abbé Le Loutre, le commissaire ordonnateur de Louisbourg, M. Prévost, dit formellement qu'il avait été prévenu par l'abbé Le Loutre lui-même du danger auquel il s'exposait en se fiant trop aux sauvages, et que ce fut par sa propre imprudence et pour n'avoir pas suivi l'avis de ce missionnaire qu'il fut tué.

« Le sieur Howe, dit M. Prévost... ennuyant depuis longtemps les sauvages, s'est avisé de s'y risquer encore, nonobstant les avis de l'abbé Le Loutre et ceux mêmes des sauvages. Il est venu vis-à-vis un d'eux avec un pavillon blanc, et le sauvage en ayant un autre rouge lui a tiré un coup de fusil qui l'a étendu mort [1]. »

L'abbé Maillard confirme le témoignage de M. Prévost : « Il fallait, dit-il, que cet homme, pour ne pas périr de même, évitât soigneusement toute rencontre de Micmacs. L'avis lui en avait été donné peu de temps avant que ce malheur lui arrivât. »

Pourquoi M. Parkman, qui, dans son histoire de *Montcalm et Wolfe,* invoque à plusieurs reprises le témoignage de M. Prévost, ne le cite-t-il pas en parlant de la mort de Howe ? Pourquoi se borne-t-il à indiquer en note la lettre de Prévost, laissant entendre par là que celui-ci confirme son récit, tandis qu'il le contredit formellement ?

M. Parkman représente le meurtrier du capitaine Howe, Jean-Baptiste Coptk, comme un des sauvages de la mission de l'abbé Le Loutre, dévoué à ce missionnaire. Or, il n'était ni l'un ni l'autre. Jean-Baptiste Coptk n'était pas de la mission de l'abbé Le Loutre, mais bien de celle du P. La Corne.

C'est ce que dit positivement M. de la Vallière, officier français, qui a tenu un journal de ce qui s'est passé sur les frontières de l'Acadie à cette époque [2].

Après le départ des sauvages micmacs, dit-il, il y en a eu deux de la mission du P. La Corne qui avaient resté...

C'est le même sauvage qui fut avec un pavillon et qui fit tuer M. Howe. En second lieu, Jean-Baptiste Coptk était un sauvage traître aux Français aussi bien qu'aux Anglais.

[1] *Lettre de M. Prévost au ministre*, 27 octobre 1750.

[2] *Journal de ce qui s'est passé à Chignectou et autres parties des frontières de l'Acadie, depuis le 19 septembre 1750, jusqu'au 28 juillet 1751.*

Relation faite par le sieur de la Vallière, capitaine des troupes de l'île Royale, qui était présent à tout ce qui s'est passé sur les frontières de l'Acadie entre les Français et les Anglais, sur laquelle j'ai tiré le mémoire que j'ai fait concernant cette petite guerre. *Joint à la lettre de M. le Comte de Raymond* du 25 octobre 1751.

« J'ai appris..., dit M. Prévost, que le nommé Coptk, mauvais Micmac qui a toujours eu des allures incertaines et suspectées des deux nations, a fait plusieurs voyages aux établissements anglais à l'Acadie... et qu'enfin il a signé à Halifax une espèce de traité [1]. »

Voici maintenant comment M. de la Vallière, dont le témoignage est d'autant plus fort qu'il était témoin oculaire, raconte la mort du capitaine Howe :

« Vers le 15 octobre, dit-il, les sauvages, qui s'étaient aperçus et étaient informés que M. Howe, commissaire des troupes anglaises, venait souvent se promener sur le bord de la rivière, où il avait déjà eu des conférences avec les officiers et missionnaires, parler aux habitants, et tâcher de les engager à revenir à eux, en leur faisant beaucoup de promesses, furent avec des Acadiens s'embusquer pendant la nuit derrière une levée qui règne le long de la rivière, et sur les huit heures du matin, Etienne Bâtard, sauvage, dit *père La Corne*, fut avec un pavillon sur le bord de la rivière où les sauvages et Acadiens étaient embusqués. M. Howe vint aussi avec un pavillon vis-à-vis de l'autre bord de la rivière. Le sauvage, après avoir fait quelques questions à M. Howe, jeta son pavillon, et donna le signal à ses gens qui firent feu tout de suite sur M. Howe, et le blessèrent mortellement. »

M. Parkman s'est gardé de reproduire ces témoignages qui portent avec eux un caractère de calme et de véracité. Il a mieux aimé s'en rapporter à l'auteur *anonyme* des *Mémoires sur le Canada*, dont le récit porte partout l'empreinte de sa haine contre le clergé catholique. Pour n'en citer qu'un fait, cet individu trouve le moyen de faire un reproche à l'évêque de Québec, de quoi pensez-vous ? de ce qu'il *chantait mal !* tandis que, par contre, il se fait l'apologiste de l'intendant Bigot, qu'il proclame un homme *plein de foi et de probité !* Que penser d'un historien qui ne discerne pas entre les pièces sérieuses et les diatribes des pamphlétaires, comme il s'en trouve dans tous les temps, qui même leur donne la préférence ? Pourtant c'est dans cet esprit qu'a été écrite l'histoire de *Montcalm et Wolfe*. J'en cite d'autres exemples au cours de cet ouvrage.

[1] *Lettre de M. Prévost au ministre*, 12 mai 1753.

N° II

(Page 91.)

LAWRENCE'S CHARACTER[1].

Sir,

We are extreamly obliged to you for your favour of the 3d July last and for your assiduity in our affairs.

We can assure you Sr that we were allmost without hopes of being considerd as English Subjects — the Haughty and disdainfull Behaviour of our Govr to all our Remonstrances tho' tenderd with the utmost Submission gave us much reason to think he was countenanced at Home by those whom we had all the Reason in the World heretofore to think were the Patrons and Principal Supporters of this Infant Settlement, and Especially when it was publickly declared by the Governors Creatures That those Gentlemen in Office here who had ever been Solicitous to forward and Promote the Settlement and who had in every Point behaved with Honesty and Integrity Especially the Judges of the Courts of Justice and some of the Council would soon be displaced. The Only men who have been the means of keeping the Inhabitants from deserting in a Body and Supported the Rights and Libertys of the People.

[1] *British Museum.* — Brown M.SS. — Papers relating to Nova Scotia, 1748-1757. — Add. MSS. Vol. 19072. In-4°, fol. 43. N° 33.

En tête de ce manuscrit se trouve la note suivante de la main de M. A.-B. Grosart :

« A long Letter (sixteen closely written pages) addressed to some one in England by the Colonists concerning the State of the Province...

» This is a high-toned and most vigorous Letter : and lays bare with most withering scorn the character of Governor Lawrence... It reminds one of the complaints of the elder Puritans in the days of Charles...

» This M.S. most important.

» See N° 35. From this I apprehend the present N° 33 was addressed to Paris while in England. »

Your letter has revived the Hopes of the Inhabitants and it has been great comfort to them to find an Englishman in England who has their unhappy State and Condition at heart and commiserates their Bondage under Oppression and Tyranny.

We are sensible of the Difficulties in England and the unsettled State of the board of Trade which may retard our affairs — but we are not without hopes thro' your Care and Assiduity we shall meet with success in having an Assembly our Native inherent Right soon order'd to be Establish'd here, and we cannot help expressing our Extreme Satisfaction to find that it was the Lords of Trade most earnest Intention to have an Assembly *instantly* settled as we are very sure it is of all things in the world the most necessary step to strengthen and Establish this settlement and Invite Inhabitants to come and settle among us.

We cannot but express our most hearty sorrow that my good Lord Halifax has at this Critical Conjuncture resignd his Place at that board. We are all to a man perfectly assur'd of that good Lords sincere attachment to the Interest of the Colonies and look upon him truly as the father of this Colony and are fully perswaded that he will use his utmost endeavour to remove from us our oppressor and the oppressor of all his good Purposes a Person unknown to him and recommended to my Good Lord by Persons on whom he relied and those whom we are sure were not acquainted with his bad Heart and mischievous Intentions One of whom is General Hopson who has had sufficient Reason to alter his Opinion, the other is Genl Cornwallis who is too much a friend to this People if he could be convinced of the Ill-treatment and unjust oppressions this Tyrant has been Guilty off ever to Countenance or Support him.

These are all the Friends he has at Home, for on this Side the Water he has none either of the Inhabitants or Gentn of the Army — who hold him in the utmost Contempt except those formerly mentiond to you his Agents in oppression — perhaps you will be more Suprizd to hear how this Gentleman who sometime ago was only a Painters Apprentice in London should have advanced himself to such heighths — We are obliged to confess that he has a good address, a great deal of low cunning, is a most consummate flatterer, has Words full of the Warmest Expressions of an Upright Intention to perform much Good tho' never Intended and with much art most Solicitously Courts all Strangers whom he thinks can be of any Service to him, by these and such Arts has he risen to be what he is and Elated with his success is outrageously bent upon the destruction of every One that does not concur in his measures.

And we beg leave to make this Remark which we desire you will read at the end of Twelve Months that if he be not removed *Nova Scotia will be lost to the Crown of Great Britain and the rest of the Colonies be Endanger'd of sharing the same Fate* which ought to be the utmost concern of every Englishman to prevent.

And that you may in some measure understand the Import of this, he has prevaild with my Lord Louden to represent home, the necessity of putg this Colony under a Military Government, and of suspendg the Charters and Laws of the other Colonies, the consequence of which we apprehend will be a Struggle in the Colonies for Liberty, and a consequence to fatal to name; and while the Contentions subsist there, the French wil penetrate into this Province : indeed they have no feazible Conquest left them but this Colony be lost and the others loosé their Liberties it is difficult to say, what the Effect will be, but the worst is to be feard.

We could say many things concerning the affairs in this Part of the World, which nearly concern us, but we are confident youll hear them from better hands, for they must needs be public.

We cannot but express our most sincere acknowledgements of Gratitude and Thanks to the Right Honble Mr Pitt, that great Patron of Liberty, for the Great Condescension he has shown, in taking notice of our affairs; and so far as is reasonable and just, we doubt not of his Concurrence and assistance to procure us Redress.

In answer to your remarks that the Quorum of Sixteen is too large for the proposd number of 22 for the whole Assembly it is so in our opinion, but it was the Resolve of Council.

Our Desire of haveing all Placemen excluded the Assembly was from the Circumstances of the Colony under the present Governor. The Voters are allmost all dependent, the Officers are wholly so, it would therefore be the Governors Assembly and not the Peoples and Laws made according to his Pleasure and no grievance will be redressed — but if a Govr be appointed who has the Interest of the Colony at

Heart, and the welfare of the People, this would be an immaterial Point.

The reason why triennial Assemblies was proposed was intended only for the first Assembly in Order to settle the Colony under an English Assembly. Otherwise Foreigners being the most numerous and the Time near approaching when they will be Naturalizd by a 7 years Residence the future Assemblies may be mostly foreigners, which will be Dangerous to this frontier Settlement.

As to the Article of Judges a Good Govr will avail more for the Advancement of Justice, and then a Good Judge wil be under no concern least he be displaced.

Another of the Governors Acts is to misrepresent and abuse all below him he has publickly calld his Council a Pack of Scoundrills, the Merchants a Parcel of Vilians and Bankrupts, and has represented at home the whole as a People discontented and Rebellious We have authority of his saying and declaring this from his own mouth before many Officers both of the Army and Navy — Is it possible Sr that People can be easy under such a Govr We dare appeal to your two former Governors for our behaviour under their Administrations and whose conduct to us was the very reverse of this Gentlemans.

Beleive us Sr We are not Captious. We are not that *Turbulent People* we have been represented our Interest obliges us to be otherwise we desire nothing *inconsistent with the Prerogatives of the Crown* we desire none other than the Liberties Enjoyd by the other Colonies which his Majesty has graciously been pleased to promise by his Royal Proclamation.

Our distresses have arisen from the Malevolent disposition of our Govr and his Creatures. Were they removed and a Govr of humanity appointed and acquainted with the Constitution of English Men and an Assembly settled you would soon have the Pleasure of hearing of the increase of and success of this settlement for we are well assured 500 families would remove from the Massachusetts and settled immediately here and we know the Offer has been made the Govr and rejected upon their requiring an Assembly to be first settle that they might have proper Laws for their Regulation and Security of their Property.

As for the Evidences of Peoples leaving the Colony for want of an Assembly those that are already gone, it will take time to collect them as they are dispersd in the Colonies and tho' an hundred Families more are upon the Point of removing they are Extreme fearfull least if they should be found on to have Given such Evidence they should be denied passes, for you must know the Govr obliges every master of a vessel to enter into Bond under the Penalty of fifty pounds forfeiture for every Person they carry away without Licence first obtaind under his Hand and this is imposed, without the least Shadow of Law or Order of Council, nor can any Inhabitant go three miles from Town without a Certificate from a Justice of Peace so that Halifax is really a Prison to all Intents and purposes.

As for what you mention of the Depositions not coming under the Seal of the Province We beg leave to inform you That it has never been allow'd to be fix'd to any Papers but their own instead whereof the Govr fixes his Private Seal and must see all the Evidences or his Secretary therefore to Such kind of Evidence it would be impossible to procure that and for want of the Province Seal many have sufferd in their Law Suits in the neighbouring Colonies or obliged to be at the Expence of sending Witnesses where their Suits have been depending which are some among the many Rights we are debard of.

But we hope before this Time many Complaints have reachd the Ear of the Minister and that it will shortly evidently appear if it is not already manifest That whilst this Govr has the least influence in American Affairs *so long will ruin and confusion attend them* and this Truth General Shirley at Home and Lord Charles Hay when he comes Home will as We are inform'd make Evident to Demonstration for it is generally believed that whatever Specious Crime may be alledged against Lord Charles Hay his Confinement was solely owing to the Governors insinuations to my Lord L.. d.. n upon a private disgust to that Lord for Examining too freely into the Expences of Batteries etc and speaking too Contemptibly of what had been done for the mighty sums Expended in Nova Scotia.

We had not touchd upon those matters but as we think Providence more immediately seems to concern itself in discovering the Villianous Arts of the Authors of our Calamities and hope will direct its measures in pouring Vengeance on the man whose sole aim seems to have been to blast the good Intentions of his Country and to make all Subordinate to him miserable.

It is with pleasure we hear that the Accts of Nova Scotia

will be strictly enquired into as we are very sure if they were sifted to the Bottom it will be found That not less than ten thousand Pounds, of Rum, Molasses (of which there was not less than 30,000 Gallons which alone was worth £3000) Beef, Pork, etc of Provisions and much merchandize for the Supply of the Indians and french Inhabts were taken in Beau Sejour neither distributed as a Reward to the Captors nor Accounted for except some Small Quantity of Beef and Pork sold to the Commissary Mr Saul on Mr Bakers Supply which was extreme bad and decay'd and certify'd by the Govr for Provisions sent by Govr Shirley.

That the Transports were kept near three months after the French Neutrals were ready for Embarkation at an immense Expence and the New Engld Troops kept 6 months after the service was over for two special Reasons to oblige them to enlist into the Regulars and to defeat General Shirley in raising a sufficient number of Troops necessary for the Summers Campaign by which means Oswego was lost and the Expedition to Crown Point was rendred abortive We appeal to Genl Shirley for the Truth of this.

That the Cattle etc of the french Inhabitants were converted to private uses of which we know 3,600 Hogs and near 1,000 Head of Cattle was killd and packt at Pisgate only and sent by water to other Places and what at other Forts is yet a secret All unaccounted for to the Amount of a very large sum and he and his Commissary are now under Great perplexity and contriving to cover this iniquitous Fraud.

That £30,000 has been laid out on Batteries not worth 30 pence for the Defence of this Place in the Judgment of every Person acquainted therewith.

It is possible he may produce Vouchers to Cover all his Frauds for if the true ones should fall short he has those under him who have been used to such kind of work and can readily supply the deficiency but if a Governor was sent out with Orders to inquire into these or at least to take Depositions we are very sure the whole will be Clearly made to appear.

N° III

(Voir page 115.)

Voici ce que dit des mœurs des Acadiens un protestant qui s'était souvent assis à leur foyer, et dont le témoignage est d'autant moins suspect qu'il vient d'un individu qui a joué un triste rôle au temps de la proscription, je veux dire Moïse de les Derniers, celui-là même qui avait été chargé par Lawrence de lui amener les plus beaux chevaux qu'il pourrait trouver dans les écuries des Acadiens, au moment où le même Lawrence venait de décréter que les biens de ces malheureux étaient confisqués, soi-disant au profit de la couronne.

I

« Les Acadiens étaient le peuple le plus innocent et le plus vertueux que j'aie jamais connu ou dont j'aie lu le récit dans aucune histoire... Ils vivaient dans un état de parfaite égalité, sans distinction de rang dans la société. Les titres de *messieurs* n'étaient pas connus parmi eux. Ignorant le luxe et même les commodités de la vie, ils se contentaient d'une manière de vivre simple, qu'ils se procuraient facilement par la culture de leurs terres. On ne voyait parmi eux que bien peu d'ambition ou d'avarice ; ils allaient au-devant des besoins les uns des autres, avec une bienveillante libéralité ; ils n'exigeaient pas d'intérêt pour des prêts d'argent ou d'autres propriétés. Ils étaient humains et hospitaliers à l'égard des étrangers, et d'une grande libéralité pour ceux qui embrassaient leur religion. Ils étaient très remarquables pour leur inviolable pureté de mœurs. Je ne me rappelle pas un seul exemple de naissance illégitime parmi eux, même aujourd'hui. Leurs connaissances en agriculture étaient très limitées, quoiqu'ils cultivassent assez bien leurs terres endiguées...

» ... Ils ignoraient complètement le progrès des arts et des sciences. Je n'ai connu qu'une seule personne parmi eux, qui sût lire et écrire [1] ; quelques-uns pouvaient le faire, mais très imparfaitement, et aucun parmi eux n'avait appris les arts mécaniques. Chaque cultivateur était son architecte, et chaque propriétaire était un cultivateur. Ils vivaient presque entièrement indépendants des autres peuples, excepté pour se procurer du sel et des outils ; vu qu'ils ne se servaient que de très peu de fer pour les autres objets d'agriculture...

» ... Ils cultivaient et confectionnaient eux-mêmes de quoi faire leurs vêtements, lesquels étaient uniformes. Ils aimaient les couleurs noires et rouges avec des lisières aux jambes, des boucles de rubans et des nœuds flottants...

» Malgré leur négligence, leur défaut de moyens et de connaissances en agriculture, ils amassaient d'abondantes provisions de bouche et de vêtements, et avaient des habitations confortables...

» C'était un peuple fort et sain, capable d'endurer de grandes fatigues, et vivant généralement jusqu'à un grand âge, quoique personne n'employât de médecins. Les hommes travaillaient fort dans le temps des semences et des récoltes, et dans la saison convenable pour faire ou réparer leurs digues, et dans les occasions où l'ouvrage pressait. Ils se procuraient ainsi, pour la moitié de l'année au moins, des loisirs qu'ils employaient en réunions et en réjouissances dont ils étaient très avides. Mais les femmes étaient plus constantes à l'ouvrage que les hommes ; cependant elles prenaient une grande part à leurs divertissements. Quoiqu'ils fussent tous entièrement illettrés, il arrivait rarement toutefois qu'aucun d'eux restât longtemps silencieux en compagnie, ne semblant jamais en peine de trouver un sujet de conversation. Bref, ils paraissaient toujours joyeux et gais de cœur, et unanimes en presque toute occasion. Si quelques disputes s'élevaient dans leurs transactions, etc., ils se soumettaient toujours à un arbitrage, et leur dernier appel était aux prêtres. Quoique j'aie eu quelques exemples de récriminations les uns contre les autres au retour de ces décisions, cependant on découvrait rarement ou jamais parmi eux des idées de malice ou de vengeance. Enfin ils étaient parfaitement accoutumés à agir candidement en toute circonstance ; réellement s'il y a un peuple qui ait rappelé l'âge d'or, tel que décrit dans l'histoire, c'étaient les anciens Acadiens [2]. »

[1] Ce devait être le notaire Le Blanc, chanté par Longfellow.

[2] Cette description des mœurs du peuple acadien n'a été citée, que

II

Après avoir lu cette description de Moïse de les Derniers, et celles de quelques autres contemporains qui donnent une idée exacte des mœurs et du caractère des Acadiens, on aimerait à pénétrer davantage dans la vie intérieure de ce peuple, à faire connaissance par exemple, avec quelques-unes des principales familles, à apprendre quelles étaient leurs industries particulières, leur esprit d'entreprise, leur état de fortune, et surtout quelques-uns des incidents de leur existence. Malheureusement les auteurs de ces descriptions ne sont point sortis des généralités. Mais on a pour y suppléer un bon nombre de renseignements authentiques qui se trouvent parmi la vaste collection de manuscrits conservés aux Archives de la Marine et des Colonies.

C'est en consultant ces pièces que M. Rameau a tout récemment fait revivre l'intéressante figure de Nicolas Gauthier, de Port-Royal[1]. Il aurait pu y joindre celle de Joseph Le Blanc dit le Maigre, de la Grand-Prée; physionomie tout aussi originale et non moins sympathique. L'une et l'autre représentent également bien le type acadien dans sa haute expression. Et elles ont l'avantage de les montrer, non pas seulement sous des traits généraux, comme dans les descriptions de mœurs faites par Watson, de les Derniers et autres contemporains, mais sous les traits particuliers d'individus qui ont existé, dont les actes sont connus, et dont les personnalités sont fortement accentuées.

C'est assez dire pourquoi elles ont leur place ici. Je n'aurai qu'à reproduire la première de ces figures, d'après l'esquisse de M. Rameau, en la complétant par quelques détails, et je tâcherai ensuite de retracer la seconde avec la même vérité.

Ce serait une erreur de représenter les Acadiens uniquement comme des cultivateurs ou de simples pêcheurs côtiers. C'était bien là, il est vrai, la vie de la plupart d'entre eux; mais un certain nombre portaient plus haut leur ambition, étendaient davantage leurs vues, se livraient à des entre-

je sache, par aucun historien. Le *Mémoire* d'où je l'ai extraite a été écrit par Moïse de Les Derniers à la demande du Dr Andrew Brown. J'en ai obtenu une copie grâce à l'obligeance de M. F. B. Crofton, bibliothécaire de la législature de la Nouvelle-Ecosse.

[1] Voir : *Courrier des provinces Maritimes*, 13 septembre 1888.

prises hardies, soit sur terre soit sur mer. Quelques-uns mêmes ne se contentaient pas d'entretenir des relations suivies avec le Canada et les colonies anglaises, mais poussaient leurs expéditions commerciales jusqu'aux Antilles.

Un des plus remarquables parmi ceux-ci était le sieur Nicolas Gauthier, qui avait pour centre principal d'opération un endroit situé à une petite distance de Port-Royal, sur les bords de la rivière Dauphin. C'était un site bien choisi, et même pittoresque, si on en juge par le nom qui lui avait été donné : celui de *Bel air* ou *Belair*. Outre une bonne habitation et de vastes dépendances, il y avait bâti deux moulins à farine et un moulin *à scie*. Il possédait de plus deux navires pour le transport de ses marchandises.

Ce commerce ne l'empêchait pas de cultiver avec succès une grande ferme qui faisait partie de son établissement de Belair, aussi bien qu'une terre sise dans le haut de la rivière, sur laquelle était bâtie une habitation qu'il évaluait à 10,000 livres.

« Son père, natif d'Aix en Provence, avait été capitaine d'armes à Port-Royal. Il était mort à la date du mariage de son fils Nicolas avec Marie Alain, qui avait eu lieu en 1715.

» Peut-être ce jeune homme avait-il assisté aux deux sièges de Port-Royal ? Peut-être fit-il partie de ces équipages de corsaires, qui aidèrent à la défense de la place ? Nous n'en savons rien de positif, mais sa femme était fille de Louis Alain, qui avait pratiqué le cabotage sur les côtes du Massachusetts du temps de M. de Brouillan. Celui-ci mentionne ce fait dans sa correspondance. Louis Alain avait été mêlé à cette époque à diverses entreprises coloniales et maritimes ; il était alors associé avec un nommé Naquin, lequel demeurait à Belair.

» C'est de ce Naquin, qui n'avait pas d'enfants, que les Alain tenaient cette habitation.

» En héritant de son beau-père, Nicolas Gauthier étendit ses opérations commerciales. Il y avait placé un capital de 20 à 30,000 livres, et l'avait si habilement fait valoir qu'en 1744 il était devenu un des plus riches habitants de l'Acadie. Sa fortune tant en biens-fonds qu'en propriétés mobilières, s'élevait au moins à 80,000 livres, somme considérable pour le temps et pour le lieu [1]. »

Sa ferme de Belair, avec ses bâtiments, ses moulins, ses

[1] *Mémoire de Nicolas Gauthier au comte de Maurepas.*

magasins, étaient estimés à 41,000 livres, sans parler de son habitation de la Prée-Ronde estimée à 10,000.

Ses approvisionnements de blé, de farine et de diverses autres marchandises nécessitaient, en effet, de vastes locaux; car il paraît avoir donné à ses affaires un grand développement. Il transportait, avec ses navires, de la farine, des madriers, du bétail, de la morue, à Boston, à Louisbourg et jusqu'aux Antilles. Il en rapportait des marchandises de toute espèce, sucre, mélasse, etc., qu'il entreposait, non pas à Port-Royal, mais dans ses habitations, d'où il rayonnait non seulement dans la paroisse, mais aux Mines, où ses navires pouvaient aborder directement, ainsi que sur les côtes de l'est et jusqu'à Beaubassin. Les détails de son existence et de ces travaux nous sont parfaitement connus par une pétition très longue adressée par Gauthier à M. de Maurepas, ministre de la Marine, lui demandant une indemnité pour les pertes que les Anglais et les Français lui avaient fait éprouver pendant la guerre de 1744 à 1748.

« Il était secondé dans ses opérations par sa femme, Marie Alain, une forte et vaillante Acadienne, et par sa nombreuse famille. Ses deux fils aînés, Joseph et Pierre, avaient, en 1744, dépassé vingt-cinq ans ; c'étaient de forts et déterminés gaillards, qui naviguaient avec leur père, convoyaient les marchandises, et qui déjà pouvaient le suppléer au besoin, soit à la maison, soit à la mer.

» Les Gauthier vécurent paisiblement à Belair de 1715 à 1744, au milieu des occupations variées de leur commerce et de leur culture. En 1730, ils étaient parvenus au plus haut point de leur fortune. Nicolas Gauthier fut désigné par les Acadiens du district de Port-Royal pour être député au conseil d'Annapolis, mais il est probable qu'il s'était déjà signalé par son zèle pour la cause française, car cette nomination ne fut pas agréée par le gouverneur Armstrong.

» En 1735 nous le voyons se rendre à Louisbourg pour voir M. Duvivier, officier français, qui avait épousé une Acadienne; il venait l'avertir qu'un des parents de sa femme était mort, et que le gouverneur avait fait saisir l'héritage au nom de la Couronne. Cette visite et les relations qui en résultèrent avec Duvivier, furent, peut-être, une des causes premières de la part active que Gauthier prit aux événements de 1744, alors qu'éclata la guerre entre la France et l'Angleterre. Lorsque Duvivier entra en Acadie avec un détachement de huit cents hommes et vint bloquer Annapolis, en août 1744, ce fut à Belair, chez Gauthier, qu'il établit son quartier général. Le propriétaire de Belair devint un des principaux fournisseurs de la petite armée française.

» Les Acadiens ne s'étant pas soulevés pour seconder l'entreprise de Duvivier, celui-ci dut se retirer avant l'hiver. Le capitaine Marin renouvela la tentative de Duvivier au mois de mai suivant, et reprit des relations avec Gauthier. »

Il rassembla chez lui ses troupes, et établit même un camp retranché autour de Belair. Ce fut sur Gauthier qu'il se reposa pour lui fournir ou lui acheter toutes les provisions de bouche et de guerre, dont il avait besoin. Marin se disposait à presser vivement l'attaque de la place, lorsque la nouvelle de l'investissement de Louisbourg par les Anglo-Américains l'obligea à partir précipitamment pour regagner l'île du Cap-Breton.

Ces deux expéditions inutiles, auxquelles Gauthier avait donné son concours, l'avaient entièrement perdu à Annapolis ; son fils Pierre avait été arrêté par les Anglais avec un nommé Paul Suret, sous l'accusation d'avoir connu l'arrivée du capitaine Marin sans en avoir averti le gouverneur ; lui-même fut prévenu que l'on ne tarderait pas à envahir sa maison. Il se tint donc sur ses gardes ; de telle façon qu'il put se mettre en sûreté dès que l'arrivée des soldats serait signalée. Il s'esquiva, en effet, à temps et gagna le bassin des Mines à travers les bois avec son fils Joseph.

Marie Alain, sa digne et courageuse femme, fit tête à l'orage avec la dignité et l'énergie qui lui étaient propres ; mais les Anglais, irrités de ne point trouver son mari, l'arrêtèrent elle-même et l'amenèrent à Annapolis avec un de ses enfants, après avoir pillé et brûlé l'habitation et les magasins.

Le courage ne lui fit point défaut ; elle supporta cette arrestation sans faiblir malgré qu'elle eût été chargée de fers avec son fils, et qu'on les eût laissés presque mourir de faim. Après dix mois de cette dure captivité, tous deux parvinrent à s'évader en brisant une des grilles de la prison, et en se sauvant dans les bois. C'était en février, par un froid excessif, ils faillirent périr avant d'arriver aux habitations françaises. Enfin ils parvinrent sains et saufs à rejoindre Gauthier, père, à son habitation du haut de la rivière, où il se tenait caché. Ne s'y trouvant pas en sûreté, il se retira à Beaubassin, où il s'occupa à recueillir les débris de sa fortune, vivant tantôt chez les habitants, ses amis, tantôt dans les bois, selon que les poursuites toujours dirigées contre lui étaient plus ou moins actives.

Il faut que son influence ait été considérable, puisque les commandants anglais cherchèrent à plusieurs reprises à le séduire par des promesses. Ils lui offrirent de le réintégrer dans tous ses biens, d'augmenter même sa fortune, s'il voulait retourner sous leur allégeance.

En 1746, son fils Pierre, marin aussi habile et intrépide que son père, reçut ordre du marquis de la Jonquière, de conduire à Port-Royal l'escadre dont le commandement lui était échu depuis la mort de M. d'Estournelle, successeur du duc d'Anville.

Lors du fameux combat des Mines (février 1747), où 250 Canadiens du détachement de M. de Ramezay surprirent, tuèrent ou firent prisonniers 500 Anglo-Américains solidement cantonnés à la Grand-Prée, c'étaient les Gauthier qui avaient servi de guides aux milices canadiennes. Ils étaient venus à leur rencontre jusqu'à Cobequid, les avaient renseignés sur l'ennemi, et s'y étaient mis au service de l'officier commandant, M. de Villiers.

Nicolas Gauthier avait reçu ordre de rester à Cobequid pour y veiller à la garde des approvisionnements. Joseph et Pierre s'étaient mis à la tête de l'expédition et l'avaient dirigée à travers les neiges jusqu'à Pigiquit, et de là à la Grand-Prée. Tous deux se distinguèrent durant le combat, et méritèrent les éloges de M. de Villiers, lequel écrivit au ministre qu'ils y avaient montré autant d'intelligence que de bravoure.

L'esprit ranimé par ce brillant succès, les Gauthier reprirent la mer sur un de leurs vaisseaux, qu'ils avaient retrouvé à Beaubassin. Ils pratiquaient le cabotage en 1747 sur les côtes de la baie Française, lorsqu'ils furent pourchassés par un croiseur de Boston nommé Cobb. Ils se décidèrent alors à quitter ces parages et parvinrent à gagner l'île Saint-Jean sur leur navire.

C'est à cette date que Nicolas Gauthier adressa au ministre de Louis XV, le comte de Maurepas, le *Mémoire* où il lui exposa les sacrifices qu'il avait faits pour la France et les pertes qu'il avait subies. Le ministre lui répondit en lui faisant parvenir une première gratification de 5,500 livres, qui fut ensuite augmentée d'une rente annuelle de 4,000 livres. Gauthier en profita pour fonder un nouvel établissement maritime à Louisbourg, dès que cette forteresse eut été restituée à la France par le traité d'Aix-la-Chapelle.

Il importe de remarquer que la révolte de la famille Gauthier contre le joug anglais ne fut qu'un fait exceptionnel parmi les Acadiens. Il n'y eut qu'une autre famille importante qui y prit part : ce fut celle de Joseph Le Blanc de la Grand-Prée. Le nombre total d'individus compromis ne fut que de douze, d'après le rapport officiel du gouverneur Shirley.

Malgré toutes les sollicitations faites de la part des Français, la masse de la population était restée paisible durant les trois invasions successives dont l'Acadie avait été le théâtre : celle de Duvivier, celle de Marin et celle de Ramezay. Cependant l'irritation des Anglais était devenue extrême contre eux. Il ne leur venait du côté d'Annapolis et de Boston que des bruits de bannissement et de confiscation de leurs biens. On se tenait isolé d'eux ; on ne répondait plus à leurs lettres. Enfin leur position était devenue si intolérable qu'ils se décidèrent à écrire au gouverneur Shirley pour s'assurer quelles étaient les intentions réelles des Anglais. La réponse de Shirley est d'autant plus à noter qu'elle est une éclatante condamnation de la conduite tenue à l'égard des Acadiens durant les années qui suivirent, et dont Shirley lui-même fut un des principaux sinon le premier instigateur.

« Les habitants de l'Acadie, dit-il en effet, ne doivent pas craindre que le roi d'Angleterre veuille les en faire sortir; qu'au contraire son dessein est de maintenir et de protéger les sujets fidèles dans la paisible possession de leurs biens et privilèges. »

Shirley ne fait d'exception que pour « les nommés Nicolas Gauthier et deux de ses fils, Pierre et Joseph Gauthier, Amand Buzeau, Joseph Le Blanc dit le Maigre, Charles et François Raymond, Charles Le Roy et son frère Philippe, Joseph Brossard dit Beausoleil, Pierre Guidry dit Grivoir, et Louis Hébert, ci-devant domestique du capitaine Handfields, tous au nombre de douze, proscrits pour s'être rendus coupables du crime de lèse-majesté[1], et il ordonne de les livrer aux autorités, s'ils tombent entre leurs mains promettant en même temps une récompense de 50 livres sterling pour chaque coupable qui sera amené dans les six mois.

Plus habiles ou plus prudents que Joseph Le Blanc, les Gauthier ne se firent pas pincer comme lui et quelques autres.

[1] *Journal de ce qui s'est passé d'intéressant à l'occasion des mouvements de guerre*, etc., etc., 1747.

En 1750, on les voit employés à transporter sur leur navire, de Tagamigouche et de la baie Verte à l'île Saint-Jean, les familles acadiennes qui fuyaient devant les persécutions dont Cornwallis récompensait leur fidélité.

Il fallait toute l'habileté et l'expérience des lieux, que possédaient les Gauthier, pour n'être pas surpris pendant les continuelles traversées qu'ils avaient à faire d'une rive à l'autre; car, outre les patrouilles qui apparaissaient à l'improviste sur divers points de l'isthme, des frégates détachées par Cornwallis croisaient sans cesse d'une extrémité à l'autre du détroit. Souvent des familles étaient embarquées pour l'île sans autres effets que les vêtements qui les couvraient, n'ayant pu échapper aux patrouilles ennemies, que les armes à la main. Ce fut là la première cause de la misère qui fit périr tant d'infortunés Acadiens sur ces côtes.

La vie si agitée qu'avait menée le vieux Nicolas Gauthier depuis 1744, le désastre de sa fortune, et des fatigues continuelles avaient miné ses forces; il mourut à Louisbourg en avril 1752, heureux d'échapper à des malheurs bien autrement grands que ceux qu'il avait vus et qui allaient marquer les années suivantes: la proscription de tous ses compatriotes, la destruction de Louisbourg et, par suite, de ses derniers établissements, enfin l'occupation du Canada par la race qu'il détestait le plus au monde.

Quatre ans après sa mort, au mois de novembre 1756, un de ses fils fut chargé par le gouverneur de Louisbourg de porter des dépêches au gouverneur du Canada; il accomplit cette mission par voie de terre en descendant jusqu'au fleuve Saint-Jean qu'il remonta sur la glace, avec quelques sauvages, jusqu'à la rivière Matapédia, d'où il gagna le Saint-Laurent. Après quelques jours de repos à Québec, il reprit la même voie, et rapporta de nouvelles dépêches au gouverneur de Louisbourg.

Enfin, en 1760, le marquis de Vaudreuil signalait à M. de Danjac, commandant à la baie des Chaleurs, un des Gauthier comme un des hommes les plus capables de commander les corsaires qu'il envoyait faire la chasse aux Anglais, et il conseillait au marquis de Danjac d'offrir à ce Gauthier une des six commissions d'officiers mises à sa disposition.

A partir de cette date jusqu'à 1772, on ne retrouve plus la trace des Gauthier, mais à la fin de cette année, Joseph, probablement le dernier des deux frères survivants, commandait encore une goélette sur le fleuve Saint-Laurent, et ce fut à son bord qu'il transporta le vénérable P. de la Brosse de l'île Verte à Québec, et de là à Bonaventure, dans la baie des Chaleurs, où ce missionnaire se rendait pour évangéliser les Acadiens délaissés dans ces lointaines régions.

On y retrouve encore aujourd'hui plusieurs descendants des proscrits de Belair.

III.

L'histoire de Joseph Le Blanc et de sa famille, qu'il me reste à raconter, n'est pas moins curieuse à connaître que celle de Gauthier.

L'abbé Le Loutre, qui a écrit ces aventures [1], raconte qu'en 1767, étant à Belle-Ile-en-Mer, occupé à y établir des familles acadiennes réfugiées en France, il vit venir vers lui un vieillard décrépit, infirme, réduit à la dernière misère, et qu'il eut de la peine à reconnaître. C'était Joseph Le Blanc. Depuis que l'abbé Le Loutre l'avait perdu de vue, sa vie n'avait été qu'une suite de traverses.

En 1744, Joseph Le Blanc était maître d'une fortune plus considérable que celle de Nicolas Gauthier. Les terres et biens meubles qu'il possédait à la Grand-Prée ne valaient pas moins que cent à cent vingt mille livres, et sa valeur personnelle l'emportait sur sa fortune. C'était, au jugement de l'abbé Le Loutre, un des hommes les plus intelligents qu'il eût connus dans toute l'Acadie.

Ce fait admis, — et il est difficile de le contester après de semblables témoignages, — on se demande comment il se fait que deux des hommes les mieux doués du pays, Nicolas Gauthier et Joseph Le Blanc, qui tous deux y étaient d'autant plus attachés qu'ils y avaient de plus grands intérêts à sauvegarder, aient été les premiers à secouer le joug de l'étranger et à compromettre par là leur avenir. C'est que, plus clairvoyants que les autres, ils apercevaient l'abîme vers lequel tout le monde marchait. Ils risquèrent tout pour l'éviter, et y tombèrent les premiers ; mais ils eurent du moins l'avantage de se soustraire à la déportation. Lors de l'expédition de Du Vivier, Joseph Le Blanc, dont probablement le patriotisme avait été surexcité par l'abbé Le Loutre, qui lui-même venait de soulever les tribus de la péninsule, Joseph Le Blanc alla au-devant de Du Vivier, lui

[1] *Mémoire de l'abbé Le Loutre au duc de Praslin, secrétaire d'Etat et ministre de la Marine.*

tendit les bras, attira chez lui son corps expéditionnaire, lui fournit des approvisionnements et même des sommes considérables.

Du Vivier eut bientôt compris tout le parti qu'il pouvait tirer d'un homme de l'intelligence et de l'activité de cet Acadien. Après avoir obtenu de lui tout ce qu'il pouvait en espérer pour le moment, à la Grand-Prée, il lui confia une mission aussi délicate que dangereuse, celle d'aller porter des dépêches à M. Duquesnel, gouverneur de Louisbourg, en passant à travers les croiseurs ennemis qui infestaient les parages du golfe. Le Blanc s'était déguisé en chasseur, et traversait le détroit de Canseau sur un canot d'écorce, lorsqu'il aperçut une voile qu'il reconnut pour un croiseur anglais. Il se hâta de jeter à la mer ses dépêches, et même pour huit cent livres de billets qu'il portait sur lui, et s'avança bravement. Le commandant, l'ayant fait monter à son bord et interrogé, ne crut voir en lui qu'un simple chasseur et le laissa continuer sa route. Le Blanc communiqua verbalement ses dépêches à M. Duquesnel et revint sans encombre à la Grand-Prée.

L'année suivante, à l'arrivée de la flotte du duc d'Anville, Le Blanc fut signalé comme un des hommes du pays, de qui l'on pouvait tirer le plus de ressources, tant à cause de ses capacités personnelles que de son dévouement à la cause française. Après l'affreuse épidémie qui avait fait un cimetière de la baie de Chibouctou, lorsque le marquis de la Jonquière voulut tenter un dernier effort sur Port-Royal, ce fut à Joseph Le Blanc qu'il s'adressa, pour faire ses approvisionnements. Celui-ci avait déjà acheté un troupeau de cinquante bœufs et de deux cents moutons, amassé une grande quantité de grains et de légumes, lorsqu'il apprit que la flotte, assaillie par une violente tempête à la hauteur du cap de Sable, avait été forcée de retourner en France.

A peine cette nouvelle eut-elle été connue à Port-Royal, qu'une escouade de soldats fut envoyée à la Grand-Prée pour s'emparer du malheureux fournisseur, piller et enlever tout ce qui se trouvait sur sa ferme. Le Blanc s'était dérobé par la fuite. Mais, au retour de la paix, croyant à une amnistie générale, et ayant osé reparaître chez lui, il fut fait prisonnier, après avoir vu tous ses biens confisqués, sa maison et ses dépendances brûlées et rasées jusqu'à terre. Pendant que sa famille dispersée errait de côté et d'autre, lui-même fut traîné à Boston où il fut jeté en prison. Il parvint à s'échapper, comme la femme de Gauthier, en sciant un des barreaux de sa fenêtre, et en gagnant la campagne à la faveur de la nuit.

Quelles misères et quelles fatigues il eut à souffrir dans sa fuite à travers les forêts, avant d'arriver aux habitations françaises, il n'est guère facile de s'en faire une idée. Enfin il rejoignit sa femme et ses enfants, dont les aînés étaient déjà mariés. Il prit avec lui les plus jeunes, et alla se fixer à l'ombre du drapeau français au port Toulouse dans le Cap-Breton. Il y commença une nouvelle existence, mais celle-ci, aussi rude et pauvre, que la première avait été douce et opulente. N'ayant pu, malgré la haute recommandation de M. de la Galissonnière, et les vives instances de l'abbé Le Loutre auprès du ministre Rouillé, se faire indemniser comme Gauthier, il ne parvint jamais à se relever de son désastre. Aidé de quelques-uns de ses fils, il se livra au dur métier de pêcheur et de caboteur. Ils furent employés par quelques-uns des officiers de la colonie, particulièrement par M. de Danjac, qui leur fit transporter les vivres dont celui-ci avait besoin dans son commandement alors à la baie des Chaleurs.

L'exilé des Mines était cependant encore loin de se voir au bout de ses traverses. Voici venir un autre orage : Louisbourg est pris par les Anglais. Ce voisinage trop dangereux pour que Le Blanc pût s'y risquer, le contraignit à une nouvelle émigration. Il prit le parti d'aller rejoindre à Miramichi le groupe d'Acadiens qui s'y étaient réfugiés sous la protection de M. de Boishébert ; mais il n'y arriva que pour être témoin de la famine qui enlevait des centaines de ses malheureux compatriotes. Le seul moyen de trouver des provisions était d'en prendre sur l'ennemi. Aussi brave que dévoué, et encouragé par ses chefs, Le Blanc arma un corsaire, et fit plusieurs prises qui procurèrent des vivres, et qui en même temps le dédommagèrent un peu de ses pertes ; mais Québec pris, et la tentative de le reprendre une fois avortée, il n'y avait plus aucune chance de succès. Les Acadiens de Miramichi, au nombre desquels était Joseph Le Blanc, réduits au désespoir, et ne se voyant secourus ni par la France ni par le Canada, n'eurent d'autre parti à prendre que de faire des ouvertures à l'ennemi, et ils conclurent un traité de neutralité, « traité, dit amèrement l'abbé Le Loutre, dont les conditions s'exécutèrent religieusement d'une part et nullement de l'autre », et c'est ici le dernier trait de vengeance et d'inhumanité que l'Anglais avait fait essuyer au suppliant.

« Sur la foi du traité respectif, s'étant confié aux Anglais, ils le pillèrent de nouveau, ils s'en saisirent, le dépouillèrent de tout et l'envoyèrent prisonnier à Halifax où il fut étroitement resserré et maltraité jusqu'au traité de paix entre les deux couronnes.

» Peu de temps après, il fut relâché et mis en liberté avec permission de se retirer sur les côtes de Louisbourg dans un poste nommé le petit Dégras, où, réuni à une partie de sa famille, mais sans aucune faculté, il s'occupa pendant près de deux ans à la pêche pour se fournir de quoi subsister, et comme il avait toujours le cœur français et une opposition invincible pour l'Anglais, il épargna tout ce qu'il put pour parvenir à construire lui-même et avec ses enfants un petit bâtiment sur lequel il est passé avec sa famille, et le plus tôt qu'il lui a été possible, aux îles Saint-Pierre et Miquelon dans l'espérance de repasser en France et de s'y trouver sous la puissance et la domination de son premier et légitime souverain ; mais ce n'était pas encore le terme des malheurs du suppliant.

» Il est vrai que dans sa fuite la Providence ne permît pas qu'il retombât aux mains des Anglais, malgré tous les risques qu'il en courut ; mais à peine se vit-il à la vue des îles Saint-Pierre et Miquelon et dans la flatteuse espérance de pouvoir y mouiller, qu'une violente tempête l'obligea de faire côte dans la seule vue de sauver sa famille ; mais avec la douleur de voir briser son vaisseau avec perte de la plus grande partie de ce qu'il avait pu rassembler de ses petits effets en partant du petit Dégras.

» Il restait encore un sacrifice à faire au suppliant qui était celui de sa femme, qu'il perdit peu de temps après son arrivée aux îles Saint-Pierre et Miquelon, ce qui le détermina à passer en France dans la vue d'y rejoindre l'aîné de ses enfants, qui s'est trouvé compris dans l'établissement de Belle-Isle. »

C'est après cette longue et pénible odyssée que Joseph Le Blanc vint frapper à la porte du presbytère de l'abbé Le Loutre. Comment celui-ci en voyant entrer ce vieillard de soixante et dix ans, courbé, les traits émaciés, flétris par tous les chagrins, mal vêtu, aurait-il pu reconnaître en lui le vigoureux, le riche, le joyeux habitant de la Grand-Prée ?

« Je vous avoue, Monseigneur, écrivait-il au duc de Praslin, que le souvenir de l'opulence où je l'avais vu, comme celui des services qu'il a rendus au roi, à l'Etat et à sa patrie, et l'extrême pauvreté où je le vis alors réduit, me percèrent le cœur de la plus vive douleur, et au point que je me serais dépouillé de mes propres habits pour le revêtir, s'ils avaient été convenables à son état. »

Joseph Le Blanc avait frappé juste en s'adressant à l'abbé Le Loutre, car il n'y avait alors personne en France dont l'influence en faveur des Acadiens fût plus puissante à la cour. Le ministre l'avait chargé de dresser le plan des établissements qu'il voulait faire en leur faveur, et c'était à lui qu'il avait confié le soin d'en exécuter une partie. L'avenir prouva que le duc de Praslin avait eu raison de recourir à son expérience, car Belle-Isle-en-Mer est le seul endroit où les Acadiens soient restés groupés ensemble.

Joseph Le Blanc arriva à temps pour profiter de ces avantages, et il passa auprès de son fils aîné, dans le repos et la tranquillité dont il avait tant de besoin, le peu de jours qui lui restaient à vivre. Mais il mourut bien probablement sans savoir ce qu'étaient devenus les autres membres de sa famille. Ceux qui ne périrent point en exil firent-ils partie des caravanes qui regagnèrent le pays natal ou qui descendirent le Mississipi jusqu'à son embouchure ? On retrouve aujourd'hui beaucoup de familles du nom de Le Blanc en Louisiane, et encore plus dans les provinces Maritimes. Je laisse au savant généalogiste acadien, M. Placide Gaudet, le soin d'établir leur filiation. Quant à ceux de Belle-Isle, il est certain qu'ils descendent du proscrit de la Grand-Prée.

N° IV

Lettre au duc de Nivernais sur la dispersion des Acadiens, 2 décembre 1762.

. . . .

Cédés aux Anglais par la paix d'Utrecht, les Acadiens avaient conservé, avec leurs églises et leurs prêtres, le libre exercice de leur religion. Toujours séparés de ces nouveaux nouveaux maîtres par le culte et le langage et plus encore par un attachement inviolable à leur première patrie, ils vivaient comme les anciens patriarches, au milieu de leurs troupeaux, dans l'innocence et l'égalité des premiers siècles.

Ils fabriquaient eux-mêmes les étoffes grossières qui servaient à leurs vêtements, telles que de la toile et des draps bruns rayés de rouge. Leur commerce était proportionné à leurs besoins, et leurs besoins étaient aussi simples que leurs mœurs étaient frugales. Tous ceux qui les ont connus parlent encore avec attendrissement de leurs vertus et de leur bonheur. Au milieu des Anglais, leurs vœux furent toujours pour la France : Louis XIV, disaient-ils, put bien céder les champs où nous demeurons, mais l'amour de la Patrie se change-t-il par les traités ? Cet amour causa leur ruine et leurs vœux les perdirent [1].

. . . .

Les Acadiens possédaient 80,000 bêtes à cornes, 10,000 chevaux et plus de 160,000 moutons.

. . . .

La déportation des Acadiens avait été imaginée dès 1746 ; Guillaume Shirley, qui était alors Gouverneur de la province de Massachusets dans la Nouvelle-Angleterre, publia en 1747, pour rassurer les Acadiens qui se disposaient à passer en Canada, une déclaration dont voici le préambule : « D'autant que nous avons appris qu'il s'était répandu un bruit » parmi les sujets du Roy, les habitants français de la pro- » vince de la Nouvelle-Ecosse, qu'il se formait un dessein » de leur faire quitter leur demeure dans cette province, par » une déclaration du 16 septembre 1746, je leur signifiai que » ce bruit n'était point fondé et qu'au contraire, j'étais con- » vaincu du bon plaisir de S. M. de protéger tous ceux qui » continueront dans la fidélité et le devoir qu'ils lui doï- » vent, etc. »

Dans cette déclaration, Shirley annonce aux Acadiens que le Roy d'Angleterre ayant résolu de faire des travaux dans la province, pour les mettre à l'abri des incursions, il est enjoint aux dits Acadiens de fournir tous les secours qu'on doit attendre d'eux. En conséquence de cette déclaration, les Acadiens travaillèrent aux fortifications d'Halifax et aux chemins militaires de la province, depuis 1749 jusqu'en 1751 ; et à peine les travaux furent-ils achevés qu'on leur proposa de prêter le serment d'*allégeance*, ainsi que celui de prendre

[1] Va-t-on traiter de fantaisie cette peinture des mœurs acadiennes, faite sept ans seulement après la dispersion, et si bien conforme à ce qui en a été dit depuis ? Que d'efforts n'a-t-on pas faits pour contester la vérité de ces témoignages ? Ne pouvant cacher le crime, on a tâché de flétrir les victimes. *Note de l'auteur.*

les armes contre les Français ou autres lorsqu'ils en seraient requis. Ils refusèrent l'un et l'autre. En 1752, on démolit plusieurs de leurs chapelles pour en faire des forts palissadés et on les obligea de travailler à ces forts. Plusieurs familles ayant alors abandonné leurs habitations pour se retirer à l'île Royale, les Anglais qui avaient des postes sur tous les passages, prirent ces familles et les maltraitèrent, de manière que la haine et la défiance ne firent qu'augmenter dans toute la colonie. En 1755, des détachements parcoururent toutes les habitations et s'emparèrent des armes que chaque habitant avait pour sa propre défense contre les sauvages et pour celle de ses troupeaux contre les loups et autres bêtes carnassières. Les Acadiens députèrent au Gouverneur pour obtenir d'avoir deux fusils par paroisse. Le Gouverneur, pour réponse, mit les députés en prison, et, après bien des menaces, les engagea à faire assembler tous les habitants de la colonie depuis l'âge de 10 ans jusqu'à celui de 70, pour renouveler un serment dont on conviendrait.

. . . .

A la fin, on embarqua toute la colonie pêle-mêle et sans égard pour la réunion des familles.

. . . .

On vit, au commencement de cette guerre, une nation policée, une nation qui refuse l'humanité à toutes les autres, pour s'arroger à elle seule cette vertu ; on vit cette nation-là renouveler les anciennes barbaries des Gépides et des Hérules [1].

. . . .

[1] *Archives des affaires étrangères*, Paris.

FIN DE L'APPENDICE.

TABLE DES MATIÈRES

CHAPITRE CINQUIÈME

CHAPITRE SIXIÈME

CHAPITRE SEPTIÈME

CHAPITRE HUITIÈME

CHAPITRE NEUVIÈME

CHAPITRE DIXIÈME

CHAPITRE ONZIÈME

CHAPITRE DOUZIÈME

CHAPITRE TREIZIÈME

CHAPITRE QUATORZIÈME

CHAPITRE QUINZIÈME

CHAPITRE SEIZIÈME

CHAPITRE DIX-SEPTIÈME

CHAPITRE DIX-HUITIÈME

CHAPITRE DIX-NEUVIÈME

CHAPITRE VINGTIÈME

CHAPITRE VINGT ET UNIÈME

VERSAILLES, IMPRIMERIE CERF ET FILS, 59, RUE DUPLESSIS.

www.ingramcontent.com/pod-product-compliance
Ingram Content Group UK Ltd.
Pitfield, Milton Keynes, MK11 3LW, UK
UKHW031831260826
14628UKWH00001B/315

9 782012 851696